INTERNATIONAL ECONOMICS

国际经济学

(修订版)

主　编　佟家栋
副主编　高乐咏

南开大学出版社
天　津

图书在版编目(CIP)数据

国际经济学/佟家栋主编. —修订版. —天津：南开大学出版社，(2017.6重印)
ISBN 978-7-310-01369-2

Ⅰ.国… Ⅱ.佟… Ⅲ.国际经济学 Ⅳ.F11-0

中国版本图书馆 CIP 数据核字(2000)第 10829 号

版权所有　侵权必究

南开大学出版社出版发行
出版人：刘立松
地址：天津市南开区卫津路 94 号　邮政编码：300071
营销部电话：(022)23508339　23500755
营销部传真：(022)23508542　邮购部电话：(022)23502200

*

天津泰宇印务有限公司印刷
全国各地新华书店经销

*

2000 年 5 月第 2 版　2017 年 6 月第 18 次印刷
850×1168 毫米　32 开本　14.25 印张　354 千字
定价：29.00 元
如遇图书印装质量问题，请与本社营销部联系调换，电话：(022)23507125

前言

随着中国经济改革和开放的深入发展,我们更需要对市场经济条件下国际经济运行的理论、政策和实践进行系统的学习,以便指导我们制定政策,致力于中国经济的发展。

国际经济学正是这样一个集理论与政策于一体的经济学分支科学。在西方许多大学的经济学课程体系中,国际经济学是开放经济条件下理论与政策的必修课程。在各国经济日趋国际化的今天,建立在经济学理论基础上的国际经济理论有许多值得我们借鉴的地方。

在欧美各国,国际经济学教科书有多种版本。在中国,西方作者编著的国际经济学的中译本也有一些。但是在讨论这些理论和政策的实际应用价值时,我们认为,原作者们多是结合西方国家本身的实践经验加以阐述和解释的,而结合发展中国家的实践,特别是结合中国实践理解国际经济学的教科书尚不多见。似乎国际经济学在很大程度上是西方的。实际上,国际经济学所研究的开放的市场经济条件下经济运行的理论和政策,有许多方面对发展中国家具有指导意义。在理论以及在理论基础上进行政策制定时,我们能够从西方的经济学体系中学到许多有价值的东西。

本书试图在比较系统地阐述国际贸易理论与政策、开放经济条件下的宏观经济理论与政策以及生产要素发生国际流动的前提下,对国际经济的理论与政策,结合典型国家的经济实践,特别是结合发展中国家、乃至于中国的实践加以阐述,以表明本书作者对国际经济理论与政策同发展中国家之间关系方面的特殊兴趣。

本书的国际贸易部分由佟家栋撰写,开放经济下的宏观经济部分由衣维明撰写,国际投资部分由高乐咏撰写,国际劳动力流动部分由佟家栋撰写。

本书的第一版在南开大学出版基金的资助下,由南开大学出版社于1995年出版。该书出版之后,受到多方面的鼓励和支持。教育部还将其作为"九五"重点推荐教材立项给予资助。现在,国家自考委将本书纳入高等教育自学考试经济学本科段的教材(当然是根据国家自考委的要求作了某些改动的),将于2000年使用。一些院校将本书作为教材使用。对来自各界的支持,作者深表谢意。但是我们深知,在第一版中也有一些疏漏。因此,再版之际加进新的内容和体会,修正某些疏漏是必然的,也是我们对各方鼓励的报答。

借再版之机,我们试图在几个方面有所改进。首先,在体系上,我们在认真理解西方国际经济学理论体系、消化有关内容的基础上,形成本书的理论体系;在贸易理论上,将动态和静态明确分开,将理论、政策、次佳的贸易政策以及国际经济政策的协调等内容按照理论逻辑分述,使本书的理论逻辑更加清晰;在国际金融和开放经济条件下的宏观经济政策理论的安排上,我们将宏观经济政策的理论分析和政策分析分述,将理论与实践分述,从而体现出理论与实践的有机结合。生产要素的流动问题在理论上是难以安排的,但是从抽象的理论出发,逐步放松假定,加入新的因素,这是本书贯穿始终的逻辑安排。其次,在理论特色上,我们在第一版已经加进国际贸易新理论的基础上,将新贸易理论系统化,进而将新贸易理论和战略性贸易政策区分开来,并且加进了我们的许多新体会,这有助于读者对国际贸易新理论的理解。我们也将国际贸易的次佳政策更加理论化,取消了一些时效性过于明显的内容,力求政策理论内容的稳定性。在开放经济条件下的宏观经济政策中,我们将金融方面的理论进一步展开,以利于读者的理解,更重要的是亚洲的金融危机使我们更加深刻地感到,结合发展中国家的实践,研究和阐述国际经济学理论的重要性。因此,在本版的各个部分我们都特别重视从发展中国家经济发展的角度看待国际经济学理论,以利于读者将理论应用于对本国经济发展实践的分析。第三,在我们的考察中,所使用的表述工具也多样化了。我们特别强调使用几何图形和数学公式来表达有关的理论内容。在第一版的国际经济学教科书中,出于读者刚接触新的理论内容的原因,我们采用了尽可能简化,以易于读者理解的表述方法。现在,随着人们对西方经济学理论逐步了解,我们也逐步将国际经济学理论的表达规范化。在我们看来西方经济学体系中对同一理论内容的不同表述方法表明了理论深度的差异。因此我们试图将本教科书定位于重点大学本科教材的水平,各学校可以根据自己的需要选读有关的章节。

在此我们特别感谢南开大学出版社的胡晓清编辑,他对本书的认真编辑和有学术见解的建议是特别重要的。我们也感谢南开大学出版社的各位领导对本书出版的支持。

作 者
1999 年 4 月

目 录

第一章 绪论 ……………………………………………………（1）
第一节 国际经济学的研究对象 ……………………………（2）
第二节 国际经济学理论的发展 ……………………………（6）
第三节 马克思主义的国际经济理论及其指导意义 ………（11）
第四节 学习国际经济学的意义、方法及本书的安排 ……（15）
本章小结 ……………………………………………………（18）
本章思考题 …………………………………………………（18）

第二章 古典的国际贸易理论 ………………………………（19）
第一节 比较利益理论——绝对技术差异论 ………………（20）
第二节 比较利益理论——相对技术差异论 ………………（29）
第三节 比较利益理论——生产要素禀赋论 ………………（36）
第四节 比较利益理论的进一步发展 ………………………（43）
本章小结 ……………………………………………………（63）
本章思考题 …………………………………………………（64）

第三章 现代国际贸易理论 …………………………………（65）
第一节 规模经济与差异产品国际贸易理论 ………………（66）
第二节 相互倾销国际贸易理论 ……………………………（76）
第三节 外部规模经济与国际贸易 …………………………（82）

第四节　重叠需求贸易理论 …………………………………（86）
　第五节　产业内贸易与产业间贸易的衡量 …………………（90）
　本章小结 …………………………………………………………（94）
　本章思考题 ………………………………………………………（95）
第四章　国际贸易与利益分配 …………………………………（96）
　第一节　国际贸易的福利分析 …………………………………（97）
　第二节　生产要素价格和收入的短期变动 ……………………（100）
　第三节　生产要素价格的均等化 ………………………………（110）
　本章小结 …………………………………………………………（117）
　本章思考题 ………………………………………………………（119）
第五章　动态国际贸易理论 ……………………………………（120）
　第一节　生产要素的增长与国际贸易 …………………………（121）
　第二节　技术转移与国际贸易 …………………………………（128）
　第三节　需求变动与国际贸易 …………………………………（131）
　第四节　国际贸易与经济增长 …………………………………（133）
　本章小结 …………………………………………………………（136）
　本章思考题 ………………………………………………………（138）
第六章　对外贸易政策 …………………………………………（139）
　第一节　关税及其影响 …………………………………………（140）
　第二节　进口配额及其影响 ……………………………………（148）
　第三节　出口补贴及其福利影响 ………………………………（151）
　第四节　倾销与反倾销 …………………………………………（155）
　第五节　其他非关税壁垒措施 …………………………………（159）
　第六节　保护贸易的政治经济学 ………………………………（161）
　本章小结 …………………………………………………………（165）
　本章思考题 ………………………………………………………（166）
第七章　战略性贸易政策 ………………………………………（167）
　第一节　最佳关税与抽取垄断租金 ……………………………（168）

第二节　战略性贸易政策 …………………………………… (174)
　第三节　中国对外贸易政策和体制 ………………………… (179)
　本章小结 ………………………………………………………… (184)
　本章思考题 ……………………………………………………… (185)

第八章　国际经济一体化组织 …………………………………… (186)
　第一节　国际经济一体化组织的形式 ……………………… (187)
　第二节　关税同盟理论 ……………………………………… (192)
　第三节　国际经济一体化组织的实践 ……………………… (198)
　本章小结 ………………………………………………………… (209)
　本章思考题 ……………………………………………………… (209)

第九章　国际卡特尔的理论与实践 ……………………………… (211)
　第一节　垄断与贸易利益 …………………………………… (212)
　第二节　国际卡特尔理论 …………………………………… (215)
　第三节　国际卡特尔的实践 ………………………………… (218)
　本章小结 ………………………………………………………… (223)
　本章思考题 ……………………………………………………… (224)

第十章　发展中国家的贸易政策与工业化 ……………………… (225)
　第一节　发展中国家及其经济贸易现状 …………………… (226)
　第二节　扩大初级产品出口与稳定价格 …………………… (230)
　第三节　发展中国家贸易与经济发展战略 ………………… (235)
　第四节　世界银行的经验性总结 …………………………… (240)
　本章小结 ………………………………………………………… (246)
　本章思考题 ……………………………………………………… (247)

第十一章　国际贸易体系 ………………………………………… (248)
　第一节　关税与贸易总协定的签订 ………………………… (249)
　第二节　关税与贸易总协定的宗旨和基本原则 …………… (250)
　第三节　关税与贸易总协定的多边贸易谈判 ……………… (253)
　第四节　世界贸易组织 ……………………………………… (256)

本章小结 ·· (260)
本章思考题 ·· (260)

第十二章 外汇与外汇市场 (262)
第一节 外汇及汇率 ·· (263)
第二节 外汇市场 ··· (265)
第三节 外汇市场的交易与职能 ······································· (270)
第四节 汇率制度 ··· (276)
本章小结 ·· (279)
本章思考题 ·· (280)

第十三章 国际收支 (281)
第一节 国际收支的概念 ·· (282)
第二节 国际收支的内容 ·· (285)
第三节 国际收支的平衡与失衡 ·· (288)
本章小结 ·· (293)
本章思考题 ·· (293)

第十四章 国际收支调整的弹性论 (295)
第一节 进出口贸易与外汇市场上的外汇供求 ····················· (296)
第二节 货币贬值对贸易收支的不同影响 ··························· (300)
第三节 马歇尔——勒纳条件 ·· (313)
第四节 人民币贬值对我国贸易收支的影响 ······················· (319)
本章小结 ·· (320)
本章思考题 ·· (321)

第十五章 国际收支的收入调整论 (323)
第一节 国际收支调整的吸收方法 ····································· (324)
第二节 国际收支调整的乘数论 ·· (327)
本章小结 ·· (335)
本章思考题 ·· (336)

第十六章 国际收支调整的货币理论 (337)
 第一节 价格——铸币流动机制 (338)
 第二节 固定汇率下国际收支调整的货币分析 (341)
 第三节 浮动汇率下的国际收支调整 (345)
 本章小结 (354)
 本章思考题 (355)

第十七章 开放经济条件下的宏观经济政策 (356)
 第一节 开放经济条件下稳定汇率的政策工具 (357)
 第二节 固定汇率下的内外平衡政策 (361)
 第三节 浮动汇率下的内部平衡 (369)
 本章小结 (375)
 本章思考题 (376)

第十八章 发展中国家的融资、债务和金融市场的开放 (378)
 第一节 发展中国家金融体制的特征 (379)
 第二节 发展中国家的引进外资及其债务危机 (382)
 第三节 发展中国家的金融危机 (386)
 本章小结 (389)
 本章思考题 (390)

第十九章 国际资本流动 (391)
 第一节 资本流动纯理论:间接投资 (392)
 第二节 国际直接投资与跨国公司 (404)
 第三节 直接投资与国际贸易的关系 (416)
 第四节 中国的外资引进 (419)
 本章小结 (422)
 本章思考题 (424)

第二十章 劳动力的国际流动 (425)
 第一节 劳动力的国际流动概况 (426)
 第二节 移民对劳动力市场的影响 (429)

第三节 劳动力流动的其他影响 …………………… （432）
第四节 中国的人才外流问题 ……………………… （435）
本章小结 …………………………………………… （437）
本章思考题 ………………………………………… （438）
主要参考文献 ………………………………………… （439）
后记 …………………………………………………… （442）

第一章 绪 论

　　国际经济学是一门建立在经济学基本理论基础上的经济学的分支科学。它是研究经济资源或稀缺资源在世界范围内的最优分配,以及在此过程中发生的经济活动和经济关系的科学。国际经济学有自己的特点,同时与经济学的其他分支科学有着密切的联系,国际经济学理论的内容还在逐步充实和完善。

第一节　国际经济学的研究对象

一、国际经济学研究对象的考察

国际经济学作为一门新兴的经济学科课程,专家们对其研究对象的表达尚不统一。在各类国外的教科书中,有的称之为"对外贸易论"[①],有的称之为"国际贸易与国际金融"[②],有的称之为"世界贸易与收支"[③],比较规范的提法仍然是"国际经济学"。这种提法上的差异,主要是各位学者对国际经济学研究对象及其侧重点上的歧见所致。

查尔斯·金德尔伯格认为,国际经济学作为经济学科的分支,它主要考察各国之间的经济活动和经济关系[④]。蒂尔伯特·斯耐德的观点是,国际经济学主要研究国际经济关系,其中包括国际分工、国际商品交换、国际间劳动力流动和资本流动过程中发生的关系[⑤]。另一位国际经济学著名专家彼得·凯恩认为,国际经济学是研究以国家为经济单位,考察国与国之间经济关系的科学。

新贸易理论主要代表人物保罗·克鲁格曼认为,国际经济学就是研究扩大了范围的经济学。在这里,封闭经济所适用的许多经济学原理,在这里也同样适用。

如果认真研读这些代表性学者所论及的内容,我们发现,他们的差异在很大程度上是着眼点上的差异,在内容上的差异只是问

---

① 小岛清著,《对外贸易论》中译本,南开大学出版社,1987 年版。
② 乌尔伯里克著,《国际贸易与国际金融》,财经出版社,1991 年版。
③ 凯夫斯等著,《WORLD TRADE AND PAYMENT》,1999 年版。
④ 金德尔伯格著,《国际经济学》第一章,财政经济出版社,1984 年版。
⑤ 斯耐德著,《国际经济学导论》第一章,理查德·D·阿尔文出版公司,1975 年版。

题取舍上的不同。他们的研究都没有离开这样两个基本问题:一是研究稀缺资源在世界范围内的最优分配;二是研究国际间的商品和生产要素的流动。前者体现了国际经济学的基本特征,即世界范围的问题;后者则是具体的载体或内容。我们认为,国际经济学是研究稀缺资源在世界范围内的最优分配,以及在此过程中发生的经济活动和经济关系的科学。

然而,正如日本学者小岛清指出的,国际经济学是生产要素自由流动和消费者选择自由受到限制的不完全竞争理论,是国际商品交换领域实行自由竞争但又考虑收支平衡条件的理论[①]。因此,国际经济学有自己特殊的研究领域。

二、国际经济学的特点

国际经济学作为一门独立的经济学分支科学,有自己的特点,这主要体现在六个方面。

(一)国际经济学研究以独立的国家或行政区域为单位的跨国界的资源分配

在经济学的基本原理中,企业、个人被作为基本的经济单位,所有的经济行为都产生于厂商、个人的经济利益,产生于"看不见的手"的调节,以及在必要的情况下"看得见的手"——政府的调节,以实现资源最优分配的目标。

国际经济学在研究资源配置时,是以国家作为基本的经济单位来划分界限。然而,以国际范围内的有效经营为目标的大公司,国家的界限在某种程度上被部分克服,如果照此发展,小岛清意义上的考虑可能消失,世界就是一个国家。但是我们还不能以此作为国际经济学研究的基本出发点,而只能将这一前景作为我们努

---

① 小岛清著,《对外贸易论》中译本第一章,周宝廉译,李文光校,南开大学出版社,1987年版。

力的目标。现实是资源的流动性有赖于各国经济的开放度,或各国政府和国民对经济资源流出和流入所持的态度。因而在这个研究领域内,你会感到国界的存在。

(二)国际经济学不同于区域经济学

区域经济学是研究一国范围内不同地区的资源配置,以及生产力在各地区的合理布局,并在此基础上提出区域经济发展政策。区域经济学对一个国土面积比较大的国家是十分重要的,因为各地区资源分布差异较大,政府的基本目标之一是各地区经济的协调发展,所以依据区域经济学理论,制定区域经济发展的政策可以保证区域经济适度发展。

国际经济学所研究的是跨国界的资源分配和生产力合理布局的问题。尽管从地理的角度看,二者差异不大。但是,在国际经济学领域,除非有利可得,否则你不能想象为了某个落后国家的经济发展,经济发展水平较高的国家会通过某种政策,将资源引向落后国家。这种区域发展和各国经济发展的一致性,有赖于各国整体利益的完全一致。但是,这种一致性仅在建立了经济联合体的欧洲联盟才部分地实现。因此,尽管商品的流动在逐渐地为人们所接受,但是,生产要素的流动却不那么容易。特别是对非熟练的劳动力或未成年人从一个国家移民到另一个国家,接受国和"输出国"所持的态度可能是完全相反的。从资本和技术的国际转移看,各国所持的态度也有不同。在输出国居民看来,我们输出资本,在某种意义上就是输出了劳动力就业的机会,因而敦促政府限制生产要素的流出。在输入国居民看来,外国企业到此自然是好事,可以提供良好的就业机会。但是在国内企业家看来,稳定的市场可能被挤占,因而各集团向政府施加支持力的方向有所不同。因此在国际经济学领域,生产力的合理布局从抽象的经济学意义上考虑与实际中的政策制定还有距离,其中存在许多制约的因素。

(三)国际经济学理论的选择带有明显的民族性

国际经济学的主流理论是从客观的、经济学的一般规律来分析国际经济现象和经济关系,进而概括出国际经济运行规律的,并在此基础上,提出各国有利于提高本国及世界福利水平的经济政策。但是,每一个主权国家选择哪一个具体的国际经济理论作为自己制定政策的依据,完全是从自身的经济利益出发的。在这里,各个主权国家或地区几乎不会对外国人的利益像对本国人的利益那样重视。因此,在不同的国家中,政府和居民总是对不同的国际经济学理论和政策感兴趣。实际上,各国开放经济的根本目的还是有利于本国、本民族的利益。

(四)国际经济交易是经过不同货币媒介的折算后进行的

对许多人而言,国际经济与国内经济的区别在于,前者涉及使用不同的货币。在封闭经济条件下,货币管理机构仅考虑本国范围内的货币需求。在开放经济条件下,各国还必须同时考虑本国货币的外部需求。一般而言,这种需求的变动和供给的变动会影响到本国货币与外国货币的兑换率。作为个人和企业,在从事国际经济活动时,必须考虑同一商品用不同货币所标的价格,以及由于货币之间兑换率的变动对企业或个人可能带来的损益。因此,国际经济与国内经济的直观差别之一,就是国际经济交易存在着汇率的风险。

(五)国际经济学是建立在微观经济学和宏观经济学基础之上

国际经济学作为经济学的一个分支,其理论和政策都是建立在经济学基础之上的。它是经济学扩展到开放经济下的理论与政策。例如,各国厂商资源配置的基本原则仍然是边际成本=边际收益=价格,在不完全竞争条件下,则是边际成本=边际收益<价格。在宏观经济层次上,总供给与总需求相等仍然是宏观经济分析的重要前提。但是国际经济学仍然具有自身的理论体系,这一理论体系概括了国际经济领域的经济法则。

(六)国际经济学是在西方经济学理论基础之上的世界经济概论

建立在马克思主义理论基础上的世界经济概论,试图从生产力与生产关系的相互作用中研究世界经济发展的规律性,这一工作一直在进行着,至今,学者们还在探索之中。国际经济学从西方经济学的理论出发,概括并比较系统地阐述国际经济的各个领域的经济规律。从这个意义上说,要搞好社会主义市场经济,需要学习系统的国际经济理论。

第二节 国际经济学理论的发展

国际经济学也同其他科学一样,在不断地发展和完善。其理论的发展大体分成三个阶段:一是重商主义,二是古典的自由贸易论及其自由贸易的政策,三是现代国际经济理论。

一、重商主义与贸易保护

从15世纪初到18世纪中叶,在国际贸易和国际收支理论方面占主导地位的是重商主义。重商主义认为,货币是财富的唯一形式,在一国范围内这种财富不会增加。在一国范围内,由于一些人之所得就是另一些人之所失,因此,一国要使财富的绝对量增加,必须进行国际贸易,并且在这种对外贸易中保持出口大于进口。当出口大于进口时,外国就要向本国支付贵金属,反之,进口大于出口本国就要向外国支付贵金属。贵金属的流入标志着一国财富的增加。此外,重商主义还认为,贵金属是保持国家强大军事力量的基础。在他们看来,有了贵金属,一国就可以支配较多的战略物资。据此,重商主义者主张通过补贴等方式奖励出口,对进口则采取征税的办法加以限制。

重商主义的基本观点是一种国际贸易的"零和"理论。他们认为在国际贸易中,你之所得就是我之所失,因此各国在贸易中的利弊得失是完全相反的。这一观点,反映了资本原始积累时期,商业资本家对货币或对贵金属的认识。因为商业资本家手中的货币资本,可以在一年内周转多次,多次给他带来利润。因此,在他们看来,在当时的经济活动中,没有任何东西比获得贵金属更重要了。

到18世纪中叶,古典经济学家指出了重商主义的两大缺陷。英国著名的经济学家和哲学家大卫·休谟指出,重商主义理论中存在着明显的问题。他认为,在金本位制度下,贵金属的流入会增加一国的货币供应量,在没有货币储存的条件下,如果国内的商品供应没有增加,国内的物价水平就会上升,本国商品的出口价格就会提高,商品在国外市场上的竞争能力就会下降。相反进口商品价格就相对低廉,该国的进口就会增加。如果进口大于出口,本国就要向外国支付贵金属,贵金属就会流出,结果贵金属会随着各国贸易收支的变化呈反方向变动。总之,如果不放弃国际贸易,贵金属就不会在一个国家永远停留下去。重商主义的另一个重大缺陷是由著名经济学家亚当·斯密指出的。他在《论国民财富的性质和原因的研究》中指出,一国的实际财富不是贵金属的存量。贵金属只是获得物质财富的手段或媒介,真正的财富是该国国民所能消费的本国和外国的商品数量和种类。因此,财富的增减,不同于贵金属的增减变动。因此,各国贸易的目的不是获得贵金属,而是获得物质财富。各国进口商品是为了扩大本国商品的消费能力,而出口是为了获得进口商品的支付手段,获得收入。

在国际贸易理论发展的历史上,重商主义在一定程度上起到了举足轻重的作用。其中重要的一点是,将政策的制定建立在一定的理论基础上,并反映了当时对国际贸易的认识水平。但是,该理论的局限性也是明显的。

二、比较利益与自由贸易

亚当·斯密在批驳了重商主义基本观点的同时,提出了自己的贸易理论。斯密用简单、直观的方法阐述了各国间开展贸易的经济收益,即通过发挥各自在某个部门劳动生产率较高的优势进行国际分工,使各国的劳动生产率优势得到充分的发挥,并通过国际贸易实现这种专业化分工的利益。斯密指出,国际贸易能够使各参加国都获得利益。各国之所以参加国际贸易主要是为了自己获得物质利益。因此国际贸易对各参加国都是好事情,贸易的利益是"非零和"的。

英国另一位著名经济学家大卫·李嘉图将亚当·斯密的国际分工理论向前推进了一步。他指出,即使一国在各种产品的生产上劳动生产率都较高,而另一国均较低,处在劣势地位,各国通过生产成本的相对比较仍然可以找到自己的比较优势,以便扬长避短,参与国际分工,并通过自由贸易获得经济利益。

斯密和李嘉图的主张都包含着这样一个基本命题:国际贸易对所有的参加国都是有利的,因此,政府应该采取支持自由贸易的政策,或不干预的对外贸易政策。这一理论一直作为自由贸易论的基本出发点。

20世纪20年代,瑞典经济学家伊莱·赫克歇尔提出了生产要素禀赋理论,他的学生、诺贝尔经济学奖获得者伯蒂尔·奥林将该理论加以完善。其基本思想是,各国生产要素的相对存量不同,供求关系不同,因而商品的生产成本不同,从而形成各国的价格优势。生产要素禀赋论试图用各国生产要素禀赋的差异来解释国际贸易产生的原因。国际贸易使各国生产要素的优势得到了比较充分的发挥。因此,其结论也同亚当·斯密和大卫·李嘉图一样,认为自由贸易对各参加国都有利。

1953年美国经济学家瓦西里·里昂剔夫运用美国的投入产出

数据,对美国参加国际贸易的要素禀赋优势加以验证。他发现,要素禀赋论与美国的现实相矛盾,国际经济理论发展史中称该验证的结论为"里昂剔夫之谜"。这一验证鼓励了一代学者对传统的、被认为是绝对正确的比较利益论的重新思考,同时也孕育了新的理论。

实际上,以戈特弗里德·哈勃勒为代表的一些经济学家在里昂剔夫之前已经提出了一些新观点,他指出,李嘉图的比较利益理论是建立在机会成本不变的基础上的。在现实中,当生产要素在不同的部门之间进行转移时,机会成本会发生变化,这种成本变化导致了国际分工结构的变化。另一方面,大规模生产所带来的经济性揭开了新贸易理论的序幕。

三、现代国际经济理论

经济学家们发现,随着各国经济的发展,国与国之间的经济联系日益加强,各国经济交往的领域逐步宽泛化,因此,他们有责任对一系列的国际经济现象进行理论概括。从国际贸易领域看,国与国之间不仅进行不同生产要素禀赋基础上的产业间贸易,而且,第二次世界大战以后,大多数商品贸易都是制成品的贸易。这种产业内贸易的发展在学者们看来,有两个主要的原因:一是大规模生产带来的经济性使成本不断降低,同时消费者对差异产品的需求带来了各国分工的细化;二是随着各国收入水平的提高,各国消费者的需求逐步接近,相近的收入产生了相似的需求,在分工的基础上,各国的贸易也逐步增加。所有这些,都包含着一个基本的前提,就是企业的生产规模扩大了,以致形成了某种市场势力。政府的支持决定着各国垄断企业的贸易优势。由此,新贸易理论认为,政府干预,或者一国政府对外国垄断和政府的支持采取某种对策,是一国贸易政策的最佳选择。这种建立在新贸易理论基础上的贸易政策被称为"战略性贸易政策"。

现代国际经济理论不仅限于国际贸易范围,还包括生产要素在国际间的流动。跨国的资本流动主要是经济利益的动因。这当中包含着一系列的行为手段或直接目的的差异。在具体目的或具体机制的探讨上,专家们有许多不同的观点。国际间的劳动力流动是一个复杂的经济和社会问题,我们的分析主要是经济方面的。在发展中国家,就劳动力的流动而言,人们更关心人才外流的问题。发展经济学领域的专家们对此予以特别的重视,有一系列的理论阐述。

从国际间经济资源流动的难度看,商品流动最容易,主要是因为其利益结果直观上就是"非零和"的。其次是资本的流动,劳动力的流动最难。

国际间的资源流动,也需要借助价格信号。从而借助货币的标价加以实现。因此,稳定的各国货币之间的兑换率是保证国际间资源顺利流动的条件。20世纪初以前,当贵金属作为支付手段时,人们对各国间货币的购买力是并不看重的。其主要原因是,只要根据各国货币的含金量就可以计算出他们之间的兑换率。但是第二次世界大战以后,有管理的国际货币制度建立起来了。因而对货币制度效率的理论探讨也逐步深化,形成了探讨国际货币制度的一系列理论。同时,现实的经济也产生了或人们逐渐接受了一些比较难于驾驭的汇率制度,如有管理的浮动汇率、爬行盯住汇率、浮动汇率等等。

经济学理论告诉我们,看不见的手并不是完美无缺的,因此现实经济需要看得见的手加以调节。在开放经济条件下,一国必须考虑存在外部影响前提下的保持充分就业、经济稳定增长、低失业率、低通货膨胀率的目标如何实现的问题,学者们将这种目标称为开放经济下的均衡。第二次世界大战以后,国际经济学的宏观理论和政策处在不断的发展和完善之中。面对各国经济日趋国际化的形势,学者们对国际经济协调的研究也在不断发展。

第一章 绪 论

总之,第二次世界大战以后,国际经济学的理论在全方位地发展和完善,从根本上说,这是经济国际化的要求。

四、国际经济学的基本内容

国际经济学的基本内容大体上可用如下分类加以说明。

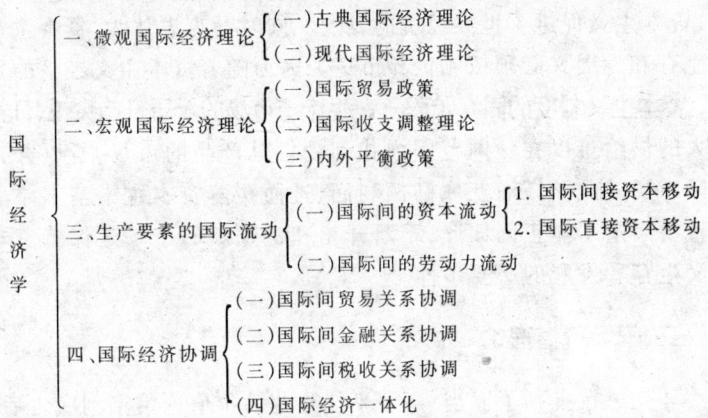

第三节 马克思主义的国际经济理论及其指导意义

马克思主义的政治经济学试图从根本上说明,不同的生产关系以及这种生产关系中所存在的资本主义制度的历史过渡性。从1848年马克思撰写《经济学哲学手稿》开始,马克思对当时资本主义条件下的国际经济关系已经有了一个基本的认识,到其光辉巨著《资本论》发表,这种认识的轮廓基本形成,可惜未能展开论述。此后,恩格斯、列宁以及当代的学者和政治家以马克思主义政治经济学为理论基础,分析当今世界经济关系,不断提出对新的国际经济现象的理论概括。总结起来,大体有以下几个方面。

一、世界市场与资本主义经济

马克思指出,资本主义早已造成了世界市场。它打破了封建的、自给自足的自然经济的大门,将其卷入资本主义市场经济的旋涡。从历史唯物主义的角度看,资本主义带来了世界的进步和文明,资本主义促进了世界经济的发展。同时马克思认为,资本主义的生存和发展又必须依赖世界市场。因为随着资本主义经济的发展,资本主义制度的固有矛盾——生产与市场的矛盾日趋尖锐,日益扩大的供给难以在一国范围内找到销售其产品的市场,所以开拓国际市场就成了厂商获取高额利润、进而缓解资本主义基本矛盾的重要渠道了。正因如此,不断开拓和占领新的市场是保持资本主义生存和发展的必要条件。

二、国际价值理论

马克思在批判了亚当·斯密不能将劳动价值论贯彻到底之后,决心在自己的著作中,将劳动价值论的基本观点用于分析国际商品交换中所必须论及的价值问题。他指出,在国际间的商品交换中,各国的社会必要劳动时间仅作为个别劳动时间起作用,各国的社会必要劳动时间形成一个台阶,国际价值就是各国社会必要劳动时间的平均数。

在理解马克思国际价值时,当代马克思主义学者有多种观点。一些学者认为,马克思所谓社会必要劳动时间就是各国社会必要劳动时间的简单平均数。另一些学者认为,由于各国生产和出口同一产品的量不同,因而对国际价值的计算,一些学者建议用求平均数的简易方法,找出"中位数"或"众数",从而大体计算出国际社会必要劳动时间。

在马克思主义价值论的基础上,一些学者自然将国际价值进一步推论到国际生产价格,以便与社会现实更接近。由于推论出的国际生产价格与世界市场价格也有明显的差异,学者们又进一步研究影响国际市场价格的因素。

三、商品输出与资本输出的理论

20世纪初期,列宁在对帝国主义进行了深入研究的基础上,写出了《帝国主义是资本主义的最高阶段》。在这部著作中,对国际经济,他特别强调资本输出与商品输出的关系。列宁指出,在垄断资本主义时期,资本输出代替商品输出成为帝国主义的主要特征,而且这种资本输出可以带动商品输出,对殖民地进行双重剥削,即所谓从一头牛身上剥下两层皮。

四、两大趋势理论

列宁在其著作中科学地提出了世界经济发展的两大趋势。一方面,随着各国经济的发展、经济联系的加强,各国经济日益失去本民族的特征,而逐渐融为一体;另一方面,随着各国经济的一体化,各国愈来愈重视本民族经济和政治的特色,因而民族自决、民族独立和民族自治的意识也在加强,在政治上和文化上表现为民族利益或国家利益的突出化。

五、两大体系理论

20世纪40年代末期,斯大林提出了两大体系的理论。他指出,资本主义制度的主要矛盾可以概括为生产和市场的矛盾。这种矛盾的激化,有赖于资本主义各国世界市场范围的缩小,因此从国际经济着眼,社会主义国家数量的增加,或者生产和市场体系的扩大,就意味着资本主义国家市场范围的缩小,在资本主义和社会主义两大市场体系的较量中,社会主义市场体系的不断增强,将加速资本主义的灭亡。在这一思想指导下,斯大林努力构造社会主义阵营或社会主义市场体系。实践证明,现实经济没有那么简单。

六、激进经济学派的经济独立思想

从20世纪60年代起,殖民地、半殖民地各国相继独立。这些取得了政治独立的国家认识到,要取得彻底的政治独立,必须在经济上独立,经济的发展成为国家独立的根本性目标。一些激进经济学者对西方大加宣扬的比较利益理论、国际分工理论进行了严厉的批判,提出经济落后的国家如果按照这一理论制定发展政策,就会永远处于从属地位或"边缘"地位,为经济发达的国家服务。他们还指出,发达国家通过"不等价交换"剥削发展中国家,使发展中国家经济难以摆脱贫困。据此,他们提出要摆脱资本主义的国际分工体系,求得独立自主的发展,特别是加强经济落后国家的相互合作[①]。

七、邓小平的开放经济思想

1978年以后,中国经济走上改革开放之路。这一基本方针是基于邓小平的改革开放的思想。他认为,没有经济的对外开放就没有科学技术的引进、竞争机制的引进,就没有利用国外经济资源的机会,我们的经济也就难有较快的发展。在这一基本思想指导下,中国的学者对西方的国际经济理论重新认识,进而对中国加入世界经济大家庭进行认真的思考,其中心就是要建设有中国特色的社会主义市场经济。在中国实践基础上总结出在走向市场经济的同时实现经济发展的理论。这一点可能具有深远的意义。正像完善过渡经济学的任务应该属于亲身经历过渡经济实践的学者们那样,发展中大国经济发展和对外开放的理论的建立及其完善可

---

① 其主要代表人物是阿根廷经济学家劳尔·普雷维什和埃及经济学家萨米尔·阿明。早在20世纪40年代以普雷维什为代表的拉美经济委员会就提出了两个纲领性文件,阐述了结构主义发展理论,主张依靠自身经济和市场发展自己。

能属于发展中国家的学者们。

第四节 学习国际经济学的意义、方法及本书的安排

我们学习国际经济学的意义在于吸收开放的市场经济条件下经济运行的一般理论和政策,为我所用。深刻认识国际经济现象,制定切实可行的对策。理论联系实际应该是我们学习国际经济学的基本出发点。

一、学习国际经济学的意义

我们学习国际经济学的首要目的,是掌握开放的市场经济条件下经济运行的一般理论和政策。各国经济发展和增长的实践证明,市场经济制度是将经济引向高效率的制度。在那里,资源的有效配置是通过价格机制加以实现的。在开放经济条件下,一国的经济发展有了更加广阔的经济资源的选择性,因而为经济的发展和增长提供了更多的机会。当一国将自己的经济发展和经济增长作为首要目标时,选择市场经济就成了自然而然的事情了。由于各国的具体情况不同,各国的市场经济多带有本民族历史发展和继承性的烙印,但是市场经济的基本要素在任何有特色的市场经济条件下都是相同的。国际经济学是开放经济条件下市场经济的运行理论与政策的概括,因此我们学习的就是掌握开放经济条件下市场经济的基本要素和运行规律。

我们学习国际经济学有助于把握国际经济现象。第二次世界大战以后,出现了一系列新的国际经济现象。首先是国际贸易的扩大。根据德国经济学家松巴特的观点,随着各国经济的发展和技术水平的接近,各国对对外贸易的依赖性会递减。从直观上看,这一观点是对的。但是统计资料表明,第二次世界大战以后,伴随

着各国经济的发展,国际贸易迅速发展,成为历史上国际贸易增长最快的时期。不仅如此,国际贸易的增长速度超过了世界生产的增长速度。其次是跨国公司的发展。据统计,当今跨国公司的产值已经占到世界总产量的一半以上。大跨国公司的子公司分布在世界各地。按照传统理论,对外直接投资的主要方向是发展中的国家。但是,近年的统计资料表明,发达国家之间的相互投资已超过发达国家对发展中国家的投资。第三,一直主张自由贸易的发达国家,近年来采取各种手段保护本国市场,同时要求别国开放市场。相反,发展中国家相继采取了自由贸易的政策。然而传统贸易理论告诉我们,自由贸易政策是经济实力强大的国家所采取的贸易政策,而实力较弱的国家则倾向于采取保护贸易政策。第四,一般理论告诉我们,伴随着一国经济的对外开放,其金融市场也应该开放,但是 1997 年开始的亚洲金融动荡,以及由此引发的经济危机,其波及面和波及的程度是许多经济学家和政府领导人所未料到的。从而引起人们探讨经济市场化、贸易自由化与金融自由化的关系。我们学习国际经济学有助于深刻地理解二次大战后出现的这些新的国际经济现象,进而作为未来的实践者去解决这些问题。

学习国际经济学可以帮助我们理解国外企业和国家制定的经营战略和对外经济政策,以便知己知彼,在国际竞争中居有利地位。应该认识到,各国经济对外开放的程度都是以本国的经济利益为出发点的。我们学习国际经济学就是要以此为线索,理解各国制定的对外经济政策。当然,这其中的问题是相当复杂的。但是,我们在理论的指导下,以自省的方法可能有助于我们抓住问题的实质。

学习国际经济学最重要的目的还是为中国经济的改革开放服务。在这方面,我们需要回答的问题有许多。这包括:中国是否应该参加国际分工,中国的内部市场与外部市场的关系如何,在对外贸易政策的制定方面,我们如何权衡近期利益和长远利益,中国的贸易自由化与引进外资的关系是什么,这些问题的正确答案可能就是在我们的不断学习中找到的。

二、学习国际经济学的方法

首先,要学好国际经济学,必须有扎实的知识准备。国际经济学是经济学的分支科学,其理论基础是微观经济学和宏观经济学。要很好地理解国际经济学,必须有扎实的经济学基础知识。对于那些学过经济学,又把它还给老师的学生,国际经济学的学习可能是你重新翻开经济学教科书的最好理由。

其次,学习国际经济学不仅要理解各种原理,还要对各原理的说明方法给予特别的注意。为了说明问题,在国际经济学中需要使用一些图形、公式或数学的推导。在经济学中,用更精确的方法表达同一个国际经济学的理论就是对该理论本身的贡献。

第三,我们学习国际经济学还要注意理论联系实际。这种理论联系实际有两个方面的意义。一是理论与实证的结合,一种理论观点从抽象推理方面看是合理的,但是可能与现实相矛盾,因此需要证明理论的适用性或理论比较符合实际。二是理论与实际结合。当人们学习了某些理论后,爱思考的学生总是自觉或不自觉地联想到实际问题。这种良好的学习习惯应该在学习国际经济学时大加提倡。孔子曰"学而不思则罔,思而不学则殆"。这两种问题我们在学习国际经济学时都不要有,单纯的死记硬背是难以掌握国际经济学的精髓的。

三、本书的安排

本教科书分为三个大的部分,即国际贸易,开放经济下的宏观经济理论与政策,以及国际间生产要素的流动。在前十一章中,我们主要阐述国际贸易的理论与政策。包括四个方面:国际贸易纯理论、国际贸易政策理论、国际贸易政策的次佳选择以及国际贸易的国际协调。

从第十二章到十八章,我们主要论述开放经济条件下的宏观经济理论和政策。主要包括三个方面:国际金融的知识准备、国际收支调整的三大理论、开放经济条件下的宏观经济政策。

最后两章主要阐述国际间生产要素的流动。第十九章主要阐述资本流动,包括直接资本流动和间接资本流动。第二十章主要论述劳动力在国际间的移动。

本章小结

1. 国际经济学是研究稀缺资源在世界范围内的有效分配,以及在此过程中发生的经济活动和经济关系的科学。

2. 国际经济学作为经济学的分支科学,是建立在微观经济学和宏观经济学基础上的。

3. 国际经济学经历了重商主义、自由贸易和现代国际经济理论多层面发展的三个阶段。它是伴随着国际经济活动的不断增加而逐渐完善起来的。

4. 在国际经济理论发展中,马克思主义理论的发展对我们特别具有指导意义。

5. 良好的学习方法是学好国际经济学的保证。扎实的知识准备、注意问题的论述方法以及理论联系实际都是特别需要的。

本章思考题

1. 国际经济学的研究对象是什么?
2. 重商主义的理论有哪些是合理的?
3. 重商主义的致命弱点是什么?
4. 从国际经济学理论的发展中你能得到哪些结论?
5. 谈谈学习国际经济学的意义。

第二章　古典的国际贸易理论

任何的国际贸易理论,都要回答国际贸易的原因、国际贸易的结构和国际贸易的利益分配这三个基本的理论问题。古典的国际贸易理论就是传统的比较利益理论。它产生于18世纪中叶,完成于20世纪30年代。比较利益理论从两个方面说明国际贸易产生的原因、结构和利益的分配,其一是从技术差异说明贸易的原因、结构和利益分配;其二是从生产要素的禀赋差异说明贸易的原因、结构和利益分配。本章主要阐述这些理论。

第一节 比较利益理论——绝对技术差异论

绝对技术差异论认为,国际贸易产生于各国之间生产商品的技术水平的绝对差别;贸易是建立在国际分工的基础之上的;参加贸易的国家都可以从国际贸易中获得利益。

一、理论分析的假定条件

在国际贸易的理论阐述中,为集中说明基本的理论内容,常常需要作某些假定。设置这些假定的基本原则,是不能影响问题的说明。一般而言,这些假定撤除的过程,就是理论逐步接近实际的过程。绝对技术差异论的阐述也同样需要一些假定。在此我们假定:

(1)生产过程中只投入一种生产要素——劳动力;
(2)世界上只有两个国家——中国和美国;
(3)这两个国家都能生产两种产品——小麦和布;
(4)劳动力或生产要素在一国范围内的各部门之间自由流动,这意味着经济资源可以从一个部门自由转移到另外一个部门;
(5)当经济资源或生产要素从一个部门转向另一个部门时,其机会成本不变;
(6)商品可以在各国之间自由移动,但是生产要素在各国之间不能自由移动;
(7)两国的经济资源都被充分利用,这意味着,在一国范围内,当经济资源从一个部门转向另一个部门时,其中一个部门资源的流入就是另外一个部门资源的流出;
(8)在两个国家之间,商品流出的价值和商品流入的价值相等;

(9)没有运输成本和其他交易成本。

二、技术差异论的基本内容

根据前面的假定,世界上只有两个国家,即美国和中国,他们都能生产小麦和布,而且没有质量差异。现在我们进一步假定,美国如果将一个单位的劳动时间全部用来生产布,可以生产40码,如果全部用于生产小麦,可以生产100公斤。中国如果将一个单位的劳动时间用于生产布,可以生产50码,如果全部用于生产小麦,可以生产25公斤。

如果没有国际贸易,各国必需同时生产小麦和布,即美国和中国都需要将一个单位的劳动时间分成两部分,一部分用来生产布,另一部分用来生产小麦。我们假定,美国为满足国内的需要,一部分时间用于生产70公斤小麦,其余时间用于生产布。中国的厂商为满足国内的需求,一部分时间用于生产15公斤小麦,其余时间用于生产20码布。

这种产品的生产组合决定于,在资源有限的条件下生产各种商品所耗费的劳动量。关于这一点,我们用机会成本的理论来说明,可能更容易理解。正如我们在微观经济学中学到的,机会成本是在生产两种产品时,增加一单位某种产品的生产所放弃的另外一种产品的价值或数量。放弃一种产品一定数量的生产的目的是为了释放出一定生产要素或经济资源,以生产另外一种产品。例如在美国,如果放弃40码布的生产,就可以用全部一个单位的劳动时间生产100公斤小麦,或者说增加1公斤小麦的生产就放弃0.4码布的生产,可以说增加一单位小麦生产的机会成本是0.4码布。在中国,如果放弃25公斤小麦的生产,就可以用全部的劳动时间生产50码布,或者说增加一单位布的生产的机会成本是0.5公斤小麦。

实际上,两国的机会成本就是在封闭条件下小麦和布的国内比价。由上述假定可以推出,在美国,小麦与布的国内比价是2.5:1,在中国,这一比价为1:2。显然美国国内小麦的价格低于中国,中国国内布的价格低于美国。现在如果将美国的小麦运到中国来卖,1单位小麦可以换2码布,比在美国国内多换1码布。价格差异使美国的小麦生产商产生了将小麦运到中国来卖的倾向(出口小麦)。从中国方面看,如果中国的生产商将布运到美国去卖,1单位布可以换回2.5单位小麦,比在中国国内多换1.5单位的小麦。价格差促使中国的生产商产生了将布运到美国来卖的倾向(中国出口布)。

由此可见,国与国进行贸易的直接原因是两国同一产品的价格差。寻求较高的卖价是国际贸易产生的动力。

这种差价和贸易对各国的生产组合将产生进一步的影响,使参加贸易的国家倾向于专门生产在国外卖价较高的产品,从而形成国际分工。正如前面所述,美国在生产小麦方面劳动生产率较高,中国在生产布上劳动生产率较高,这样美国专门生产小麦,中国则专门生产布。这种专业化分工的好处是,使参加分工的国家消费的产品量比封闭条件下的消费量要多。根据前面的例子,美国专门生产100公斤小麦,中国专门生产50码布。但是两国都需要消费两种产品,这就决定了两国都需要拿出一部分产品换取自己未生产,但需要消费的产品。随之而来的问题是,两国以什么样的价格相互交换产品。

这种价格确定的基本出发点是,国际比价要在参加贸易的两个国家贸易前的两种商品的国内比价之间,否则其中一国就可能退出国际贸易。这意味着,任何一方卖出商品的价格不能等于或低于本国的同一商品的卖价,否则厂商选择在本国市场销售商品,而不出口。在此条件下,国际比价或两种商品的国际交换价格不能按照美国的国内比价来确定,即不能按2.5:1(2.5公斤小麦换1

码布)交换。如果这样,美国的厂商就会退出国际贸易,将小麦销在国内;同样也不能按照中国的国内比价来确定国际比价,即1:2(1公斤小麦换2码布),否则中国的布生产者将无利可图,中国的厂商也宁愿搞国内贸易。因此,国际比价必须在两个参加贸易的国家两种商品的国内比价之间,只有在双方有利的前提下,国际贸易才能够被所有的参加者(国)所接受。在我们的例子中,1:1的比价可能是比较好的,即1公斤小麦换1码布。我们假定,美国生产100公斤小麦,自己消费80公斤,其余20公斤小麦用于交换,在1:1的国际比价下,换来20码布。中国生产50码布,自己消费30码布,在1:1的国际比价下,换来20公斤小麦。其结果是:美国消费80公斤小麦,20码布;中国消费20公斤小麦,30码布。两国分别比贸易前多消费了小麦和布,即美国比贸易前多消费10公斤小麦和8码布,中国比贸易前多消费5公斤小麦和10码布。显然国际贸易使各参加国都获得了利益,两国消费的物质产品量都增加了。从这个意义上说,国际贸易是"非零和"的利益分配。

这种消费增加的根本原因来源于国际分工。在两国实行国际分工以前,全世界(美国和中国)共生产小麦85公斤,生产布32码。实行国际分工以后,全世界生产100公斤小麦和50码布。可见,由于国际分工使各自的劳动生产率高的产品生产优势发挥出来了,因此可以说,全世界劳动生产率的提高产生于各国的技术优势得到充分的发挥。由此可以推论,在封闭的条件下,各国自给自足的生产限制了各自优势的发挥,各国的资源未能分配到最有效地发挥其技术优势部门中去。我们所谓的技术优势,就是各国在特定部门有较高的劳动生产率,在这里是指较高的劳动熟练程度。

这种情况,我们可以列出表2-1加以说明。

表 2-1 美中两国贸易前后生产、分工和利益分配情况

	中国	美国
一、贸易前		
(1)投入每单位劳动生产	50 码布或	40 码布或
	25 公斤小麦	100 公斤小麦
(2)国内交换比价	2∶1	1∶2.5
(3)自给自足的生产组合	20 单位布和	12 单位布和
	15 公斤小麦	70 公斤小麦
(4)各国消费	同生产	同生产
(5)全世界生产	32 码布和 85 公斤小麦	
(6)全世界消费	同全世界生产	
二、贸易后		
(7)各国专业化生产量	50 码布	100 公斤小麦
(8)假设国际价格	1∶1	
(9)各国消费	30 单位布和	80 公斤小麦
	20 公斤小麦	和 20 码布
(10)各国比贸易前多消费	10 码布和	10 公斤小麦
	5 公斤小麦	和 8 码布
(11)全世界生产比贸易前增加	18 码布和 15 公斤小麦	
(12)全世界比贸易前多消费	同多生产	

由以上的论述可知,参加贸易的原因在于两国同种商品价格有差别,这种差价使参加贸易的双方有利可得。只要贸易的国际价格在两个参加贸易的国家贸易前的国内比价之间,参加国就可以从贸易中获利,一旦贸易固定化,各国间建立在各自技术优势基础上的国际分工就可以形成。国际分工以及由此带来的各国的技术优势的发挥,是国际贸易利益的根本来源。

三、用图形说明的绝对技术差异

绝对技术优势的基本观点也可以用图形来说明。如图 2-1 所示。

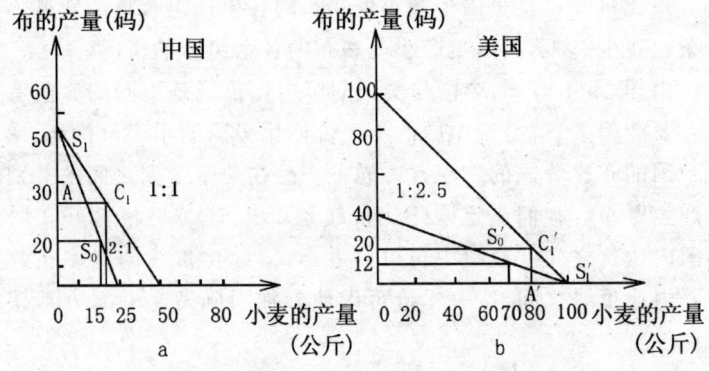

图 2-1 中美两国绝对技术差异分析图

图 2-1(a)和图 2-1(b)分别表示中国和美国贸易前后的生产、贸易和消费的情况。图中,横轴表示小麦的产量,纵轴表示布的产量。图 2-1(a)表示中国生产小麦和布的组合。它表示,在中国将一个单位的劳动时间全部用来生产小麦,可以生产 25 公斤,将该单位劳动时间生产布可以生产 50 码。在没有国际贸易的情况下,中国必须同时生产小麦和布,因此其生产点必须在两个端点之间,假设国内生产点在 S_0 点,即生产 20 码布和 15 公斤小麦,以满足国内的需要。在机会成本不变的情况下,此时的国内比价线是 2∶1,或两个端点连线的斜率,也是一个单位劳动时间全部用来生产小麦和全部用来生产布的两个生产点的连线,连线上的各个点是无数多个生产组合点。

图 2-1(b)表示美国生产小麦和布的组合情况。两个端点也分别表示将全部一个单位的劳动时间生产 100 公斤小麦,或生产 40 码布。在没有国际贸易的情况下,美国厂商为满足国内的需要,必须将一个单位的劳动时间分成两个部分,一部分用在生产小麦上,另一部分用在生产布上。生产点为 S_0' 点上,即生产 12 码布和 70 公斤小麦,此时的国内比价线为 1∶2.5,或两个端点连线的斜

率。该比价线也是美国生产小麦和布的各生产组合点的轨迹。在这条轨迹上,表示美国生产小麦和布的各个组合的情况。

由图2-1可知,中国与美国的国内比价线是不同的。前者比后者要陡得多,就是说中国的小麦价格比美国的小麦价格高,或者说中国的布比美国的布便宜。同种产品在两个国家之间的差别就会产生贸易。我们假定国际比价线是1∶1,这一价格恰好在两国的国内比价之间。在图中也可以看出,国际比价线的斜率在两国的国内比价线之间,这一比价可以使参加国际贸易的双方都获得利益。

交换能够促使买卖双方获利的事实,促成中国和美国的厂商更多地生产自己卖价较高的产品。由图中可见,在生产布方面,中国比美国的劳动生产率高(50∶40),在生产小麦方面,美国比中国的劳动生产率高(100∶25),显然美国在生产小麦上,技术水平或劳动生产率绝对高于中国,而中国在生产布上,技术水平或劳动生产率绝对高于美国。如果厂商增加某种产品的生产以后其机会成本不变,在市场价格或现在的国际比价不变的情况下,其收益会随着产量的增加而增加,厂商增加产量的动力就不会减少。在此情况下,厂商增加产量只能在全部资源都用于该产品的生产时,其产量的增加才会停止。这样中国专门生产自己劳动生产率高的产品——布,而美国专门生产自己劳动生产率高的产品——小麦,其生产点分别在两个端点 S_1 和 S_1'。

尽管两国生产是完全专业化的,但消费者需要的却是两种商品,即小麦和布。为此中国生产布和出口布的同时,还要进口小麦,在图中中国生产50码布,自己消费30码布,用20码布交换小麦,在1∶1的交换比价下可以换来20公斤小麦。美国也是如此,生产100公斤小麦,自己消费80公斤,其余20公斤小麦用来交换布,在1∶1的交换比价下可以换来20码布。这样美国的出口就是中国的进口,而中国的出口就是美国的进口。在图中,这种由一国进口量、出口量和国际比价线围成的三角形为"贸易三角",如图2-1中,中国的贸易三角为AS_1C_1,美国的贸易三角为$A'S_1'C_1'$。

通过专门的生产和交换,中国的消费点为C_1,比没有贸易和国际分工时的S_0点要高,即消费的两种产品的量都多,美国的消费点为C_1'点,也比没有国际贸易时要高。可见,国际贸易可以使参加贸易的国家都获得利益,这种利益的基础是参加方充分利用了自己的技术优势或劳动生产率优势,将全部生产资源都投在本国有技术优势的产品生产上。由于两国的技术优势部门直观上表现为技术水平绝对高于另外一国,因此我们称其为"绝对技术差异论"。

四、绝对技术差异论的特点和局限性

绝对技术差异论是英国经济学家亚当·斯密在《国民财富的性质和原因的研究》(1776年)一书中提出的。他指出,"如果外国能以比我们自己制造还便宜的商品供应我们,我们最好就用我们有利地使用自己的产业生产出来的物品的一部分向他们购买。"[①]这一理论具有开创意义。该理论第一次从生产领域阐述国际贸易的基本原因,并且批驳了重商主义的基本观点。总的来看,绝对技术差异论有四个特点。第一,他将自己反复论证的"劳动分工"可以提高生产率的理论推广到国际领域。亚当·斯密在《国民财富的性质和原因的研究》[①]中,详尽地论述了劳动分工的好处,其中心是劳动分工可以极大地提高劳动生产率。他指出,国与国之间的专业化分工同样会提高劳动生产率,其结果使各国生产的物质产品都会增加,消费水平都会提高,一国的财富只有在不断扩大的国际贸易中才会增加。第二,绝对技术差异论的证明简单、直观。在

---

① 亚当·斯密著,《国民财富的性质和原因的研究》(上卷)中译本,商务印书馆,1972年版,第28页。

现实世界中,各国确有一些产品的劳动生产率明显地高于或低于其他国家。这一现实,使亚当·斯密的绝对技术差异理论容易被人们所接受。第三,亚当·斯密的绝对技术差异论是以机会成本不变为前提的。在亚当·斯密所处的时代,还没有机会成本的概念,但是,用后来的理论加以分析时,其假定中包含着机会成本不变的意义。这种假定在当时的合理性是,在工厂手工业为主的时代,劳动力的使用是产生较高劳动生产率的主要源泉,劳动力资源的非充分使用是保持机会成本不变的重要因素之一。但是,后来的经济发展使劳动力在劳动生产率提高中的作用减弱,其他生产要素的作用相应加强,因而在资源的部门间转移方面就表现为:当经济资源或生产要素从一个部门转移到另一个部门时,机会成本不是不变,而是变化的,因而绝对技术差异论需要进一步完善。第四,绝对技术差异论不能解释一国在两种产品的生产上劳动生产率均高于另一国,而另一国劳动生产率均处于劣势地位时,国际分工和贸易是否可以进行的问题。大卫·李嘉图用一个非常直观的例子提出这一问题。他假设,两个国家同时生产两种产品——酒和布,且葡萄牙在这两种产品的生产上都有优势,而英国都居劣势地位。该例子如下面所示:

	劳动小时/布	劳动小时/酒
英国	100	120
葡萄牙	90	80

由上例可知,无论在生产布还是生产酒方面,葡萄牙单位产品所耗费的劳动量均低于英国。按照亚当·斯密的绝对技术差异论,这两个国家就无法进行国际贸易。但是李嘉图指出,在此情况下,两国仍然可以从专业化分工和贸易中获得利益。李嘉图的这一理论就是相对技术差异论。

第二节 比较利益理论——相对技术差异论

相对技术差异论是指,在两国都能生产同样两种产品的条件下,其中一国在两种产品的生产上劳动生产率均高于另一国。该国可以专门生产优势较大的产品,处于劣势地位的另一国可以专门生产劣势较小的商品。通过国际分工和贸易,双方仍然可以从国际贸易中获得利益。简而言之,"两利相权取其重,两弊相权取其轻"。

一、相对技术差异论的基本内容

我们假设,中国每单位劳动投入用在小麦的生产上,可以生产20公斤,用在生产布上,可以生产60码布;美国的每单位劳动投入用在小麦上,可生产60公斤,用在生产布上,可生产80码布。中国小麦和布的国内比价是1:3,美国的同一比价是1:1.333。

在封闭条件下,中国和美国必须同时生产两种产品——小麦和布。中国将一个单位的劳动时间分成两个部分,一部分用来生产小麦,另一部分用来生产布。从直观上看,美国在小麦和布的生产上,劳动生产率均高于中国,因此很难进行国际分工和国际贸易。但是如果从相对意义上看,就有所不同。首先,从美国方面看,尽管美国在两种商品的生产上劳动生产率均高于中国,但是高的程度不同。在生产小麦上,单位时间内美国比中国多生产40公斤;在布的生产上,单位时间内美国只比中国多生产20码布。其次,尽管中国在两种产品的生产上劳动生产率均低于美国,但是低的程度也不同,在小麦的生产上低40公斤,在布的生产上只低20码布。从机会成本的角度看,在美国,多生产1单位小麦的机会成本是放弃1.333个单位的布,而中国多生产1单位小麦的机会成本是放弃3个单位的布;相反,中国多生产1单位布的机会成本是放弃1/3单位的小麦,而美国多生产1单位的布就要放弃3/4个单位的小麦。因此在小麦的生产上,美国的机会成本比中国低,在生产布上,美国的机会成本比中国高,或者说美国小麦的价格低于中国,中国的小麦的价格高于美国,相应地,中国布的价格低于美国,美国布的价格高于中国。这种价格差或机会成本的差别只要存在,国际贸易的动力就存在。

两国可以从国际贸易中获得利益这一动力,推动着中国与美国的相互贸易与国际分工。其具体表现为,中国用全部的劳动时间生产其机会成本较低,或技术劣势相对较小的商品——布,而美国专门生产其技术优势较大,或机会成本也较低的商品——小麦。中国用全部1单位的劳动时间专门生产60码布,自己消费30码布,其余用来交换小麦,美国用全部1个单位的劳动时间专门生产60公斤小麦,自己消费45公斤小麦,其余15公斤用来交换布。我们还记得,国际比价确定的原则是,要使参加贸易的国家都获得利益,必须将国际比价定在两个参加贸易国家贸易前的国内比价之间。根据该原则,我们假定国际比价为1:2,即在美国的国内比价1:1.333和中国的国内比价1:3之间。在此国际交换比价下,美国可以用15单位的小麦换30单位的布。结果其消费组合为:中国消费30码布和15公斤小麦,美国消费45公斤小麦和30码布。通过贸易,两国都获得了利益。中国比贸易前多消费5公斤小麦,美国比贸易前多消费10码布。

这种贸易利益是专业化的国际分工带来的。因为国际分工充分发挥了美国在生产小麦上的相对优势,也充分发挥了中国在生产布上的相对优势,相应地都避开了各自的相对劣势。在这里,各国专业化分工的选择不是直观上的劳动生产率方面的绝对优势,而是相对优势,即处在劳动生产率绝对优势的一方,要权衡哪种产品的劳动生产率优势较大,处在劣势的一方生产哪种产品的劣势较小。在我们假定只投入一种生产要素——劳动力的情况下,这种劳动生产率的权衡,就是相对技术差异的权衡。从这个意义上说,这种理论为相对技术差异论。从机会成本的角度分析,各国选择生产的产品就是自己机会成本较小的商品。有关贸易前后生产、价格、消费和获利情况,见表2-2。

表2-2 中美两国贸易前后的分工和利益获得情况

	中国	美国
一、贸易前		
(1)每单位劳动投入生产的产品	20公斤小麦或60码布	60公斤小麦或80码布
(2)国内交换比价	1:3	1:1.333
(3)自给自足的生产组合	10公斤小麦和30码布	45公斤小麦和20码布
(4)各国消费	同生产	同生产
(5)全世界生产	55公斤小麦和50码布	
(6)全世界消费	同生产	
二、贸易后		
(6)各国专业化生产量	60码布	60公斤小麦
(7)假设国际比价	1:2	
(8)各国消费量	15公斤小麦和30码布	45公斤小麦和30码布
(9)各国比贸易前多消费量	5公斤小麦	10码布
(10)全世界生产比贸易前增加	5公斤小麦和10码布	
(11)全世界比贸易前多消费	同多生产量	

由相对技术差异论的阐述可以看出,即使一国处于绝对技术优势地位,另一国绝对处于技术劣势地位,通过优劣的相对分析或机会成本的分析,国际分工和贸易的基础仍然存在,国际分工和贸易仍然可以给参加国带来物质消费水平提高的利益。

二、用图形说明的相对技术差异

相对技术差异论的基本观点也可以用图形加以说明。具体情况如图 2-2 所示。

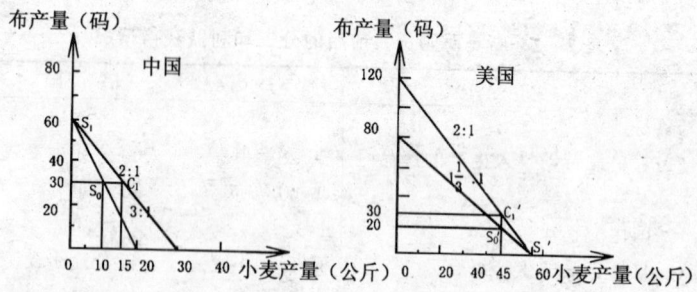

图 2-2 中美两国相对技术差异分析图

由图 2-2 可以看出,在封闭条件下,中国的 1 个单位劳动时间可以生产 20 公斤小麦或 60 码布,这两个端点之间的连线为国内比价线,用横轴表示小麦的产量,用纵轴表示布的产量,则比价线的斜度为 1/3。在此情况下,为满足国内的需要,中国必须在两个端点之间寻求生产组合。我们假设生产 30 码布和 10 公斤小麦,该生产点为 S_0 点,消费点也是 S_0 点。同样地,在图中,美国用单位劳动时间可生产 80 码布或 60 公斤小麦,两个端点的连线为美国贸易前的国内比价线,其斜度为 4/3。在此情况下,为满足国内的需要,美国必须在两个端点之间进行生产组合的选择。我们假定,美国选定了生产 45 公斤小麦和 20 码布。图中的生产点和消费点为 S_0' 点。

直观地看,在生产小麦和布这两种产品的生产上,中国的劳动生产率或技术水平上均处于劣势地位,在图上单位时间内生产的产品量在横轴和纵轴上的垂直距离都比美国要短。在生产小麦上差 40 公斤,在生产布上差 20 码布,因而似乎不存在贸易和国际分工的基础。然而认真分析一下两国劳动生产率的相对差异、机会成本的情况,进而是国内比价的差别,就可以找到国际贸易的基础。从机会成本看,美国生产 1 单位小麦所需放弃的布的量是 1.333 个单位,而中国生产 1 单位小麦所需放弃的布的量是 3 个单位。与此相反,中国生产 1 单位布的机会成本是放弃 1/3 单位小麦的生产,而美国生产 1 单位布需放弃 0.75 个单位小麦的生产,因此在生产小麦上,美国的机会成本较低,在生产布上,中国的机会成本较低。这种机会成本的差别表现在价格上是:美国的小麦价格比中国低,布比中国贵,因此美国要从中国进口布,并出口小麦,中国将布运到美国去卖,并买进小麦。两国劳动生产率的相对差异反映在机会成本上就十分明显,反映在价格上之后,我们发现,贸易的动力仍然存在。

国际分工的基础在于机会成本的差别。参加贸易的国家只有生产自己机会成本较低的产品,才能发挥自己的劳动生产率相对较高的优势。在图 2-2 中,中国专业化生产点在 S_1 点,美国的专业化生产点在 S_1' 点。

国际分工必须以国际贸易作为稳定的条件,要使国际贸易不断进行,参加贸易的各方必须得到物质利益。具体而言,国际比价线必须在两国贸易前的国内比价线之间。我们在图中假设比价为 2:1,在此价格线下,中国生产 60 码布,自己消费 30 单位,其余 30 码布用来交换小麦,在 2:1 的国际比价下,可换来 15 公斤小麦。在图 2-2 中,C_1 点为贸易后中国的消费组合点。同样美国生产 60 单位的小麦,自己消费 45 单位,按照 2:1 的国际交换比价,用 15 公斤小麦换得 30 码布。在图 2-2 中用 C_1' 点表示。经过国际贸易后的两国的消费水平都有所提高,在图中无论是美国的消费组合,还是中国的消费组合都比封闭条件下要高得多,这就是国际贸易给各参加贸易国带来的物质利益。图中由进口量、国际比价线和出口量组成的三角形为"贸易三角"。

由图2-2可见,在两国都能生产两种产品的情况下,尽管一国在两种产品生产上的劳动生产率均高于另一国,只要两国生产同样产品的机会成本不同,进而国内比价有差别,国际贸易和国际分工的基础就存在,参加贸易的国家就可以从贸易中获得物质利益。

三、相对技术差异论的特点与局限性

在亚当·斯密的《国民财富的性质和原因的研究》发表42年以后,英国经济学家大卫·李嘉图出版了他的经典著作《政治经济学和赋税原理》,提出了相对技术差异论。李嘉图用实例说明了,即使一国劳动生产率处于绝对劣势,而另一国处于绝对优势时,两国仍然可以进行贸易,并且能够从贸易中获得利益。他指出:"如果两人都能制造鞋和帽,其中一个人在两种职业上都比另一个人强些。不过制帽时只强1/5或20%,而制鞋时则强1/3或33%,那么这个较强的人专门制鞋,而那个较差的人专门制帽,岂不是对于双方都有利么?"[①]

大卫·李嘉图提出的"比较利益理论"将自由贸易的理论大大地向前推进了一步。亚当·斯密的贸易理论尽管是从生产领域,从劳动生产率的差别入手,解释了国际贸易的原因,但是,它只适合于各国在不同部门有绝对优势这样一种情况,因而其理论的适用范围是有限的。大卫·李嘉图明确指出,相对优势也可以产生贸易,也可以促成国际分工,进而发挥各自劳动生产率的相对优势。由于这样一个解释,使比较利益理论的解释范围大大扩展了。用

---

① 大卫·李嘉图著,《政治经济学及赋税原理》中译本,商务印书馆,1976年版,第114页。

现代经济学的术语表述为,只要两国生产两种产品时,它们的机会成本有差别,国际贸易就会产生。由于比较利益理论不仅仅是李嘉图的相对优势论,为区别起见,我们称之为相对技术差异论。但是值得一提的是,大卫·李嘉图的相对技术差异论一直是自由贸易的最基本的理论部分。

李嘉图比较利益理论的提出,使绝对技术差异成为相对技术差异论的特例或特殊形式。李嘉图比较利益理论的核心是两国生产同样两种产品的比较成本的差别或价格差。亚当·斯密只提出了两国生产同一产品的劳动生产率或价格的绝对差别,而大卫·李嘉图的相对成本的分析也同样适用于绝对技术差异的情况。实际上,我们在阐述绝对技术差异时已经使用了机会成本分析的方法,因此绝对技术差异是相对技术差异的一种特殊形式,或极端形式。

此外,李嘉图的相对技术差异论也可以部分地解释当今世界经济技术发展水平和层次不同的国家之间进行贸易的基础。在这里,各国的技术发展水平差异也会产生各国之间的贸易,而且掌握的新技术越多,该国的贸易优势越大。

然而李嘉图的相对技术差异论也有某些局限性。首先,他像亚当·斯密一样,假定资源在部门之间进行转移时,其机会成本不变。现实中机会成本的变化会引起一系列贸易行为、贸易结构的变化。其次,他坚持劳动价值论,从而强调只有劳动创造价值,即假定只投入劳动一种生产要素。但现实中,生产要素的投入是多方面的,其他生产要素也会形成产品价值的一个部分。劳动价值论可能只是在劳动具有主导作用的时期,才是正确的并且是适用的商品价值理论。

第三节 比较利益理论——生产要素禀赋论

大卫·李嘉图的相对技术差异论从各国生产同一产品时劳动生产率存在差异的角度,说明了国际贸易产生的原因和动力,然而国际贸易不仅仅是技术差异造成的。20世纪20年代,瑞典经济学家伊莱·赫克歇尔提出了生产要素禀赋理论,其学生伯蒂尔·奥林将该理论加以完善,提出了比较利益理论的另一个重要方面——生产要素禀赋差异论。

一、封闭条件下的生产要素组合

为了阐明生产要素禀赋论,我们先回忆一下微观经济学中的等产量线。所谓等产量线是指,在生产一定量(如1个单位)产品时,两种生产要素各种组合点的连线。等产量线有两层意义:其一,产品的生产是两种生产要素组合的结果;其二,生产同一产品量时,可以有多种要素的组合形式,或生产的技术方式。用图形来表示,等产量线是生产某种产品一定量时,两种可以替代的生产要素组合点的连线。等产量线的形状表明了两种生产要素在生产某种特定产品时的相互替代程度。假设我们生产商品时投入了两种生产要素,即资本(K)和劳动力(L),等产量线至少有三种情况:第一种是两种生产要素完全可以互相替代,因此有无限多种生产方法或生产要素的组合;第二种是两种生产要素不能相互替代;第三种是两种生产要素有可数的或有限几种替代方法。具体情况如图2-3所示。

在图2-3中,横轴表示劳动力的投入量,纵轴表示资本的投入量,图中的 X_1、X_2 分别表示不同产量下的等产量线。它们距离原点越远,其表示的产量越多。图2-3(a)表示两种生产要素完

第二章 古典的国际贸易理论

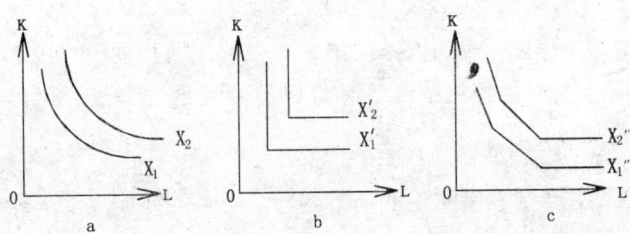

图 2-3 等产量线的不同情况

全可以互相替代条件下的等产量线。在此情况下,同一产品产量有多种生产要素的组合形式,因而其等产量线表示为一条平滑的曲线。图 2-3(b)表示两种生产要素完全不能替代的情况。在此情况下,每个确定的产量只有一种要素组合方式或生产方法。图 2-3(c)表示两种生产要素只有两种可供选择的生产方式或要素组合方式。在经济分析中,我们一般假定,两种生产要素完全可以相互替代。

在生产一定产量的某种产品时,两种生产要素投入的比例就是生产某种产品的要素密集度。在生产不同产品时,依据使用的或投入的比例最大的那种生产要素来描述该产品的要素密集度。如果生产某种产品数量一定时,劳动投入量在两种生产要素中的投入比例较大,我们就称之为劳动密集型产品;如果资本投入的比例较大,我们就称其为资本密集型产品。

经济学中一般假定,在生产某种产品时,两种生产要素可以相互替代。这似乎给确定某种产品的要素密集度出了一道难题,实则不然。经济学在确定某种产品的生产是劳动密集型还是资本密集型时,是依据成本最小原则加以确定的。因此所谓产品的要素密集度是指,在现有的条件下,生产某种产品时,以生产成本最低为标准的两种生产要素投入的比例。因此,成本最低是确定某种产品要素密集度的出发点。在现实中,资本品的要素密集度就高于日常消费品的资本密集度。

在生产同样产品时,不同国家如果使用同样的生产技术,产品的价格是否有差异呢?回答是肯定的。关于这一点,可以用要素禀赋论加以说明。

二、生产要素禀赋论的基本内容

生产要素禀赋论是用各国生产要素丰裕度的差别进而是成本的差别说明国际贸易原因的理论。

(一)几点假定

为说明生产要素禀赋论,我们需要做几点假定。我们假定:

(1)生产函数是线性齐次的,即生产过程中的规模收益不变;

(2)各国可供利用的生产要素的总量不变;

(3)两种生产要素——资本和劳动力在生产中可以完全互相替代;

(4)不存在要素密集型转换的情况,即生产同一产品时要素的价格与要素的含量相一致,在这里不能出现某种产品以生产要素实物投入量衡量时是资本密集型的,而以价值衡量时是劳动密集型的情况;[①]

(5)在一国市场范围内,产品和要素市场都是完全竞争条件下的;

(6)我们进行的是静态分析,从而假定经济总量处于均衡状态;

(7)没有运输成本;

(8)国与国之间的贸易没有障碍。

[①] 在这里马克思关于"资本有机构成"的概念可以帮助我们理解这一问题。马克思指出,这种由技术构成决定,并反映技术构成变化的资本价值构成就是资本的有机构成。

我们一再设置假定的原因在于,希望保持理论的可靠性,因为一旦我们放松了某种假定,结论可能是另外一种样子。

(二)赫克歇尔——奥林模型

赫克歇尔——奥林模型的基本命题是,在各国生产要素存量一定的情况下,一国将生产和出口较密集地使用其较丰裕的生产要素的产品,进口较密集地使用其稀缺的生产要素的产品。

这一理论模型的基本结论是基于这样一个推理过程。

(1)各国生产同种产品时,其价格的绝对差异是国际贸易产生的直接原因,商品的价格差是国际贸易产生的利益驱动力。

(2)这种价格的绝对差别是由生产同种产品时的成本差别造成的。正如在阐述李嘉图的相对技术差异论时已经指出的,形成价格差别的基本原因是形成价格的各项成本差构成的。

(3)各国生产同种产品时的成本不同,是由于生产要素的价格不同造成的。假设生产布需要2个单位的资本和5个单位的劳力,在技术上美国和中国是相同的。但是,中国每单位资本的价格是6美元,每单位劳动力的价格是1美元,而美国每单位资本的价格是3美元,每单位劳动力的价格是4美元,结果中国每单位布的价格是$2 \times 6 + 5 \times 1 = 17$美元,美国每单位布的价格是$2 \times 3 + 5 \times 4 = 26$美元。可见,各国生产同一产品的价格差,在这里是由生产要素的价格差造成的。

(4)各国生产要素的价格差是由他们生产要素的相对丰裕程度不同造成的。经济学理论告诉我们,商品和要素的价格决定于它们的供求。某种生产要素在一国相对比较丰裕时,其价格也比较便宜。相反,另一种生产要素在该国比较稀缺,则价格也贵。

(5)各国生产要素的不同丰裕度和各种产品所需要的要素比例的不同,使各国在生产相同产品时,分别在不同的产品上具有比较优势或成本优势。

总之,赫克歇尔——奥林模型说明了,在技术水平相同的情况下，各国生产要素的相对丰裕度是各国比较利益形成的基础。

三、生产要素禀赋论的特点

生产要素禀赋论从两个方面发展了比较利益理论。首先，生产要素禀赋论是以两种生产要素的投入为分析前提的。因此其理论是建立在多种而不是一种生产要素投入的基础上的，这一点与现实更加接近。因为在现实中，生产某种产品时，一般都是两种以上生产要素的结合。其次，生产要素禀赋论不同于李嘉图的比较利益理论。李嘉图的比较利益理论是建立在技术差异的基础上的，各国间生产同一产品的成本差别是劳动生产率的差别造成的。生产要素禀赋论则不然，它假定各国生产同一产品的技术水平是相同的，各国间生产同一产品的成本差别是由各自不同的要素丰裕度从而是由生产成本的差别造成的。从比较利益理论总体看，李嘉图的技术差异论和赫-奥模型的要素禀赋论共同构成比较利益理论的基本内容。在这里，无论是从技术差异出发，还是从要素丰裕度出发，各国贸易的基础都是建立在比较优势的基础上的，都是以商品的价格差作为进行国际贸易的驱动力的。

然而生产要素禀赋论也有不完善的一面。首先，生产要素禀赋论假定机会成本不变，实际上机会成本是变动的。其次，赫-奥模型的分析只假定投入两种生产要素，实际上，生产要素可以分成许多种类，即使是某一类生产要素也可以进一步细分成许多项。第三，生产要素禀赋论忽视了一国在特定生产要素丰裕度下，从动态的角度出发，如何从自给自足转向自由贸易。赫克歇尔-奥林的生产要素禀赋论证明了现存贸易存在的理由。实际上是从现有的贸易结构反推比较利益形成的基础，而没有涉及从封闭走向开放的过程。第四，生产要素禀赋论在分析过程中引进了价格或货币因素，这就增加了问题的复杂性。在我们前面的分析中，没有涉及货币问题，比较利益或价格差异的测度标准是物质产品间的比价，在生产要素禀赋论中为说明问题,引进了价格问题。然而在国际贸易中,产品价格的形成可能受多种因素的影响,因而可能引起建立在比较利益基础上的比较优势与价格竞争优势之间的差异或脱节。我们现在需要明确的是,在这里尚不存在这种脱节。

四、生产要素禀赋论的实证

1953年美国经济学家、后来的诺贝尔经济学奖获得者瓦西里·里昂剔夫在美国《经济学与统计学杂志》上发表了一篇文章。在文中,他试图证明赫-奥模型的正确性。根据人们的一般直觉,美国是资本比较丰裕而劳动力比较稀缺的国家。根据赫-奥模型,美国应该出口资本密集型产品,进口劳动密集型产品。然而里昂剔夫用投入-产出法计算了美国出口品和本国与进口相竞争的产品(代替进口产品本身)的要素含量,进而对进出口产品的要素含量进行比较。他发现,美国实际上是出口劳动密集型产品,进口的是资本密集型产品,这显然有悖于生产要素禀赋论。具体情况见表2-3所示。

表2-3 美国出口商品与进口竞争替代品的资本和劳动力的含量

投入-产出结构与贸易结构的年份	每百万美元产品的生产要素含量	出口商品	与进口竞争的商品	出口商品与进口竞争品的比率
1947年美国投入产出结构	资本 劳动力(人年) 资本-劳动力的比率	$2 550 780 182 14 010	$3 091 339 170 18 180	 0.771:1

资料来源:林德特著,《国际经济学》,理查德·D·阿尔文出版公司,1996年版,第81页。

由表中可以看出,美国出口的是劳动密集型产品。这一由里昂剔夫通过证明发现,并有悖于直觉的现象被称为"里昂剔夫之谜"。

那么，为什么出现这种现象呢？许多学者(其中也包括里昂剔夫本人)对此作了大量的研究，试图解释这一现象。日本经济学家小岛清指出，要解释里昂剔夫之谜首先要看奥林和里昂剔夫所指的"生产要素的丰裕度"在概念上是否相同。根据小岛清的理解，奥林的生产要素丰裕度指的是考虑价格因素以后的要素丰裕度，而里昂剔夫指的是单纯的生产资料的技术配比。这两种概念不仅在含义上不同，而且在量上也有差别。罗纳德·琼斯认为，不同国家在生产同一产品时，使用的方法可能是不同的，因而生产要素的投入比例也不同，在一个国家是资本密集型的产品，在另一个国家可能是劳动密集型产品。这种生产技术上的差别被学者们概括为"生产要素的密集型变换"。

里昂剔夫自己的解释是，美国工人的劳动生产率比他们的外国同行要高得多，因为美国的劳动力实际上是一种人力资本。但是，若此种观点正确，美国就无所谓划分劳动密集型还是资本密集型的产品了。它所出口的都是"资本密集型"产品了，只不过其物质形式不同罢了。这种推论难以令人信服。

一些学者还指出，美国的天然禀赋，或自然资源的禀赋不仅能够生产和出口资本密集型产品，也可以生产劳动密集型产品。这种观点似乎对解释里昂剔夫之谜没有任何帮助。

还有一些学者从现实的贸易政策出发，提出各国的进口关税多限制美国的资本品出口，而较少限制劳动密集型产品，所以美国在政策的影响下成为劳动密集型产品的出口国。实际上加进新的因素无助于问题的解决。

一些学者进一步追溯到赫-奥模型本身的限制条件上。他们认为，两种生产要素的划分是远远不够的。现实中，生产要素可以进一步划分成许多种。劳动力可以进一步细分为熟练劳动力、非熟练劳动力、专业技术人员、管理人员等等，土地也可以分成适用于种植的土地、牲畜的土地和修建工厂的土地等；资本也可以进一步划分为各种不同的资本。美国经济学家爱德华·利马将生产要素进一步划分成12种类型。实际上这种进一步的划分在一定意义上是对赫-奥模型的进一步补充和完善。建立在详细划分基础上的生产要素禀赋论基本是符合实际的。具体情况见表2-4所示。

由表中可以看出,各国的要素丰裕度基本上反映了各国的特征。各国在现实中的出口结构也可以找到其要素禀赋论的影子。

表2-4 各国生产要素的相对丰裕度表

国家	物质资本	高技术熟练度劳动力	中技术熟练度劳动力	非熟练劳动力	可耕种土地	林地
美国	33.4%	22.8%	15.6%	0.4%	19.4%	13.1%
加拿大	3.3	2.6	1.5	0.3	3.5	16.1
日本	17.6	7.1	8.5	0.2	0.2	1.2
法国	5.1	4.7	3.4	0.1	1.4	0.7
英国	3.9	5.7	3.6	0.1	0.8	0.1
其他发达国家	15.4	14.4	10.0	1.3	26.4	10.9
发展中国家	14.7	37.1	53.3	97.5	47.8	57.5

资料来源:彼得·林德特、托马斯·普杰尔著,《国际经济学》,理查德·D·阿尔文出版公司,1996年第10版,第66页。

第四节 比较利益理论的进一步发展

比较利益理论一直是国际贸易理论的基本出发点。同时,技术差异论和要素禀赋论的某些局限性又为国际贸易理论,特别是比较利益理论的发展提供了余地。一些学者分别从不同的角度对比较利益论作了补充和发展。

一、机会成本变动下的比较利益

在前面的分析中,我们曾经指出,技术差异论和要素禀赋论都假定机会成本不变。实际上,机会成本不变只是一种特殊情况。在大多数情况下,机会成本是变化的。从理论上看,机会成本的变化至少有三种情况:即机会成本递增、机会成本递减和机会成本不变。我们已经对机会成本不变条件下的国际贸易原因和结构进行了比较详尽的考察。关于机会成本递减的情况,我们将在下一章加以论述。在这一节里,我们主要阐述机会成本递增条件下的比较利益。

(一)机会成本递增

我们曾经指出,机会成本是指在生产两种产品的条件下,因增加其中一种产品的产量所不得不放弃另外一种产品的量或价值。在经济资源有限的情况下,这种机会成本就是增加某种产品成本的一种衡量方式。因为当一个部门要增加产品的生产时,如果资源被充分使用了,那么就没有多余的经济资源可以调动,唯一可行的是另一个部门放弃一部分产品的生产。从全社会的角度看,当一个部门放弃一定量某种产品的生产时,其基本的前提是,增加产品生产的部门所带来的收入可以补足放弃另一部门产品生产所带来的成本。

机会成本递增是指,在生产两种产品的条件下,为增加其中一种产品的生产量而不得不放弃的另外一种产品的产量,它不是不变而是不断增加的。这种机会成本的递增是由资源的稀缺性造成的。在使用经济资源进行产品生产时,各种生产要素形成了对特定生产部门的适应性。适应某一部门生产的劳动力不一定能够适应另外一个部门的生产,资本也是如此,一些机器可能是通用的,可以从事其他部门产品的生产,另外一些则不然。因此,当增加某种产品的生产时,需要另一个部门释放出一定的资源。这种产品产量增加得越多,越是需要另一个部门释放出更多的资源,适合所放弃的部门产品生产的要素释放得越多,就意味着增加一单位产品所放弃的另外一种产品的产量越大,即机会成本越大。图2-4表明了机会成本递增的情景。

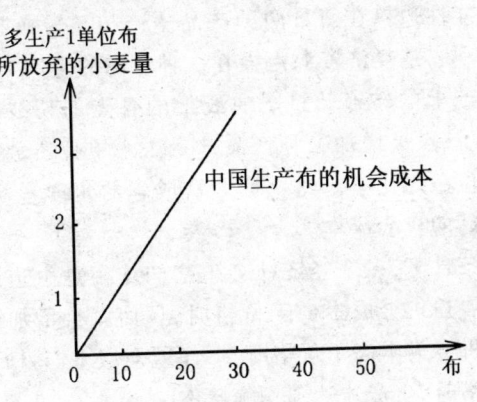

图2-4 机会成本递增示意图

图2-4表示出机会成本递增的情况。中国既可以生产小麦,又可以生产布。要想增加布的生产量,就要放弃一部分小麦的生产。图中表明,其机会成本是不断增加的,即当中国增加10个单位布的生产时,每增加1单位布需要放弃1单位小麦的生产;当再增加10个单位布的生产时,每增加一单位布需放弃的小麦产量是2个单位;如果再增加10个单位布的生产时,每增加1单位布需放弃3个单位小麦的生产。也就是说,在生产两种产品的情况下,如果资源有限,增加某种产品产量所须放弃的另外一种产品的量是增加的,这就是机会成本递增。

(二)机会成本递增与生产可能性边界

生产可能性边界是经济学用来描述在生产资源被充分使用的条件下,一个经济社会所能生产的两种产品的最大可能组合点的连线。

在机会成本递增条件下,生产两种产品的各种组合点的连线,即生产可能性边界是向原点凹的。它表明,增加机会成本是增加在总产量变化上的反映。

生产可能性边界在衡量两种产品生产相互转换时,被称为边际转换曲线。它是经济资源由投在一种产品的生产上转向投在另一种产品生产上的转换轨迹。曲线上的各点的切线为边际转换率,即表明在该点上增加一种产品产量1个单位所放弃的另外一种产品的单位量之比率。这一比率从成本的角度看,就是增加生产的那种产品的机会成本。

在封闭条件下,一个经济社会生产的均衡是由边际成本等于价格决定的。当机会成本低于价格时,厂商就会增加该产品的产量;相反,当机会成本高于价格时,厂商就会减少产量;只有在机会成本等于价格时,生产才达到均衡状态。

(三)机会成本递增条件下的比较利益

在机会成本递增条件下,只要各国在生产同样产品时存在着价格差异,那么比较利益理论就仍然有效,只是各国间的国际分工不能达到完全专业化的程度。

为说明这一原理,我们仍然假设世界上只有中国和美国两个国家,两国都能生产两种产品——小麦和布,他们在选择两种产品生产规模转换时,机会成本是递增的。现在进一步假设,在封闭条件下,中国为满足国内需要,需生产500万米布和400万公斤小麦。此时国内比价或机会成本是2:1,即增加1单位布的生产需要放弃0.5公斤小麦的生产。现在如果有了国际贸易,两国间形成的国际比价是1:1,那么中国生产布的机会成本就低于国际市场价格或国际统一的市场价格了。在此情况下,中国厂商将增加布的生产,资源也就相应地转向布的生产部门。如果机会成本不变,中国的全部资源都要转向生产布。因为如果中国生产布的机会成本总是 2:1,或多生产 1 单位布的机会成本总是 0.5 单位的小麦,那么,国际比价永远高于机会成本,从而形成中国生产的完全专业化。然而,在机会成本递增的条件下,尽管中国的厂商也会增加布的生产,但是不会达到完全专业化的程度。因为,随着机会成本的递增,总有这样一点,它使中国生产布的机会成本等于国际比价。当机会成本等于价格时,中国生产两种产品组合的调整就会停下来。如果继续增加布的生产,则机会成本就会高于国际价格,厂商的生产成本就很难收回。因此,中国生产 800 万米布和 200 万公斤小麦。中国倾向于较多地生产布,但尚未达到完全专业化的程度。

我们进一步假设,中国自己消费 400 万米布,用其余的 400 万米布换小麦,加上自己生产的 200 万公斤小麦,共消费 400 万米布和 600 万公斤小麦,结果比参加国际贸易前多消费 200 万公斤小麦。尽管中国少消费了 100 万米布,但是用贸易前的标准看,多消费的 200 万公斤小麦相当于 400 万米布,实际上使中国得到相当于多消费 300 万米布的净利益。可见,在成本递增条件下,参加贸易的国家仍然可以从国际贸易中得到利益。不仅中国如此,美国也是如此。为直观、明确,我们用图 2-5 来表示。

在图 2-5 中,TT 表示中国的生产可能性边界,在封闭条件下,中国的生产均衡点是 S_0 点,国内比价线为 II,此时两种产品——布和小麦的国内比价是 2:1,有了国际贸易以后,国际比价是 1:1,国际比价线为 I'I'。在生产组合尚未变动之前,中国生产布的机会成本为 2/1,国际比价高于机会成本。这就促使布的生产者增加布的生产,在图上表示为生产点沿着生产可能性边界向左上方移动,即向布的产量增加的方向移动。相应地,小麦的产量就会减少。此时生产点移到 S_1 点时方能稳定下来。在这一点上,中国生产布的机会成本等于国际比价。在图中表示为机会成本在生产可能性边界上的切线与国际比价线在生产可能性边界上的切线重

合为 I″I″点。在 S_1 点上,中国生产的布比封闭条件下要多,但是未

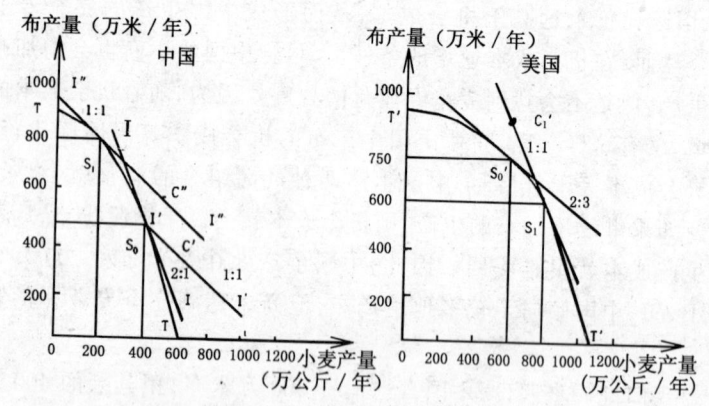

图 2-5 中美两国机会成本递增下的生产和贸易

能达到完全专业化的程度。此时的消费点是 C″点,即消费 400 万米布和 600 万公斤小麦。从图形看,其消费点超出了本国生产的最大可能性。从这个意义上说,如果没有贸易,在现有的资源条件下,中国是不能达到这样高的消费水平的。

美国的情况也是如此。最初的生产点是 S_0' 点。此时美国生产小麦的机会成本是 2/3,其国内比价是 2:3。有了国际贸易后,国际比价为 1:1,结果在美国生产小麦的机会成本就低于国际比价了。美国生产小麦的厂商也会增加小麦的产量。其生产点沿着生产可能性边界向右下方移动,直到 S_1' 点才稳定下来。此时美国生产 600 万米布和 800 万公斤小麦,自己消费 400 万公斤小麦,用其余的 400 万公斤小麦换回 400 万米布。结果美国消费 1000 万米布和 400 万公斤小麦,即比贸易前多消费 250 万米布。此时的消费点是 C_1' 点,同样也超出了美国在封闭条件下的生产可能性。

由此可见,在机会成本递增条件下,比较利益理论仍然有效,参加贸易的国家仍然可以从国际贸易中获得利益。只是国际分工

不能达到完全专业化的程度。

二、需求、贸易条件与供求均衡

在李嘉图和赫-奥模型中,从供给的角度说明了国际贸易的原因、动力和利益的分配,只是为了阐述问题的需要,才论及需求方面,而且许多都是假定的。实际上,只有供求双方共同起作用,才能决定均衡价格。国际贸易是一种国与国的相互需求,因此贸易的均衡是一种相互需要的结果。

(一)国际贸易条件的范围

在前面的论述中,我们假定国际比价为2:1,并且简单地解释了国际比价必须在两国贸易前的国内比价之间的原因。现在我们对此进一步加以说明。

在阐述李嘉图的比较利益论时,我们假定,中国的国内比价是3:1,即3个单位的小麦换1个单位的布;在美国,两种商品的国内比价是4:3,即1.333个单位的小麦换1个单位的布。两国要形成贸易,形成的国际比价必须在两国的国内比价之间,这是各国厂商愿意接受国际贸易的基本前提。我们用图2-6加以说明。

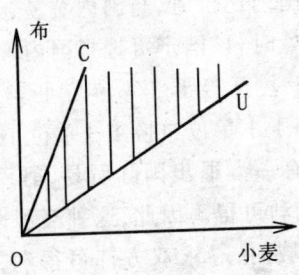

图2-6 中美贸易条件的范围

在图2-6中,横轴表示小麦的交换量,纵轴表示布的交换量,射线OC表示中国的国内比价,射线OU表示美国的国内比价。比较而言，中国小麦的价格比美国要贵，中国布的价格比美国要便宜。如果这种价格差只是促成了美国的厂商将小麦运到中国来卖，那么美国希望得到差价的全部利益。相反，如果差价促成了中国将布运到美国去卖，那么说明中国同样希望得到国际贸易的全部利益，问题是两个国家不可能同时获得全部的贸易利益。如果美国得到了全部贸易利益，中国就无利可得，如果中国得到全部贸易利益，美国就无利可得。可以想到的是任何一个国家参与国际贸易都不是单纯的交换行为，而是一种期望获得国际贸易利益的行为。因此国际贸易的实际价格必须是两国国内比价的折中，是一个两国都能接受的、有利可图的价格。其价格的界限是：

小麦价格的界限：最高线为1单位小麦换3单位布

最低线为1单位小麦换1.333单位布

布的价格界限：最高线为1单位布换3/4单位小麦

最低线为1单位布换1/3单位小麦

就小麦而言，如果其价格高于甚至等于1单位小麦换3单位布，中国就会退出国际贸易，如果低于或等于1单位小麦换1.333个单位的布，美国就会退出国际贸易。当国际贸易的价格等于其中任何一个国家的国内比价时，与国内贸易相比，国际贸易对该国的厂商无更多的好处时，该国宁可选择国内贸易。就布而言，如果1单位布的价格高于甚至等于3/4单位小麦，美国就会退出国际贸易；如果低于或等于1单位布换1/3单位小麦，中国就会退出国际贸易。而且其中有一方退出国际贸易，另一方就失去了交易的对象，任何一方都无利可得。因此，这种互利性约束双方必须在图2-6所示的阴影区域内，寻求双方都可得利，进而可以接受的国际比价，否则国际贸易就难以形成。

总之，国际贸易形成的条件范围是：国际比价必须在两个参加贸易国家贸易前的国内比价之间。

然而，国际贸易条件范围只说明了国际比价形成中可供选择的区域。均衡价格应该是一个确定的均衡点。

(二)相互需求和供应条件曲线

贸易的确定条件,而不是贸易条件的确定范围,要借助于供应条件曲线,或相互提供曲线来确定。所谓供应条件曲线是表示在各种不同的贸易条件下,为出口市场提供的商品量的各点的连线或轨迹。

我们假定,中国要向美国出口布,以换取美国的小麦。最初供应布时,在美国的卖价比较高,即用1单位布的出口可以换回较多的小麦。但是随着出口量的增加,在美国市场上布的供应比较多了,除非中国将布的价格降下来,否则美国市场上很难吸收更多的布。因而表现为1单位布所换的小麦的量减少了。具体情况如图2-7所示。

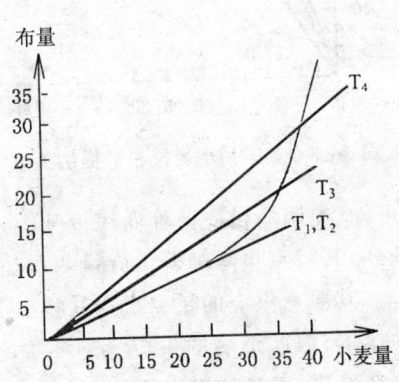

图2-7 中国出口布的提供曲线

在图2-7中,当出口5单位布时可换10单位小麦,用T_1表示;出口10单位布时可换15单位小麦,用T_2表示;出口20单位布时可换20单位的小麦,用T_3表示;当出口30单位布时,可换回28个单位的小麦,用T_4表示。可见随着布出口量的增加,单位布所能换的小麦的量减少了。如果将这些点连接起来,我们就得到了中国对国外市场的供应曲线。

美国的供应条件曲线在方向上正相反,因为美国是小麦的出口国,是用小麦换布。与中国相同的是,美国小麦的供应条件也会随着出口的增加而逐步减少,即换回 1 单位布所需供应给国外的小麦量会增加。具体情况如图 2-8 所示。

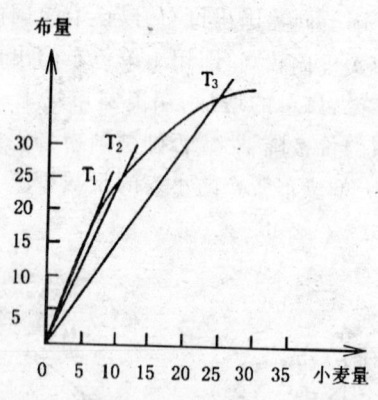

图 2-8　美国用小麦换布的提供曲线

由图 2-8 可知,美国的供应条件曲线也是由一系列的供应条件点所连成的曲线,其特点也是随着供应量的增加,单位小麦换回的产品量会减少。其愿意供应的量要根据其换回商品的量是否能够补偿生产中的成本,因此最后的供应量还要决定于需求方所愿意支付的价格。在这里,美国的出口就是中国的进口,而中国的出口又是美国的进口。因此,国际比价是在两国供应条件或相互需求条件中寻求双方都满意的供应条件和都愿意接受的需求条件,而这个条件就是中国和美国供应曲线的结合点或交点。图 2-9 表明了这一情况。

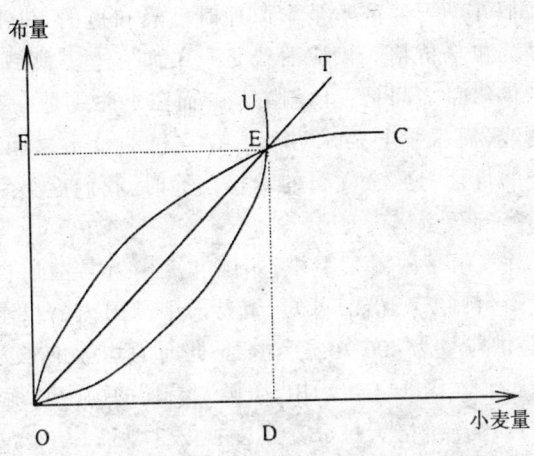

图 2-9 美国和中国的提供曲线或相互需求曲线

在图 2-9 中,横轴表示小麦的供应量,纵轴表示布的供应量,C 曲线表示中国的供应条件曲线,U 曲线为美国的供应条件曲线,E 点为贸易条件,或均衡的国际比价,在此点上,美国的供应条件恰好等于中国的供应条件。在这一点上,中国的出口量为 OF,进口量为 OD,相反美国的出口量为 OD,进口量为 OF,即中国的出口正好等于美国的进口,美国的出口恰好等于中国的进口。此时的交点为 E,即国际比价。可见,国际交换比价是由供求双方的供应条件决定的。

(三)需求与国际贸易均衡

在前面的论述中,我们只是从供给的角度阐述了各国的生产、消费和价格的形成。我们前面论述的供给条件曲线决定价格的问题是从供给的角度谈相互需求。正如我们所知道的,一种产品的均衡价格是由供求双方共同决定的。现在,我们从供求两个方面研究国际贸易条件下的生产、消费和价格的影响。

1. 供求曲线与贸易

正如我们在学习经济学基本原理时已经知道的,供求双方共同决定商品的市场价格。供应曲线是一条向右上方倾斜的曲线,供给价格与供给量之间是正比例关系。而需求曲线是一条向右下方倾斜的曲线,需求量与需求方所愿意支付的价格之间呈反比。当愿意接受的价格与愿意支付的价格相等时,我们就得到了均衡的价格和均衡的数量。

图2-10表示了国际贸易中,中国和美国贸易前后供求量和价格的变化。由图2-10(a)可知,贸易前中国国内的供求均衡点为A,均衡的供应量为400万公斤小麦,此时的均衡价格为每公斤小麦换2米布。在图2-10(c)中,美国贸易前的国内均衡点为H,此时美国国内均衡价格为每公斤小麦换2/3米布,均衡的供求量为600万公斤小麦。

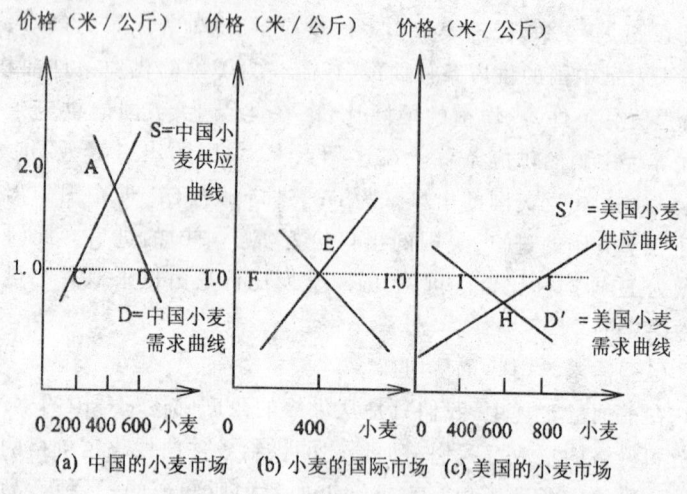

图2-10 用供求曲线表示贸易前后生产、消费和价格的决定

如果允许进行国际贸易,中国商家就会发现,美国市场上的小麦比中国的要便宜,从而产生了进口小麦的倾向。另一方面,美国

的厂商发现,将小麦运到中国去卖比在美国市场上卖价要高,这就产生了出口小麦的倾向,其结果是不断有小麦进入中国市场。由于供应量的增加,小麦的市场价格就要下降,中国国内生产者的小麦供应量将随着小麦价格的下降而减少,而且只要小麦价格还高于美国国内的小麦价格,那么小麦的进口就不会中断。直到小麦在中国市场上的价格等于美国国内的市场价格时,美国小麦流向中国市场的过程才会停止。

在美国的市场上,如果不断有小麦流出,本国市场上的小麦供应量就会减少,市场上小麦的价格就会上升,从而刺激了小麦供应的增加。另一方面,小麦价格的上升,国内需求的减少促使厂商将小麦出口到国外市场。直到小麦的出口价格等于美国国内的市场价格时,小麦的流出才停止。

在图 2-10(b) 中,最终的国际比价是每公斤小麦换 1 米布。在此价格下,美国愿意供应的小麦量是 400 万公斤小麦,中国需要的数量也是 400 万公斤小麦。

实际上,美国愿意向中国市场,或国外市场供应的小麦数量正好是美国国内在 1∶1 的价格下供给大于需求的数量。即美国国内小麦的供给量为 800 万公斤,因而有 400 万公斤的小麦可供出口。在中国进口小麦的数量也恰好等于在 1∶1 的价格下,中国国内小麦的需求大于国内供给的数量。如图 2-10(a) 所示,在 1∶1 的比价下中国居民对小麦的需求量是 600 万公斤,但在此价格下中国的生产者愿意支付的价格仅仅为 200 万公斤,需求大于供给 400 万公斤,可以通过进口加以补充。

由此可见,国际贸易使参加贸易的国家相关的商品供求在国际范围内达到了均衡。结果是,美国在获得比贸易前较高卖价的同时,多生产 200 万公斤小麦,中国在享受较低卖价的基础上多消费 200 万公斤小麦。从而两个国家都从国际贸易中获得了经济利益。

我们在引进需求因素以后所论及的价格就不再是简单的假设了,而是一个由供求决定的均衡价格了。

2. 无差异曲线与国际贸易均衡

我们已经将需求因素引进到国际贸易的理论分析中。我们将需求曲线描述为向右下方倾斜的曲线。为了进一步了解国际贸易的利益动因,我们需要对需求曲线的决定进行一些新的分析。

为此我们需要回忆一下经济学中反复提到的无差异曲线。所谓无差异曲线是由两种商品的不同消费组合所构成的,各相同的满足程度或效用水平下的组合点的轨迹,这种轨迹随着消费水平的提高而逐步远离原点,形成无差异曲线族。图2-11表明了无差异曲线的形状和无差异曲线族。

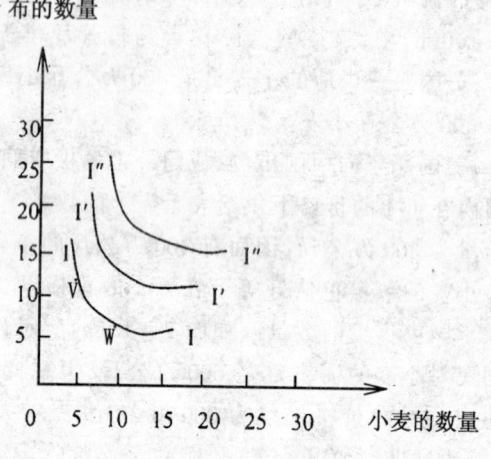

图2-11 无差异曲线图

在图2-11中,消费者可以选择的消费商品有两种——布和小麦。在无差异曲线Ⅱ上,消费者可以选择消费这两种产品的任意组合,而其从消费中所得到的效用水平是无差异的。即无论在V点,还是W点,该消费者所得到的满足程度是相同的。无差异曲线上各组合点的切线为该点的边际替代率,即增加消费1个单位某种产品所放弃的另外一种产品的消费量之间的比率。

消费者要提高自己的满足程度或效用水平,在图上就表示为无差异曲线向远离原点的方向平行移动。如图2－11中的无差异曲线I′I′和I″I″曲线所示的情况。在这两条无差异曲线上的任何一点上,消费者的满足程度都比II要高,同样地,无差异曲线I″I″比无差异曲线I′I′的满足程度要高。[①]

然而,消费者提高自己满足程度或效用水平的要求不是没有限制的。消费者总是在自己的一定收入水平之下,求得消费的最大满足。因此,我们就有了预算线的概念。所谓预算线就是消费者在收入水平和商品价格水平一定的条件下,所能消费的两种商品各组合点的连线。在两种商品价格水平一定的条件下,消费者只能在一定收入水平允许的范围内选择两种商品的消费组合。当收入水平一定时,两种商品的消费组合就决定于两种商品的价格水平。其中任何一种商品价格的变动都可能引起整个消费组合的变动。具体情况可用图2－12加以说明。

由图2－12可知,横轴表示小麦的消费量,纵轴表示布的消费量。假设某个消费者的收入水平一定,在布和小麦的价格已知的情况下,如果该消费者将全部收入用来消费小麦,可消费OA′量,如果全部用来消费布,可购买或消费OA量,这两点之间的连线即为预算线,同时也表示两种产品之间的比价。即布的价格为OA′/OA,小麦的价格为OA/OA′。如果小麦的价格下降,布的价格不变,则预算线变成AC′;如果小麦和布的价格都发生变动,例如小麦的价格下降,布的价格上升,则预算线变成BB′。

作为消费者,他一方面希望自己的满足程度越高越好,另一方

[①] 我们这里讲的无差异曲线假定是全社会的无差异曲线。实际上,个人的无差异曲线与社会的无差异曲线有所不同。在经济学的原理中,这一点已经讲清楚了。

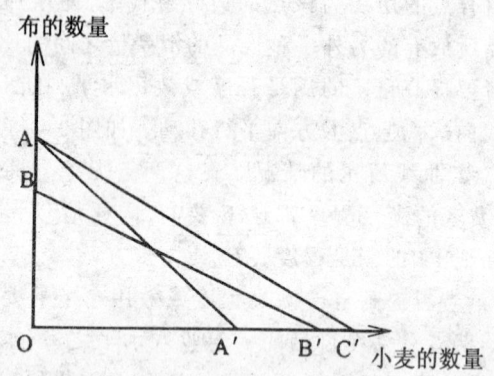

图 2-12 预算线及其变化

面,收入水平又限制其在其收入允许的范围内进行消费。用经济学的术语表示就是,消费者希望其无差异曲线尽可能地远离原点,但是预算线限定了这种消费的满足程度只能在其收入允许的范围内。因此消费的均衡是消费者在一定收入水平上所能追求的最大的满足程度,是预算线所切的离原点尽可能远的无差异曲线上的点。该点也是消费者消费两种产品时,获取一定满足程度的边际替代率。因此,消费的均衡用无差异曲线表示,就是市场价格与一定的无差异曲线上的相切点。

在本章的前面,我们已经论述了生产的均衡条件,它是市场价格与生产可能性边界的切线。在此,我们论述了需求均衡点是市场价格与无差异曲线的相切点。由此可以推论,当生产和需求同时达到均衡,或供求相等时,生产可能性边界和无差异曲线切于同一价格线上。不仅如此,在没有国际贸易的情况下,生产点和消费点是同一点,从而消费的边际转换率等于边际替代率。

在开放经济条件下,国际分工和国际贸易将改变供求均衡的结构和规模,国际贸易将改变贸易产品的价格结构,或两种产品的比价。① 这些都会给一国带来经济利益,具体表现为消费者满足程度的提高。用图形表示就是,预算线与更高的无差异曲线相切。为直观起见,我们用图 2-13 表示。

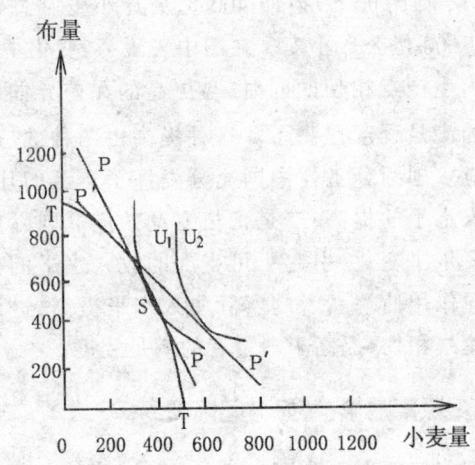

图 2-13 国际贸易均衡的几何说明

图 2-13 表明了贸易前后的两种均衡情况。贸易前,生产点是 S 点,消费点也是 S 点。此时消费者所得到的最大效用水平是无差异曲线 U_1,价格线为 PP。在封闭条件下中国国内消费小麦和布的均衡水平是生产可能性边界 TT 和无差异曲线 U_1 同时切于价格线 PP。此时国内供给两种商品的数量等于需求的数量。贸易后,价格线由 PP 变到 P'P',这就意味着小麦的价格下降了,而布的价格上升了,从而可能导致中国消费者在一定的货币收入下,消费结构发生变化。不仅如此,中国充分发挥了自己在生产布方面的

---

① 实际上,在多种产品参加贸易的情况下也是如此。贸易将改变商品在封闭下的价格结构,从而影响人们对产品消费结构的调整。

优势,从而使中国在现行的价格之下,用布的价格衡量,中国所能支配的物质财富量增加了。这种增加就是实际收入水平的提高。在图中,他生产800亿米布,自己消费400亿米,用其余的400亿米布(在1:1的交换比价下)换回400亿公斤小麦。总消费量达到400亿米布和600亿公斤小麦。在图中表现为,变化了的价格线与变动了的国内生产点相切的同时,与更高的无差异曲线 U_2 相切。显然消费者的满足程度提高了。这种提高由两种效应构成:一是国际分工效应。国际分工使中国充分发挥了自己的比较优势,引起了实际收入水平的提高;二是价格变动效应。国际贸易使商品的价格结构发生了变化,引起了可支配的收入水平的提高。这两种效应的共同作用使消费者的实际收入水平提高,进而得以与较高的无差异曲线相切,提高了消费者的满足程度。

三、自然资源禀赋论、嗜好与国际贸易

国际贸易不仅产生于各国生产技术和生产要素禀赋的差异,在某些情况下是供给或需求方面的自然需要,各国自然资源的禀赋和嗜好的不同就是如此。

(一)自然资源禀赋理论

自然资源禀赋理论是指,由于各国的地理条件、气候条件以及自然资源蕴藏等方面的不同所导致的各国自然资源禀赋的差异,进而需要国际贸易调节各国间的"余缺"。对于建立在自然资源禀赋基础上的国际贸易似乎不难理解。矿藏必须在发现它的地方开采,而各个国家不可能同时发现同样的矿产资源;靠水力来发电只有在水利资源丰富的地区或国家才可能建立水电站;某些农作物

只有在适于其生长的气候条件下才能种植和收获①。由于各国经济发展过程中所需要的资源常常是相同的,而各国的自然条件又明显的不同,客观上存在着一种对国际贸易的需要,我们称之为"拾遗补缺"。在某些国家参与国际贸易的最初动因可能就是建立在"拾遗补缺"的基础上的。

自然资源禀赋论能够解释建立在单纯自然资源和气候条件基础上的商品贸易问题。从现实经济来看,这种观点对贸易现象的解释范围是有限的,随着人类认识和改造自然能力的提高,靠天吃饭的问题,以及摆脱自然力限制的能力在提高,以致科学技术发展到今天,许多产品对自然条件和资源的依赖已经很小,因此,这种观点降到了我们只需要提及的程度。

(二)嗜好与国际贸易

在前面的分析中,我们强调了供给方面与国际贸易之间的关系。我们讲到需求时,只是谈到在供求决定贸易均衡时的情形。在有些情况下,需求对国际贸易起着非常关键的作用。

为了说明这一点,我们假定,两个同样能够生产两种产品——小麦和大米的国家,其生产可能性边界的形状和生产能力完全相同。但是其中一个国家的居民喜食大米,而另一个国家的居民喜食小麦。在此情况下,喜食大米的国家可能米的价格较贵,而喜食小麦的国家,可能小麦比较贵。这种市场价格的差异可能产生两种情况,一是喜食大米的国家,其生产者倾向于生产更多的大米,而喜食小麦的国家倾向生产较多的小麦,从而满足各自的需要;另一个可能的结果是,喜食大米的国家将自己生产的小麦出口到国外换大米,而喜食小麦的国家可能将自己生产的大米出口到国外

---

① 当然,随着科技的进步和人类努力,某些农作物的生产条件可以通过人工创造出来。因而,人类对自然条件的依赖在一定程度上减弱了,但是尚未达到完全摆脱自然条件限制的程度。

去换小麦。在此情况下,国际贸易既不是由技术差异造成,也不是由生产要素的禀赋差异造成,而是由两国的嗜好或饮食习惯的差异决定的。

图 2-14 表明,国际贸易使两国的消费在不改变其生产结构的前提下得到了满足。

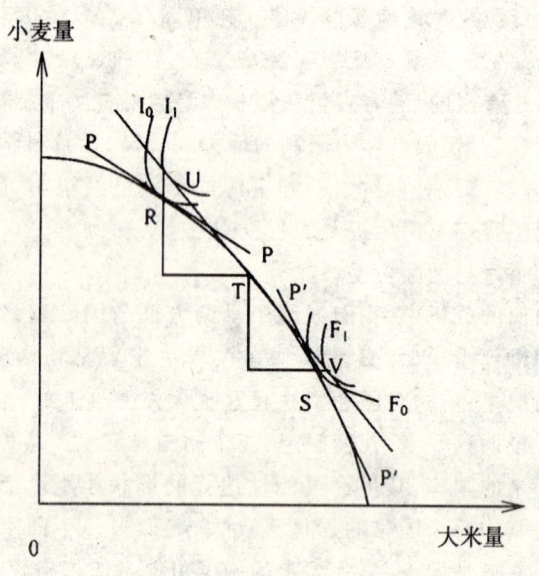

图 2-14 嗜好与贸易

图 2-14 中,在贸易前,两国的生产可能性边界相同,为满足本国的需求,喜食小麦的国家生产点为 R,喜食大米的国家生产点为 S,消费点只能是 R 点和 S 点了。此时在喜食小麦的国家,小麦的价格比较贵,价格线为 PP,喜食大米的国家,大米的价格比较贵,其价格线为 P′P′。有了国际贸易以后,喜食小麦的国家可以将自己生产的大米出口到喜食大米的国家,并换回小麦,喜食大米的国家可以将自己生产的小麦出口到喜食小麦的国家。从而使两国

过去价格较高的产品降低了价格,并形成了统一的国际比价。此时,两国的生产点同时处在T点。在此情况下,两国的消费水平或福利水平也提高了。

由此可见,消费的专门化或各国的嗜好差异也会导致国际贸易。在此情况下,解释国际贸易产生的原因,它既不是技术差异,也不是要素禀赋差异,而是各国消费习惯或嗜好的差异。

本章小结

1. 技术的绝对差异会导致各国之间的相互贸易。

2. 技术的相对差异是各国形成比较成本优势的基础。绝对技术差异是相对技术差异的特例或特殊形式。

3. 生产要素禀赋理论用各国生产要素禀赋的差异解释国际贸易的原因。

4. 无论是技术差异,还是生产要素禀赋差异,它们都是以两国之间同一产品的价格存在差异为前提的。因此,只要存在价格差,各国之间就有开展贸易的动力。

5. 机会成本的递增使比较利益理论的适用范围进一步扩大。尽管比较利益理论本身仍然适用,但是此时各国的生产不再是完全专业化的了。

6. 国际贸易的均衡是在国际范围内的供求平衡,新的基础上的平衡使本国供过于求的产品找到了市场,同时正是因为有了这样的市场,各国的生产才得以专业化。

7. 自然资源禀赋的差异会产生建立在"拾遗补缺"基础上的国际贸易。

8. 各国生活习惯的不同,以及建立在这种习惯基础上的嗜好差异,可能使两个具有同样生产可能性边界的国家进行贸易,以便多消费价格比较低的、本国居民比较喜好的产品。

本章思考题

1. 如何理解绝对技术差异论是比较利益论的特例?
2. 画图说明相对技术差异论的基本观点。
3. 为什么价格差是国际贸易的基础?
4. 生产要素禀赋论怎样解释产生国际贸易的原因?
5. 假定机会成本不变和假定成本递增对国际贸易中的比较利益论的结论有何影响?
6. 封闭经济下的均衡价格与开放条件下的均衡价格有何不同?
7. 自然资源禀赋对国际贸易有何影响?
8. 举例说明嗜好对国际贸易的影响。

第三章 现代国际贸易理论

瓦西里·里昂剔夫对生产要素禀赋论的实证性研究开辟了现代国际贸易理论研究的道路。学者们从完善和怀疑古典的国际贸易理论入手,提出各种新的能够从理论上解释国际贸易现实的理论。这些理论主要包括规模经济与差异产品贸易理论、相互倾销贸易理论、技术与贸易理论,以及跨国公司与贸易的理论。本章主要阐述这些贸易理论。

第一节 规模经济与差异产品国际贸易理论

厂商对最大限度利润的追求,使它们总是试图降低成本、影响市场价格,消除竞争者,进而进入国际市场。因而,建立在规模经济和差异产品基础上的国际贸易自然发展起来。

一、规模经济与差异产品

(一)规模经济

在比较利益理论中,我们曾经谈到过机会成本变化的问题。机会成本的变化有三种情况,即机会成本不变、机会成本递增和机会成本递减,前两种情况我们已经在比较利益理论中阐述过了。所谓规模经济,实际上就是机会成本递减的情形。

当论及规模经济时,我们需要将成本的概念换一个角度加以阐述。我们说成本不变,实际上是讲,当我们有一个单位投入时,相应地就有一个单位的产出,增加一个单位的投入,多获得一个单位产出。对此,我们也称之为规模报酬不变。报酬不变显然是成本没有变化的反应。当我们讲到规模报酬递减时,我们是说在增加一个单位的投入之后,其规模报酬是减少的,或者说在市场上该商品的卖价不变的情况下,这种报酬的减少显然是成本增加造成的。关于成本递增的原因,我们已经在上一章中作了比较系统的阐述。规模报酬递增则是规模经济的本意。

所谓规模经济简单地讲就是,单位要素投入量所耗费的成本比由这种投入所带来的产出量或收益少。为说明这个问题,我们假定,波音公司生产前10架飞机的单位成本是2000万美元,再增加1架飞机的生产后,其单位产品的成本变成1800万美元,再增加1个单位产品生产后,其单位产品的成本变成1500万美元。其结果如图 3-1 所示。

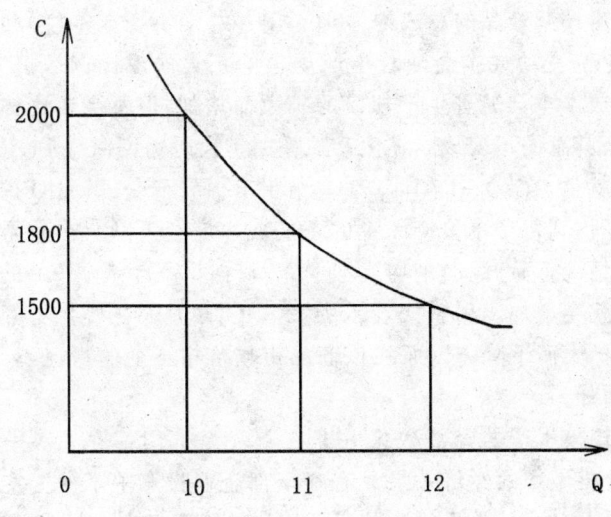

图 3-1 规模经济图示

在图 3-1 中,横轴表示商品的数量,纵轴表示商品的单位成本。图中表示出这样一种情形,即随着该产品生产规模的扩大,其单位产品的成本递减,或随着生产规模的扩大,较少的投入就可以获得原来在较多投入下的 1 单位产品。在飞机的市场价格不变的情况下,企业的单位产品价格与平均成本的差就比较大,因而其利润就增加。这种来自生产规模扩大的报酬增加,被称为规模经济。

规模经济有两种情形,一种是外部规模经济,另一种是内部规模经济。外部规模经济来源于产业或行业的规模大小。即当一国的某个产业或行业规模比较大时,相互在技术方面的影响和节约成本方法上的影响比较容易传播和推广,因而可以起到规模经济的作用。其结果是在同样单位要素投入的情况下,得到更多的产出。内部规模经济则产生于某个企业内部的生产规模的扩大。我们论及规模经济时主要指后一点。

大规模生产的经济性产生于生产成本的节约。我们知道,一个企业生产某产品的总成本为 $TC = F + V$,即不变成本(F)和变动成本(V)。变动成本会随着生产规模的扩大而成比例地扩大,相反不变成本也会随着生产规模的扩大而增加,但不会成比例地扩大,甚至其总的不变成本在生产规模的扩大时仍可保持不变,用公式表示就是:$TC/Q = F/Q + V/Q$。由于 F 保持不变,因此 Q 扩大以后,其平均到每个单位产品上的不变成本就会下降。在商品价格不变的情况下,产品的平均成本下降,则企业得自单位产品的报酬或利润就会增加。用公式表示为:$\pi = P - C$。其中 C 会随着生产规模的扩大而下降。因而在该商品市场价格不变的情况下,利润"π"会增加。

大规模生产的经济效果并非在哪一个部门都存在。一般而言,大规模生产的经济效果只有在全部企业投资中不变资本所占比重比较大时,其效果才比较明显。从具体部门或行业看,规模经济多出现于重化工业或资本密集型产业。相反,在劳动密集型产业中,规模经济的效果则不甚明显。

大规模生产的经济性鼓励了有关的部门和企业追求由此带来的经济效果,从而扩大自己的生产规模。这种生产规模的扩大意味着其产品竞争力的加强,而且生产规模越是扩大,该企业产品的竞争能力越强,其他企业越是难以从事该种商品的生产。因此,大规模生产的经济性形成了此类部门生产的垄断,削弱了企业行业内部的竞争。

(二)差异产品与不完全竞争

垄断或获得对市场定价的控制权是所有希望获得较高利润企业的追求。一般而言,企业可以通过占有本行业生产较大部分的方法获得。但是当企业的生产规模还不足以大到可以影响全行业或同类产品的生产价格时,企业要获得某种价格控制权还有另外一种选择,即生产差异产品。

生产差异产品是生产者获得一定程度定价权的手段。一般而言,生产同质产品的厂商所生产的产品不可能将自己产品定出较高的价格。厂商要使自己的产品在市场上卖较高的价格,以获得额外利润,它必须生产差异产品。从狭义上讲,所谓差异产品是指,在设计、品牌等方面明显不同于同质产品,且被消费者认可的产品。差异产品的差异表现在多个方面,如在产品的设计方面,内在质量相同的产品由于不平凡的设计也会引起消费者愿出高价购买。相应地,厂商也借此标定较高的价格。又如,厂商还常常利用人们的追求"制造"名牌产品,可能这种名牌产品的内在质量与同质产品没有任何差异,但是厂商凭借这种名牌获得了对该产品的定价权。另外还有一些厂商通过广告等方式制造出本产品不同于其他产品的"特征"来,在人们认可的基础上,获得了某种程度的定价权。

不仅厂商对差异产品感兴趣,实际上消费者对差异产品也非常感兴趣。消费者对差异产品的兴趣来自消费者对较高满足程度的追求。根据福利经济学的一般理论,消费者的福利水平的提高来自两个方面,一方面是对同一产品消费数量的增加,即消费同一产品的数量越多,其消费的福利总水平越高。另一方面是消费最接近本人消费欲望的产品,因此对同一类或同一种产品而言,其品种、设计、品牌越多,满足不同消费者消费欲望的可能性就越大。随着消费者收入水平的提高,他们趋于追求个性化的消费,"与别人不同"成了满足这部分消费者利益的重要方面。这种消费的排他性实际上就是"消费权的垄断"。当然这种垄断是建立在有支付能力的需求的基础上的。

然而,无论是生产者追求差异产品,从而获得某种定价的操纵权,还是消费者对差异产品的需求,从而最大限度地满足自己的需要,这都是与现代化大生产或大规模生产的经济性相矛盾的。大规模生产的经济性要求生产规模大、批量大、标准化从而达到节约成本的目的。但是差异化则要求小批量、多品种、多样化,从而减少价格参照系,为生产者提供操纵价格的余地。这种小批量、多品种就意味着单位产品的成本或平均成本比较高,难以达到规模经济的效果。

要使现代生产和消费同时满足规模经济和差异产品生产与需求的要求,只有开展国际贸易和国际分工。

二、规模经济与追求差异产品的矛盾

如果一国既希望获得规模经济效果,又希望满足生产者和消费者对差异产品的追求,国际贸易就是最佳的解决办法。由于国际贸易使厂商的市场规模扩大了,因而大规模生产就有了市场的保障。国际贸易将大批量生产的产品分散到各国的市场上去,因而在每一个具体的市场上,表现为各种产品的小批量供应。对于消费者而言,小批量的差异产品是价格比较低的,因为在生产它们时,由于规模经济的效果,使各类产品的市场价格较低。因而在比较低的价格下,差异产品是比较容易得到推行的。这种国际贸易由于是建立在差异产品的基础上的,所以只要各国之间产品有差异,无论这种差异表现为何种形式,都可以成为国际贸易的载体。

三、规模经济、差异产品与国际分工

在比较利益理论那里,国际贸易的基础是各国存在的技术差异,或要素禀赋差异,因而国际分工是确定的。但是在这里,由于各国的技术水平相同,且贸易的基础是规模经济下的差异产品,因此国际分工是不确定的。为说明这一点,我们假设,世界上只有两个国家——中国和美国,它们都能生产两种产品——飞机和船舶,两国的生产技术水平相同,这两个部门都可以产生规模经济效果。这两种产品在两国有着相同的生产函数,即:

$$W = F + aV \tag{1}$$
$$W* = F* + aV* \tag{2}$$

函数式中,W 表示生产飞机的总成本,F 表示生产一定量的飞机所需要的固定成本,aV 表示所需要的变动成本。W* 表示生产船舶的总成本,F* 表示生产一定量船舶所需要的固定成本,aV* 表示所需要的变动成本。其平均生产成本将随着产量的增加而下降。即表示为:

$$W/Q = F/Q + aV/Q \tag{3}$$
$$W*/Q = F*/Q + aV*/Q \tag{4}$$

用几何图形表示为图 3-2。

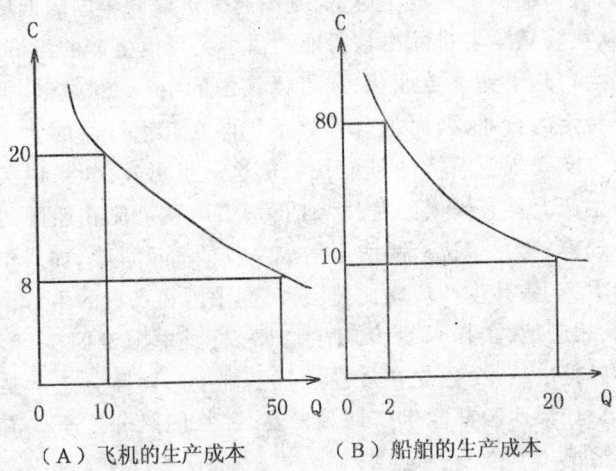

(A) 飞机的生产成本　　(B) 船舶的生产成本

图 3-2　生产飞机和船舶的规模经济与分工

由图 3-2(A)可以看出,如果中国生产 10 架飞机,其平均成本是 2000 万美元,如果生产 50 架飞机,其平均成本是 800 万美元;美国也是如此,即生产 10 架飞机平均成本是 2000 万美元,生产 50 架飞机则是 800 万美元。在这里两国生产飞机的平均成本的高与低不存在生产要素禀赋差异,也不存在技术差异,完全取决于生产规模的大小。在图3-2(B)中也是类似的情形。如果中国生产2艘船,其平均成本为8000万美元,如果生产20艘船,其平均成本是1000万美元。美国的情况与中国相同。现在的问题是,如果两国开展相互贸易,其专业化分工是怎样确定下来的?在规模经济发挥作用的部门,两国的国际分工决定于谁在特定的生产部门中的生产规模较大。大规模生产的经济性将使该国在产品的生产和贸易中具有价格或成本优势。比如,美国在飞机的生产上规模比较大,而中国的生产规模比较小,那么美国在生产和贸易中有价格和成本优势,而中国居于劣势地位。而且美国在该行业中生产规模越大,其产品的平均成本越低,别国越是难以同美国的低成本相竞争,从而将竞争者排除出该行业。由于大规模生产的经济性,使一国的生产趋于完全专业化,或者说该国的生产资源越是集中于某一个特定的行业,因而也就排除了该国在其他产品的生产领域或行业中实现规模经济的可能性。从这一点出发,如果说美国在飞机的生产上具有规模经济优势的话,中国就可能在船舶的生产上生产规模较大,单位产品的平均成本较低。反过来,如果中国在飞机的生产上,其生产规模比美国大,则中国在飞机的生产上有规模优势,相应地,美国就会专门生产船舶,而中国专门生产飞机。由此可以得出结论,建立在规模经济基础上的国际分工不是完全确定的。如果两国都能生产两种产品,那么国际分工至少有两种可能的情况:

(1)甲国专门生产飞机,乙国专门生产船舶;

(2)甲国专门生产船舶,乙国专门生产飞机。

国际分工的结构要确定下来决定于三种可能的情况:首先,国际分工的结构决定于哪个国家在特定商品的生产上较早实现规模经济,从而排除了其他国家进入该行业的可能性,这是一个历史的经济发展过程。一般而言,经济发展比较早的国家容易在可以产生规模经济效果的部门居优势地位。其次,两个起步时间相同的国家为了避免相互竞争,通过双方达成协议,实行"协议分工",分别在不同的产品生产上实现规模经济。第三,后起步的国家,选定某个特定的可以实现规模经济效果的行业,通过某种政策使其生产规模超过早先发展起来的国家,将其排除出该生产部门。

差异产品的生产使一国在某种产品的生产中达到规模经济效果变得比较容易。因为在同一行业内部,即使是产品品种相同,但是由于设计不同、品牌互异,也可以产生国际贸易。所以,对差异产品的追求,使规模经济效果在较少的国与国的胜败竞争中得以实现。

四、差异产品条件下的规模经济与国际贸易

建立在规模经济和差异产品基础上的国际分工必须由国际贸易作为补充,否则,这种建立在差异产品基础上的规模经济效果就难以实现。但是这种国际贸易形式不同于传统意义上的建立在技术差异和要素禀赋差异基础上的国际贸易。

差异产品使国际贸易的商品范围有了新的扩展。在比较利益理论中,无论是我们的假设还是现实的贸易,主要解释的是产业之间的贸易,即在第一产业中的农业和第二产业中的制成品之间的贸易。我们称这种贸易形式为"产业间贸易"。由于差异产品的出现,并且作为贸易的重要内容,特别是在国与国之间同类产品内部所进行的贸易,就不再是传统的贸易形式了,它们表现为"产业内贸易"的形式。所谓产业内贸易是同一个产业内部差异甚至是非差异产品之间的国际贸易。这种贸易形式与传统的产业间贸易的差别可以用图3-3表示。

如图3-3所示,在美国和中国之间的贸易中有两种类型,一是产业间贸易,美国向中国出口小麦,而从中国进口布;二是产业内贸易,即美国向中国出口不同于中国的布,同时中国向美国出口

不同于美国品种的中国的布。

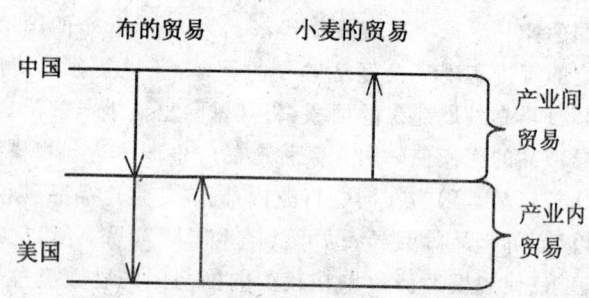

图3-3 产业内贸易和产业间贸易的区别

实际上,所谓的差异产品是相对而言的,相对于部门间所进行的商品贸易而言,产业内的商品贸易就是差异产品的贸易,不一定说,只有用一种品种的布交换另一种品种的布才是差异产品贸易,可以说是同一行业内部的产品贸易是产业内贸易的进一步细化。产业内贸易理论的核心是:在规模经济基础上,产品之间只要存在差异,国际贸易就是可能的。因此产业内贸易是指,不同国家之间所进行的同一个产业内部的商品贸易。它不同于农产品与工业品之间的产业间贸易。

五、产业内贸易理论的意义

建立在规模经济基础上的产业内贸易理论是20世纪70年代中期以后的事情。但是早在20年代初期,大规模生产的经济性及其在国际贸易中的作用已经为经济学家们所注意。1923年—1924年间,伯梯尔·奥林和格拉汉姆就已经指出了规模报酬递增可以解释大企业的出现和制成品贸易的专业化。60年代,贝拉·巴拉萨和格鲁贝尔阐述过类似产品之间的贸易理论。贝拉·巴拉萨和克拉维斯指出,不考虑经济学中的不完全竞争,就不能解释二次世界大战以来国际贸易的增长。

早在19世纪末20世纪初,德国经济学家松巴特就指出,现代文明民族并没有因为那样庞大的贸易关系而联系起来,各国经济的今天比之100年乃至50年前,它被卷入世界市场的程度不是较多,而是较少了。由此他得出结论,随着各国经济发展和技术水平的趋同,各国对对外贸易的依赖是递减的。这一理论被后人称为"对对外贸易依赖的递减规律"。凯恩斯和罗伯特逊认为,根据比较成本理论,随着技术的传播,各国在生产技术水平上逐步接近,因而建立在技术差异基础上的国际贸易会逐步减少。因此,如果依据传统的国际贸易理论,松巴特的观点是正确的。

第二次世界大战以后,国际贸易迅速发展,远远超过了世界经济的增长速度。20世纪20年代以来,学者们已经意识到规模经济的作用,由于经济学理论和工具上的障碍,制成品内部贸易的发展始终没有一个完善的理论加以解释。1975年以后,经济学家们在微观经济学理论发展的基础上,先后对不完全竞争条件下国际贸易的原因、结构和利益分配等一系列国际贸易理论的基本问题发表论著。其主要代表人物有兰卡斯特(1975)、格鲁贝尔(1975)、斯本司(1976)、迪格希特和斯迪格里兹(1977)。1979年,著名的美国新贸易理论家保罗·克鲁格曼,以其经典之作"报酬递增、垄断竞争和国际贸易",简洁而明确地论述了规模经济条件下的差异产品贸易。在文中,他阐述了差异产品对生产者和消费者在获得利润和提高消费福利水平中的作用,进而阐述了差异产品贸易的必然性。

由于新的贸易理论的出现,国际贸易理论进入了一个新的发展阶段。在传统的贸易理论中,无论是建立在技术差异基础上的比较利益理论,还是建立在要素禀赋差异基础上的比较利益理论,它们都是建立在同一个经济学分析前提之上的,即以完全竞争为基本分析前提。在那里任何一家企业都不能操纵商品的市场价格,任何行业或部门都可以自由地进入和退出。但是建立在规模经济基础上的国际贸易理论暗含着这样一个基本的命题:市场是不完全竞争的。因为规模经济排除了小企业进入这类行业的可能性,即任何企业如果不能达到或等于甚至超过现有企业的生产规模,该企业就不能进入此类行业。这一命题改变了国际贸易理论的基本经济学命题。如果我们说,成本递增条件下的比较利益,生产要素的多样性,以及考虑供求均衡问题只是比较利益理论的进一步发展的话,那么这种经济学命题的根本改变,实际上就是国际贸易新理论的形成,就是国际贸易理论的新发展。

最后,新贸易理论表明,尽管各国之间有相同的生产要素禀赋,但并不构成它们之间存在利益冲突的条件,相反各国之间可以通过产业内部贸易形成互补的差异产品贸易关系。因而在这类国家之间,贸易的相互依赖代替了相互竞争或冲突。从这个意义上说,自由贸易有了更多的存在基础。

第二节　相互倾销国际贸易理论

相互倾销贸易理论认为,单纯的企业占领市场的行为,也会导致国际贸易的产生。

一、不完全竞争条件下企业的市场定价

在不完全竞争的市场条件下,企业总是希望能够通过较大规模的生产,获得规模经济效果。但是,对一个寡头垄断企业或垄断企业而言,由于企业的市场份额已经足以影响到市场价格,所以,当企业增加生产达到规模经济效果时,为了将增加的产品销售出去,不得不降低商品的卖价,这就是垄断或寡头垄断企业所面临的不同于自由竞争的企业需求曲线。垄断或寡头垄断企业的需求曲

线如图 3-4 所示。

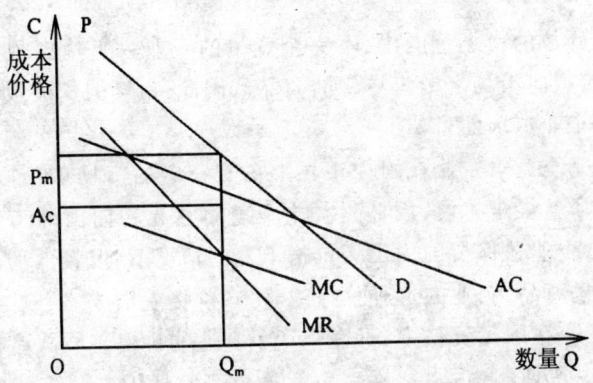

图 3-4 不完全竞争市场中的定价和生产决策

图 3-4 中,横轴表示不完全竞争企业生产商品的数量,纵轴表示商品的生产成本或价格。曲线 D 表示不完全竞争企业所面临的需求曲线,即当不完全竞争企业增加商品的市场供应时,为了使市场能够获得相应的需求,必须降低商品的销售价格。但是这种商品价格的降低并非无所限制,对不完全竞争企业而言,企业增加一个单位产品所增加的收益或边际收益要等于由增加生产所带来的边际成本。在图 3-4 中,边际成本曲线 MC 和边际收益曲线 MR 的交点,为企业生产的最佳点。如果企业进一步增加生产,企业的边际成本就高于边际收益;如果减少一单位商品的生产,其边际收益会高于边际成本,从而企业会增加商品的生产。因此,其市场定价为边际成本等于边际收益交点向上延长到需求曲线 D 上的点。在图 3-4 中的价格为 P_m 点。由于企业的规模经济效果,其平均成本曲线 AC 是向右下方倾斜的,即表明企业的生产规模越大,其固定成本中分摊到每个商品上的成本越少。由此可见,不完全竞争企业要向市场上增加销售,必须降低商品的价格。

二、倾销与对外贸易

在开放的市场范围内,不完全竞争的企业为了达到规模经济效果,希望向市场上销售更多的商品。因此,市场的扩展成为不完全竞争企业追求的目标。

不完全竞争企业在国内市场上占有一定的市场份额以后,国内的市场就很难扩展,因此这类企业就将目光转向国外市场。一般而言,企业在保持国内市场价格不变的情况下,以较低的价格向国外销售商品,企业的这种价格战略为"价格差别战略"或"价格歧视战略"。在国际贸易中,不完全竞争企业的价格差异战略被称为"倾销"。所谓倾销是指,不完全竞争企业以低于本国市场的价格向国外销售商品。

一个不完全竞争企业能够采取倾销商品的战略,需要具备两个基本条件:第一,该行业必须是不完全竞争的,各企业不是价格的承担者,而是价格的制定者;第二,市场必须是分割的,国内的居民不能购买到本国企业出口到国外市场的商品,或该出口品不能回流。只有在这两个条件具备的情况下,不完全竞争企业才能采取倾销战略。

作为一个不完全竞争的企业,从国外市场中获取最大限度利润的重要战略是倾销。

为了说明这一点,我们假设,一家在国内具有一定市场势力的企业,在国内市场上它销售 10 000 个单位产品,并且在国外销售 1 000 个单位产品。现在,该厂商将该产品在国内市场上的卖价定为 200 美元一件,在国外市场上卖 150 美元一件。显然该产品在国外市场上的卖价比国内低,因而形成倾销。但是这种倾销,从企业获取最大限度利润的角度看是合理的。我们来分析这种情形:企业希望扩大该商品的销售,如果该企业再增加 1 个单位产品的生产,它卖到哪个市场能够使它获利较多或"最大限度的利润"呢?

如果卖到国内市场,为增加1个单位的商品销售,企业要降低该商品的卖价,假设降低1美分,其国内卖价变成199.99美元,多卖1件商品增加的收入是199.99美元。这样在国内市场上,该企业就可以销售10 001件该商品,但是不要忘记的是,当企业在国内市场上,为售出增加的1单位产品时,它必须将所有单位产品的价格都降到199.99美元,因此厂商从原来10 000件产品的销售中,总收入减少了100美元。从而企业从增加1单位产品的销售中,只多收入99.99美元,而不是199.99美元。如果我们将增加的1个单位产品不是卖到国内市场,而是倾销到国外,其价格也降低1美分,价格是149.99美元,则多在国外市场销售1个单位的产品,企业多获得149.99美元,在外国的市场上销售了1001件商品。这意味着,不仅增加的1个单位的产品要以149.99美元销售,而且其他的1000件商品也要降到149.99美元,由此减少收入10美元,结果在国外市场上多销售1单位产品所得到的净增收入是139.99美元,比销在国内多收入40美元。因此对不完全竞争的企业而言,将增加的商品倾销到国外比销在国内市场能够获得较多的利润。可见,倾销是符合不完全竞争企业获取最大限度的利润原则的。具体情况我们还可以用图3-5来表示。

在图3-5中,左图表示不完全竞争厂商在国内面临的市场及定价情况,右图表示该厂商在国外市场面临的市场及定价情况。横轴表示商品的供求数量,纵轴表示商品的价格。在左图中,D曲线表示该厂商在国内市场上面临的需求曲线,由于该厂商在国内市场上具有较大的控制市场价格的能力,所以,其增加或减少生产对市场价格的影响是较大的。因而该厂商面临的需求曲线的斜率比较小,斜度比较陡。另一方面,也表明该厂商控制价格的能力较强。因此根据边际成本等于边际收益的原则,该厂商将销售价格定在每单位产品200美元。为增加该商品的销售,在其市场份额较大的情况下,降低单位产品售价对厂商收入的影响是相当大的。

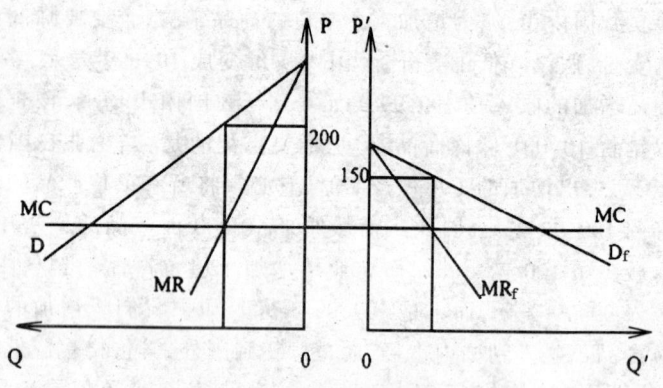

图 3-5 不完全竞争企业的倾销

因此不完全竞争企业会采取倾销战略,将产品销往国外市场。右图表示该不完全竞争厂商在国外市场上面临的需求曲线。由于该厂商在国外市场上销售量较小,因而影响价格的能力有限,甚至在极端的情况下根本不影响价格,因此,该厂商面临的需求曲线较平坦,或需求曲线的斜率较大,其定价水平或控制价格的能力较弱。同时,由于其在国外市场上销售的规模较小,所以增加 1 单位产品销售所引起的总收入的减少量不大。从不完全竞争厂商的角度看,厂商为了获取最大限度的利润,更倾向于将增加的产量销到国外市场,而不是国内市场。值得注意的是,对不完全竞争的厂商而言,无论是将增加的产品销到国内市场,还是国外市场,当它增加产品的总产量时,其规模经济效果已经能够获得了。因此,一方面增加产量可以得到平均成本降低的利益,另一方面,企业为获取最大限度的利润,需要控制产品在国内市场上的销售量,从而更倾向于将产品销往国外市场。这就产生了倾销,进而形成了对外贸易。

三、相互倾销与国际贸易

我们对倾销的分析表明,不完全竞争的厂商为获取最大限度的利润,在存在国内和国外两大市场的条件下,为了控制国内市场上的销售量,将产品倾销到国外市场。实际上,如果各国都存在着类似的市场结构,或不完全竞争的企业,那么,每个国家的不完全竞争厂商都会采取类似的价格战略。

为了说明这一点,我们假定,日本和美国的汽车生产部门都是不完全竞争的市场结构,各有两家汽车制造商。这些厂商在本国市场上都具有明显的垄断优势,在市场上占有较大的份额,且两国各厂商的边际成本相同,如果在本国市场上增加销售,都要降低市场价格,从而降低利润水平。为此日本的厂商决定,将汽车倾销到美国市场,同时美国厂商决定将其生产的汽车倾销到日本市场,从而构成相互倾销格局。一般而言,其产品在国外市场比在国内市场的卖价要低。但是由于外国厂商在对方市场上占的份额较小,所以在外国的市场上,该企业只是一个价格的承担者,不会影响到市场价格,所以两国各企业在对方市场上的卖价服从于进口方企业确定的市场价格,由于两国企业的边际成本相同,所以它们根据利润最大化原则制定的价格也相同,进而两国同一质量的汽车在两国的市场价格也相同。然而当厂商将产品销往国外时,会有一定的运输成本,所以,其出口产品的价格还是低于在本国市场上的销售价格。尽管如此,只要这种市场价格所带来的企业净增收入不低于将这一增加的产品量销在国内市场的净增收入量,企业就会将产品倾销到国外。因此,国际贸易会由于不完全竞争企业对获取最大限度利润的追求而产生。

我们在第一节中指出了,建立在规模经济基础上的不完全竞争企业生产差异产品所产生的国际贸易。在本节中,我们指出了新贸易理论的又一个重要内容,不完全竞争企业的市场结构,进而是企业获取最大限度利润的原则也会导致国际贸易。值得注意的是,无论是差异产品还是企业定价战略,都是建立在企业内部规模经济基础上的,即企业对内部规模经济效果的追求会导致国际贸易。由于企业所面临的市场结构不同,它们或者是垄断竞争企业,或者是寡头垄断企业,或者是垄断企业,因而它们参与国际贸易的动力有所差别,参与国际贸易的利润来源也有明显的不同:对垄断竞争企业而言,它们是通过生产差异产品获取超额利润的;对寡头垄断企业或垄断企业而言,它们主要是通过倾销获取超额利润的,或者是最大限度的垄断利润。

第三节 外部规模经济与国际贸易

在前面两节中,我们阐述了建立在企业内部规模经济基础上国际贸易产生的原因。实际上正如我们在说明规模经济的概念时已经说明的那样,规模经济产生于两个方面的原因,一是企业内部生产规模扩大所导致的规模经济效果;另一个是外部规模经济,它是由部门或产业的整体发展程度所产生的规模经济效果。这种外部规模经济也会导致国际贸易的产生。

一、外部规模经济的源泉

外部规模经济主要产生于三个方面,即生产设备及供应的专门化,共同生产要素的相互借用或使用,技术外溢效果。

随着经济的发展,某些工业部门所需要的机械设备越来越趋向于专门化。首先,单独一家企业很难生产和供应整个产品生产的全部设备,因而这类部门的发展,就有赖于整个机械生产部门的整体发展。各个环节的生产设备都要有专门企业进行生产和供应,否则该部门的生产成本会由于设备难以配齐,或从其他国家或地区进口其余的专用设备或部件而增加产品的成本。如果在一个国家中,该部门的所有生产环节和生产设备都能够进行生产,就可以较低的成本获取这些生产设备,使用这些设备的产品生产就可以发展起来。

其次,形成共同生产要素的市场也会导致经济效果。在这一点上,保罗·克鲁格曼在其教科书[①]中所举的电影制片厂在某一城市的集中,可能是最典型的例子。他假设有两家电影制片厂,在拍大型影片时都需要150人的专业演员队伍,但是一般情况下只需要100人,而淡季只需要50人。现在我们考虑两种情况,一种是,两家电影制片厂分设在两个不同的城市,其中恰好一家电影公司需要拍大型影片,所需专业演员150人,而其正常的雇佣量只有100人,其余的50人就要从另一家电影公司雇佣,为此需要向增雇的演员支付来往的交通费及其他补贴。这就增加了拍摄电影的成本,否则就要将自己公司的专业演员队伍保持在150人的规模。如果两个公司都这样做,其专业演员队伍就是300人,但是如果其中一家公司制片降到一般或淡季规模,那么就会出现演员闲置或失业,从而浪费了人力资源。第二种情况是,两家电影公司设在同一个城市,如果两家公司各雇佣100名专业演员,其总的雇佣演员量就是200人。假设一家公司拍摄大型影片需要150名演员,而另一家公司恰好是淡季,那么受雇于淡季公司的演员现在就可以到拍摄大型影片的公司去工作。反之也是如此。这样两家电影公司就拥有了或共享了一个要素供应的来源。这种共同拥有的生产要素市场或来源,有助于减少人员闲置、节约开支,形成部门规模经济。

第三,同一个部门内的生产企业越多,相互之间的技术交流和促进越是便利,从而越是有利于新技术的普及或广泛应用。关于部门或行业规模效应问题,著名经济学家马歇尔早就论述过。他指出,如果许多企业设在同一个城市或一个地区,将会产生规模经

[①] 保罗·克鲁格曼和马里斯·奥伯斯特费尔德著,《国际经济学》,阿得森·威斯利朗曼公司,1997年第4版,第148页。

济的效果，因为如果某个人有了新的设计或想法，他就会与别人交流，这种想法会得到普及，同时该设计者在与其他人的交流中也容易获得改进的建议并完善自己的设计。在现代经济发展中，这种产业或行业规模效益更加明显。关于这一点，在美国的硅谷表现最突出。在那里一大批科技精英云集，他们可以在各种场合进行想法的交流，互相得到启发。一旦有新的发明或产品推出，其他公司马上就会解析，进而加以改进，又推出更完善的产品。因而地点的集中和人才的集中有助于技术的外溢和普及，从而节约成本的技术会迅速推广，在与其他国家同类产品的竞争中居有利地位。

二、外部规模经济与国际贸易

外部规模经济也同内部规模经济一样会产生平均成本下降的效果。然而，外部规模经济不是通过企业规模，而是通过行业或部门规模产生经济效果的。关于这个问题，手表行业的例子最能说明问题。假设有两个国家——瑞士和泰国，由于瑞士这个国家从历史上就是一个手表制造业非常发达的国家，因而形成了庞大的手表行业，其生产成本相对较低。从直观上看，泰国的人均工资水平较低，其手表的生产成本会较低，但由于泰国的手表业刚刚起步，因而其发展手表行业的部门规模太小，各种专业人员可能并不齐备，设备也不够配套，所以其生产成本可能还高于瑞士。也许在泰国手表生产行业达到一定生产规模以后，其产品的成本才会低于瑞士，但是在此之前，泰国产品难以与瑞士产品相竞争。关于这个问题可以用图 3-6 来表示。

如图 3-6 所示，横轴表示手表的供求量，纵轴表示每只手表的平均成本或价格，曲线 ACs 表示瑞士的平均成本曲线，ACt 表示泰国的平均成本曲线。从直观上看，由于泰国的平均工资水平较低，因此其生产手表的平均成本为 P_2，其在平均成本曲线上的交点是点 2，瑞士的平均生产成本为 P_1，在平均成本曲线上的交点为

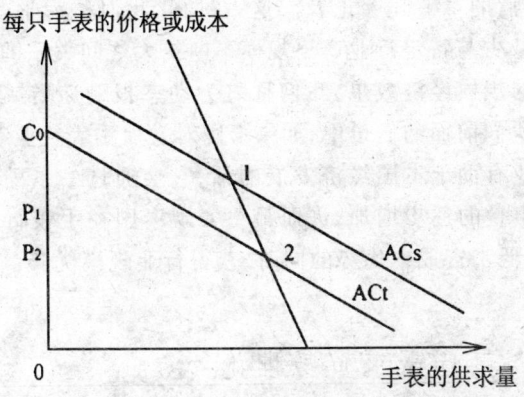

图 3-6 外部规模经济与专业化

点 1。但是由于瑞士的手表工业发展较早,该国已经形成行业优势,达到规模经济的水平,相反泰国的手表行业则刚刚起步,其平均成本点尚未达到 P_2 的水平,仅为点 C_0,即其平均成本高于瑞士。由此,瑞士向泰国出口手表。

可见,外部规模经济产生的成本优势不同于内部规模经济。贸易的原因不仅在于静态的规模效果分析,更重要的是谁在特定行业最先达到行业规模经济水平。

三、外部规模经济与学习曲线

正如我们上面所述及的,泰国在手表行业发展的初期,其平均成本是高于瑞士的,它表明行业的规模优势是一个历史积累的结果。另一方面也表明,后起的国家经过一段时间的"学习"过程也能学会某些特定的知识,在某种外力的作用下,会积累起整个行业逐步达到规模经济的条件,获得规模经济效果。这个积累知识、积累行业实现规模经济条件的过程,对于每个处在经济发展过程中的国家可能都会遇到,否则,工业化的过程难以完成。关于这一点,我们以后的章节还会论及。这一过程,我们称为学习曲线,即描述成本减少与特定行业产出规模不断扩大之间关系的曲线。其中所带来的规模经济效果,我们称之为动态报酬递增或动态规模经济。在我们前面的例子中,如果泰国对发展手表行业有兴趣,并相信该行业有助于本国经济发展的话,它会通过一系列政策促进其手表产出量的逐步增加,进而最终实现泰国在手表行业的成本优势,即在低工资成本优势的同时,获得行业规模优势。

第四节 重叠需求贸易理论

在前面三节的论述中,我们主要是从供给的方面阐述国际贸易理论新内容的。本节我们从需求的角度解释产业内贸易,乃至于部门内贸易的发展。

一、收入水平与需求水平

经济学的一般原理告诉我们,一国的需求水平决定于人均的收入。人均的收入水平高,对产品和服务的需求水平也高。关于这一点,在家庭汽车的需求水平上表现最为突出。一般情况下,平均的实际收入水平越高的国家,对家庭汽车的需求量越大,且档次也越高。这种反映一般收入水平的需求水平,我们称之为"代表性需求"。由于任何一国的收入水平都不是绝对平均的,因此每个国家的居民对产品的需求也分出不同的档次来,即收入水平越高,其对家庭汽车需求的档次也相对较高,反之个人的平均收入水平越低,其对家庭汽车的需求档次也比较低。这种收入水平的差异反映在需求水平上,就表现为一国或一个经济体对同一类产品的需求呈现多档次、多样性。

二、代表性需求与规模经济

无论一国居民对同一类产品的需求多样性如何,该国生产者或厂商总是随着其代表性需求演变而发展。因为代表性需求代表了该国对各类产品需求中规模最大的部分的需求量,厂商为实现生产的规模经济效果,它总是瞄准本国代表性需求的产品档次,增加产品的产量或产出规模,以实现企业的规模经济效果。

由于厂商的这种经营战略,一国的产业结构总是随着代表性需求而调整。该国的规模经济优势也会随着其产业结构的调整而变化。因一国居民对同一产品的需求是多档次、多品种的,所以厂商对代表性需求的追求是难以满足消费者对不同档次产品需求的。

三、重叠需求与国际贸易

正如前面我们提到的,由于厂商追求代表性需求,以实现规模经济效果,就难以顾及不同档次产品消费者的需求。那么对一国而言,那些非代表性需求的消费者对产品的消费又是由谁来满足的呢?当然国内的生产者也可能专门为了那些特殊的消费者而生产商品,但它是以消费者付出较高价格为回报的。另一方面,这种产品生产的选择是不符合经济学最佳分配资源的原则的。因此答案可能只有一个,就是国际贸易。

实际上,当每个国家的厂商都追求本国的代表性需求时,该国的非代表性需求就都难以在一国范围内得到满足,因而都需要借助国际贸易加以实现。更重要的是,通过国际贸易,本国生产的以满足代表性需求的产品生产规模也会随之扩大,从而规模经济效果更加明显。这种国际贸易或相互贸易不是无条件的,它只有在收入水平相近的国家之间才可能存在,因为它们有相近或重叠的需求部分。

重叠需求是在收入水平相近的国家之间,消费者需求产品档次相同的那部分需求。为了说明这一点,我们假定,美国、日本、韩国和中国都能生产家庭用汽车。我们进一步假定,家庭汽车共有五个档次,从低到高排列。美国的收入水平较高,且对汽车的需求较广泛,它需要3、4、5档次的汽车,但是其代表性需求的档次是第5档,因而国内专门生产第5档次的汽车;日本的收入水平也较高,但是国内保养汽车的成本较高,因而其需求档次是2、3、4、5档次的汽车,日本的代表性需求是第4档次,国内专门生产第4档次的汽车;韩国收入水平较低,它的需求档次是1、2、3、4、5档次的汽车,其代表性需求是3档次,因而国内专门生产第3档次的汽车;中国在上述几个国家中收入水平最低,因而其需要的是1、2、3、4档次的汽车,其代表性需求是第2档次,其专门生产的汽车也是第2档次的汽车。如果没有贸易,这些国家的非代表性需求部分要么不能被满足,要么不得不通过高成本生产来满足。现在我们假定有国际贸易,美国就可以从日本进口第4档次的汽车,从韩国进口第3档次的汽车,同时向日本和韩国出口第5档次的汽车。日本要从美国进口第5档次的汽车,从韩国进口第3档次的汽车,从中国进口第2档次的汽车,同时向美国、韩国和中国出口第4档次的汽车。同样,韩国从美国进口第5档次的汽车,从日本进口第4档次的汽车,从中国进口第2和第1档次的汽车,同时出口第3档次的汽车。中国则从日本、韩国分别进口第4和第3档次的汽车,同时向日本和韩国出口第2档次的汽车,向韩国出口第1档次的汽车。中国第1档次的汽车只能向韩国出口,因为只有韩国的一部分消费者对此类的汽车有需求。类似地,美国的第5档次的汽车不能出口到中国,因为中国尚没有与美国的代表性需求相重叠的需求部分。对此我们还可以用图表加以说明。

表 3-1　四国进出口汽车和重叠需求表

	美国(进口)	日本(进口)	韩国(进口)	中国(进口)
美国(出口)	0	5	5	0
日本(出口)	4	0	4	4
韩国(出口)	3	3	0	3
中国(出口)	0	2	2,1	0

由表中可以看出,收入水平相近的国家之间才会有相互贸易,同时,由于这种贸易使各国专门生产的产品有了更大的市场范围,因而规模经济效果可能更加明显。

四、重叠需求贸易理论的意义

重叠需求贸易理论表明,厂商对规模经济效果的追求使收入水平或需求水平相近的国家之间产生了贸易。正是由于收入水平的接近,才使需求出现重叠,进而有了相互的产品需求。这一理论还表明,收入水平差异较大的国家之间产业内或行业内贸易可能较少,因为在这里存在较少的相互需求或相互依赖。

重叠需求贸易理论对于解释第二次世界大战以来迅速发展的、发达国家之间的相互贸易具有特别的意义。如果说规模经济与差异产品贸易理论,以及相互倾销贸易理论主要从供给的角度对战后的产业内、行业内贸易加以概括的话,那么重叠需求贸易理论则是从需求的角度对产业内贸易加以概括和解释。该理论研究最初是由瑞典经济学家林德提出的(1961 年)。他认为,像瑞典这样的国家应专门生产高质量产品,并专门向世界各国少部分高收入阶层出口其产品,以满足他们的需求。这一理论尽管是针对差异产品贸易而言的,但是其核心内容是收入水平相近的国家,他们需求水平相似或重叠。因而,应该说这是对国际贸易理论的一个重要贡献。

第五节 产业内贸易与产业间贸易的衡量

国际贸易中,一国的贸易结构是偏向于产业内贸易还是产业间贸易,这需要通过对贸易结构的统计加以说明。

一、国际贸易商品的分类

为了便于各国贸易的相互比较和管理,国际上对进出口商品颁布了标准分类,称为"国际贸易商品标准分类"。从大类看,国际贸易商品分为10类,即从第0类到第9类,它也被称为一位数字的商品分类,其基本的排列顺序是从原材料到制成品。例如,根据中国一位数字商品分类,其贸易商品分为:0. 食品和活动物,1. 饮料和烟草,2. 除燃料以外的原材料、非食用原材料,3. 矿物油、润滑油和相关油脂,4. 植物油、动物油、脂肪和蜡,5. 化学品和相关产品,6. 主要按使用原材料划分的制成品,7. 机械和运输设备,8. 未分类制成品,9. 未分类的其他产品。现实中的产品是多种多样的,因此国际商品标准分类中,又进一步将商品分类细化,如食品的进一步划分,制成品进一步划分,无机和有机化学产品的进一步划分等,这种划分最详细时可到7位数字。但是各国根据自己对进出口商品的管理规定,将商品进行细分。然而无论各国划分的详细程度如何,它的每一个级别的分类都是以国际贸易商品分类标准为划分尺度的。例如,中国在10类商品划分的基础上,在进出口商品管理上,将国际贸易商品分为97章,其商品分类的税号达8位,最后一种进出口品的税号为"97060000",总共包括6446种商品。

除了对商品进行分类外,还需对商品的相应产业有一个清晰的概念。按照克拉克标准,国民经济产业部门大体可以分为三类,第一产业主要是农业、矿业,第二产业主要是制造业,第三类产业是服务业和交通运输业。随着各国经济的发展,产业部门划分得越来越细,根据加拿大产业部门的划分标准,现有的产业部门为364个。当我们划分产业内和产业间贸易时,其标准是比较宽泛的,将所有的制成品贸易都归在第二产业内部贸易中。跨产业的贸易为产业间贸易。

在计算商品贸易量或贸易结构"质"的标准解决以后,还需要确定量的标准。从一般的概念看,商品的出口和进口量是以越过一国边界为标准的,但是这还不够,还需要确定量的计算界限。商品出口额的衡量常常是以"离岸价格"为标准的。所谓离岸价格是指,商品离开码头岸边,并越过船舷时的价格。而进口值通常是以"到岸价格"计算的。所谓到岸价格是指,商品的成本加上国际运输费及保险费后的价格。一般而言,同一商品的离岸价格比到岸价格要低,其中原因之一是到岸价格加上了运费和保险费。从理论上看,要对某种产品的产业内或产业间贸易量进行比较时,对进出口的计算应该采取同一价格标准,即或者都使用离岸价格,或者都使用到岸价格。由于现实统计中难以符合我们的理想要求,所以,我们的计算也可对进出口分别采取不同的价格,即当计算进口时,我们采用到岸价格,当计算出口时,我们采用离岸价格,从而减少我们获得资料方面的困难。

二、产业内贸易与产业间贸易的衡量

从统计的角度看,产业间贸易是指,同一产业的出口值与进口值的比较。用公式表示就是:

$$R_i = (X_i + M_i) - |X_i - M_i| \qquad (1)$$

式中 X_i 和 M_i 分别表示用本国货币衡量的同一行业的出口值和进口值。$i = 1, 2, 3 \ldots n$,n 是在一定的工业分类标准下的产业或行业数。R_i 可以表示本国与另一国家贸易总额或本国所有对外

贸易的总额。产业间贸易可以表示为$|X_i - M_i|$,其含义是,同一产品的出口额与进口额的差额越大,产业间贸易规模越大。显然,一国国际贸易中的各产业内贸易额就是,该产品进出口总额减去其产业间贸易净额。为了便于比较,我们将这种计算改为相对数,即一国的产业内贸易可以表示为:

$$A_i = [|X_i - M_i|/(X_i + M_i)] \times 100 \quad (2)$$

$$B_i = \{[(X_i + M_i) - |X_i - M_i|]/(X_i + M_i)\} \times 100 \quad (3)$$

由式中可以看出,经过变形之后,产业内贸易和产业间贸易都是用0—100的相对数字加以表示的。在(2)式中,其基本含义是,对某种产品而言,产业间贸易的规模越大,该产品的出口额与进口额的差额越大,进而其占该产品进出口总额的比重越大,因而其相对数越大。在(3)式中,当该产品的出口额等于进口额时,B_i为100,当只存在该商品的出口而无商品的进口时,B_i为0,意味着,该行业或该类产品没有产业内贸易。

对于产业内贸易的衡量我们可以不断细化,即逐步细化产品的分类标准,由传统的三个产业的划分,逐步细化到一个部门,同一产品等等。我们利用(3)式还可以计算一国产业内贸易的平均比重。其公式可以进一步扩展为:

$$B = \frac{\sum_{i}^{n}[(X_i + M_i) - |X_i - M_i|]}{\sum_{i}^{n}(X_i + M_i)} \times 100 \quad (4)$$

上述公式表明,一国对外贸易中,产业内贸易占全部对外贸易的比重是,各行业或各分类产品产业内贸易比重的加权平均数。

在衡量产业内贸易方面,还有其他一些可供选择的方法。荷兰经济学家佛德恩(1960年)提出,用同一产业内的出口值与进口值的比来表示产业内贸易的程度。他的产业划分是建立在三位数字产业划分的基础上的。用公式表示为:

$$U_i = X_i/M_i \quad (5)$$

此外,还有其他计量产业内贸易的方法。我们这里仅给出有关的衡量方法,以便从量的角度,对产业内贸易有一个比较清晰的概念。

三、产业内贸易的实证

随着科学技术的进步与扩散,各发达国家之间的生产技术已经非常接近,建立在技术差异基础上的比较优势已十分相近,因此在这些国家之间贸易的基础已经转向规模经济。国际市场竞争的激化要求各国企业具有市场战略意识,从而占领国外市场,扩大规模经济优势显得十分必要。此外,各发达国家收入水平的日益提高与接近使产业内贸易、行业内贸易,甚至是同类产品内的贸易有了明显的增加。根据美国经济学家保罗·克鲁格曼的考察,按照标准产业分类,产业内贸易占到世界贸易的1/4,在工业化国家之间,在制成品贸易中,产业内贸易占居主导地位,而制成品贸易又占到全球贸易的70%以上。根据他对美国贸易结构的考察,美国的许多产业部门所从事的对外贸易不是产业间贸易,而是产业内贸易。具体情况见表3-2。

表3-2 美国各行业产业内贸易指数 1993年

行业	指数
无机化学业	0.99
动力机械	0.97
电力机械	0.96
无机化学	0.91
医药业	0.86
办公机械	0.81
通讯设备	0.69
公路运输机动车	0.65

续表

行业	指数
钢铁生产业	0.43
布和服装	0.27
靴鞋业	0.20

资料来源：保罗·克鲁格曼著，《国际经济学》，1997年(英文版)，第140页。

由上表可以看出，在不同的行业产业内贸易占其全部对外贸易的比重是不同的。产品越是可以多样化、技术要求越高的产业，其产业内贸易的比重越大。在表中，产业内贸易水平最高的产业是无机化学工业，其产业内贸易占全部对外贸易的比重为0.99，其次是动力机械行业，为0.97。产业内贸易水平比较低的是靴鞋业，为0.20。当然，在其他国家产业内贸易在各部门中的比重可能有所不同。但是，高技术、规模经济以及竞争的激烈程度是产业内贸易发展的重要基础。

本章小结

1. 规模经济是由大规模生产产生的经济效果，它分为内部规模经济和外部规模经济。

2. 内部规模经济带来的经济性使该企业具有竞争的优势，因而可以开辟潜在的产品市场贸易。

3. 差异产品是各企业试图获得市场控制的简便手段。差异产品的生产和供应有助于厂商提高自己产品的销售价格。

4. 实际上，消费者也希望消费差异产品，这是消费水平较高的表现。

5. 生产者和消费者对差异产品的追求与现代化大生产追求规模经济效果相矛盾，唯一的解决办法是开展国际贸易。

6. 倾销是厂商占领外部市场、获取最大限度利润的选择，这种选择有助于在分割的国内和国外市场上制定不同的价格，从总体上获取最大限度的利润。

7. 相互倾销是不同国家的不完全竞争厂商出于获取最大限度利润的目的所采取的市场战略,这种市场战略的限制条件是,国内外市场是分割的。

8. 外部规模经济使一些具有部门(不是企业)规模经济效果的国家在该部门产品的生产上具有成本优势,或由部门规模产生的外部规模经济效果。

9. 后起步的国家由于某个特定部门的逐步扩大获得外部规模经济效果,这种效果及其发生的过程,被称之为"学习曲线"。

10. 代表性需求是各国一般收入水平的反映,但各国的需求决不是单一的,而是多层次的。

11. 各国的生产总是追寻代表性需求而发展,进而实现规模经济效果,而多层次的需求只有通过国际贸易来实现,我们称之为重叠需求国际贸易。

12. 产业内贸易需求有一个量的衡量标准。这种以绝对和相对数衡量产业间或产业内贸易比重的方法,有助于我们理解产业间和产业内贸易的差别。

本章思考题

1. 什么是规模经济?有几种类型?
2. 什么是差异产品?
3. 试述规模经济与差异产品贸易理论的基本内容。
4. 试述相互倾销贸易理论。
5. 说明外部规模经济与学习曲线的关系。
6. 阐述新贸易理论与传统贸易理论的区别。
7. 阐述新贸易理论的意义。
8. 如何衡量产业间贸易和产业内贸易?其公式是什么?

第四章　国际贸易与利益分配

在前面两章中,我们主要阐述了国际贸易的原因与结构。本章我们将阐述国际贸易理论中的另一个基本问题——国际贸易利益的分配。从静态角度看,国际贸易对不同的利益集团有着不同的利益关系,对不同的生产要素的所有者也有不同的利益关系;从动态的角度看,各种生产要素的收入会发生变动。本章我们主要阐述这些问题。

第一节　国际贸易的福利分析

国际贸易可以给参加贸易的国家带来福利。这些利益是否会平均地分配给每一个人呢？我们从不同的角度，可以将利益集团划分为两个集团，即生产者和消费者。由于他们在国际贸易中的地位不同，他们的利弊得失也就不同。

一、生产者剩余和消费者剩余

在经济学中，常常用"剩余"或"盈余"来概括一种额外利益或福利。当某种剩余被生产者获得时，被称为生产者剩余；当某种剩余被消费者获得时，被称为消费者剩余。

所谓生产者剩余是指，生产者愿意接受的价格和实际接受的价格之间的差额。所谓消费者剩余是指，消费者愿意支付的价格和实际支付的价格之间的差额。

在供求关系图中，生产者剩余和消费者剩余分别表示图中的不同部分。如图4-1所示。

图中，横轴表示商品的供应量，纵轴表示商品的价格，S表示供应曲线，D表示需求曲线，P′表示供求均衡的价格。所谓消费者剩余是需求曲线以下和价格线以上的三角形区域，即"b"区域。所谓生产者剩余是供给曲线以上和价格曲线以下的三角形区域，即"a"区域。生产者剩余的来源是，增加生产每单位产品的边际成本与价格水平差异的总和。

生产者剩余和消费者剩余之所以作为"剩余"的基本原因在于，这是它们分别得到的额外所得。对消费者来说，这是一种心理满足。生产者剩余则是成本与接受价格之间的差额。

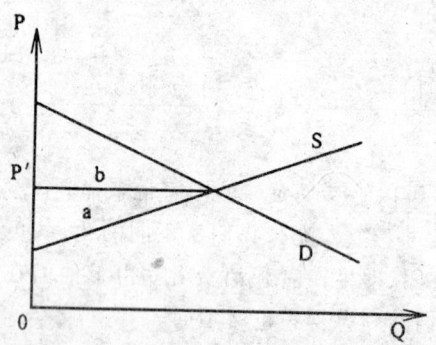

图 4-1 生产者剩余和消费者剩余

二、国际贸易的福利分析

分析国际贸易前后的福利变动,包含着两个方面的内容,一是进口贸易前后的福利变动,二是出口贸易前后的福利变动。

首先,我们分析商品的进口对生产者集团和消费者集团的影响。这里的生产者集团是指与进口产品相竞争的国内生产者集团,消费者集团是指对进口的产品有消费的消费者集团。为说明问题的方便,我们结合图 4-2 加以说明。

图 4-2 中,横轴表示市场上小麦的供求数量,纵轴表示市场上的供求价格。左图表示贸易对进口国生产者和消费者的福利影响,右图表示贸易对参加国总体福利的影响。在左图中,曲线 S 表示进口国该商品的总的供给曲线,曲线 D 表示进口国该商品的总的需求曲线,既包括对本国供应的商品的需求,也包括对进口产品的需求。贸易前,该国小麦的供求均衡数量是 Q_1,价格为 P_a,此时消费者剩余是 c 部分,而生产者剩余是 a+e。有了国际贸易以后,商品的市场价格由 P_a 下降到 P_c,从而消费者增加了对该商品的需求,但是国内的生产者在产品价格下降之后减少了供应,供小于需求的部分只能由进口加以弥补。此时进口国的生产者集团和

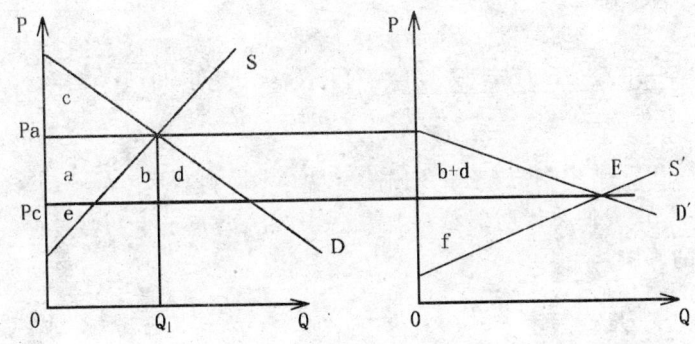

图 4-2 贸易前后的福利分析

消费者集团的福利发生了较大的变化。生产者剩余从 a+e 减少到 e 的部分,即减少了 a,而消费者剩余则大幅度增加了,即从 c 增加到 c+a+b+d,比贸易前增加了 a+b+d 的部分。由此可见,商品的进口提高了消费者集团的福利水平,相反地降低了进口国进口竞争生产者的福利水平。从进口国总体来看,尽管生产者的福利减少了 a 的部分,但是由于国际贸易,消费者的福利却增加了 a+b+d 部分,也就是该国的净福利增加了 b+d 的部分,显然国际贸易使进口国的福利水平提高了。

在右图中,我们提出了单纯的小麦进口和出口的市场情况,即进口国进口小麦,意味着出口国出口小麦。图中 S′ 表示国际市场上的小麦供给曲线,D′ 表示需求曲线,供求均衡点是 E 点,表明小麦进出口的均衡水平。从需求方面,我们能够看到小麦进口国得自贸易的净福利为 b+d,与此同时,小麦出口国(供给者剩余)的净福利是 f。由此可见国际贸易有利于进口国的消费者和出口国的生产者。从总体上看,国际贸易提高了所有参加国的净福利水平。

第二节 生产要素价格和收入的短期变动

上一节中,我们考察了国际贸易对不同利益集团的福利影响。这一节,我们将说明贸易对生产要素价格,乃至于生产要素收入水平的影响。

一、几点假定

为论述方便,我们需要作几点假定。即:
(1)有关国家有三种生产要素,即土地、劳动力和资本;
(2)有两个部门,即小麦生产部门和布的生产部门;
(3)小麦和布的生产都需要两种生产要素,其中小麦生产需要土地和劳动力,布的生产需要资本和劳动力,我们将两个部门都使用的生产要素——劳动力称为"共同生产要素",而将专门用于某个特定部门生产的生产要素——资本或土地称为"专门生产要素";
(4)生产要素在各国之间不流动,但在一国范围内可以自由流动。

二、生产要素的价格决定

经济学的基本原理告诉我们,生产要素的价格决定于该要素的边际价值产品。边际价值产品是指,在投入两种生产要素的情况下,如果其中一种生产要素的投入量保持不变,增加1单位另一种生产要素投入所带来的产品价值。

边际产品价值决定于两个因素,一是生产要素的边际物质产品,另一个因素是生产出的产品价格。边际物质产品就是,在投入两种生产要素的情况下,如果其中一种生产要素的投入量保持不变,增加1单位另一种要素所带来的产品量。这一增加的产品量就是增加投入该生产要素所带来的边际物质产品。

一般而言,当其中一种生产要素的投入量保持不变时,增加另外一种生产要素的投入量,将增加该产品的生产总量,但是其边际物质产品量将会减少。因为当一定量的某种生产要素与另外一种不断增加的生产要素相结合时,会影响到不断增加投入的生产要素的生产效率,表现为增加的那种生产要素的生产率或产出率下降,即是边际物质产品的产量下降。这种边际物质产品下降的特征如图4-3所示。

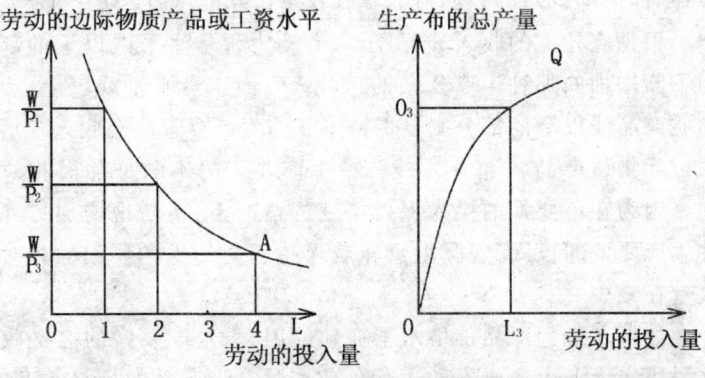

图4-3 增加劳动投入对边际物质产品量和总产量的影响

在图4-3的左图中,横轴表示,在资本投入量不变时劳动的投入量,纵轴表示,劳动的边际物质产品。在资本投入量保持不变的情况下,增加第一个单位的劳动投入量时,边际物质产品量为W/P_1;当第二次增加一个单位劳动投入量时,其边际物质产品量在绝对量上是增加的,但是其增加量是递减的,即减少到W/P_2;当劳动投入量增加到第三个单位时,其边际物质产品量增加的程度更低。显然劳动投入的边际物质产品量是递减的。应该注意的是,劳动投入的边际物质产品量的递减并不意味着总产量的减少,而是总产量的增加幅度随着劳动投入量的增加而减少。这一特征就是图4-3中右图所示。曲线OQ随着劳动投入量的增加而总产量也不断增加。

根据克拉克的基本原理,生产要素的价格决定于各生产要素的边际价值产品。在产品的市场价格不变的情况下,各生产要素的价格决定于它们各自的边际物质产品。在图4-3中,当劳动的投入量为4时,劳动力的实际工资水平,即剔除了价格变动影响以后的工资水平为W/P_3,它也表示此时劳动力的边际物质产品,从总体看,全部投入的劳动力的总收入是长方形$W/P_3 \cdot O \cdot 4 \cdot A$。

根据克拉克的收入分配原理,劳动力价格水平线以下的部分为不断增加的那种生产要素的总收入。而工资水平线以上,边际物质产品线以下的部分则是保持不变的生产要素的总收入。后者的边际物质产品将随着另外一种生产要素的不断增加而相对增加。因为在该要素的投入保持不变的情况下,不断地增加另外一种生产要素的投入,实际上意味着保持不变的生产要素的相对投入量在减少。

如果考虑到产品价格水平变动的因素,生产要素的名义收入水平决定于各生产要素的边际价值产品。当产品的价格上升时,即使各种生产要素的边际物质产品不发生变化,它们的收入水平也会提高。当产品的价格上升时,不断增加投入的生产要素的边际物质产品会递减。这将产生几种可能:(1)边际物质产品下降引起的劳动力工资水平的下降,会被产品价格的上升所抵消;(2)边际物质产品下降的影响超过价格上升的作用;(3)边际物质产品下降对收入的影响小于价格上升的影响,因而表现为工资水平的提高。

三、封闭条件下的收入分配

在封闭经济条件下,各种要素的收入水平决定于它们的边际价值产品,其收入水平的变动决定于要素的边际物质产品和产出品的价格水平的变动。

为了说明此问题,我们借用图形的方法。图4-4可以用来说明封闭条件下的收入分配。

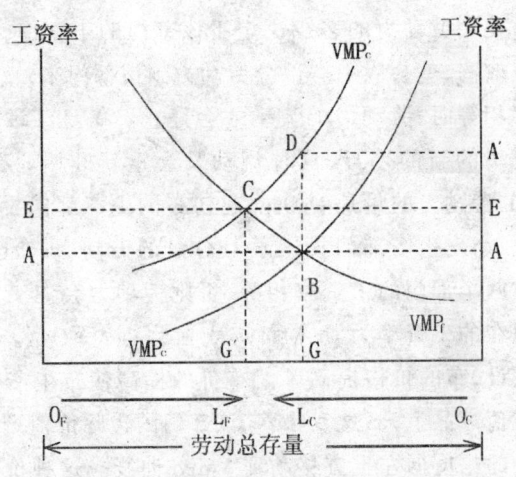

图4-4 封闭条件下要素收入的分配

图4-4中,我们设定两个生产部门,即一个部门生产小麦,另一个部门生产布。现投入三种生产要素,即土地、劳动力和资本。在小麦生产部门投入劳动力和土地,在布的生产部门投入劳动力和资本。劳动力作为两个部门的共同生产要素可以在两个部门间流动。图中,横轴表示该经济社会拥有的劳动力的总量及其在两个部门间的分配,左边的纵轴表示小麦生产部门的工资水平或工资率,右边的纵轴表示布生产部门的工资率,横轴表示劳动力在两个部门投入量组合,表明在专门生产要素资本或土地投入量不变

的情况下,小麦生产部门或布生产部门的劳动力投入量与工资水平的关系。这种关系反映在各自的边际价值产品曲线 VMP_f 和 VMP_c 上。其中 VMP_f 表示小麦生产部门的劳动力投入的边际价值产品变动的轨迹,VMP_c 表示布生产部门劳动力投入与该部门边际价值产品的轨迹。

在图 4-4 中,该经济体可供利用的劳动力的量是一定的。一个部门使用的劳动力多些,另一个部门使用的劳动力就少些。一个部门能够使用劳动力的多少决定于该部门的工资率,如果该部门的工资率较高,就会吸引一部分劳动力到该部门来,直到两个部门的工资率相等时,劳动力的流动才会停止。一旦某种因素引起部门间工资率的新的差异,这种流动又会重新开始。在图 4-4 中,可利用的劳动力的量是 $O_F O_c$。起初布的生产部门投入了 $O_c G$ 量的劳动力,小麦生产部门投入了 $O_F G$ 量的劳动力,$O_c G + O_F G = O_c O_F$。此时两个部门的工资率相等,否则劳动力会向工资高的部门流动。现在的工资率为 $O_F A$ 和 $O_c A$,在此 $O_F A = O_c A$。

现在假设,布的价格提高了。布价的提高使布生产部门劳动力的边际价值产品上升,这意味着,该部门的边际价值产品曲线按照价格变动的幅度向左上方移动到 VMP_c' 曲线。这种价格上升的直接结果是布生产部门工资率的上升,进而高于小麦生产部门,其差额为 AA'。这种部门间的工资率差异,造成劳动力从小麦生产部门流向布的生产部门,直到两个部门的工资水平相等为止。劳动力工资水平逐步走向相等的基本原因是,两个部门劳动力边际物质产品的变动。就布的生产部门而言,产品价格上升造成的工资水平的提高,使劳动力流向本部门,进而在资本的投入量不变的情况下,劳动力投入量的增加必然使该部门劳动力的边际物质产品下降。另一方面,在小麦生产部门,由于工资率已低于布的生产部门,一部分劳动力会流出该部门。在土地的投入量不变的情况下,减少劳动力的投入量必然使该部门劳动力的边际物质产品量上升。这种劳动力的流动在 $O_FE = O_cE$ 时才停止。此时两个部门的工资水平相等,但是总劳动力在两个部门间分配发生了明显的变化,即布的生产部门使用的劳动力的量是 O_cG',小麦生产部门使用的劳动力的量是 O_FG'。由此可见,某个部门产品价格水平的提高会造成共同生产要素在部门间的重新分配,并造成共同生产要素报酬率的提高。

现在,我们考虑两个部门专门生产要素收入水平的变动情况。在布的生产部门,布的价格的上升提高了该部门劳动力的工资水平,同时也使资本所有者的报酬增加了。资本所有者报酬的增加来自两个方面,一是劳动力流入该部门以后,由于劳动力的边际物质产品下降,相应地,在资本投入量不变的情况下,增加了劳动力的投入量,这意味着资本的边际物质产品量的上升,从而资本的报酬会增加;二是资本所有者拥有的产品部分也会由于产品价格的上升而提高,即使是资本拥有者获得与劳动力流入以前相同的产品量,由于该产品的价格上升,资本的总收入也会增加。因此,布生产部门产品价格的上升会使该部门专门生产要素的总收入和其边际收入都增加。从小麦的生产部门看,布的价格水平的上升会造成小麦生产部门劳动力的流出。劳动力流出的第一个结果是,该部门未流出劳动力的边际物质产品上升,相应地,在土地的投入量保持不变的情况下,劳动力的流出会降低土地的边际物质产品,从而使土地的收入下降。劳动力的流出的第二个结果是,该部门的生产量绝对下降,相应地土地所有者获得的总量也会下降。因此某个部门产品价格的上升,会使共同生产要素流出部门的专门生产要素的总收入和边际收入均下降。

由此可以得出结论,一个部门产品价格水平的上升会使共同生产要素的收入水平上升,使产品价格提高部门专门生产要素的收入水平上升,但会使共同生产要素流出部门的特殊生产要素的收入水平下降。

四、国际贸易与生产要素的收入

在开放经济条件下,一国经济与他国经济可以通过相互贸易联系起来。根据我们前面的阐述,只要各国间生产的同一产品有价格差,就能够形成国际贸易。在有贸易的条件下,各国会专门生产并出口自己有优势的产品,较少生产并进口自己有劣势的产品。贸易所造成的各国生产结构和产品价格水平的变化,会影响到各生产要素的报酬或收入水平。

现在假设,中国既可以生产小麦,也可以生产布。中国在布的生产上有比较优势,产品的成本较低,而在小麦生产上,成本比较高。在布的生产上,中国只投入两种生产要素——资本和劳动力;在生产小麦上投入两种生产要素——土地和劳动力。显然资本和土地是两个部门的特殊生产要素,而劳动力则是两个生产部门的共同生产要素。

在有国际贸易以前,中国的小麦价格比较高,布的价格相对比较低。贸易后,中国出口布,进口小麦,这意味着,布的价格比贸易前上升了,小麦的价格比以前下降了。这将对各生产要素的收入产生影响。

首先,我们考虑出口品——布的价格上升对生产要素价格或收入的影响。布的价格上升以后,布生产部门劳动力的边际价值产品上升了。这种上升造成布生产部门和小麦生产部门工资率的差异,从而劳动力从小麦的生产部门转到布的生产部门,这种流动直到两部门工资水平相等时才停止。其结果是共同生产要素——劳动力的工资水平上升了,布生产部门的专门生产要素——资本的报酬也上升了,相反小麦生产部门特殊生产要素——土地的收入水平下降了。关于这一点,我们在分析封闭条件下价格变动对要素收入产生的影响时已经详细地说明了。在此,我们需要指出的是,产品的价格变化是由国际贸易或一国的对外贸易造成的。因此,我们这里的结论是,出口商品价格的上升,有利于共同生产要素收入水平的提高,有利于出口部门专门生产要素收入水平的提高,但不利于与进口竞争的部门收入水平的提高,相反会使该部门专门生产要素的收入水平下降。

其次,我们考察商品进口所造成的价格下降对各生产要素的影响。我们借助图 4-5 加以说明。

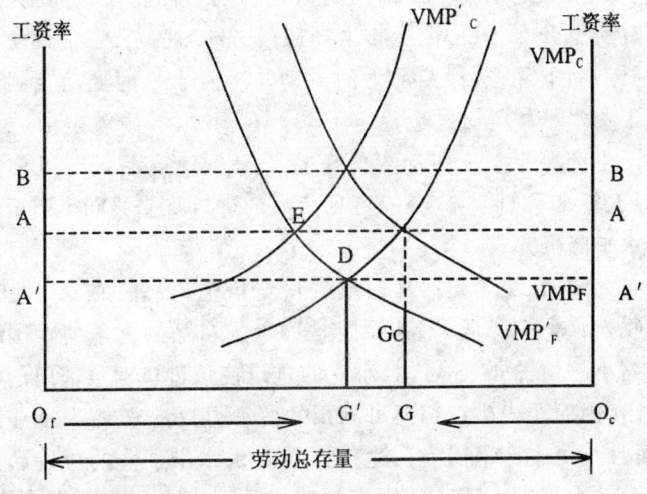

图 4-5 国际贸易对要素收入的影响

在图 4-5 中,横轴表示劳动力的供应量及其在两个部门间的分配状况。左侧的纵轴表示小麦生产部门的工资率,小麦是中国的进口品,或成本相对比较高的产品。图中由左上方向右下方倾斜的曲线为小麦生产部门劳动力的边际价值产品曲线,由右上方向左下方倾斜的曲线为布生产部门劳动力的边际价值产品曲线。其中 VMP_F 和 VMP_C 为最初的两条边际价值产品曲线,或贸易前的两条边际价值产品曲线,此时均衡的工资水平为 O_fA 或 O_cA,且

$O_fA = O_cA$。现在中国的经济对外开放,各国间的商品可以自由流动。由于国外小麦的价格较低,促成了中国进口比自己生产还要便宜的小麦。结果小麦在中国市场上的价格降低了,从事小麦生产的劳动力的边际价值产品降低了,即在图中小麦的边际价值产品曲线由 VMP_f 向下移动到 VMP_f'。此时,小麦生产部门劳动力的工资水平为 G_c,该工资水平低于原来的均衡工资水平 O_fA 或 O_cA。在此情况下,该部门的劳动力会向工资水平较高的布的生产部门流动。其结果是小麦生产部门的劳动力的边际物质产品提高,工资率有所上升。相反,由于布生产部门劳动力的流入,劳动力的边际物质产品下降,这种劳动力的流动与工资水平的变动直到两部门的工资水平相等时才会稳定下来。在图 4-5 中就是 D 点。此时共同生产要素——劳动力的工资水平低于商品进口以前的情况,即工资水平 $O_fA' < O_fA$。可见商品的进口将使共同生产要素的收入水平降低。

与此同时,小麦生产部门或进口竞争生产部门的专门生产要素的收入水平也降低了,其原因是廉价进口品的竞争使本国生产规模缩小。由图 4-5 可知,小麦的进口使该进口竞争部门的劳动力流出,因而小麦生产部门可利用的劳动力数量减少,从而生产下降,而且小麦生产部门专门生产要素收入水平下降的程度超过该部门劳动力报酬率下降的程度。前者的下降来源于两个方面,一是由于本部门劳动力的移出带来的土地或专门生产要素边际物质产品的相对下降;二是商品价格下降带来的总收入的减少。由此可以得出结论,商品的进口绝对有损于进口竞争部门专门生产要素的收入。

如果在商品进口的同时,再加上本国商品出口的影响,那么进口竞争部门的专门生产要素的收入水平下降得更加明显。因为一方面产品的出口会使共同生产要素的收入水平上升,相应地会减少进口竞争部门专门生产要素的收入;另一方面劳动力流向出口部门会减少进口竞争部门的产出水平,从而使进口竞争部门要素收入的总水平下降。在图4-5中,布生产部门劳动力的边际价值产品曲线由 VMPc 移到 VMP′c,新的均衡点是 E 点,此时工资水平回到 $O_fA = O_cA$。进口竞争部门的总收入和该部门专门生产要素的收入都降低了。相反出口部门专门生产要素的收入水平比单纯考虑出口时增加得更多。由此可以得出结论,自由贸易会降低进口竞争部门专门生产要素的收入水平,共同生产要素的收入水平可能提高、不变或下降,它决定于进出口商品价格的相对变化程度,出口部门的专门生产要素的收入水平会绝对提高。在我们的例子中,自由贸易将使土地的报酬水平降低,工资水平保持不变,资本的报酬率及总收入提高。

在英国对外贸易走向自由化的历史过程中[①],曾经发生了关于《谷物法》是否应该废除的大辩论。地主阶级极力反对废除《谷物法》,而新兴的资产阶级极力主张废除《谷物法》。两大阶级各自陈述自己的理由,证明《谷物法》废除与否直接关系到英国的利益。实际上其关键是,哪个阶级的利益代表英国的最大利益,或者说哪个阶级在英国经济政治中居主导地位。我们前面的分析已经表明,允许廉价的谷物进口,或废除《谷物法》绝不利于地主阶级的经济利益,而有利于新兴资产阶级的利益。因此废除《谷物法》的斗争,实际上是两大阶级经济利益的矛盾,他们代表着不同的专门生产要素的所有者之间在经济利益驱使下所进行的斗争。从历史唯物主义的角度看,新兴资产阶级的利益得到维护将有利于英国经济的发展。幸运的是,英国的选择也是如此。1846年《谷物法》废除了。在这场斗争中作为共同生产要素所有者的工人阶级——

---

① 19世纪初,英国出口劳动密集型的产品布,而进口土地密集型的谷物。但是这一贸易受到《谷物法》的极大限制,根据这一法律,对谷物进口要课税,并应维持国内谷物价格的相对稳定。

劳动力的所有者则无足轻重,因为他们的经济利益居于中性。

第三节 生产要素价格的均等化

在前两节中,我们讨论了国际贸易对贸易参加国收入分配的静态影响,现在我们分析贸易对收入分配的动态影响。在赫克歇尔和奥林的生产要素禀赋论中,已经包含了要素价格均等化的基本理论内容。美国经济学家沃尔夫冈·斯托尔珀和保罗·萨谬尔逊完善了要素价格均等化的基本命题,并对此进行了论证。这些理论都围绕着一个中心:从长期来看,国际贸易将使各贸易参加国的生产要素价格达到均等化。

一、几点假定

根据要素价格均等化理论的需要,我们作如下几点假定:

(1)世界上有两个国家——中国和美国,生产两种产品——小麦和布,使用两种生产要素——劳动力和资本;

(2)生产要素的存量一定,即不会发生要素存量的变化;

(3)在两种产品的生产中,小麦是资本密集型产品,布是劳动密集型产品;

(4)生产要素在一国范围内的各部门间自由流动,而在国与国之间不流动;

(5)两国实行自由贸易,这里不存在贸易的障碍和运输费用;

(6)生产要素得到充分利用。

二、生产要素价格均等化的过程

在上节的分析中,我们已经知道,国际贸易不仅使商品均等化,还使生产要素的价格发生了变化。这种变化经过相当一段时间,在没有其他因素干扰的情况下,各国同一生产要素的价格会达到均等化。

根据赫克歇尔和奥林生产要素禀赋论,各国生产要素的丰裕度是不同的。这种生产要素丰裕度在各国间的差异,使一国比较丰裕的生产要素价格较低,而比较稀缺的生产要素价格较高。国际贸易使一国的生产结构发生变化,各国会较多生产并出口密集使用本国生产要素比较丰裕的产品,较少生产密集使用本国生产要素比较稀缺的产品,并以进口来代替。

国际贸易造成的贸易参加国生产结构使各国对不同生产要素的需求程度发生了变化。这种生产要素需求程度的变化又进一步影响到各生产要素的价格。从而使本国比较丰裕的生产要素价格水平上升,本国比较稀缺的生产要素价格下降。为说明这一点,我们假定,中国劳动力比较丰裕,因而贸易前的工资率比较低。美国资本比较丰裕,因而资本的报酬率比较低。现在有了国际贸易,中国将大部分生产要素用于生产布,美国将大部分生产要素用于生产小麦。在此情况下,中国的生产要素市场上,要较多地生产劳动密集型的产品,自然对劳动力的需求会增加。在劳动力的总供给量一定的情况下,要吸引更多的劳动力转向布的生产部门,该部门就要提高劳动力的工资水平。实际上当经济开放以后,布的价格上升了,劳动力的边际价值产品上升了,因而该部门劳动力的工资水平必然提高。另一方面,当布的生产部门增加产品生产时,它不仅要增加对劳动力的需求,也会增加对资本的需求,但是由于增加的是劳动密集型产品,所以对资本需求增加的程度比对劳动力需求增加的程度要低。相反,由于中国减少了资本密集型产品,因而对资本的需求会减少,同时也会减少对劳动力的需求,但是由于减少生产的是资本密集型产品,所以对劳动力需求减少的程度不如对资本需求减少的程度大,其结果使资本的报酬率下降。实际上经济开放以后,中国成本比较高的资本密集型产品的价格必然会下降,从而带来资本边际价值产品的下降。因此从总体看,劳动力的价格上升了,而资本的价格下降了。这种变动使过去比较稀缺而价格较高的生产要素的价格水平降低了,而过去比较丰裕而价格较低的生产要素价格水平提高了。

在美国,参加国际贸易以前,由于资本比较丰裕,所以其报酬率比较低。相反,由于劳动力比较稀缺,其报酬率比较高。参加国际贸易以后,美国较多地生产资本密集型的产品——小麦,为增加该产品的生产,必须将一部分资本从布的生产部门吸引到小麦的生产部门来。为此该部门需要提高资本的报酬率,因而资本的报酬率上升。另一方面,由于美国较多地生产资本密集型产品,所以对劳动力的需求就会下降,因而劳动力的报酬率就会下降。结果是,贸易前价格比较高的生产要素——劳动力现在的价格降低了,而贸易前价格比较低的生产要素——资本现在的价格提高了。

从两国的总体情况看,贸易前,中国的资本比美国的价格要高,中国的劳动力比美国的劳动力价格要低。贸易后中国的资本价格趋于下降,而美国资本的报酬率趋于上升,结果两国资本的价格趋于相同或接近;另一方面,中国的劳动力价格趋于上升,而美国的劳动力价格趋于下降,因而劳动力的价格也趋向于均等。由此可以得出结论,贸易不仅使产品的价格均等化,也使生产要素的价格趋向于均等化。

国际贸易在促成各国产品价格均等化的同时,改变了各国的生产结构,进而是产业结构,这种生产结构的变化造成了各国对生产要素需求结构的变化。在中国,一个部门对劳动力需求增加的程度超过另一个部门对劳动力需求减少的程度,因而对劳动力的总体需求水平提高了,其结果是中国的劳动力价格上升。另一方面,中国对资本需求减少的程度超过另一个部门对资本需求增加的程度。在美国则相反,一个部门对资本需求增加的程度超过另一个部门对资本需求减少的程度,其结果是美国的资本价格上升。

另外,美国一个部门对劳动力需求减少的程度超过另一个部门对劳动力需求增加的程度,结果是劳动力的价格下降。中美两国生产要素价格的反向运动,使两国同一生产要素的价格趋向于均等化。

三、生产要素价格均等化的图形说明

生产要素价格均等化的过程也可以用几何的方法加以描述。在国外的国际经济学教科书中,我们至少见到过用三种不同的几何方法来描述要素价格均等化过程的。我们现在选择比较直观的埃奇沃思——鲍利盒状图加以论述。我们在图4-6中所画的是中国和美国的盒状图叠加在一起的情形。由于两国生产要素的相对丰裕程度不同,其盒状图的形状也就不同。

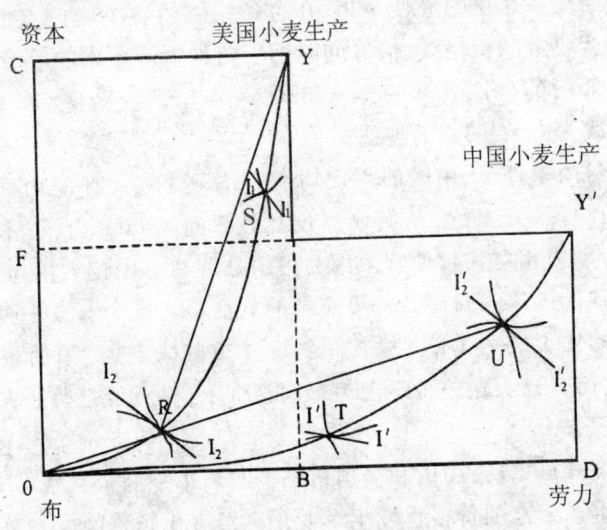

图4-6 要素价格均等化过程

图4-6中,以O点和Y、Y'点来标出生产小麦和生产布时所

使用的劳动力和资本的量。其中,横轴表示劳动力的拥有和各部门使用的情况,纵轴表示资本的拥有和使用的情况。其中 OB 为美国拥有的全部劳动力,OD 表示中国拥有的全部劳动力;OC 表示美国拥有的全部资本量,而 OF 表示中国拥有的全部资本量。点 O 和点 Y 是美国生产布和生产小麦的原点。美国为了生产这两种商品,必须将现有的生产要素在小麦和布的生产部门进行分配。从原点 O 向 B 点延伸,表明美国为生产布使用的劳动量逐步增加,从原点 O 向 C 点延伸,表明美国为生产布所使用的资本量在逐步增加。从原点 Y 向 B 点延伸,表明为生产小麦所使用的资本量逐步增加,从原点 Y 向 C 点延伸,表明为生产小麦所使用的劳动力的量逐步增加。盒状图内连接 O 点和 Y 点的曲线为美国生产两种产品的契约线。这条线是布和小麦两种产品生产的最佳组合点的连线。这里的最佳是指,在这条线上的各个生产点恰好是两种生产要素的价格线,恰好同时切于两种生产要素的等产量线,且两个部门的生产要素的比价相同。① 中国的盒状图为 OFY′D,且契约线为 O、Y′两点的连线。

在封闭条件下,中国的生产均衡点位于 T 点。此时两种生产要素的比价线为 I′I′。从其倾斜度比较平坦可以看出,资本比较贵,而劳动力相对比较便宜。因为中国是劳动力比较丰裕,而资本比较稀缺的国家。封闭条件下美国的均衡生产点为 S 点。两种生产要素的比价线为 $I_1 I_1$。从其倾斜度比较陡来看,美国的资本比较便宜,而劳动力比较贵。因为美国是资本比较丰裕,劳动力比较稀缺的国家。

经济开放以后,中国和美国市场上布和小麦的价格统一了,因而各国生产要素的价格也发生了变化。过去比较贵的生产要素变

---

① 关于盒状图更详细的知识,我们希望读者重读一下有关经济学原理的教科书。我们这里只是帮助大家回忆一下。

得便宜了,过去比较便宜的生产要素现在变贵了。在图 4－6 中,美国的生产点从 S 点转向 R 点。而中国的生产点从 T 点移到 U 点。这意味着,美国会倾向于生产更多的小麦,而中国则倾向于生产更多的布。由于这种生产的更加专业化,中国对劳动力的需求增加了。在劳动力的供给量不变的情况下,为将劳动力从小麦的生产部门吸引到布的生产部门,厂商就要提高劳动力的价格。相反对资本的需求就要减少,从而使资本的价格下降。在美国,要素市场上对资本的需求量增加,在资本的供给量不变的情况下,资本的价格就会上升,相反劳动力的价格就要下降。结果在两个国家同时出现了这样一种情况:过去比较丰裕的生产要素,由于要素市场上的需求增加,该要素的价格上升,而过去比较稀缺的生产要素,由于对其需求减少,该要素的价格下降。

生产要素价格的变化,进而促使厂商重新考虑两种生产要素使用的技术比例——生产要素的密集度,以便以最低的生产成本生产产品。当生产要素间的价格比发生变化以后,厂商以成本最低为准则,确定其使用劳动力和资本这两种生产要素。既然过去便宜的生产要素在生产趋向专业化以后变贵了,而过去比较贵的生产要素变得便宜了,厂商自然要选择较多地使用现在变得比较便宜的生产要素,而较少地使用现在变得比较贵的生产要素。在美国,过去资本比较丰裕,且价格比较便宜,现在变贵了,而过去劳动力比较便宜的,现在变贵了,因此随着小麦生产量的增加,厂商会倾向于较多地使用劳动力,而较少地使用资本。从而使两种生产要素的技术比例或生产要素的技术密集度发生变化,表现为小麦生产的资本密集度下降,即两种生产要素的比价线变得平坦起来。在中国,由于较多地需要劳动力以生产更多的布,使得劳动力的价格变贵,而资本的价格变得便宜起来。这些促使中国的厂商调整使用两种生产要素的配比或密集度,进而使布生产要素的资本密集度上升。正如我们前面论述的那样,当生产要素从一个部门转向另一个部门时,生产要素的价格只有重新相等时,要素的这种流动才会停止。无论是美国还是中国,劳动力或资本在部门间的流动,会导致两种生产要素的价格均等。既然劳动力市场在一个国家范围内是统一的,那么一种生产要素的价格由比较便宜变得比较昂贵,那种过去相对比较稀缺的生产要素由比较贵变得比较便宜,这都会促使厂商调整生产要素的资本密集度。结果是,在美国小麦和布生产的资本密集度下降,而中国布和小麦的资本密集度都上升。此时中国生产要素的比价线逐步变得陡峭,而美国的生产要素比价线逐步变得平坦。即在美国,越是增加小麦的生产,小麦和布生产的资本密集程度越低,在图4-6中表现为要素比价线 I_2I_2 比封闭时的 I_1I_1 要平坦,在中国,越是增加布的生产,小麦和布生产的资本密集程度越高。从两国的比较看,两个国家的要素密集度相向变动,进而相同。在图4-6中,在小麦生产上,射线YR与Y′U平行,OU与OR重合。由此可以得出结论,国际贸易不仅使商品的价格达到均等化,也使要素的价格达到均等化;不仅使生产要素的价格达到均等化,还使两国生产同种产品的要素密集度达到均等化。

在这三种均等化中,商品价格的均等化是主导力量,它是要素价格均等化和要素技术密集度均等化的前提。

生产要素价格均等化的重要意义在于,随着自由贸易的开展,各国同一生产要素的价格会均等,即工资水平均等,资本的报酬率也会均等。国际贸易的基础在这里表现为单纯的各国生产要素的丰裕程度的差异。

四、生产要素价格均等化的限制条件与斯托尔珀——萨谬尔逊定理

我们从前面的分析中得出了激动人心的结论,即国际贸易能够使各国相同的生产要素价格达到均等化,然而我们尚未看到它

的实现。就目前看,全世界有200多个国家和地区,各国生产要素的价格千差万别,实在谈不到均等化。

正如我们前面论述要素价格均等化时已经指出的,我们是在一系列假定的基础上阐明要素价格均等化原理的。在现实中,我们面临着许多限制条件,主要有:(1)国际贸易远不是自由的;(2)各国生产的产品并不相同,使用的生产要素也有差别;(3)存在各种形式的国际贸易成本或交易成本。因此,由于商品的价格在各国尚未实现统一,因而生产要素的价格也未能达到统一,进而生产要素的技术密集度也难以统一。

斯托尔珀——萨谬尔逊在重新思考生产要素价格均等化理论时指出,自由贸易不仅会使商品价格均等化,而且会使生产要素价格均等化,以致使两国的所有工人都能得到同样的工资率,所有的土地都能得到同样的土地报酬率,而不管两国生产要素的供给和需求模式如何。对进口竞争品的保护会提高该部门密集使用的生产要素的收入。这一结论是要素价格均等化理论的完整论述,即对自由贸易的任何人为的障碍都会阻止要素价格均等化的实现,表现为要素价格均等化的停滞或反向运动。

本章小结

1. 国际贸易所带来的经济利益或福利是各国不断促进其对外贸易的根本。没有经济利益的驱使,这种贸易难以持续。贸易给参加国带来了实际的经济福利,而不同的利益集团受对外贸易的影响是不同的。

2. 一般而言,商品的进口对进口国的消费者有利,而不利于与进口竞争的生产者集团。消费者能够从商品的进口中获得较多的消费者剩余,而与进口竞争的生产者集团从商品的进口中失去了一些生产者剩余。从进口国总体看,商品的进口对一国的影响是积极的,该国可以得到国际贸易的净福利,即消费者剩余的增加减去生产者剩余减少后的净余额。

3. 从参加国际贸易的国家来看,国际贸易可以使出口国受到生产者剩余的增加和消费者剩余减少的影响。从总体看,出口国的福利是净增加的;另一方面,国际贸易使进口国总体的福利水平提高。因此,国际贸易可以使参加贸易的国家福利水平都得到提高。

4. 从生产要素收入的分配来看,国际贸易有利于生产出口品中密集使用的生产要素收入的增加,而不利于生产进口竞争品中密集使用的生产要素收入的增加。共同生产要素收入的增加决定于进出口商品价格的变化幅度。

5. 国际贸易对各生产要素收入增加的影响揭示了不同的要素所有者对自由贸易的态度,这种态度受国际贸易利益分配的影响。

6. 从长期来看,国际贸易不仅使商品的价格在各国间达到均等化,而且也使相同生产要素的收入达到均等化,进而使各国同一产品生产的要素密集度均等化。

7. 生产要素价格的均等化是国际贸易引起的各国生产要素供求变化造成的。各国增加生产密集使用本国比较丰裕的生产要素的产品,导致本国丰裕生产要素价格的上升,相应地,减少生产密集使用本国比较稀缺的生产要素的产品,将造成本国相对稀缺的生产要素价格下降。

8. 参加贸易的两个国家受产业结构变化的影响,它们相对稀缺和相对丰裕的生产要素的价格发生相反方向的变化,使两国生产要素的价格趋向均等化。

9. 生产要素价格的变化,引起了厂商使用生产要素的结构发生了变化。按照最低成本的原则选择生产要素的技术密集度带来了两国生产同一产品的要素密集度趋向相同。因此,贸易不仅使生产要素的价格均等化,也使两国生产同一产品的要素密集度均等化。

10. 要素价格均等化意味着,随着国际贸易的发展,各国相同生产要素的收入水平趋于相同。但是现实中的情况表明,各国相同生产要素的收入远未实现均等化。其主要原因是,存在着自由贸易的各种障碍,我们分析中假定的条件尚未变成现实。斯托尔珀——萨谬尔逊定理表明,在从未实现的要素价格均等化中也会找到生产要素价格均等化的影子。

本章思考题

1. 什么是生产者剩余和消费者剩余?
2. 国际贸易为什么有利于进口品的消费者?
3. 国际贸易为什么不利于进口竞争品的生产者?
4. 国际贸易对一个国家的福利影响如何?
5. 什么是共同生产要素和专门生产要素?
6. 国际贸易对共同生产要素的收入水平产生什么影响?
7. 国际贸易对不同部门的专门生产要素的收入水平产生什么影响?
8. 举例说明国际贸易对各要素所有者利益的不同影响决定他们对自由贸易政策的态度。
9. 说明生产要素价格均等化的过程。
10. 试用几何图形说明要素价格均等化的过程。
11. 说明生产要素密集度变化的原因。

第五章　动态国际贸易理论

在第二章到第四章中,我们主要阐述了静态的国际贸易理论,即不考虑各国生产要素供给和对产品需求变化情况下的国际贸易。实际上,各国生产要素供给的变动、技术知识的积累和传播、各国收入水平,以及需求水平和需求结构都会发生变化。尽管这种变化不会改变贸易理论中的基本结论,但是会改变国际贸易的规模、结构和方向。至少可以说,一国在某些方面的竞争优势不是永久的。另一方面,国际贸易的增长本身又作用于生产要素的积累、技术的传播以及需求水平和结构的变化。本章将从动态角度考察国际贸易。

第一节　生产要素的增长与国际贸易

各国生产要素的规模和结构不会长期不变。资本会随着一国经济的发展和增长而积累起来,生产的技术、技能也会随着时间的推移而积累和传播,劳动力则根据人口自然增长率的变化规律发生增减变动,甚至可利用的土地也会因开拓、侵蚀而增减,所有这些都会导致生产要素供给的变化。它们变动的情况不同,对国际贸易的影响也不同。

一、生产要素的等比例增长与国际贸易

生产要素的等比例增长是指,一国不改变要素相对丰裕程度或比例的生产要素量的增长。在不考虑外部市场吸收能力的情况下,生产要素的同比例增长会导致一国贸易规模的扩大。

我们可以用生产可能性边界来说明这一原理。所谓生产要素的同比例增长,用生产可能性边界描述就是,该曲线平行地向远离原点的方向移动。这种改变,只是原有生产规模的简单扩大,而不会改变产品生产结构和贸易结构。因此这种生产要素的增长也可称为中性的生产要素增长。但是生产要素的增长导致生产规模的扩大,从而使可贸易的商品增加了。在国外市场不变的情况下,该国的贸易规模就会扩大,进而国际贸易的总体规模会扩大。

生产要素中性增长或等比例增长的情况差不多只存在于抽象的理论分析中,现实中的生产要素增长通常是偏向的,这种偏向对贸易结构,甚至对贸易的流向都会产生影响。

二、偏向进口的生产要素增长

偏向进口的生产要素增长是指,在进口竞争部门密集使用的

生产要素的增长速度超过出口部门的生产要素的增长速度。偏向进口的生产要素增长意味着,本国生产的进口竞争品会代替一部分进口产品,从而会降低一国对原有贸易的依赖程度。

偏向进口的生产要素增长意味着,进口竞争品生产部门密集使用的生产要素绝对量增加了,而且其增长的速度快于出口品生产部门密集使用的生产要素的增长速度。这种生产要素的增长意味着其价格的下降,在该产品的国际市场价格不变的情况下,该产品生产部门的边际成本就会低于市场价格,从而促使企业增加进口竞争品的生产,在国内对需进口的商品需求量不变的情况下,本国生产量的增加会减少,或替代一部分商品的进口。结果在该国进口竞争部门密集使用的生产要素增长之后,它对进口品的依赖程度降低了,相应地国际贸易的规模缩小了。甚至当一国的进口竞争部门密集使用的生产要素的增长达到了一定的程度,以致该国增加的进口竞争品的生产量足以代替全部进口时,这个意义上的国际贸易就消失了。具体情况我们可以用图5-1来表示。

在图5-1中,横轴表示小麦的生产量,纵轴表示布的产量。在生产要素增长以前,中国的生产可能性边界为TT,根据国际比价线,中国的生产点为S_1点,消费点为C_1点。现在假设,中国的资本量增加了,生产可能性边界移到T'T',由于资本是生产小麦时密集使用的要素,因而生产小麦的量会增加得较多,而布的生产量则减少。因为当小麦生产增加时,该部门不仅需要增加资本的投入,还需增加劳动力的投入,为此要吸收一部分劳动力进入小麦生产部门。在劳动力的供给量一定或增加有限的情况下,布生产部门劳动力的移出,意味着布生产量的减少。在此情况下,中国的生产结构发生了变化,即随着小麦生产的增加和布生产量的减少,中国的生产组合点移到S_2点,而消费点移到C_2点。

中国生产结构的变动也造成了贸易结构的变动,生产要素增长以前,中国出口400亿单位的布,进口400亿单位的小麦。生产

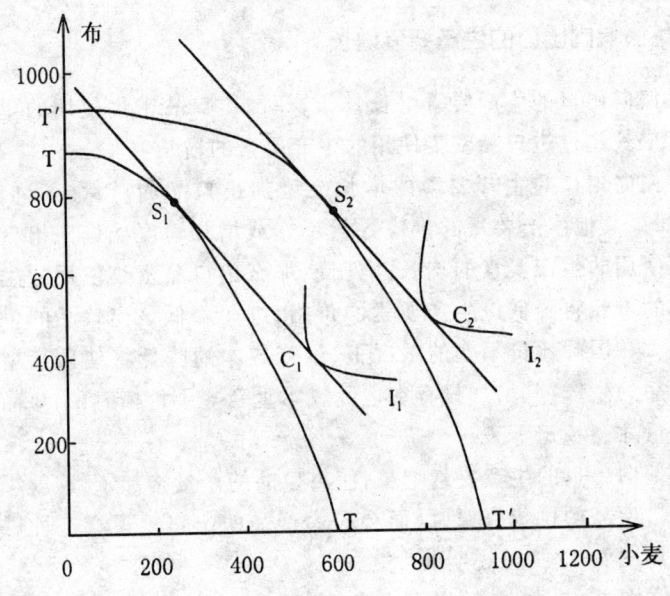

图 5-1 中国偏向进口的生产要素增长

要素增长以后,中国增加了小麦的生产量,从而减少了 150 亿个单位小麦的进口,相应地布的出口也减少了。现在只需进口 250 亿个单位的小麦,出口 250 亿个单位的布。值得注意的是,小麦进口量的减少不是由于国内消费量的减少,而是由于国内生产量增加之后,代替了一部分进口。由此可见,偏向进口的生产要素的增加不仅改变了一国的生产结构,增加了进口替代品的生产量,也改变了一国的贸易规模。即用本国产品代替进口品本身就意味着贸易规模的缩减,从而该国对对外贸易的依赖程度下降了。[①]

[①] 这使我们想起松巴特的理论观点,即各国对对外贸易的依赖程度会递减。从我们所论及的情况看,松巴特的观点是对的。

三、偏向出口的生产要素增长

偏向出口的生产要素增长是指,一国出口品密集使用的生产要素增长超过进口品密集使用的生产要素的增长。

偏向出口的生产要素的增长会增加出口品的产量。我们假定,如果其他生产要素的供应数量不变或增加速度比偏向出口品密集使用的生产要素的增长速度慢,那么出口品密集使用的生产要素的增长将降低该生产要素的价格,进而降低该出口品的生产成本。在国际比价不变的情况下,生产成本的降低将使厂商增加该产品的生产,其增加只有在边际成本重新等于价格时,出口品的生产量才会稳定下来。

偏向出口的生产要素增长,使出口品的产量增加了,这就扩大了出口商品的供货来源,因而会扩大产品的出口规模。这种影响可以用图5-2加以说明。

在图5-2中,横轴表示小麦的产量,纵轴表示布的产量,距离原点较近的生产可能性边界 TT 为出口品密集使用的生产要素增长以前的情况。此时生产点为 S_1,消费点为 C_1,在 S_1 点上的切线为国际比价线。现在假设,中国偏向出口密集使用的生产要素——劳动力供应增加了,在资本的投入量略有增加的情况下,生产可能性边界向远离原点的方向移动。劳动力供应量的增加使该要素的价格下降,从而使产品的成本下降,结果布的生产会沿着新的生产可能性边界 $T'T'$ 向左上方移动,直到国际比价线与新的生产可能性边界相切时为止。此时的生产点为 S_2 点,两种商品的组合为:生产150亿个单位的小麦,1 100亿个单位的布,即比要素增加前多生产300亿个单位的布。其消费点为消费500亿个单位的布和750亿个单位的小麦,比生产要素增长以前的福利水平提高了。

值得注意的是,出口品密集使用的生产要素的增长,扩大了出口品的生产规模。要素增长前中国出口400亿单位布,进口400

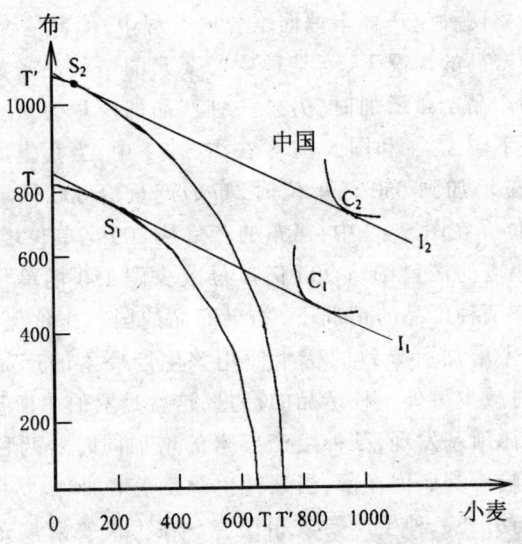

图 5-2 中国偏向出口的生产要素增长

亿单位的小麦。生产要素增长以后,贸易规模是出口 600 亿单位的布,进口 600 亿单位的小麦。因此,偏向出口品密集使用的生产要素的增长会促进贸易规模的扩大。

相比较而言,偏向出口品密集使用的生产要素增长与偏向进口品密集使用的生产要素的增长,他们对国际贸易规模的影响是完全相反的,前者使一国对外贸易的规模扩大,后者使对外贸易的规模缩小。

生产要素增长的另一种可能的情况是,进口竞争品密集使用的生产要素的增长是那样多,以致该国进口竞争品生产的增加不仅代替了进口,而且还可以增加产品的出口。现实中可能出现这样一种情况,一国从劳动力比较丰裕的国家变成资本比较丰裕的国家,从而由一个资本密集型产品的进口国变成资本密集型产品的出口国。

在考察两种生产要素偏向增长的过程中,读者是否注意到,在生产两种产品的情况下,当某种生产要素的增长使密集使用该生产要素的产品产量增加时,另外一种产品的产量会减少。我们可以回顾一下图5-1和图5-2。在图5-1中,当小麦的生产量由200亿单位增加到550亿单位时,布的产量由800亿单位减少到750亿单位。在图5-2中,当布的产量从800亿单位增加到1 100亿单位时,小麦的产量则从200亿单位减少到150亿单位。由此可见,在生产两种产品的情况下,如果商品的国际比价保持不变,一种生产要素增加所导致的密集使用该生产要素的产品产量的增加,会同时减少另外一种产品的产量,这就是罗伯津斯基定理。

罗伯津斯基发现,某种生产要素的增加同时对两种产品的生产产生影响。其原因在于,当某种生产要素增加时,要将其投入生产,必须与另外一种生产要素相结合。在生产要素被充分使用的条件下,就要求另外一个部门释放出所需要的生产要素,结果使释放生产要素的部门的产品产量减少。

四、悲惨的增长

我们在前面考察生产要素增加对贸易量的影响时,假定产品供应量的增加不会影响到国际比价,实际上它意味着该国是一个小国,是价格的承担者,它不能影响国际市场价格。但是当一国某种产品的产量在世界市场上占有一定比重或一定的市场份额时,其产品供应量的增加必然影响到国际比价。

悲惨的增长就是这样一种情况。当一国生产要素增加使产品出口增加时,该国的出口收入不但没有增加,反而减少了,造成这种局面的直接原因就是国际比价或贸易条件的恶化。所谓贸易条件是指,一定时期内各种商品的平均出口价格和平均进口价格之比。在这里,由于我们假定参与国际贸易的只有两种商品,所以贸易条件就是国际比价。当一国某种产品的出口量在世界市场上已占有一定的比重或市场份额时,再增加供应并为市场所吸收,它必定降低出口品的价格。如果商品价格下降,就可能出现这样一种情况,即由商品价格下降所带来的出口量的增加,从而带来的收入增加,可能被单纯的价格下降所抵消,甚至是收入水平的绝对下降。例如,当某种商品的价格是5元时,其销售量是2个,当厂商将价格降到3元时,其销售量只增加到3个。从总收入的角度看,价格变化前,总收入是$5 \times 2 = 10$元,而价格变化后则是$3 \times 3 = 9$元,总收入反而减少了。这种情况可以用图5-3来表示。

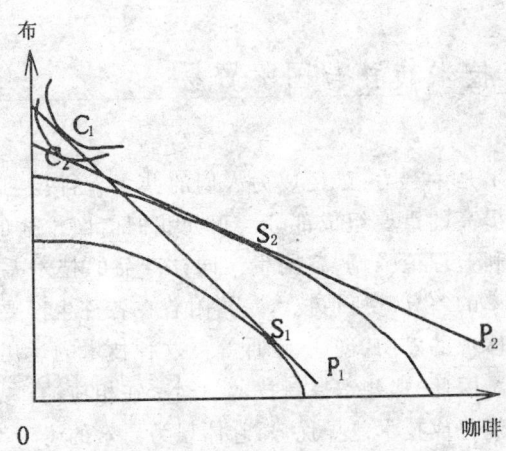

图5-3 悲惨的增长

在图5-3中,横轴表示咖啡的生产数量,纵轴表示布的产量。在咖啡生产的生产要素未增长以前,两种产品的生产组合点为S_1点,切这一点的价格线为P_1,消费点为C_1。现在生产咖啡的生产要素增加了,这种要素的增加必然增加咖啡的产量,进而是市场上的供应量。为了使市场消化掉全部产品,咖啡生产国不得不降低价格。在图5-3中,咖啡供应量增加前,用较少的咖啡就可以换较多的布,咖啡的产量增加以后,其市场价格下降,从而要用较多的咖啡才能换到比原来还少的布。相应地,消费者的满足程度也降低了,即从 C_1 点降到 C_2 点。

悲惨增长的发生是有条件的。其条件是:(1)增加的生产要素是用于生产偏向出口的产品的;(2)国外市场对该产品的需求是无弹性的;(3)该出口国在该产品的国际市场上占有一定份额,从而其供应量的增长会影响到产品的市场价格。尽管如此,我们仍然需要注意到,某些产品生产的增长不一定对一国总收入的增长有积极作用,相反它可能有消极作用。

第二节 技术转移与国际贸易

科学技术是生产力,已经成为人们的共识。科技的发展已经成为生产率提高的重要组成部分。正如我们前面论述的那样,李嘉图的比较利益理论强调,各国生产同样产品的技术差异仅体现在劳动生产率的差异。所谓技术是指附着在各种生产要素或通过生产要素所体现的发明、创造、设计等。这种技术的运用将增加产品的供应量。因此,那些掌握新技术的国家在相应的产品生产上,就会有比较优势或技术差异优势,它体现为要素的生产率较高,产品的质量较高等。

像生产要素的增长一样,新技术的发明和使用对国际贸易也会产生影响。其影响决定于该技术影响到哪一类产品,是出口品,还是进口竞争产品。如果是进口竞争产品,肯定可以代替一部分进口商品,甚至由进口变成出口。如果是偏向出口品生产的技术发明,就会促进出口的增加。

一般而言,一国在技术尚未扩散的情况下,其技术优势,特别是国际贸易中的比较优势会保持下去。然而,贸易本身会造成技术的传播和扩散,其他渠道也会造成技术传播,相应地,产品的比较优势或竞争优势也会发生转移。这就是雷蒙德·弗农提出的产品生命周期理论。

一、产品的生命周期与贸易

产品的生命周期是指,新产品经历发明、应用、推广到市场饱和、产品衰落进而被其他产品所代替四个阶段。这一基本原理应用到分析国际贸易的市场及其比较优势变化时,有了更加明确具体的内容。在国际贸易中,产品生命周期被具体化为:新产品在发明国占居优势地位,供应本国需要;在国内市场饱和以后,出口到国外市场;国外技术水平相近的国家模仿并有部分出口;技术相对比较落后的国家也掌握了该项产品的生产技术,满足本国市场需要,代替进口,进而成为该产品的出口国,之后产品进入衰退期。

在第一阶段,技术先进的国家发明了生产某种产品的新技术,随后将新产品推向国内市场,满足国内的需要,企业占领了国内的市场。

在第二阶段,新产品的发明国寻求新的市场,将产品出口到国外市场。由于该产品是别国不能生产的新产品,所以该国具有垄断优势,因而能够获得某种垄断利润。由于该产品的售价较高,只有那些与技术发明国收入水平相近,从而是需求水平接近的国家才进口这种新产品,因此贸易只是在收入水平相近的国家之间进行。

在第三阶段,新产品的进口国在进口了该产品之后,也随之逐步掌握了该产品的生产技术,从而逐步用本国生产的商品代替一部分进口,进而开始出口其产品。由于消化和吸收生产新产品的技术远比发明技术所需要的成本低,所以这些技术水平与新产品发明国相近的国家就可以以较低的成本生产,并以较低的价格在国际市场上销售。因此,技术发明国或新产品发明国的技术垄断优势消失,而在成本上,发明国显然处于劣势地位。发明国的出口被技术水平相近国家的低价出口品所取代。不仅如此,与技术发明国技术水平相近国家的出口市场不再限于收入水平相近国家的范围。既然商品的价格较低,那么该产品不仅能够被收入水平相近的国家所接受,而且还被技术水平相对落后或收入水平相对比较低的国家所接受。

在第四阶段,产品进入标准化阶段。此时,技术水平相对落后的国家开始仿制该标准化产品,替代进口品,进而利用研制成本为零,且消化成本较低的优势逐步打开国外市场,出口该产品。随后产品逐渐走向衰落。

从国际贸易的角度看[①],产品生产技术将随着国际贸易的开展而逐步传播,产品生产的竞争优势也随之从一类国家转向另一类国家。这意味着,某种产品的竞争优势并非长期固定在某一个特定的国家,而是随着技术的传播而转移。

二、雁形模式

1956年,日本经济学家赤松要博士根据产品的生命周期理论,提出产业发展的"雁形模式"。他在考察日本出口产品发展的生命周期时发现,净出口在时间轴上表现为一种类似"大雁飞行的状态",即表现为出口产品从低到高,再从高到低的过程。实际上就是该国产品逐渐取得出口竞争优势,然后被其他国家所取代,日本再创造出新产品竞争优势的过程。1984年,另一位日本学者山泽逸平又把雁形模式用于解释一国产业结构的调整。1987年,日本经济学者阿部用雁形模式解释亚太地区处于不同经济发展阶段

---

① 雷蒙德·弗农提出产品生命周期论的初衷是,说明跨国公司对外直接投资的动力。实际上这种技术的传播不仅是技术发明国以外的国家主动接受某种新技术,还在于技术发明国为了延长厂商的技术生命周期或技术优势,主动将技术转移到国外,以占领外部市场。我们这里的分析尚未涉及生产要素的国际间流动问题。

的国家经济赶超的过程。一些学者将东亚地区处于不同经济发展阶段的国家之间所形成的阶梯型产业间或产业内分工概括为"东亚模式"①。

第三节 需求变动与国际贸易

随着经济的发展,不仅各国的供给会发生变动,需求也会发生变动。需求变动的基本原因是消费者收入水平的变动。

一、恩格尔定律与国际贸易

恩格尔定律是19世纪中期德国统计学家恩斯特·恩格尔提出的,用来描述家庭收入与消费支出结构变动关系的规律。他发现,家庭收入越少,其消费总支出中用于购买食物及其他必需品的比例越大;随着收入水平的提高,用于食物的支出比重在下降。对一个国家来说,也是这样。经济发展水平越高的国家,对食物的消费或需求的增长不会与收入同比例增长,而是增长得较慢,这是因为食物的需求弹性比较低。

恩格尔定律对国际贸易的变动具有重要意义。由于食物支出的收入弹性比较低,所以当一国或食物(粮食)进口国的收入水平提高时,对食物的需求可能增加很少,甚至不增加,因而其价格的变动也很小。相对而言,随着收入水平的提高,人们对奢侈品的需求弹性却比较大。这意味着,生产食物的国家和生产奢侈品的国家在国际市场上所面临的需求条件或市场前景是不同的。从国际贸易条件的角度说,各国乃至世界总体上的收入水平越高,奢侈品

---

① 自1997年7月开始的东南亚,乃至东亚的金融危机引起了许多学者对东亚模式的思考。关于这个问题我们将在开放经济条件下的宏观经济部分中论述。

以及消费品中的耐用消费品的需求增长越多,对生产这些产品的国家越有利。由此可以得出结论,随着整个世界经济的发展和各国收入水平的提高,国际贸易向有利于制成品生产国的方向发展,而不利于食品,特别是农产品的生产国。从这个意义上说,以农业生产为主的国家,要发展自己的经济,不应过于固守农产品生产的比较优势,经济的工业化才是经济发展的途径。

二、示范效应与国际贸易

人们的消费水平不仅受自身绝对收入水平的限制,也会受周围与自己收入水平相近或相同的人群消费结构和水平的影响,因而其消费模式中有受别人影响的现象。经济学家们的考察表明,在这个问题上,对个人是对的事情,对一个国家也是对的。他们发现,收入水平较高国家的消费模式及其演变,对收入水平较低国家消费模式的升级具有示范作用。这就是国家之间消费模式的示范效应。

从国际贸易的角度看,这种消费模式的传播,对发达国家或收入水平较高国家产品的出口十分有利。消费模式传递对发达国家的有利影响主要体现在两个方面:一方面发达国家生产的耐用消费品等产品在满足了国内需要以后,一部分产品可能被发展中国家或收入水平处在上升阶段的国家所吸收;另一方面,发展中国家对发达国家国内已经饱和,甚至处在衰落期的产品形成源源不断的需求。因此发达国家的厂商,既可以从本国逐步变化的消费模式中获利,也可以从发展中国家仿效发达国家消费模式中获利。相反,发展中国家的同类产业却难以发展。因为一方面发展中国家在消费模式上追随或模仿发达国家,使发展中国家对高层次消费品的需求不是建立在本国相应产业发展的基础上的,另一方面发展中国家的厂商在追随本国代表性需求变化时,一开始就面临来自发达国家强有力的竞争。一般而言,这些产品多是容易产生规模经济效果的产品。当发展中国家的厂商开始发展本身的产品生产时,它们所面临的是发达国家已经达到规模经济程度的同类企业的竞争。因此,示范效应适合发达国家经济的需要。

示范效应对收入分配状况比较平均的发展中国家更是不利。收入分配的平均意味着,该国大多数居民的收入水平是相同或接近的。在示范效应的作用下,各个家庭消费模式转变或升级的时间大体相同,因而在短期内,该国对某些进口产品将形成大规模需求,这种需求刺激了国内生产的欲望。然而,一旦国内生产发展起来了,厂商发现国内的需求已经下降了。因为在国内需求逐步增长的阶段,这种需求是由进口品来满足的,当本国的同类产品生产发展起来之后,第一轮的市场需求已经开始饱和,而第二轮的更新还需要相当一段时间。其形势是国内厂商的生产规模已经比较大,因而需要借助市场推动和巩固规模经济的效果。但是,这种期望受到市场的打击,不得不减少生产量或生产规模,当他们适应了较小的需求规模时,消费者更新产品的需求(或第二轮需求)又开始了,厂商又急于增加产品生产。再加上技术与管理的差距,国产品难以与进口品竞争。越是如此,消费者越是趋向于购买进口商品,从而形成比较高的进口倾向,结果本国的同类工业难以发展。现实要求发展中国家需要良好的收入分配制度和经济发展的条件。

第四节　国际贸易与经济增长

在前几节的分析中,我们论述了经济增长对国际贸易的影响,实际上这只是说明了问题的一个方面。另一方面,国际贸易对经济增长也有影响。

一、国际贸易与经济增长的关系

古典经济学家在论及对外贸易对一国经济增长的作用时,提出了"剩余物资出口论"和"大宗产品出口理论"。

剩余物资出口论假设,一国在贸易前,其生产能力未能充分利用,如果全部生产能力都调动起来,本国生产的产品就会出现"剩余"。一国参与国际贸易以后,生产能力的充分使用就可以把满足国内需要后的剩余产品对外出口,国际贸易实现了该国生产能力的充分利用。在这里罗伯津斯基定理是无效的。该理论明确指出了,对外贸易是实现一国资源充分利用的条件,因而会促进该国经济的增长。

大宗产品贸易理论是指,一国利用原材料或自然资源密集型产品的出口增加本国的收入,进而提高该国的储蓄和投资水平,带动整个经济的发展。

在李嘉图的比较利益理论中,还包含着一国通过对外贸易,特别是自由贸易,进口本国生产成本较高的生活必需品,从而降低国内生活必需品的价格,进而降低实际工资水平,相应提高厂商的利润水平的意义。这一基本理论后来被美国经济学家刘易斯从"二元经济"的角度进行发展。他指出,如果一国存在着资本主义和非资本主义两类经济部门,该国可以通过发展资本主义生产部门的生产,并出口其产品,同时进口非资本主义部门的产品,提高本国生产要素的使用效率,促进本国经济的发展。就资本主义和非资本主义两类部门比较而言,资本主义部门发展得要快一些,而非资本主义部门发展要慢一些。非资本主义部门主要是农产品生产部门,农产品的进口将有助于工资水平的提高,从而可以促进资本主义部门生产的发展和利润率水平的提高。

二、对外贸易在经济增长中的作用

1938年,D·罗伯特逊在经济学杂志上发表了题为"国际贸易的未来"一文。在文中提出,"国际贸易是经济增长的发动机"。他明确指出了一国贸易对整个经济的带动作用,即将对外贸易摆在该国经济增长动力源的地位上。50年代,N·纳克斯及其他一些学者认为,贸易可以带动一国经济的增长。不仅如此,在他们的观点中还包含着,贸易中心国家对边缘国家,或发达国家对发展中国家之间经济的带动作用。因为中心国家经济的增长通过对边缘国家产品的需求带动,从而将经济增长传递到边缘国家。总之,从理论上和经济历史的实证上,[1] 许多学者认为对外贸易是经济增长的发动机。

1970年,I·B·克拉维斯提出了自己的观点,他认为,国际贸易的作用不能高估,对外贸易至多只是"经济增长的侍女"。他强调一国经济增长的主要源泉还是其国内因素,外部因素只构成对经济增长的刺激,这种刺激的大小完全依各国的具体情况而有所不同。

在世界银行的《世界发展报告·1987年》一书中,将41个发展中国家和地区的贸易发展战略分成四种类型,即坚定外向型、一般外向型、一般内向型和坚定内向型[2]。他们发现,对对外贸易依赖比较大的国家和地区,比对对外贸易依赖比较小的国家和地区经济发展的速度要快。

由此看来,经济学家们的一致看法是,对外贸易对一国的经济增长具有积极作用,然而作用程度的大小和影响的幅度却有差别。

---

[1] 一些学者对英国19世纪中期的统计进行分析表明,在19世纪前半期,经济的增长是对外贸易部门带动的结果。

[2] 关于贸易发展战略问题,我们在以后章节中还会提到。

一般而言,对外贸易对一国经济的影响程度决定于两个方面的因素,一是一国经济对国内市场和国外市场依赖程度的对比关系。一个地理面积比较大、人口比较多的国家,对国际市场的依赖性应该比一个地理面积比较小、人口比较少的国家要低。对前者而言,讲对外贸易是经济增长的侍女似乎更准确一些,而对一个小国而言,对外贸易可能是经济增长的发动机。第二个因素是一国出口产品和进口产品的结构。如果一国长期停留在需求弹性比较低的产品生产和出口上,对外贸易对经济增长的作用可能只是短期的。如果出现悲惨的增长,还不利于其经济的发展。

本章小结

1. 从动态的角度看,各国生产要素的供给和需求、技术等都会发生变化,这种变化会改变一国的产业结构和贸易结构。

2. 一国的生产要素的存量会发生变化,如资本的积累、人口的增减和土地的开垦和沙化。一国生产要素的存量在发生变化时,并非各生产要素同时变化,相反,在多数情况下,它们是一种偏向增长的情景。生产要素存量的变化有三种情况,即生产要素的等比例增长、偏向进口的生产要素增长和偏向出口的生产要素增长。

3. 生产要素的等比例增长是指,在生产中使用的两种生产要素以同样的规模增加,从而使该国两种生产要素的比例关系保持不变。这种生产要素增长会使国际贸易的规模扩大,贸易的结构不变。这种生产要素增长的情况是不多见的。

4. 偏向进口的生产要素增长是指,一国进口品密集使用的生产要素的增长速度超过其出口品密集使用的生产要素的增长速度。在此情况下,该国国内增加生产的进口竞争品将替代一部分进口品,结果会使国际贸易的规模缩小。当偏向进口的生产要素增长达到一定程度时本国产品就会完全代替进口,甚至有出口。

在此情况下,国际贸易的结构就会发生变化。

5. 偏向出口的生产要素增长是指,一国出口品密集使用的生产要素的增长速度超过其进口品密集使用的生产要素的增长速度。在此情况下,该国生产的出口品就会增加,从而扩大国际贸易的规模。

6. 一国生产技术的水平会由于知识的积累和得自外部的学习而进步。当一国厂商推出建立在新技术采用基础上的新技术时,其产品的市场经历一个生命的周期。即是从产品推出到满足国内市场需要,然后出口到需求相似的国家,进而产品标准化的过程。在产品不断推向新市场的过程中,其技术也逐步传播到其他国家,因而生产该产品的成本优势会从技术发明国转向生产成本较低的其他国家。这一过程导致国际贸易的结构和流向发生变化。

7. 雁形模式是考察一国生产和出口优势从一个部门转向另一个部门时,由学者们概括的一种特征。东亚地区的国际分工和贸易与此模式的描述基本相似。

8. 恩格尔定律发现,随着一国收入水平的提高,该国用于食物方面的消费支出占总支出的比例会逐步下降。这一规律对国际贸易的影响是,从长期看,专门生产食品,特别是生产需求弹性较低的产品的国家将在国际贸易中处于不利地位,那些生产需求弹性比较大的产品生产国在国际贸易中则处于有利地位。

9. 示范效应是指收入水平较高国家的消费模式及其演变,对收入水平较低国家消费模式的演变或升级具有示范作用。示范效应对经济发展水平较高国家对外贸易的发展比对经济发展水平较低国家对外贸易的发展有利。

10. 一国的经济发展对其对外贸易的发展有直接的影响,同时对外贸易对一国的经济发展也有影响,这种影响会通过商品的出口和进口使经济发展获得必要的资金、技术和其他资源。

11. 悲惨的增长表明,生产要素增长可能对国际贸易产生负面影响。其条件是:(1)该商品是需求弹性比较低的产品;(2)该产品是出口品;(3)该国在这种产品的国际市场上占有一定份额,达到了影响世界市场价格的程度。

本章思考题

1. 什么是生产要素的等比例增长?
2. 什么是生产要素的不同比例增长? 不同比例增长有几种形式?
3. 生产要素增长对国际贸易的影响是什么?
4. 产品的生命周期对国际贸易有什么影响?
5. 简述恩格尔定律对国际贸易的意义。
6. 简述示范效应对发展中国家对外贸易的影响。
7. 对外贸易对一国经济的增长有哪些影响?

第六章　对外贸易政策

在前面几章中,我们已经阐明,自由贸易将给参加贸易的国家带来经济利益。据此,各国应大力推行自由贸易。然而各国为使本国获得较多的经济利益,且付出较小的代价,政府或多或少地要干预对外贸易,实施保护本国经济利益的贸易政策。这些政策对国际贸易的规模、流向,贸易利益的多寡都会产生影响,进而影响世界资源的有效分配。本章我们将主要阐述各国一般的对外贸易政策及其经济影响。

第一节 关税及其影响

关税是一国政府从自身的经济利益出发,依据本国的海关法和海关税则,对通过其关境的进出口商品所征收的税。关税对国际贸易和资源的有效分配是有影响的。

一、关税的种类

依据关税的课征种类,主要的关税有:进口税、进口附加税、出口税和过境税等。进口税是一国进口商品时,由海关对本国进口商所进口的商品征收的税。进口关税中,又分为以获得财政收入为目的的关税和以保护本国相关产业为目的的关税两种。进口关税还可以分成对被课征对象(国)的无差别关税和针对不同的国家执行不同税率的差别关税。在差别关税中,又有特惠关税、普通关税和普遍优惠关税等类型。一般情况下,我们讲到关税时主要是指进口关税。

进口附加税是指,一国海关对本国进口商进口商品时除征收一般关税外,根据某种目的所加征的一种关税。

过境税是一国对外国货物通过其关境和领土时所征收的关税。由于过境货物对被通过国家的市场和生产不发生影响,所以绝大多数国家已不再征收过境税,只收少量的行政管理费和提供有关服务的费用。

出口税是一国海关在本国商品出口时,为保证本国市场供应或其他特殊目的而征收的一种税。一般而言,各国为鼓励本国商品的出口很少征收出口税,但有时出于干预市场的目的,选择一些关系到国民生活的敏感商品征收关税。

依据关税的征收方法划分,关税又被分成从量税、从价税、选择税和混合税。从量税是指根据贸易商品的物理量征收的关税,如根据重量、体积、容积等物理单位征收关税。从价税是指根据贸易商品的价格或单价征收的关税。选择税是根据商品的特征分别确定征收关税的从价标准和从量标准,然后选择其中一种方法课征。混合税则是对某些贸易商品既征收一定比例的从价税,也征收一定比例的从量税。

二、进口关税的经济效应

征收关税将产生一系列的经济效应。总起来看,征收关税的经济效应与开展自由贸易的作用相反,它将导致资源配置效率的降低,增加政府的财政收入,在各国间和各国内的不同利益集团之间进行收入的再分配,从而降低了贸易参加国的福利水平。

(一)进口关税对消费者的影响

关税是自由贸易价格基础上的加价。进口关税的征收,会损害消费者的利益。关税作为一种间接税,会加到商品的价格之中,商品价格的提高将使消费者的需求量减少,进而减少消费者剩余。关于这一点,我们可以用图6-1加以说明。

图6-1说明了关税对消费者的影响。在图中,横轴表示进口国彩电的供求量,纵轴表示彩电的市场价格。D_d为国内对彩电的需求曲线,S_d为国内市场对彩电的供给曲线。在自由贸易或没有征收进口关税的情况下,该国以及国际市场上每台彩电的价格是P_w,此时消费者对彩电的需求量是OD_0,其中OS_0为国内厂商的供给量,S_0D_0为进口量。在此情况下,该国的消费者剩余是$a+b+c+d+f$,生产者剩余是e。

现在,该国要征收P_wP_t的进口关税。关税的征收使彩电在进口国的市场价格上升到OP_t,由于商品价格的上升,消费者对彩电的需求量减少到OD_1量,同时国内生产者生产的彩电量增加到OS_1。供求之间的差额为S_1D_1,由进口来弥补。在此情况下,消费

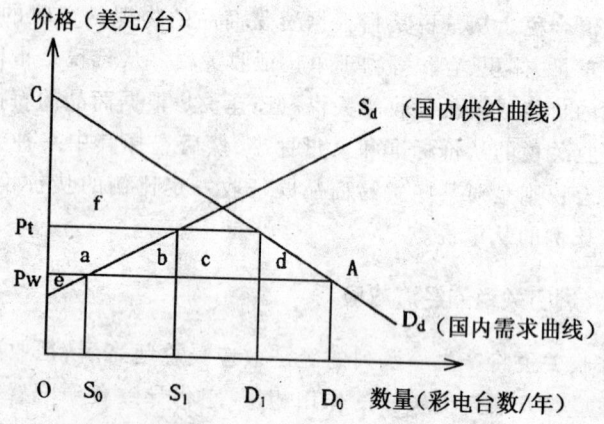

图 6-1 关税对消费者福利的影响

者剩余额由征收关税前的 a+b+c+d+f 减少到 f。由此可见,进口关税的征收会损害进口国消费者的利益,使消费者消费的产品量减少 D_0D_1 量,消费者剩余减少 a+b+c+d 的面积。

(二)关税对进口国生产者的影响

关税的征收,提高了进口产品的价格,相应地也提高了国内与进口竞争的产品价格。这种价格提高,使国内生产成本较高的生产者也可加入生产行列,从而增加了国内产品的市场供应量。关于这一点,我们可以用图 6-2 加以说明。

图 6-2 复制了图 6-1 的情景。在这里我们特别说明征收关税对生产者的影响。在征收关税以前,国内与进口相竞争的生产者的产量仅为 OS_0,其余部分产品的市场均为外国进口商所占领。在此情况下,国内工业很难发展。为支持国内工业,该国政府决定,对彩电征收进口关税,并使关税完全加到产品的价格之上,结果彩电的市场价格从 OP_w 提高到 OP_t。产品价格的提高刺激了国内生产,进口竞争生产者的彩电供应量增加到 OS_1,即增加了 S_0S_1 的产量。在自由贸易条件下,国内生产者获得的生产者剩余仅为

第六章　对外贸易政策

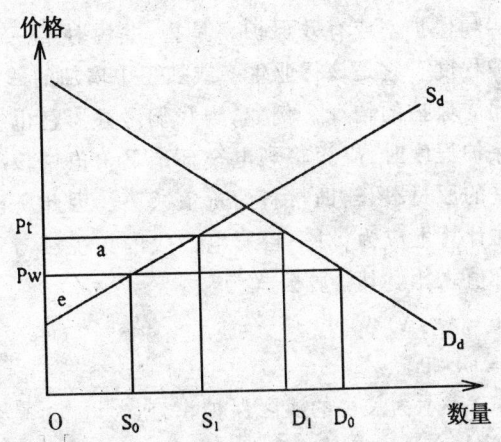

图6－2　进口关税对生产者的影响

e的部分。征收进口关税以后，进口竞争厂商的生产者剩余增加到a＋e的部分。

由此可见，征收关税有利于与进口产品相竞争的生产者。它不仅刺激了国内同类产品产量的增加，还使这些生产者获得了较多的生产者剩余。

从保护国内工业的程度看，一国进口关税水平越高，对国内相关工业的保护程度越高。但是要深入了解对某种产品的实际保护程度，还需要我们更加仔细地加以分析。严格地讲，通过进口关税对某种产品进行保护不仅保护了产品本身的生产，还连带着保护了与该产品完成制成品以前的产品各生产阶段的生产。因而它所保护的工业或行业，不仅是本阶段直接涉及的工业，还保护一些间接涉及的工业。例如，在保护彩色电视机生产的同时，也间接地保护了电视机外壳所用材料的生产，某些电子产品所需原材料的生产，某些玻璃制品的生产、电视机包装箱的生产等。具体到对电视机生产行业本身的保护，则需要在对电视机征收的名义关税率进行调整,以找出实际或有效的关税率。

所谓实际保护率或有效保护率是指,关税对某一个特定工业生产的保护程度。它是该行业生产或加工中增加的那部分产品价值(增加值)受保护的情况。例如,当我们考察彩色电视机生产行业的实际保护程度时,应该将彩电全部产品价值中该行业从其他部门中购进的原材料、辅助材料的价值减去。因此所谓关税的有效保护率在计算上应为:对一台彩电征收的关税额与彩电生产环节增加的价值之比。其计算公式为:

$$RP = (V' - V)/V \tag{1}$$

$$V = P_w - P_t \tag{2}$$

式中,RP 表示为关税的实际保护率,P_w 为自由贸易时的市场价格,P_t 为单位产品中各种投入品的价值总额,V 表示该行业生产产品的增加值,V' 表示为关税额加上本行业增加值。通过上述公式可以计算出关税对指定产品的有效保护程度,或有效保护率。一般情况下,关税的有效保护率高于名义关税率。

(三)关税对政府财政收入的影响

一般而言,增加课税会增加政府的财政收入(除非拉弗曲线起作用)。当一国政府决定出于保护本国工业的目的,对某种商品征收关税时,只要其关税率低于禁止性关税水平,该国的财政收入就会增加。在图 6-1 中,政府的关税收入是 c 的部分。

在我们前面的论述中,已经指出了各国征收进口关税的主要目的是保护本国工业。实际上,当政府征收关税或提高关税水平时,尽管直接目的是保护本国工业,实际上也增加了政府的财政收入。

(四)关税的收入分配效应

根据斯托尔珀——萨谬尔森定理,关税将增加受保护商品中密集使用的生产要素的收入。在我们的例子中,如果彩电生产中密集使用的生产要素是资本,那么资本的收入会因征收关税而增加。

我们在论述生产要素价格均等化时曾经指出,商品的进口将减少一国对比较稀缺的生产要素的需求,因而该种生产要素的价格会下降。关税在一定程度上,影响了一国进口贸易的规模,保护了本国同类商品的生产,从而阻止了对稀缺生产要素需求程度的下降。

(五)关税对市场竞争的影响

在我们前面的分析中,一般假定,市场处于完全竞争状态。然而在大多数情况下,各国在许多产品的市场面临的是不完全竞争的市场。自由贸易在很大程度上打破了国内厂商对市场的垄断,引进了竞争因素,提高了市场的竞争性。如果征收进口关税,就意味着保护本国的厂商垄断或默认国内厂商的垄断。从某种意义上说,垄断消除了对厂商追求技术进步的刺激力。从经济学的观点看,自由竞争是依靠看不见的手进行资源配置的有效机制,妨碍竞争机制发挥作用可能造成资源配置的扭曲。

(六)进口关税对一国经济的净影响

从前面的分析中,我们已经看到,征收进口关税不利于消费者,而有利于进口竞争品的生产者和政府。从一国总的情况看,关税对一国经济的净影响则是一国总体经济利益所在。

我们借助图 6-3 对这种净影响加以分析。为了分析问题的方便,图 6-3 复制了图 6-1 的情况。在这里我们将征收进口关税的多方面的影响加以综合考虑。在图中,征收关税以前,彩电的市场价格为 P_w,此时的消费者剩余是 $a+b+c+d+f$,生产者剩余为 e,政府无关税收入,国内的全部需求由国内生产和进口来满足。征收关税以后,彩电的市场价格上升到 P_t,单位产品的关税额为 $P_w P_t$,其结果消费者对彩电的需求量减少了,相应地,消费者剩余只剩下 f 部分了。就是说,征收关税使消费者损失了 $a+b+c+d$ 的消费者剩余。我们记得,因征收进口关税国内彩电的价格上

国际经济学

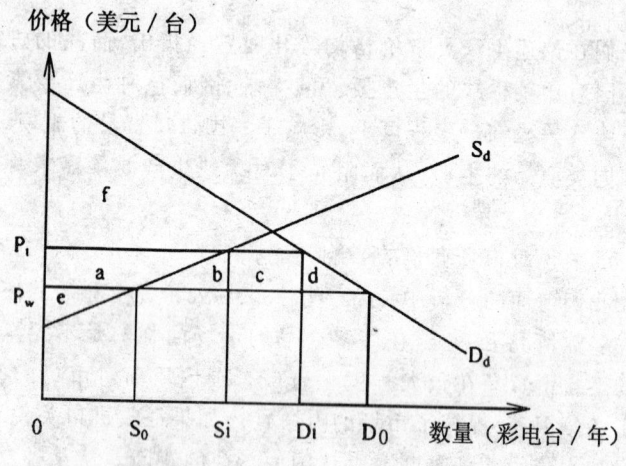

图6-3 关税对一国经济的净影响

升以后,生产者剩余从e增加到a+e。由图中可知,生产者剩余增加的部分a是从消费者那里转移来的,这种一国范围内的利益转移就是关税的收入再分配效应。消费者损失的另一部分是c,由图中可知,现在成了政府的财政收入,这是消费者向政府方面的利益转移。

然而b+d的部分有所不同。从d的部分看,征收关税使消费者减少了彩电的消费量,这种损失并没有转移到任何人那里,它是消费者剩余的一个净损失。另一部分是b,它也是消费者剩余的损失,不过这种损失也像d的部分一样,没有成为任何人或集团的利益,而是变成了国内生产者增加的那部分产品的生产成本。从整个世界的角度看,关税造成了资源的浪费,本来b的部分可以由低生产成本的外国厂商生产,从而成为消费者利益的,现在却变成了进口国低效率生产进口竞争品的生产成本。因此,b+d的部分是进口国的净损失。

表6-1总结出一国征收关税对其福利水平的影响。显然,关

税有利于进口竞争品的生产者和政府,而不利于消费者。从总体上看,该国的净损失为 $-(b+d)$。因此可以说,征收进口关税会降低一国的经济福利水平。

表6-1 关税对一国福利的净影响

	消费者福利 (1)	生产者福利 (2)	政府收入 (3)	总的经济利益 (1)+(2)+(3)
征收进口关税前(一)	a+b+c+d+f	e	0	a+b+c+d+f+e
关税征收之后(二)	f	a+e	c	a+c+e+f
(二)-(一)	-(a+b+c+d)	+a	+c	-(b+d)

(七)在考虑两个国家情况下的关税效应

如果我们将出口国因进口国征收关税所造成的影响加进来,可以看出,进口国征收关税不利于出口国的出口品生产者,但有利于出口国的消费者。从前面的分析中,我们已经知道,进口国征收进口关税,将刺激国内生产者增加产品的生产,相应地会代替一部分进口。同时征收关税以后,该产品的价格上升,会导致进口国对进口品需求的减少,这种进口规模的缩减意味着出口国的出口商不得不减少产品的生产和出口。如果出口国生产规模保持不变,该国的国内市场上在原有价格水平上的供应就会大于需求,从而迫使厂商降低商品的市场售价。这种价格的降低显然对消费者有利,而对生产者不利。由此可见,征收进口关税,有利于进口国的进口竞争品的生产者和出口国出口品的消费者,而不利于进口国的消费者和出口国出口品的生产者。征收进口关税破坏了世界市场的统一性,使统一的市场分割成不同的部分,其标志是对同一种产品,每个国家有一个不同于其他国家的市场价格。

三、幼稚产业的保护及确定标准

从一国征收关税的目的看,在很大程度上是为了保护本国的工业,特别是保护本国处在成长阶段的所谓幼稚工业。然而并非所有处在成长过程中的工业都是幼稚工业。学者们对幼稚工业有几个严格的定义。

根据穆勒标准,所谓幼稚工业是指那些技术不足,生产率低下,成本高于国际市场,而在贸易保护之下,经过投资,能够成长起来,将来可以在自由贸易中获利的有前途的工业。

巴斯塔布尔认为,所谓幼稚工业是指那些经过保护以后,将来获得的利润总和超过现在保护所需付出的社会成本的产业。或者说幼稚产业就是其保护成本小于未来获利总额的产业。

根据肯普标准,幼稚产业是那些经过保护不仅使自己发展起来,还可以产生技术的外溢效果,对其他产业的发展也具有促进作用的产业。

尽管学者们对何为幼稚产业有不同的标准,但核心的问题是,所要保护的产业一定是那些经过保护能够发展起来的产业,否则,这种保护就只有获得关税收入上的意义了。

第二节 进口配额及其影响

保护国内工业的第二条途径是进口配额。该政策措施同样会起到限制进口、鼓励国内生产的作用。

一、进口配额及其实施的原因

所谓进口配额是指,一国政府为保护本国工业,规定在一定时期内对某种商品的进口数量或金额加以限制。进口配额的分配方法主要有两种:一是全球配额。它规定该国对某种商品在一定时间内的进口数量或金额,它适用于来自任何一国的商品进口。主管机关按本国进口商的申请次序批给一定的允许进口的数量或金额,直至发放完规定的全部限额为止。二是国别配额。它是进口国对来自不同国家的进口商品,规定不同的进口限额。

与征收关税相比,进口配额更有助于限制一国进口商品的数量。这主要因为,关税的征收是通过价格变动影响国内对进口品的需求,而配额则是限制商品的进口量或进口金额,因此在对进口限制的程度方面更直接、更易于控制。另外,配额比关税更严厉。在征收关税的情况下,如果一国出口商试图进入课征关税的市场,那么只要在产品价格或质量上有竞争力就有可能渗入该国的市场。但是在采取进口配额措施的情况下,无论出口国生产的产品在价格上,或在质量上有多强的竞争力,出口国都不可能打入进口国的市场,因为进口国进口的数量是确定的。因此,专家们一致认为,进口配额是比征收进口关税更加严厉的保护措施。

二、进口配额对一国福利的影响

进口配额是对商品自由贸易设置的障碍之一,其实施的效果与关税一样,将给采取进口配额措施的国家造成国民的净损失,而且它所造成的负面影响比征收进口关税要大得多。

我们借助图 6-4 来说明进口配额对一国福利产生的影响。在图 6-4 中,横轴表示中国市场上彩色电视机的生产数量,纵轴表示彩色电视机的生产价格。在自由贸易条件下,世界统一的市场价格为 300 美元。此时国内对该商品的需求量为 OD_0,本国生产量为 OS_0,国内供给量与需求量的差额由进口的 S_0D_0 来弥补。现在实施进口配额,进口国规定允许进口的数量为 S_iD_i 量。在此情况下,如果国内的供给量保持不变,需求量仍为 OD_0,那么需求超过供给的量为:$OD_0 - (OS_0 + S_iD_i) = S_0S_i + D_iD_0$。在供小于求的条件下,中国市场上彩电的价格会上升。如果配额的量一定,国内需求大于国内供给的彩电量只有靠国内生产者增加彩电的生产来满足,但是增加的数量要视商品的价格来定。在彩电价格上升到

国际经济学

每台 320 美元时,国内生产者增加的供给量为 S_0S_i,D_0D_i 则没有任何增加的生产来弥补,结果价格稳定在 320 美元的水平。在此情况下,进口国配额的福利影响大于或等于进口关税的福利影响。图 6-4 中,本国的生产者剩余增加了,b+d 仍然为进口国的净损失。在这里,唯一的差别是 c 的归属问题,c 的转移方向决定于进口配额的分配方式。

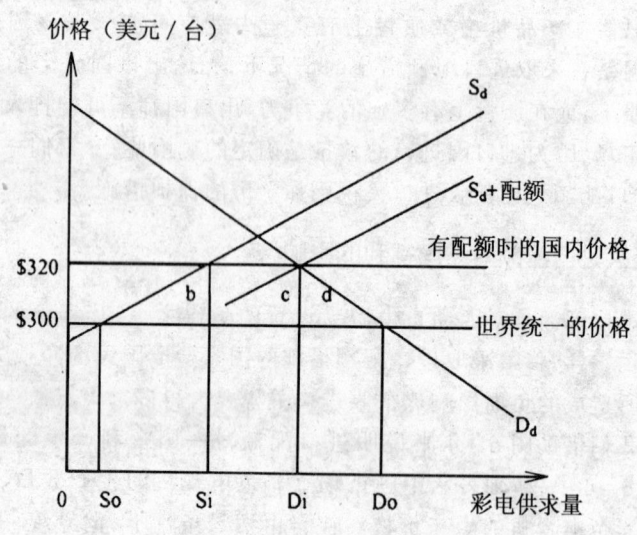

图 6-4 进口配额对一国福利的影响

分配进口配额常常要与进口许可证相结合,限制某种商品的进口数量。许可证是由一国海关签发的允许一定数量的某种商品进入关境的证明。分配许可证的方法主要有三种:一是竞争性拍卖,二是固定的受惠,三是资源使用申请程序。第一种方法是政府可通过拍卖的方法分配许可证。它使进口权本身具有价格并将进口一定数量商品分配给出价最高的需要者。一般情况下,进口商所付购买许可证的成本要加到商品的销售价格上。因此可以说,建立在拍卖许可证基础上的由进口数量限制所起的作用与关税有许多类似之处。

第二种方法是固定的受惠。它是政府将固定的份额分配给某些企业的方法。通常的方式是，根据现有进口某种产品的企业在上一年度在进口该商品总额中的比重来确定。这种方法比较简便，其问题是政府不再有关税收入或拍卖许可证的收入；其次这种方式带有某种垄断性，它意味着新增的企业难以获得此种商品进口的特权。因此这种分配方式不利于打破垄断，实现资源的有效配置。

第三种方法是资源使用申请程序。它是指在一定的时期内，政府根据进口商递交进口配额管制商品申请书的先后顺序分配进口商品配额的方法。这种方法形成了申请人获得所需进口品的自然顺序，即按照先来后到获得所需商品。其缺点是可能给管理部门留有利用职权获取贿赂的机会，相应地可能形成企业的"寻租"活动，以期借助管理部门的不公正行为，获取某种额外利润。

由此可见，公开拍卖可能是分配进口配额的最好方法。一方面进口配额与关税对一国福利水平的影响是相同的，且政府获得了有关的收入，有利于收入的再分配；另一方面，从质上看，进口配额比关税更加严厉，它基本切断了外国出口商渗入进口国市场的可能性。因此从管理有效的角度衡量，配额比征收进口关税好，从贸易自由化的角度看，关税更有利于外国竞争者的渗透，所以关税比进口配额好。

第三节　出口补贴及其福利影响

当一国对进口采取某种限制措施时，实际上就是对商品进口的歧视，或者差别待遇，这种对进口的歧视就包含着对出口的支持,或有利的差别待遇。所谓自由贸易条件,就是对商品的进口和出口采取不干预的政策,既不鼓励出口,也不限制进口。当一国采取限制进口的政策时,差别待遇本身就是对一方的不利,同时就是对另一方的有利。不仅如此,一国的对外贸易政策对进出口的差别性又进一步表现为直接鼓励出口的政策。

一、出口补贴的含义

所谓出口补贴是指,一国政府为鼓励某种商品的出口,对该商品的出口所给予的直接补助或间接补助。直接补助是政府直接向出口商提供现金补助或津贴。间接补助是政府对选定商品的出口给予财政税收上的优惠。如对出口的商品采取减免国内税收(如宽减公司所得税等)[1]、向出口商提供低息贷款等。各国采取出口补贴的目的是为了降低本国出口品的价格,提高其在国际市场上的竞争能力,扩大商品的出口。出口补贴会对一国经济产生影响。

二、出口补贴的经济影响

出口补贴对国际贸易,乃至于一国的福利水平会产生影响。首先,出口补贴意味着对出口商品的优惠待遇,因而有助于出口规模的扩大。其次,由于政府的刺激使本国厂商的出口规模超出了在没有任何政府干预下正常的商品出口规模,所以在量上,这种出口是"过度的"。这种过度出口意味着国内同一商品的供应低于正常规模,从而减少了消费者剩余。第三,出口补贴造成了政府支出的增加。因为出口补贴是由政府承担的,在其他支出不变的情况下,政府的总支出就会增加。一般而言,政府增加支出的主要来源是征税,那么出口补贴就会加大纳税人的税赋。这些影响我们还

---

[1] 值得注意的是,间接税的退税不属于出口的鼓励措施,它是各国为避免双重征税所采取的中性贸易政策。

可以通过图6-5加以说明。

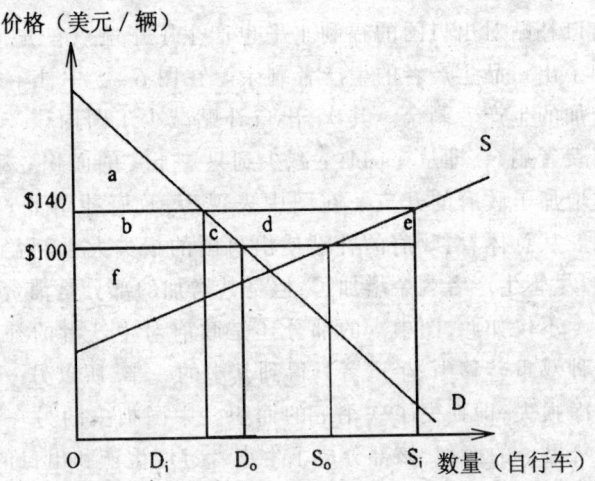

图6-5 出口补贴对一国经济的影响

在图6-5中，横轴表示中国自行车的供求数量，纵轴表示自行车的价格。D曲线是商品的需求曲线，S曲线是商品的供给曲线。我们假设，在中国实行出口补贴以前，国内厂商生产自行车的量是OS_0，需求量为OD_0，出口自行车的量是D_0S_0。假设世界市场价格是每辆自行车100美元，中国为扩大自行车的出口，政府决定给生产厂商每辆40美元的出口补贴。就是说，生产成本高到每辆140美元也可以进行生产。在此情况下，国内厂商的生产量为OS_i，因而厂商增加生产量为S_0S_i，在政府的补贴下，厂商愿意增加其产品的出口量，即增加到OS_i量，此时国内的供应量减少到OD_0。这种过度出口造成国内供应的减少，从而国内的市场价格上升，相应地需求减少了。但是由于该国不能影响世界市场价格，所以其销到国外市场上的价格仍然是每辆自行车100美元。政府的补贴是对高成本生产出的产品的补贴。由此可见，出口补贴扩大了产品的出口,但是这种出口是"过度出口",是靠牺牲本国正常消费增加的出口。

出口补贴对出口国的福利水平也产生了影响。首先,出口补贴增加了出口品生产者的生产者剩余。在图6-5中,b+c+d就是新增加的生产者剩余。其次,出口补贴减少了国内该产品消费者的消费者剩余,即从a+b+c减少到只剩下a的面积。第三,出口补贴增加了政府的开支。在图中表现为,政府补贴了c+d+e的面积。从总体看,政府的补贴使出口国的损失大于利益。由图中可知,尽管生产者剩余增加了,但是其增加的部分是消费者福利的转移。不仅如此,图中c的部分还是政府对生产者的补贴。由于在这种双重转移中,生产者只得到其中的一半,所以另一半就是该国的净损失,即损失了一个c的面积。中国损失的另一部分是政府的补贴e的面积,该部分成了生产者过度生产和出口的成本,因而是一种资源的浪费,因此出口补贴使中国净损失c+e的面积。我们将这个总的结果总结在表6-2中。

由表6-2可以看出,中国的净损失为c+e部分,其中c损失了两次,而生产者只得到一次,另一次损失变成了成本,c是净损失,e的部分是资源的净损失。

表6-2 出口补贴的福利变动

	生产者剩余 A	消费者剩余 B	政府支出 C	合计 A+B+C
出口补贴前 (1)	f	a+b+c	0	a+b+c+f
出口补贴后 (2)	b+c+d+f	a	-(c+d+e)	a+b+f-e
(3) = (2)-(1)	+(b+c+d)	-(b+c)	-(c+d+e)	-(c+e)

总之,出口补贴有利于出口品的生产者集团,而不利于消费者

集团,同时也增加了政府的开支。从世界角度看,该国的过度出口造成了生产资源的净损失。

既然出口补贴对一国的经济福利是负效果,为什么各国还要采取这种政策呢?实际上,在出口国政府看来,如果短暂的出口补贴损失或消费者福利损失,能够促成该国生产规模的扩大,进而获得规模经济效果,或者能够促进本国经济的成长等长远利益,那么这种损失是值得的。

从进口国的角度看,出口补贴是一种威胁。因为接受补贴的产品都以低于成本的价格将产品销到国外市场,从而会挤垮进口国的同类工业。对此各国都采取一些措施,以反对因出口补贴带来的"不公平竞争"。但是由于出口补贴具有隐蔽性,所以只要这种补贴未被认定,并由进口国采取反补贴措施,这种补贴对出口的鼓励作用就是存在的。

第四节 倾销与反倾销

倾销是不完全竞争企业的价格战略。倾销造成了价格的扭曲,影响了资源的配置效率。

一、倾销的涵义

倾销是一种价格歧视行为,它是指出口商以低于本国国内价格或成本向国外销售商品的行为。

确定出口商是否倾销产品的标准是,该产品是否以低于本国国内市场价格或成本在国外市场上倾销商品。判断是否构成倾销的依据是:(1)进口国生产同类产品的企业是否受到低价进口品的冲击,以致其市场份额明显减少;(2)进口国同类企业的利润水平是否明显降低;(3)在低价进口品的冲击下,进口国的同类工业是否难以建立起来。在这里,常常产生一种矛盾,进口国总是要夸大外国产品冲击本国市场的程度,而出口国从本国利益出发,希望将这种产品销售的倾销掩盖起来。国际社会则要在上述标准的基础上规范各国企业对外贸易的行为。

二、形成倾销的条件及其影响

厂商要采取倾销战略必须具备一定的条件。首先,该企业在其产品市场上要有一定的市场势力,以便影响国际市场,至少是进口国市场的价格。我们知道,在完全竞争条件下,每个厂商都是价格的承担者,因此它所面临的需求曲线是一条水平线,即任何一家企业销售量的增加都不会影响市场价格,且产品能够在不降价的条件下出清。但是作为采取倾销行为的企业,其必要的前提条件就是,该企业不是市场价格的承担者,在产品的销售市场上占有一定的份额,从而面临一条向右下方倾斜的需求曲线。它意味着,该企业要增加产品的销售,必须降低商品的售价。其次,尽管企业在国内和国外两个市场都具备影响价格的市场势力,但是它所面临的需求曲线的弹性是不同的。因为一家企业在控制了国内市场之后,才打入国外市场,因而在国内市场上,其替代品比较少,从而市场对该垄断企业产品的需求弹性比较小。在国外市场上,由于国外的消费者有多种产品的选择,因而对外国某一家厂商产品的需求弹性是比较大的。第三,企业面临的国内和国外两个市场是完全分割的,因此不存在该厂商倾销到国外市场的产品流回本国的可能性。

实际上,不完全竞争厂商向外国市场倾销商品的条件就是厂商采取倾销战略的基本依据。关于倾销行为,我们可以用图6-6加以说明。

在图6-6中,左半部表示中国的自行车生产企业在国内面临的需求曲线,右半部表示中国的自行车出口到美国市场上所面临

第六章 对外贸易政策

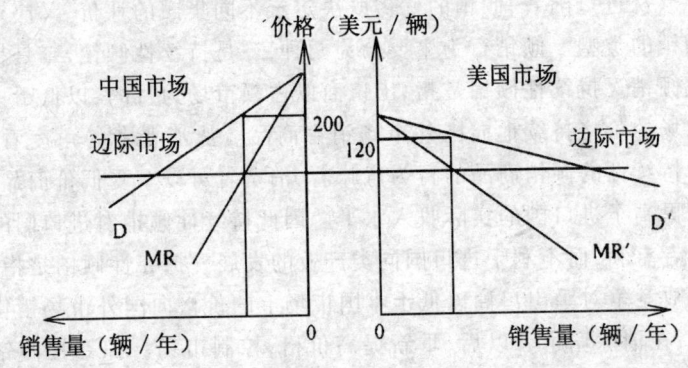

图6-6 倾销及其依据

的需求曲线。为了分析的方便,我们假定该企业的边际成本不变。曲线 D 表示中国企业在国内市场的需求曲线,曲线 MR 表示中国企业在国内市场的边际收益曲线。根据经济学的一般原理,边际成本 = 边际收益 < 价格。因而在国内市场上,企业所确定的价格是 200 美元。然而在美国的市场上,中国厂商所面临的需求曲线比较平坦,即产品的需求弹性比较大,图中曲线 D′ 表明了这种情况。边际成本保持不变,边际收益曲线为 MR′,则每辆自行车价格为 120 美元。显然中国企业在外国市场上的销售价格低于本国市场,构成倾销。但是这里有两个问题,第一,作为垄断企业应该针对不同的市场或需求情况确定不同的价格,因而它有一定的合理性;第二,倾销究竟是好事,还是坏事,问题的答案存在于对国际垄断的分析中,国际私人垄断或控制市场的行为像其在国内市场一样,会扭曲价格信号,影响资源的最优配置。因此垄断的正确与否不在于倾销本身的依据,而在于导致垄断的正确与否。另外,倾销的好坏有赖于谈论该问题的出发点。从出口国来看,倾销促进了一国产品的出口,倾销也会造成本国的利益流向国外消费者那里,

使外国消费者享受的价格还低于本国居民①。

从进口国看,倾销的优劣既决定于不同集团的评价,又决定于倾销的类型。倾销行为主要分为两种,一是持续性倾销,二是掠夺性倾销。持续性倾销是指,出口商以占领市场为目的,以低于本国市场的价格持续地向国外市场销售商品。从消费者的角度看,这种持续性的倾销商品的行为意味着,消费者可以享受低价商品,从而提高了进口国的实际收入水平。因此持续性倾销对进口国的消费者有利,而不利于进口国同类产业的发展。掠夺性倾销是指,为打败竞争对手出口商以低于本国市场上的价格向国外市场销售商品,在消除竞争者以后,重新提高价格,控制市场。掠夺性倾销的有害性表现在,企业降低价格的临时性或暂时性,使消费者只获得了暂时性的低价利益,一旦竞争者退出市场,企业会重新提高价格,以获取垄断性的超额利润,由此消费者的实际收入水平不但不会上升,反而还会下降。

一般地说,商品倾销是私人垄断的经济行为。然而在私人企业采取商品倾销战略时,政府多会默认,甚至向企业提供某种直接或间接的支持,从而将私人的竞争行为转换成政府的对外贸易政策。学者们将这种竞争行为称为"不公平贸易"。

从总体上看,倾销不利于资源的有效配置,歪曲了国际价格的形成机制,构成了企业或国家间的不平等竞争。

三、反倾销与反倾销税

倾销使进口国同类企业或产业的发展面临着严重的压力,甚至造成进口国同类行业难以起步的恶果。各国政府在本国同类产业集团的压力下,采取一些政策措施,以抵消倾销对进口国市场的

---

① 当欧洲联盟以低价向第三国出口内部过剩的黄油时,共同体内部的居民抱怨说:"我们在向外国交纳税金"。

强烈冲击,保护本国同类产业的发展。反倾销是被国际社会认可的、恢复公平贸易的政策行为。

反倾销的一般政策措施是征收反倾销税。所谓反倾销税是指,进口国政府在确认外国出口商销售到本国市场的商品有倾销行为时,对该商品所征收的进口附加税。

反倾销税的征收可能产生两个方面的影响。首先,它可以减少国内对低价进口品的需求。反倾销税就是抵消倾销价格低于正常商品价格所带来的竞争优势。理论上说,其征税额应为两种价格之间的差额,才能达到抵消不正当竞争或不公平竞争的目的。其次,反倾销税使进口品价格提高到进口国国内市场价格的水平,从而保护了国内同类商品的生产者。

第五节 其他非关税壁垒措施

非关税壁垒是关税以外的其他贸易障碍。据国际社会统计,目前世界上大约有1 000种以上的非关税壁垒措施。主要有:自愿的出口限制、出口补贴、歧视性公共采购、进出口贸易的国家垄断、技术标准和卫生检疫标准等。这些措施都是自由贸易的障碍,因而影响资源在世界范围内的有效分配。

一、自愿的出口限制

自愿的出口限制是指,商品出口国在进口国的要求或压力之下,自愿地限制某些商品在一定时期内的出口数量或出口金额。

自愿的出口限制并非自愿,它是在进口国的压力下实施的限量出口的措施。因而它与配额有相似之处,不过前者是一种主动配额。一般情况下,自愿的出口限制的数量是进口国和出口国通过谈判确定的。

表面上看,自愿的出口限制是一种比较温和的非关税壁垒措施,实际上它与配额一样严厉,同样使出口商难以凭借产品的非价格优势渗入进口国的市场。

自愿的出口限制是进口国比较隐蔽易行的保护措施。一般情况下,一国要调整其进口关税水平,必须征得议会的同意,否则难以保证保护政策的迅速贯彻和执行。自愿的出口限制则不然,政府可以要求出口国对其出口量加以限制,从而不需要议会的认可,达到保护本国有关工业的目的。

二、歧视性的公共采购

歧视性的公共采购是指,一国政府根据国家有关法律制度,给予国内供应上优先获得政府采购订单的非关税壁垒措施。

在各国经济运行中,政府已经成为多种公共物品的购买者,同时政府已经成为干预经济、保持经济平稳运行的重要角色。政府为维持本国经济的增长,常常从私营企业那里采购商品。为保证这种购买形成对本国产品的需求,一些国家规定,政府采购要优先购买本国商品,从而形成对外国销售商的歧视。为此国际社会提出一些约束措施,但在具体执行时,尚有许多困难。

三、对外贸易的国家垄断

对外贸易的国家垄断或国营贸易是指,国有企业或公营企业获得特权直接经营对外贸易,因而形成对外贸易的国家垄断。

国有企业或公营企业直接经营一国对外贸易的理由很多,一些国家为了控制商品的进出口量采取国家专卖制度。这类商品主要有:烟、酒及某些关键产品(一些国家将农产品纳入此类)。中央计划经济国家垄断外贸经营是很自然的,因为计划经济本身就包含着对对外贸易的控制。

在国营企业垄断外贸的情况下,关税及其他保护贸易的政策措施的作用十分有限。在此情况下,政府有关部门根据国家计划安排商品的进出口,并通过国营外贸公司具体贯彻执行。在此情况下,即使各种商品的进口关税很低,进口也难以增加。

国营外贸的根本弊病是人为地扭曲了资源的配置,并且由垄断产生出过度保护和低效率。从国营外贸向自由贸易转变的关键是外贸经营权制度的改变,即从审批制变成注册制是贸易自由化的重要步骤。

四、技术标准和卫生检疫标准

进口国为保证各种商品的进口质量符合一般的技术要求而作出的有关规定。然而,一些国家为限制某些商品的进口,常常规定一些外国难以掌握的技术标准或技术要求,以便寻找阻止外国商品进入本国市场的理由。

技术标准是一项比较严厉的非关税壁垒措施,这些标准意味着,运到进口国口岸的商品可能因为技术标准不符而被拒之门外。

卫生检疫标准是一国对进口的动植物及其制品、食品、化妆品等所实施的必要的卫生检疫,以免传染疾病或病虫害,但是却成了非关税壁垒的一项重要措施。进口国为限制外国商品的进口常常以不合卫生标准为由,将外国产品拒之国门之外。

第六节 保护贸易的政治经济学

从动态的角度看,国际贸易使消费者选择商品的范围扩大了,且随着收入的增长,消费者消费产品的质量和数量也超出了本国生产发展水平的限制。总之,自由贸易是一个有利于参加国提高物质生活水平的重要渠道。

但是,一些学者认为,在一国经济的某些发展阶段,在某些发展阶段的一些经济部门,贸易保护或限制对外贸易的某些方面是有充足理由的。这些理由包括:幼稚工业保护论、夕阳工业论、国防论以及民族自豪感问题等等。

一、幼稚工业保护理论

幼稚工业保护论者认为,当一国的某些工业部门尚处在起步阶段(或婴儿时期)时,需要政府给予某种程度的保护,以便等待它的成长。如果一个工业或产业刚刚起步,就面对已经成熟的其他国家同类产业的竞争,那么它就难以成长,甚至夭折。

保护幼稚产业论的主要代表是美国的亚力山大·汉密尔顿和德国的著名经济学家弗里德里希·李斯特。他们曾就保护幼稚工业发表重要论著。李斯特在其《政治经济学的国民体系》中系统论述了保护贸易的重要性。他认为,自由贸易政策并不是哪个国家都可以采用的政策。从一国经济发展的角度看,各国的经济发展都分成几个阶段,其中在工业的发展阶段不可以采用自由贸易政策,在此以前的农业社会可以采取自由贸易,在工业发展阶段已经完成的工商业社会也可以采取自由贸易政策,唯有处在工业发展阶段的国家不能实行自由贸易政策。另有一些学者将保护幼稚工业的暂时性扩展开来,认为在一国经济发展的每一个阶段都会有需要保护的工业部门,因此保护贸易政策就某一部门而言是暂时的,但就一个国家而言则是长期的。包括李斯特在内的学者们用历史发展过程中,一些国家发展起来的例子证明保护贸易对一国经济发展的重要作用,美国就是一个典型的例子。由此似乎可以证明,经济的发展需要贸易的保护。

保护幼稚工业的核心问题是选择幼稚工业。所谓幼稚工业是处在发展过程中的,且有发展前途的产业。与幼稚工业相关的另一个问题是保护的期限问题,即一个产业发展到何种程度才可认为是长成了。

主张自由贸易的学者们并不反对一国经济发展中要支持幼稚工业。然而他们建议,要支持一个工业的发展最好采取补贴的方法,即对选定的需要鼓励其发展的行业进行资助。问题是,一个处在经济发展过程中的国家首要的问题就是资金的缺乏,因此征收关税可能是较为简单易行的政策措施。

二、夕阳工业论

夕阳工业论主张,对那些处于衰落的工业部门应该给予暂时的保护。其理由是:(1)这些工业部门吸收了大量的劳动力,一旦听凭这些行业与外国竞争,且在竞争中处于不利地位,就会带来大量的失业人口;(2)避免这些行业的就业人员重新寻找职业,有助于减少培训费用;(3)这些工业的落后不是工业本身落后于社会的需要,而是该行业采用的生产技术落后于其他国家,因此只要假以时日,对现有的生产技术进行更新改造,就可以使该生产部门重新获得竞争力。

然而保护这些工业所付出的代价是比较大的。在美国曾经为政府是否保护其纺织工业、钢铁工业等进行过大讨论。讨论的核心问题是,值得为一个已经衰落的工业付出代价吗?据有关方面统计,美国为保护钢铁业的一个就业机会,每年要付出14万美元的代价。

夕阳工业保护论的核心问题是,这些工业的衰落是否不可避免。如果这些工业在某些国家的衰落是不可避免的,那么保护它们的代价会越来越大。

近年来,一些学者将夕阳工业与夕阳技术区别开来,认为一些工业本来无所谓夕阳和朝阳,一些国家某些工业部门的衰落是技术的衰落,只要更新技术就可以使其重新朝气蓬勃,因此保护是必要的。

三、国防论

国防论者认为,一个国家没有永远的敌人,也不会有永久的朋友,因此建立强有力的国防工业是十分重要的。在这里,除了钢铁工业、化学工业及其他一些战略物质生产行业之外,农业也是非常重要的。第二次世界大战以后,各国深刻认识到了农业的重要性。西欧各国在贸易保护政策之下,逐步实现了多数农产品的自给,甚至有余。因此现代国际贸易中,农业生产的专业化越来越不明显。由此引起了美国与西欧之间的贸易摩擦。

主张自由贸易的学者认为,解决战略物资短缺的较好办法是,平时廉价进口它们,并将其储存起来。

从当代世界发展的趋势看,和平与发展已经成为两大主题。在21世纪已经来临之时,各国之间经济实力的竞争有代替军事竞争的趋向。经济政治可能代替地缘政治并在国际关系中起重要的作用。

四、民族自豪感

当今世界,尽管各国之间的相互依赖在逐步加强,但是各国也还是要力争体现本民族的特点,并以本国生产的产品来展示自己的经济实力。当一国在世界面前没有这种代表性的产品,或者这种代表性产品只是代表了本民族经济发展落后的一面时,一种民族自强意识会被唤起,促人自强自立。同样,当本国市场上充斥着大量的外国产品时,特别是代表先进技术的产品是外国产品时,民族的自强自立之心会突出化。当日本的产品大量涌入美国市场时,美国的舆论惊呼,如果美国不设法保护本国市场,总有一天制造星条旗的布也是从日本进口的了!显然,当近期经济利益的取得(廉价进口品)以民族自豪感的丧失为代价时,各国的民族自豪感会强化起来。

总之,自由贸易与保护贸易的争论产生于全球经济利益与各国经济利益相互矛盾的一面。如果自由贸易更有助于各国经济的发展,他们将自觉地贯彻自由贸易理论;相反,如果自由贸易与各国的经济利益相冲突,各国倾向于保护贸易。尽管经济学的尺度只有一个,但是从利益分配的角度看,各国总是偏爱自己的。

本章小结

1. 根据国际贸易理论,一国应该采取不干预的贸易政策或自由贸易政策,但是出于各种理由,各国总是希望通过对对外贸易的干预,实现自身的最大利益。

2. 干预贸易的政策也就是保护贸易的政策,这种政策是政府通过关税和非关税的政策措施,对对外贸易加以干预。

3. 关税有多种形式,如进口关税、进口附加税、过境税、出口税等。

4. 进口关税的征收对一国福利水平有明显的影响,它主要是降低了一国福利的总水平。具体而言,它对进口竞争品的生产者有利,对政府有利,但不利于进口国的消费者。

5. 进口配额是一种通过对进口数量的限制达到保护本国产品市场的贸易保护措施。它所起到的限制作用比关税要大,不易渗透。

6. 进口配额常常与进口许可证结合起来使用,以使管理具体化。采取限制进口量的措施可以收到与关税同样的效果,特别是在分配许可证采取拍卖的方法时。

7. 出口补贴是歧视性或差别性对外贸易政策的另一个重要方面。对出口采取补贴的方法可以提高出口企业的竞争力,鼓励企业增加产品的生产。

8. 倾销是一种企业低价销售商品的战略。然而当政府成为这种战略支持者的时候,它带有一国贸易政策的色彩。倾销使一个国家过度出口商品,但支持了企业占领别国市场,可以达到发展本国该产业的目的。

9. 尽管保护贸易可能使一国在短期内失去一定的经济福利,但是各国从政治经济学的角度考虑,保护贸易能够发展本国的幼稚产业、调整自己的夕阳产业、巩固自己的国防、增强本国的民族自豪感。

本章思考题

1. 什么是关税?关税主要有哪几种?
2. 关税的基本作用是什么?它对一国经济福利有哪些影响?
3. 进口配额与关税在保护本国工业方面的异同是什么?
4. 分析出口补贴的作用及影响。
5. 倾销的经济学理论基础是什么?
6. 需要保护幼稚工业吗?
7. 需要保护夕阳工业吗?
8. 怎样看待民族自豪感?
9. 开展国际贸易需要考虑政治因素吗?为什么?

第七章 战略性贸易政策

战略性贸易政策是在不完全竞争的市场条件下,政府干预对外贸易,获取较大利益,发展本国某些产业的贸易政策。战略性贸易政策是逐步形成和完善的。

第一节 最佳关税与抽取垄断租金

从前面的分析中,我们已经知道,一国对商品的进口征收关税会造成本国经济福利的净损失。但是在特定的市场结构下,如果关税水平设置合理,仅就一国的利益而言,其净福利可能增加,而不是减少,这就是最佳关税问题。

一、供求弹性与关税承担

在前面的分析中,都假定所有的关税最后都由消费者承担,即每单位产品征收的关税额都成为进口商品的加价,转嫁给消费者。然而在现实中,谁承担关税,以及承担关税的程度决定于出口企业对该市场的产品供给弹性和进口国对该企业产品的需求弹性。

所谓需求弹性较大是指,当产品的市场价格变化时,需求量变化的程度(百分率)超过该产品价格本身的变化程度。所谓供给弹性较大是指,当商品价格变化后,供给量变化的程度超过其价格变化的程度。反之是供求弹性较低,或无弹性。从国际贸易的角度看,某种产品的进口供给弹性,决定对该产品出口到征税国市场的依赖程度。当出口国厂商对进口国市场的依赖程度较大时,该厂商对进口国的产品供给弹性就较小。反之,厂商对该产品的供给弹性较大,需求弹性则比较明确。外国企业产品在进口国的需求弹性决定于三个因素,即消费者对该产品本身的需求弹性,对来自国外厂商的产品的依赖程度,以及该外国厂商产品的替代品多寡。

当一国政府要对某种产品征收进口关税时,生产者和消费者承担关税与否以及承担关税的程度,决定于被征税厂商纳税商品的供给弹性与需求弹性。一般而言,如果征税商品的供给弹性很小,就意味着外国出口商要承担关税,因为厂商对进口国市场依赖程度较大,一旦因该企业将征税额全部加到价格上去,由消费者承担关税,那么该企业的市场份额就会缩小。对出口厂商而言,进口国市场非常重要,以致没有其他市场可以替代,它意味着出口国厂商就要承担较多的关税。相反,如果进口国市场对出口国厂商无足轻重,那么出口厂商就不愿意承担任何关税。在此情况下,厂商的出口面临两种可能:一是进口国对该厂商产品的需求有弹性,其出口规模下降;二是进口国对该厂商产品的需求弹性较小,甚至无弹性,进口国的消费者可能承担绝大部分进口关税。最佳关税就是在充分考虑外国厂商在进口国市场上的垄断程度的基础上,确定征收进口关税的适当水平。

二、最佳关税

从经济学的意义上描述,最佳关税是指,进口国由征收进口关税所引起的额外损失与额外收益相等时的关税水平。

最佳关税不能是禁止性关税。[①] 在禁止性关税下,进口国不能进口该产品,因而也就无从获利。因为商品在进口价基础上再加价一倍,商品很难卖出去,只有出口商大幅度降价才可以保住出口时,这时厂商可能变得无利可图。在此情况下,进口国的高进口关税并非意味着高收益。

最佳关税也不能是零进口关税,零关税不能使进口国获得任何经济利益。最佳关税应该在禁止性关税和零关税之间,在这个幅度内的进口关税水平可能使外国出口厂商承担一部分关税。在需求弹性一定的情况下,最佳关税水平决定于外国厂商产品的供给弹性。外国厂商的产品供给弹性越大,最佳关税水平越低,外国厂

[①] 通常的概念是,当进口关税的关税率等于或超过100%时,进口商品会完全失去竞争能力,不得不退出进口国市场,因而被称为"禁止性关税"。

商产品的供给弹性越小,进口国确定的最佳关税水平越高。因此进口国政府确定的最佳关税水平决定于出口国厂商向进口国提供产品的供给弹性的倒数。我们可以用图7-1加以说明。

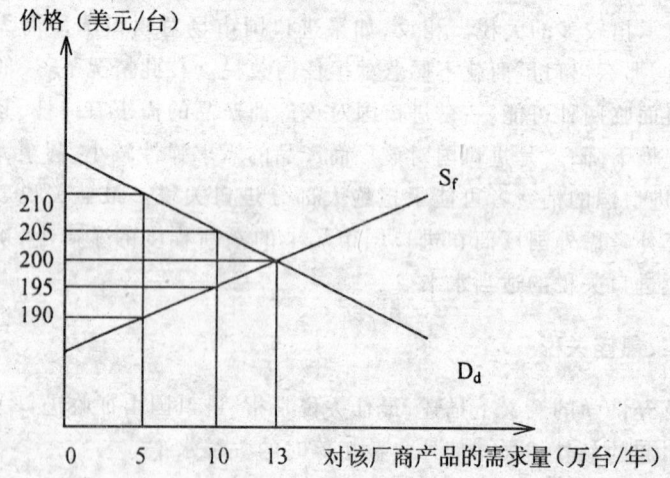

图7-1 最佳关税的确定

在图7-1中,横轴表示中国每年进口彩色电视机的数量,纵轴表示进口彩色电视机的价格。S_f为外国厂商彩电的供给曲线,D_d为进口国对外国厂商彩电的需求曲线。供给曲线的倾斜度表示外国厂商向进口国提供彩电的供给弹性,需求曲线的斜度表示中国居民对外国厂商(松下电视)的需求弹性。如果不征关税,进口彩电的价格是每台200美元,此时的进口量是13万台。现假定,中国对彩电进口征收10美元的关税。如果将关税全部加到价格上,进口价格会提高到210美元,此时需求量会骤减到只进口5万台彩电,即减少了60%以上,这表明中国对进口彩电的价格变化是非常敏感的。在此情况下,外国厂商为维持市场的较大占有量,不得不承担一部分关税。我们假定,外国厂商承担进口关税的

50%,即将出口价格(假定没有运输成本)降至195美元一台,结果进口彩电加部分关税以后的价格是205美元。此时,中国进口彩电数量为10万台。尽管比没有征收关税时减少进口3万台,但是比厂商不承担任何关税时增加销售5万台。或者说,通过厂商主动承担一部分关税,保住了一部分产品的市场。同时,进口国政府从外国厂商那里获得了一部分收入,其收入量为外国厂商每单位产品承担的关税额乘以此时该产品的进口量。

当然,征收关税也使进口国的消费者受到损失。这种损失是消费者因征收关税以后进口彩电价格上升减少的消费部分,从而是消费者剩余的减少,即在图中表示三角形的面积。由于征收关税,政府得到一部分关税收入,其中一部分来自消费者剩余的转移,另一部分来自外国厂商被迫承担的一部分关税。这种得自外国厂商的关税收入是进口国通过征收关税所得到的额外收益,而消费者因价格上升减少了进口彩电的消费,进而减少了消费者剩余,则是该国征收关税的额外损失。所谓最佳关税就是,因征收关税造成的国民额外收益等于国民额外损失时的关税水平。如果一国对某种商品设置某个关税水平以后,其国民收益大于国民损失,表明进口关税水平偏低,如果设置某个关税水平以后,其国民收益小于国民损失,表明其进口关税水平过高。

实际上,最佳关税的核心问题是通过确定适当的关税水平,从外国厂商那里获取最大限度的利益。

三、最佳关税的来源与抽取垄断租金

最佳关税来源于出口国厂商被迫承担的关税。更准确地说,它来源于垄断厂商的一部分垄断利润。这种垄断利润是外国厂商在进口国市场上的所具有的市场操纵能力的体现。进口国政府只是从这种垄断利润中得到了一部分,或抽取了一部分垄断租金。

为说明这个命题,我们先假定,在进口国市场上没有其他生产

者生产同类产品,因而出口国厂商是进口国市场某种产品(如摄像机)的唯一供应者,是一个完全垄断者。根据完全垄断厂商获取最大限度利润的原则,确定其获取最大限度利润的市场价格,以获取垄断利润。具体情况如图7-2所示。

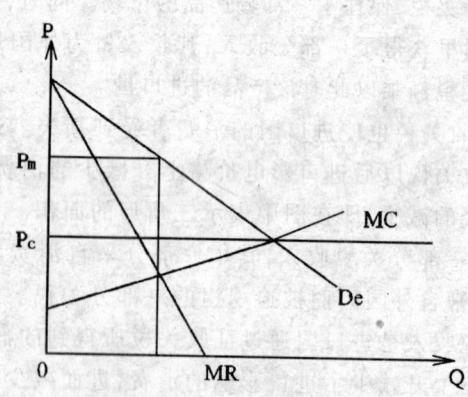

图7-2 垄断厂商的订价及获取最大限度利润的决策过程

在图7-2中,横轴表示市场上该垄断企业商品的供应量和消费者对该产品的需求量,纵轴表示商品的价格。曲线 De 表示垄断厂商产品的需求曲线,MR 表示垄断厂商的边际收益曲线,MC 表示垄断厂商的边际成本曲线(为方便起见,将边际成本曲线绘成直线)。厂商根据边际成本等于边际收益的原则确定的获取最大限度垄断利润的价格为 Pm,它比完全竞争企业制定的市场价格 Pc 要高 PcPm 的量,这种价格使垄断厂商获取了正常价格以外的一部分利润。然而这种利润是不合理的,它是靠损害消费者正常消费量的利益取得的,同时也是资源配置上的扭曲。因此,在进口国政府来看,这部分利润既然是垄断厂商的不合理收入,政府自然可以从那里抽取。

另一方面,厂商愿意让出一部分垄断租金也并非自愿。垄断厂商在作了一系列的权衡利弊之后,才决定承担一部分关税的。显然垄断厂商必须作这样一个选择:是将进口关税完全加到价格之上还是承担一部分,直到全部的关税。如果其将关税全部加到价格上,那么该商品的市场价格就会上升,在市场价格比较高的情况下,进口国的生产者就会进入该部门从事生产,从而打破了出口厂商在该市场上的垄断,垄断利润也会因为其垄断程度的降低而减少。为了防止进口国厂商进入该生产部门,垄断厂商决定承担一部分关税,其承担的关税额仅限于可以阻止进口国厂商进入该部门的程度。在此垄断厂商所作的权衡是:究竟允许进口国厂商进入给它带来的利润损失大,还是承担一部分关税引起的利润损失大?当垄断厂商决定承担关税时,意味着厂商承担关税所带来的利润损失,小于允许进口国厂商进入该行业所带来的利润损失。当垄断厂商决定承担关税时,进口国政府就得到了一部分垄断租金,或者说进口国政府从外国垄断厂商那里抽取了一部分垄断租金。

但是,当进口国设置的该产品的进口关税很高,以致如果垄断厂商承担关税、阻止进口国厂商进入的利润损失大于允许进口国厂商进入所带来的损失时,垄断厂商宁可允许进口国厂商进入该行业。

四、征收关税与保护本国工业

正如我们前面所指出的,当垄断厂商认为,其承担关税所造成的利润损失大于允许进口国厂商进入该行业所造成的垄断程度下降,进而因控制价格能力降低所带来的利润损失时,垄断厂商会选择允许进口国厂商进入。在进口国厂商进入该行业以后,由于规模较小,尚不能与垄断厂商相竞争,因而它们是垄断厂商定价的跟随者。尽管垄断厂商制定的价格可能比过去低了,但是该厂商以及进口国厂商仍然可以获得一部分垄断利润。

进口国厂商获得垄断利润,激发了其进一步增加生产的积极性。当进口国厂商跟随垄断厂商获得一部分垄断利润时,一方面,这种利润使企业获得了扩展生产的资金,另一方面,也增强了企业扩展生产的动力。因此进口国厂商希望进一步扩大其获取利润的规模,从而扩展自己在本国市场上的占有率。当进口国厂商规模还难以与垄断厂商相竞争时,就需要借助政府的干预,抵消外国出口商(垄断厂商)的垄断优势或竞争优势,此时进口国政府可能进一步提高该产品的进口关税。这种关税的进一步提高,使外国厂商难以承受,在其竞争力削弱的同时,进口国自己的生产企业增加了产品的生产。当其生产规模的增加已经达到能够与外国垄断厂商相抗衡时,进口国发展本国同类工业或产业的目的也就达到了。可见,选择最佳关税的短期目标是从外国垄断厂商那里抽取部分垄断租金,以获取经济利益,而其长期目标是通过制定适当的关税来保护和发展本国工业。

第二节 战略性贸易政策

一国的对外贸易政策不仅要着力于本国获取一定的经济利益和保护本国工业的成长与发展,还在于通过政府的鼓励政策,发展本国产品的出口,使本国企业在国际市场上具有竞争优势。

一、战略性贸易政策的内容

现代国际贸易理论的专家们认为,当代的国际市场是不完全竞争的市场结构。多数企业面临着不完全竞争的国际市场,他们之间的竞争是非常激烈,又是难以取胜的,因而需要借助政府的干预。战略性贸易政策的核心内容就在于:通过政府的干预改变或鼓励企业既定的战略行为,发展本国产品的出口和相应产业的竞争优势。

为说明这一点,我们假定,在飞机生产行业有两家相互竞争的企业,或该行业是寡头垄断,如波音飞机公司和空中客车飞机公司。这两家企业分属两个不同的国家或经济体,他们都希望进入并长期占领第三国的市场,这两家企业都能生产150个座位的客机。我们假定,它们的决策简单地归纳为,生产产品并进入某个市场或不进入某个市场,① 从而决定企业是获得收益、亏损,还是不生产产品情况下的零利润。我们用表7-1来说明企业在没有外部干预情况下的战略选择。

表7-1 两家寡头企业之间的竞争

单位:万美元

空中客车 波音公司	生产		不生产	
		-5		0
生产	-5		100	
		100		0
不生产	0		0	

由表7-1可以看出,两家企业在作出生产上的不同选择时,企业获取利润的量。美国和欧洲各有一家飞机制造企业,它们两家垄断了世界的民用飞机的制造。现在第三国(如中国)市场上,两家企业相互竞争。如果没有人为的干预(如政府支持),两家企业都有两种选择,即生产并在中国市场上供应150个座位的飞机,或不供应这种飞机。在两家企业势均力敌的情况下,如果它们都决定向中国市场供应该飞机,那么为了占领市场,双方都会出较低

---

① 在经济学的不完全竞争理论中,寡头垄断的市场结构下,寡头企业在势均力敌的情况下,通常在考虑本企业决策行为时,要顾及对方可能的反应。在此我们不再详细说明。

的价格。在此情况下,两家企业都因竞争导致每卖出一架飞机有5万美元的亏损,即表中第2行第2列所示的情况。第二种情况是,美国的波音飞机公司决定向中国市场提供150座的飞机,而空中客车决定不提供。此时,由于美国垄断了中国市场,因而其飞机的价格可以高一些,从而波音公司每架飞机赢利100万美元,而空中客车没有从中国市场获得任何收入。第三种情况是,波音公司决定不进入中国市场,而空中客车决定进入。此时,像波音公司一样,空中客车公司每架飞机获得100万美元的利润,波音公司则无任何得自中国市场的收入。当然第四种情况是,两家公司都不进入中国市场,也就都无收入可言。由上述例子可以发现,两家势均力敌的寡头垄断公司在同时进入市场的条件下会两败俱伤,但是一旦其中一家公司独占市场,则垄断利润十分丰厚。由此可见,它们都希望获得丰厚利润的动机会促使它们期望,通过短暂的削价竞争打败对手,然而如果它们势均力敌,只有两败俱伤的结局。要想打破僵局,除非有某种外力的作用,改变了两家企业的力量对比。

如果其中一家公司,如空中客车公司获得政府的支持,获得25万美元的津贴,此时情况会有很大的不同。具体情况见表7-2所示。

表7-2 空中客车获得政府津贴后的对竞争的影响

单位:万美元

空中客车 波音公司	生产并供应飞机		不生产	
生产并供应飞机	-5	25	100	0
不生产并供应飞机	0	125	0	0

由表7-2可以看出,在两家企业都进入中国市场的情况下,

波音公司没有从本国政府得到任何津贴,因而在竞争中仍亏损5万美元,其结局是该公司可能退出中国市场。另一方面,空中客车公司从欧洲联盟获得25万美元的津贴,即使扣除因竞争损失的5万美元,该公司仍有20万美元的利润。这就鼓励了空中客车继续在中国市场上销售飞机,最终将处于竞争劣势的波音公司挤出中国市场。在空中客车将波音公司挤出中国市场之后,它的垄断利润可能是每架飞机获得利125万美元,即100万美元的正常赢利加上25万美元的政府津贴,使企业得到了远多于补贴额的利润。由此可见,当国际市场为不完全竞争的市场时,特别是当来自不同国家的企业在国际市场上处于寡头垄断地位的时候,政府的支持将改变本国企业的竞争地位,它决定企业生产发展的前途。

然而这种战略性的贸易政策是以对市场估计比较准确为前提的。在国际竞争中,如果政府补贴的收效并非想象的那样大,那么获得补贴的企业可能损失更多,或企业的获利只带来很小的利润,以致该企业仍然有一定的损失,从国家总体的角度看这种损失更大。具体情况有如表7-3所示。

表7-3 有政府津贴情况下的竞争与获利

单位:万美元

波音公司 \ 空中客车	生产并供应飞机		不生产	
生产并供应飞机		−20		0
	−5		125	
不生产并供应飞机		125		0
	0		0	

在表7-3中,当空中客车每销售一架飞机接受了政府25万美元的津贴之后,该公司不但没有获利,且有更多的损失,如每架飞机亏损20万美元。在此情况下,补贴不但无利可图,反而带来更大的损失。因此,实施战略性贸易政策的关键在于准确的信息

和正确的判断。

此外,从某种意义上说,战略性贸易政策就是一定的倾销政策,别国的反倾销或报复行动可能会影响到该种贸易政策的实施效果。因此,学者们进一步论证说,实行战略性贸易政策不如相互或多边同时减少国际贸易的障碍。然而战略贸易政策的鼓吹者们认为,在各国难以统一行动的情况下,不完全竞争的市场结构要求本国政府支持自己的企业,以便增强其国际竞争力。在当今世界,国际竞争在许多情况下不是比较优势的竞争,而是竞争优势的竞争,这种竞争优势常常来自有关国家政府的人为干预或支持。

二、战略性贸易政策的意义

战略性贸易政策是由詹姆斯·布兰德、巴巴拉·斯本思、阿威施·迪克斯特较早论述的,后来赫尔普曼和克鲁格曼进行了非常详尽的论述。战略性贸易政策在国际贸易理论,特别是国际贸易政策理论发展中具有特别重要的意义。

首先,战略性贸易理论阐明了寡头垄断条件下政府干预、刺激本国出口的基本动力。从以往的国际贸易理论得出的政策启示是,政府不应干预对外贸易。战略性贸易政策理论则强调,在不完全竞争的市场结构下,政府干预某些部门的对外贸易更有利于本国企业的竞争,哪个国家支持了本国企业,哪个国家的企业就会占据竞争优势。实际上,战略性贸易政策是对各国政府不断加强对外贸易干预现象的理论概括,并为此提供理论依据。

其次,战略性贸易政策提出了比较优势和竞争优势相分离的问题。根据比较利益理论,一国的竞争优势决定于本国的生产要素、技术和资源优势;根据国际贸易新理论,一国的竞争优势决定于规模经济和差异产品。然而战略性贸易政策理论则强调政府的干预,强调政府干预条件下的实现规模经济,获得竞争优势,从而使国际竞争更加复杂化。

第三节 中国对外贸易政策和体制

中国的对外贸易体制和政策是逐步完善起来的。经济的转型要求中国进一步探索建立在国际统一规则之下的对外贸易体制,与国际规范相一致的对外贸易政策。中国外贸体制改革的总方向是法制化和规范化,对外贸易政策变动的基本方向是对外贸易的自由化。

一、中国的外贸体制

中国的对外贸易体制是新中国成立之后逐步完善起来的。最初,国家允许私营进出口企业继续经营对外贸易,同时成立了国营外贸公司。1956年以后,中国的对外贸易开始实行国家垄断,所有的外贸业务一律由对外贸易部所属15家专业外贸公司垄断经营,并在主要的贸易口岸(上海、广州、青岛、天津和大连)设立对外贸易分公司。1973年以后,增设江苏、河南、湖北、湖南和云南等口岸。对外贸易的行政管理由外贸部和各省、自治区和直辖市经贸厅负责。

对外贸易部是国家对外贸易管理的职能部门,它负责贯彻国家对外贸易的方针政策;执行国家制定的对外贸易政策法规;协同国家计划委员会编制全国对外贸易长期规划、中期及年度进出口计划,并监督执行;组织政府间双边或多边贸易谈判,代表国家签订国际贸易协定及有关外贸的文件,并组织实施;审批对外贸易企业的设立;对进出口商品实施管理;负责市场调研与信息交流。

中国的对外贸易实行分级管理,各省、自治区和直辖市经贸厅根据外经贸部的授权,负责做好本地区的外贸行政管理工作和监督检查工作。全国性或跨省市外贸公司的建立要报外经贸部批准。

中国的对外贸易采取进出口计划方式,从宏观上管理和指导对外贸易的发展。计划的编制由外经贸部协同国家有关部门统筹安排、综合平衡,对外贸计划实行分级管理。

二、中国海关关税制度

1951年5月,中国颁布并实施了《中华人民共和国暂行海关法》、《海关进出口税则》和《海关进出口税暂行实施条例》。其后,随着国家经济的发展,对税则作了20多次调整,现行的《中华人民共和国进出口条例》及《海关进出口税则》是1985年3月开始实施的。

50年代初期,中国国民经济尚在恢复阶段,关税政策总则是保护国内生产,保护国内生产品与外国商品的竞争。1979年以后,关税作为对外贸易调节工具的作用逐步加强。

从1984年起,中国对关税税法进行了全面的修订。制订关税税率的基本原则明确为:(1)对国内不能生产或不能满足供应的国计民生必需品,给予免税或低税;(2)原料的进口关税一般低于半制成品或制成品的税率;(3)对国内不能生产的或质量尚未过关的机械设备和仪器仪表的零件、配件,其税率比整机低;(4)对国内已经能够生产的或非国计民生所必需的物品税率较高;(5)对国内生产需要保护的产品定更高的税率;(6)绝大多数商品不征出口税,只对极少数原料、材料和半成品征收出口税。

中国采取两栏关税税率制,即进口的普通关税率和优惠关税率。普通关税率适用于产自未与中国签有最惠国贸易待遇条款的贸易协定或条约的国家的产品。优惠关税率适用于产自与中国有最惠国贸易待遇条款的贸易协定或条约的国家的产品。

中国关税的征收方式是从价税。进口货物的完税价格是经海关审查确定的到岸价格,即货物在国外采购地的正常批发价格,加上运抵我国进口地起卸前的包装费、运费、保险费、手续费等一切费用。若货物在采购地的批发价格无法确定,海关以货物申报进口之日国内输入地点的同类进口货物的正常批发价格,减去关税和进口环节其他费用,以及进口后的正常运输、储存及营业费用后作为完税价格。出口货物的完税价格是经海关审查确定的售价与国外的离岸价格扣除出口关税后的价格。

目前,中国采取《海关协调制度》进行商品分类。根据这一分类,税则税目总计为6408种。征税率有很大差别。

三、中国对外贸易政策

中国一直本着平等互利、互通有无的原则参与和不断扩大与世界其他国家和地区的贸易关系。中国的对外贸易政策是:在有限的外汇和出口条件下发展进口;为了不断地获取外汇来源,积极扩大出口。中国作为一个发展中国家,为实现自己的发展目标,在出口能力允许的范围内,需要进口大量的先进技术设备和必要的生产资料,保持合理的进口商品结构,保证先进技术、关键设备和建设所需的短缺物资的进口。

为了扩大出口,中国政府采取了一系列的政策措施。具体包括:(1)通过经济杠杆,刺激外贸企业提高产品质量;(2)逐步调整产品的出口结构,实现由初级产品出口向制成品出口方向转变,由粗加工制成品向精加工制成品出口方向转变;(3)进一步改善出口商品的生产布局;(4)作为发展中国家,政府对出口产品的生产实行鼓励和扶持政策。

总之,中国对外贸易的总政策是:鼓励出口、有限管理进口,进出口基本保持平衡。

四、中国对外贸易体制改革

中国的原有外贸体制是由计划经济的内在要求所决定的。经济的计划性,要求对外贸易服从于整体的经济计划,以保证国民经济计划的顺利完成。在新中国成立之后的相当一段时间内,中国面临着来自外部的经济封锁,自力更生应该是其经济发展的出发点。凭借这种思路,我们实现了初期阶段的经济恢复和发展。然而,随着中国经济体制的改革,中国逐步认识到充分利用外部资源发展本国经济的重要性,认识到开放经济是经济发展的重要战略。因此自1979年开始,中国开始改革其对外贸易的管理体制,进而调整其对外贸易的基本政策。

中国外贸体制改革经历了四个比较大的阶段。第一阶段是1979年—1987年,这一阶段外贸体制改革的主要内容是:(1)对外贸易经营权的下放。体现在给各省、市更多的外贸经营权,使有外贸经营权的企业有了明显的增加。(2)改革指令性计划。实行指令性、指导性和市场调节相结合,以期调动外贸企业的经营积极性,扩大商品的出口。第二个阶段是1988年—1990年,这一阶段改革的主要内容是,实行外贸承包责任制,国家确定外贸企业的出口创汇、收汇、上缴外汇及相应的出口补贴指标,同时实行外汇留成制度。第三个阶段是1991年—1998年,这一阶段,中国对外贸体制进行了比较系统的改革。体现在:(1)取消了国家对出口商品的补贴,实行外贸企业的自负盈亏;(2)打破国营专业外贸公司的行业分工和垄断,允许各公司跨行业经营;(3)对部分外贸公司进行股份制改革,组建了多种形式的股份公司,扩大了经营外贸资本的筹措渠道;(4)弱化对外贸易的国家垄断,允许更多的有外贸经营能力的企业,包括三资企业经营外贸;(5)在计划与市场的结合上,强调市场的作用,逐步减少纳入指令性计划的商品范围。第四个阶段是自1999年开始,对外经济贸易部决定,原直属外经贸部的公司与政府脱钩,外经贸部今后把主要将精力集中在履行对全国外经贸企业业务运行和企业改革进行宏观指导方面。原国家直属的中国化工产品进出口公司、中国粮油进出口公司、中国五金矿产进出口公司、中国机械产品进出口公司等十余家公司将实现自主经营,真正实现了对外贸易部门的政府与企业分离,从而使外贸体制改革迈出重要一步。

经过近20年外贸体制的渐进改革,我国的外贸管理体制在宏观上形成了管理与市场相结合,以市场调节为主的格局。在微观方面,对外贸企业的所有制结构进行改革,逐渐明晰产权和责任,进而引进竞争机制,允许更多的企业经营外贸,打破了外贸的国家垄断。在政府与外贸企业的关系上,实现了政府和企业的分离。可以说,中国的外贸体制逐步与国际接轨。

五、中国对外贸易的自由化

建立在计划经济基础上的中国对外贸易政策是倾向于保护贸易的。中国经济的对外开放要求对外贸易逐步走向自由化,对外贸易政策也应作出相应调整。

近20年来,特别是1986年以来,中国在贸易自由化、逐步减少政府干预和限制方面有了非常明显的转变。主要体现在以下二方面。

在出口政策调整方面,自1991年以来,中国取消了对出口商品的直接补贴,代之以发挥经济杠杆的作用;出口商品中,非关税壁垒约束的领域逐步减少;对再出口品实行保税或退税。逐步推行了商品出口中的增值税退税制度,以保证出口品与外国商品的公平竞争。

在进口政策调整方面,自1992年开始,中国多次调低进口关税,减少非关税壁垒约束的商品范围。1992年1月1日,中国调低了225种商品的进口关税;1992年4月1日,取消了所有进口商品的调节税;1992年12月31日,调低了3397种商品的关税;1993年12月31日,调低了2898种商品的关税;1996年4月1日,调低了4800多种商品的关税。通过这些调整,中国进口商品的简单平均关税率从43%降到17%,到2000年中国将关税的平均水平降至15%左右。在取消非关税壁垒方面,中国自1992年起,经过5年的时间,将非关税壁垒减少了三分之二,使非关税壁垒控制的商品不足150种。同时,中国也在逐步取消隐蔽的非关税壁垒。1998年中国又宣布,在2005年,将进口关税平均水平降至10%。

中国的贸易自由化过程在逐步展开,以期在实现经济市场化的基础上,走向对外贸易自由化。

本章小结

1. 征收最佳关税的出发点是,通过征收适当的进口关税使本国获得较多的经济利益。

2. 最佳关税是指,进口国征收关税所带来的额外利益等于额外损失时的关税率或关税水平。

3. 最佳关税的征收使外国出口商的一部分收益转到进口国。

4. 最佳关税来源于外国垄断或不完全竞争厂商的垄断利润或超额利润。

5. 最佳关税是从外国出口厂商那里抽取的垄断租金。

6. 当最佳关税的设置或抽取垄断租金的比率超过外国出口商的承受力,以致外国厂商并不介意进口国生产成本较高的厂商进入该行业从事生产时,进口国政府的贸易政策就起到保护本国工业发展的作用了。

7. 战略性贸易政策是通过本国政府的干预来加强或改变企业竞争战略,促进本国出口产业发展的政策。

8. 战略性贸易政策的出发点是本国和外国的垄断厂商在没有外部干预的情况下势均力敌。

9. 战略性贸易政策就是要通过政府的干预使本国企业更具竞争力,从而将外国厂商挤出竞争行业。相应地本国企业能够占领市场,较多地出口产品,获得垄断利润。

10. 战略性贸易政策的实施要避免别国的报复。

11. 战略性贸易政策的意义是为政府干预对外贸易提供了重要的理论依据。

12. 中国外贸体制正经历着逐步改革和完善的过程。

13. 中国外贸政策调整的基本方向是贸易自由化。

本章思考题

1. 什么是最佳关税？最佳关税是如何确定的？
2. 最佳关税收入的来源是哪些？
3. 一国抽取垄断租金的影响是什么？
4. 战略性贸易政策是怎样改变不完全竞争企业间的竞争优势的？
5. 战略性贸易政策实施的限制条件是什么？
6. 战略性贸易政策的理论意义是什么？
7. 怎样看待中国外贸体制的改革？
8. 试述中国对外贸易自由化的发展。

第八章　国际经济一体化组织

第二次世界大战以后,世界经济有两大发展趋势,一是国际经济的一体化,二是跨国公司的不断出现,并遍布世界各个角落。本章所谓国际经济一体化,不是指各国之间相互依赖的加强,而是指各国之间通过达成某种协议所建立起来的国家或经济体之间的经济合作组织。

第一节 国际经济一体化组织的形式

国际经济一体化组织是指,两个或两个以上的国家、经济体通过达成某种协议所建立起来的经济合作组织。国际经济一体化组织有五种形式,即自由贸易区、关税同盟、共同市场、经济联盟和完全的经济一体化。

一、自由贸易区

自由贸易区是指,两个或两个以上的国家或行政上独立的经济体之间通过达成协议,相互取消进口关税和与关税具有同等效力的其他措施而形成的国际经济一体化组织。

自由贸易区的一个重要特征是,在一体化组织参加者之间相互取消了商品贸易的障碍,成员经济体内的厂商可以将商品自由地输出和输入,真正实现了商品的自由贸易。但是它严格地将这种贸易待遇限制在参加国或成员国之间。

自由贸易区的另一个重要特点是,成员经济体之间没有共同对外关税。自由贸易区明确指出,各成员经济体之间的自由贸易,并不妨碍各成员经济体针对非自由贸易区成员(或第三方)采取其他的贸易政策。因此,自由贸易区成员经济体之间没有共同的对外关税。

随之而来的困难是,在执行自由贸易政策时很难分清某种产品是来自伙伴国,还是来自非成员国。可能出现的情况是,某种第三国的产品从对外关税较低的成员国运进自由贸易区市场后,再将其转运到对外关税水平较高成员国,从而造成高关税成员国的对外贸易政策难以执行。解决这一问题的最好方法是,实行原产地原则。这一原则的基本内容是,只有产自成员经济体内的商品才享有自由贸易,或免征进口税的待遇。从理论上说,所谓的原产地产品是指成品价值的50%以上是自由贸易区内各成员国生产的产品。有的经济一体化组织对某些敏感产品的原产地规定更加严格,要求产品价值的60%,甚至75%以上产自成员国时才符合原产地产品的规定。

二、关税同盟

关税同盟是指,两个或两个以上的国家或经济体通过达成某种协议,相互取消关税和与关税具有同等效力的其他措施,并建立共同对外关税或其他统一限制措施的经济一体化组织。

关税同盟的特点是,成员国在相互取消进口关税的同时,建立了共同对外关税,因此成员经济体之间的产品流动不再需要附加原产地原则。

关税同盟规定成员国之间的共同对外关税,实际上是将关税的制订权让渡给经济一体化组织。它不像自由贸易区那样,只是相互之间取消关税,而不作权利让渡。因此关税同盟对成员经济体的约束力比自由贸易区大。

从经济一体化的角度看,关税同盟也具有某种局限性。随着成员国之间相互取消关税,各成员国的市场将完全暴露在其他成员国厂商的竞争之下。各成员国为保护本国的某些产业,需要采取更加隐蔽的措施,如非关税壁垒。尽管关税同盟成立之初,已经明确规定了取消非关税壁垒,然而非关税壁垒措施没有一个统一的判断标准,因此关税同盟包含着鼓励成员国增加非关税壁垒的倾向。同时,关税同盟只解决了成员国之间边境上的商品流动自由化的问题。当某成员国商品进入另一个成员国境内后,各种限制措施仍然是自由贸易的重要障碍。因此国际经济一体化方面的专家们认为,解决这一问题的最好办法是向"共同市场"迈进。

三、共同市场

共同市场是指,两个或两个以上的国家或经济体通过达成某种协议,不仅实现了自由贸易,建立了共同对外关税,还实现了服务、资本和劳动力的自由流动的国际经济一体化组织。

共同市场的特点是,成员国之间不仅实现了商品的自由流动,还实现了生产要素和服务的自由流动。服务的自由贸易意味着,成员国之间在相互提供通讯、咨询、运输、信息、金融和其他服务方面实行自由贸易,没有人为的限制;资本的自由流动意味着,成员国内的各企业的资本可以在共同体内部自由流出和流入;劳动力的自由流动意味着,成员国的公民可以在共同体内的任何国家自由寻找工作。为实现这些自由流动,各成员国之间要实施统一技术标准、统一的间接税制度,并且协调各成员国之间同一产品的课税率,协调金融市场管理的法规,以及成员国学历的相互承认。

共同市场的建立需要成员国让渡多方面的权利,主要包括进口关税的制订权、非关税壁垒,特别是技术标准的制订权,国内间接税率的调整权,干预资本流动权等等。这些权利的让渡表明,一国政府干预经济的权利在削弱,而经济一体化组织干预经济的权利在增强。然而由于各成员国经济有差别,统一的干预政策难以奏效,所以超国家的一体化组织的干预能力也是有限的。

四、经济联盟

经济联盟是指,两个或两个以上的国家,在实现商品、服务、资本和人员自由流动的基础上,在进一步协调成员国之间的经济政策的基础上建立起来的国际经济一体化组织。

经济联盟的特点是,成员国之间在形成共同市场的基础上,进一步协调它们之间的财政政策、货币政策和汇率政策。当汇率政策的协调达到一定程度,以致建立了成员国共同使用的货币或统一货币时,这种经济联盟为经济货币联盟。

经济联盟的特点是,各成员国不仅让渡了建立共同市场所需让渡的权利,更重要的是成员国让渡了使用宏观经济政策干预本国经济运行的权利。而且成员国不仅让渡了干预内部经济的财政和货币政策以保持内部平衡的权利,也让渡了干预外部经济的汇率政策以维持外部平衡的权利。这些政策制订权的让渡对共同体内部形成自由的市场经济,发挥看不见的手的作用是非常有意义的。

五、完全的经济一体化

完全的经济一体化是指,两个或两个以上的国家或经济体通过达成某种协议,在实现了经济联盟目标的基础上,进一步实现经济制度、政治制度和法律制度等方面的协调,乃至统一的国际经济一体化组织。

完全的经济一体化的特点是,就其过程而言是逐步实现经济及其他方面制度的一体化。从结果上看,它是类似于一个国家的经济一体化组织。从完全经济一体化的形式看,主要有两种:一是邦联制,其特点是各成员国的权利大于超国家的经济一体化组织的权利;二是联邦制,其特点是超国家的经济一体化组织的权利大于各成员国的权利。联邦制的国际经济一体化组织类似于一个联邦制的国家。

自由贸易区、关税同盟、共同市场、经济联盟和完全的经济一体化是处在不同层次上的国际经济一体化组织,根据他们让渡国家主权程度的不同,一体化组织也从低级向高级排列,但是这里不存在低一级的经济一体化组织向高一级经济一体化组织升级的必然性。他们可以根据成员国的具体情况决定,经过一段时期的发展是停留在原有的形式上,还是向高一级经济一体化组织过渡,其关键的问题是各成员国需要权衡自己的利弊得失。

六、国际经济一体化组织建立的条件

一个国际经济一体化组织的建立需要多方面的条件,具备这些条件有助于经济一体化组织的稳定和发展。

第一,成员国在地理位置上相互邻近。各国之间达成建立某种经济一体化组织协议的目的是,促进相互之间经济和贸易的发展。经济一体化组织要形成统一的内部大市场需要地理位置上的邻近作为客观基础,地理位置相距遥远的国家之间很难建立成员国之间统一的内部市场。因此当人们谈到国际经济一体化组织时,习惯上称为"区域经济一体化组织"。

第二,成员国之间经济的互补。经济一体化能否建立和稳定还在于成员国产业优势或贸易优势的互补。这种互补既包含着产业间贸易优势的互补,也包括产业内贸易优势的互补。一般而言,成员国之间经济的互补性越强,国际经济一体化组织越容易建立和稳定,否则会面临崩溃的危险。

第三,经济一体化组织的建立和稳定需要照顾到每个成员国的经济利益。各参加某种形式的国际经济一体化组织的国家总是希望能够得到一些经济利益,尽管他们需要让渡一部分权利,且这种权利让渡所带来的利益大于由此付出的代价,成员国还是希望参加。相反,如果一个经济一体化组织只照顾少数大国的经济利益,那么其他国家就可能退出。

第四,成员国之间的政治制度比较接近。一般而言,国际经济一体化组织的建立需要各成员国让渡一部分国家的主权,如果参加国的政治制度比较接近,这种权利让渡不会导致一国政治制度的根本变化。相反,如果各参加国政治制度差异很大,那么某种主权的让渡就是非常敏感的。

第二节　关税同盟理论

关税同盟是国际经济一体化组织的典型形式。它比较集中地反映了国际经济一体化组织的建立对成员国和非成员国经济福利的影响。

一、关税同盟的静态影响

关税同盟的重要特点是"对内自由、对外保护"。关税同盟的建立对世界福利以及参加国的福利是有积极影响的。但对非成员国而言,他们的福利水平可能是降低的。

贸易创造是指,成员国之间相互取消关税和非关税壁垒所带来的贸易规模的扩大和福利水平的提高。贸易规模的扩大产生于相互贸易的便利,以及由取消贸易障碍所带来的相互出口产品价格的下降,相应地成员国得自相互贸易的利益也会增加。具体情况可以用图 8-1 表示。

在图 8-1 中,横轴表示参加关税同盟的成员国国内市场上小麦的供求数量,纵轴表示小麦的价格。我们分析的国家是英国。该国在参加关税同盟以前,对外征收进口关税,这使小麦的市场价格为 P_t,需求量为 OD_0,国内的供给量为 OS_0,进口量为 S_0D_0。参加关税同盟以后,成员国之间相互取消了关税,此时伙伴国小麦的价格为 P_p,由于小麦价格的下降,英国对小麦的需求量为 OD_1,在价格降低以后,英国国内生产者退出小麦生产部门,所有的小麦都从伙伴国进口,进口的小麦从 S_0D_0 扩大到 OD_1。可见,参加了关税同盟以后,英国的对外贸易规模扩大了。不仅如此,在小麦的价格降低以后,英国小麦消费者的消费者剩余增加了,即由参加关税同盟以前的 a 增加到参加关税同盟以后的 a+b+c+d+e。其中 b

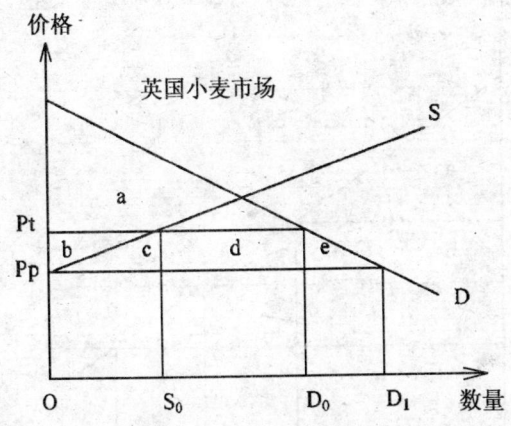

图 8-1 贸易创造的效应

的部分是从生产者剩余转到消费者那里,d的部分是从政府的关税收入转到消费者那里,因此这两部分是一国范围内各部分之间的内部转移。而 c 和 e 的部分则是参加关税同盟的英国得到的净福利,其中 c 的部分得自用伙伴国生产代替本国生产形成的资源节约,e 的部分则是消费者增加消费的净剩余。因此,一国参加关税同盟可以带来贸易规模的扩大和福利水平的提高。

贸易转向是指,成员国之间相互取消关税并建立共同对外关税所带来的相互贸易代替了成员国与非成员国的之间的贸易,从而形成贸易方面的转移。我们借助图 8-2 说明贸易转向效应。

在图 8-2 中,横轴表示小麦的进口数量,纵轴表示小麦的价格。在英国参加关税同盟以前,英国从第三国(如美国)进口小麦,此时其进口价格为 Pw,征收关税以后的国内市场价格为 Ph,由此政府可以获得 b+c 两部分的关税收入。英国加入关税同盟后,由于成员国之间相互取消关税,所以,伙伴国的商品进口价格为 Pp,即比第三国加关税以后的价格要低,从而英国小麦的进口就从第

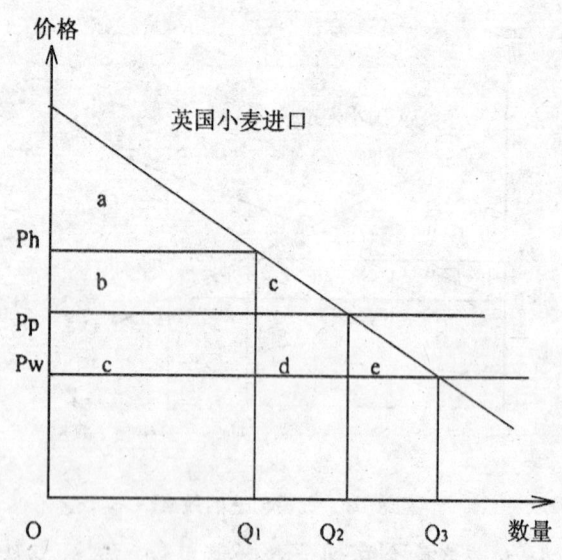

图 8-2 贸易转向的效应

三国转向伙伴国,导致了贸易方向的转移。但是这种转移使英国政府失去了关税收入。总之,参加关税同盟所造成的成员国贸易方向的转移带来了两个方面的损失,一是成员国贸易方向的转移意味着,从低价格的第三国进口转向高价格的伙伴国进口,在进口相同量商品的情况下,该成员国付出了较高的进口代价;二是政府失去了关税收入,尽管政府征收的关税额要加到价格上去,但是这种加价只是将消费者的一部分收入转到政府那里,因而该国从整体上不会受到来自关税征收的损失。但是,当该国与伙伴国贸易代替了与第三国的贸易时,其中一部分过去作为关税收入的福利部分现在支付给伙伴国的出口商了。如图 c 的部分。可见,贸易转向将给参加国带来福利的损失。

从静态的角度看,一国参加关税同盟将面临两方面的影响。

一方面是贸易创造,另一方面就是贸易转向。各国参加关税同盟的基本出发点是,权衡本国参加关税同盟后的贸易创造效应是否大于贸易转向效应。如果该国参加关税同盟的贸易创造效应大于贸易转向,本国就积极参加;如果相反,本国就极力反对,或通过讨价还价从其他方面获得补偿。

对每一个成员国而言,贸易创造大于贸易转向是有条件的。其具体的条件有三点:(1)本国对贸易商品的供求弹性较大;(2)本国与其他成员国之间贸易商品的成本差别越大;(3)伙伴国与第三国或非成员国同种贸易商品的价格或成本差别较小。一般而言,本国对贸易商品的供给与需求弹性越大,供求曲线越是平坦,贸易商品的价格对供求的影响越大;本国与伙伴国的成本差别较大,本国得自关税同盟的消费者剩余的增量越大,从而贸易创造越大;伙伴国与第三国相同贸易商品的成本差别越小,本国失去的关税收入越小,贸易转向的损失越小。因此,一国得自贸易创造的利益越大,由贸易转向带来的损失越小,其贸易创造大于贸易转向的可能性越大。我们可以借助图 8-3 来说明这一关系。

在图 8-3 中,横轴表示进口数量,纵轴表示商品的价格,曲线 S 表示某种商品的供给曲线,曲线 D 表示需求曲线。Ph 表示本国价格,Pp 表示伙伴国价格,Pw 表示自由贸易或第三国的价格。在该国参加关税同盟以前,其进口价格为 Pw,该国的进口量为 M_2M_3,此时其关税收入为 $c+d$,消费者剩余为 f,参加关税同盟以后,进口量为 M_1M_4,即增加进口 $M_1M_2+M_3M_4$,消费者剩余增加了 $a+b+c+e$ 的量。该国由此获利 $a+b$。但是政府失去的关税收入是 $c+d$,其中 c 的部分转移到消费者那里,而 d 的部分则支付给了伙伴国的生产者,因而是该国的损失。该国决定是否参加关税同盟的基本尺度是比较 $a+b$ 和 d 的大小。如果 $d>a+b$ 则贸易转向大于贸易创造,如果 $a+b>d$,则贸易创造大于贸易转向。由图可见,当本国与伙伴国市场价格或成本的差别越大时,图中两个

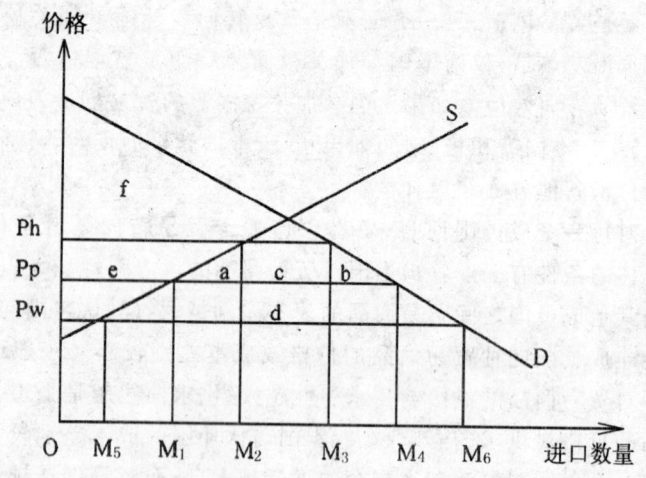

图 8-3　贸易创造和贸易转向的综合分析

价格间的距离越远,从而贸易创造越大。另一方面,本国的需求曲线越平坦,本国与伙伴国之间单位价格差异所带来的需求量的变化越大,从而消费者剩余增加的就比较多。在伙伴国与第三国之间也存在一定的关系,即伙伴国与第三国之间价格差异越小,本国失去的关税收入也就越小,反之越大。从图中可以看出 a+b>d,因此贸易创造大于贸易转向,由此该国可以参加关税同盟。

一般而言,如果一个关税同盟或其他形式的经济一体化组织给予成员国的利益小于由此带来的损失,那么该一体化组织就难以建立起来。

二、关税同盟的动态影响

国际经济一体化组织不仅给参加国会带来静态影响,还会给它们带来某些动态影响。

关税同盟的第一个动态效应就是大市场效应。关税同盟建立以后，在排斥第三国产品的同时，为成员国之间产品的相互出口创造了良好的条件，特别是将所有成员国市场变成统一的市场。这种市场范围的扩大促进了企业生产的发展，使有竞争优势的企业达到规模经济生产水平，从而降低了成本，进一步增强了企业对外，特别是对非成员国同类企业的竞争能力。因此关税同盟所创造的大市场效应引发了企业规模经济的实现。

第二，关税同盟的建立促进了成员国之间企业竞争的激化。在各成员国组成关税同盟以前，在许多部门已经形成了国内的垄断，几家企业长期占居国内市场并获取超额垄断利润，因而不利于各国技术的进步。参加关税同盟以后，由于各国市场的相互开放，各国企业面临着来自于其他成员国同类企业的竞争，谁在竞争中取胜，谁就可以享受大市场带来的规模经济的利益。否则就被淘汰。各企业为在竞争中取得有利地位，会纷纷采用新技术，以降低生产成本。在这种竞争中，必然有一些企业被淘汰或被兼并，或相互合并，从而形成在关税同盟内部的垄断企业。这种大规模的垄断企业的组建，有助于抵御外部企业的竞争，甚至有助于关税同盟国家的企业在第三国市场上与别国企业竞争。

第三，关税同盟的建立有助于吸引来自第三国的直接投资。关税同盟的建立意味着对来自第三国产品的相对排斥，第三国企业为了抵消这种不利影响，纷纷将资本投向关税同盟内部，以便绕过统一的关税和非关税壁垒，客观上增加了来自关税同盟以外的直接投资。

当然，关税同盟的建立还会产生某些负面影响。首先，关税同盟的建立促成了新的垄断的形成，如果关税同盟的对外排他性很大，那么这种保护所形成的新垄断又会成为技术进步的严重障碍。除非关税同盟的成员国不断有新的成员国加入，从而不断有新的刺激，否则由此产生的技术落后就是不可避免的。其次，关税同盟的建立可能会拉大成员国不同地区之间经济发展水平的差距。关税同盟建立以后,资本逐步向投资环境比较好的地区流动,如果没有促进地区平衡发展的政策,落后国家中的落后地区与先进地区的差别将逐步拉大。

第三节 国际经济一体化组织的实践

最早的区域经济一体化组织要追溯到普鲁士内部各城邦之间建立的"汉撒同盟",现代的区域经济一体化组织是第二次世界大战以后逐步兴起的,并且成为现代经济发展中的重要国际经济现象的。根据国际经济一体化组织成员国经济发展水平,我们将区域经济一体化组织分为三种主要类型:发达国家之间的区域经济一体化组织;发展中国家之间的区域经济一体化组织;发达国家与发展中国家之间的区域经济一体化组织。

一、发达国家之间的区域经济一体化组织

二战以后,发达国家之间的第一个区域经济一体化组织是西欧的三个小国——比利时、卢森堡和荷兰,他们通过达成协议建立起来的经济联盟——荷比卢联盟。三国商定,建立共同对外关税、协调经济政策,比卢两国还将他们的货币确定为等值,可以在对方国家流通。

欧洲区域经济一体化的核心是 1958 年 1 月 1 日正式生效的,并建立了欧洲经济共同体。50 年代初,欧洲各国为防止第三次世界大战的爆发,使欧洲不再成为战争的策源地,由法国倡导,德国、意大利、比利时、卢森堡和荷兰一起响应,决定建立欧洲煤钢共同体,以便将各国战略物资的生产紧密地结合在一起,由一个共同的、超国家的经济一体化组织来管理。由于欧洲煤钢共同体在恢复各国经济、发展生产方面收效显著,各成员国提出,扩大经济一

体化的领域。在此推动下,1957年5月8日六个成员国签定了建立欧洲经济共同体条约和建立欧洲原子能共同体条约。因这两个条约在意大利首都罗马签定,也称这两个条约为《罗马条约》。

欧洲共同体当时建立的目标就是,经过十年的过渡建成关税同盟。欧洲经济共同体的长远目标是建立经济和政治联盟。经过多年的渐进发展,欧洲共同体成员国对内部市场的依赖性有了明显的提高。据统计,各国对内部市场的依赖程度均超过50%,有的高达70%—80%。在自由贸易的推动下,各国经济恢复和发展得也很快,因而共同体的凝聚力很强,同时对邻近的第三国也具有较强的吸引力。欧洲共同体在内涵和外延两个方面都有明显的发展。在外延方面,欧洲共同体的成员国不断增加。1973年,英国、爱尔兰和丹麦加入欧洲共同体,1981年,希腊成为欧洲共同体的第十个成员国,1986年,西班牙和葡萄牙加入欧洲共同体。1995年,瑞典、奥地利和挪威加入欧洲统一大市场(欧洲共同体发展了的形式)。现在欧洲共同体又将东欧的四个国家作为候选的成员国。根据欧洲共同体自己的目标,希望欧洲联盟成为一个拥有25—30个成员国的大家庭。它特别强调,欧盟不仅是经济联盟,更是一个政治联盟。

在内涵方面,欧洲共同体不断提高自己的经济一体化的层次,从一个关税同盟逐步过渡到一个经济和货币联盟。正如我们已经提到的,1968年,经过不到十年的过渡,欧洲共同体实现了设置共同对外关税,建立关税同盟的目标。同时,在经济政策协调方面,建立了共同农业政策,以支持农产品价格,调整农业生产结构,实现绝大多数农产品的自给有余,从而使欧洲共同体一开始就具有经济联盟的性质。1979年,欧洲共同体经过多年酝酿,建立了欧洲货币体系,实现成员国相互保持可调整的盯住汇率制度[1]、建立

---

[1] 关于汇率制度的某些知识,我们将在后面的章节详细说明。

共同干预基金和储备基金。对外则采取联合浮动汇率制度,使其经济一体化的程度向前迈进了一步。1985年欧洲共同体又提出新的动议,决定于1992年底以前,将欧洲共同体建成共同市场,实现商品、服务、资本和人员的自由流动。经过7年的过渡,这一目标也顺利实现了。1991年,作为共同市场的各个成员国首脑又集会于荷兰的马斯特里赫特,决定修改原来的《罗马条约》,在修改后的条约中,明确提出,将欧洲共同体向前推进,经过一段时间的过渡,建立欧洲经济和政治联盟。1992年2月7日,成员国签定了一系列的条约,简称为《马斯特里赫特条约》。该条约由两部分组成,一是《经济和货币联盟条约》,另一个是《政治联盟条约》。《经济和货币联盟条约》的基本目标是,经过三个阶段的过渡,经济上成员国之间要实现统一的财政和货币政策,建立统一的欧洲货币"欧元",建立欧洲联盟的中央银行。1999年1月1日,欧洲统一货币开始启动,2002年,欧洲联盟将发行"欧元"代替各成员国的货币。由于欧洲联盟要求各成员国必须具备一系列的条件,才能成为货币联盟的成员,所以到目前为止,只有11个成员国具备了欧盟要求的条件,其他4个成员,如英国、希腊、奥地利和瑞典尚在货币联盟以外。《政治联盟条约》的基本目标是建立"更为紧密的国家联盟",这一条约也在逐步加以贯彻。

在欧洲,除了欧洲联盟之外,也有其他的经济一体化组织。在欧洲共同体成立后不久(1959年),以英国为首的7个国家为改变自己在欧洲单枪匹马的处境,决定建立欧洲自由贸易联盟。当时的成员国有英国、丹麦、葡萄牙、瑞典、瑞士、挪威、奥地利,此后爱尔兰和冰岛也加入进来,芬兰成为该组织的联系国。1973年,英国、爱尔兰和丹麦加入了欧洲共同体,自动放弃了其在欧洲自由贸易联盟中的成员国地位。

欧洲自由贸易联盟的目标是,成员国之间相互取消关税和非关税的贸易障碍,内部实行自由贸易,对外不建立共同关税。其基本特征是开放性,即它不约束成员国对非成员国的贸易政策,不搞逐步升级,因而是水平较低的区域经济一体化组织。

80年代以后,欧洲的区域经济一体化不断发展,欧洲共同体所提出的建立统一大市场,以及进一步提出建立经济和货币联盟的构想,对欧洲自由贸易联盟也产生了较大的影响。他们不得不思考这样的问题,是与欧洲统一大市场联合起来,还是保持其原有的特色?经过反复思考,特别是政治形势的变化,欧洲自由贸易联盟与欧洲共同体于1992年5月签定了《欧洲经济条约》,提出自1993年1月1日起的5年内,分三个阶段实现经济区内的商品、服务、资本和人员的自由流动(不包括农产品)。它意味着,欧洲统一大市场扩展到包括自由贸易联盟各成员国在内的19个国家。

二、发展中国家的区域经济一体化组织

早在60年代,发展中国家的区域经济一体化组织就已经产生了。1960年,中美洲的哥斯达黎加、萨尔瓦多、危地马拉、洪都拉斯和尼加拉瓜5国签署了《中美洲共同市场条约》。根据该条约,对内各成员国实行完全的自由贸易,90%的对外贸易产品实行共同关税。其基本目标是,通过经济一体化平衡本地区经济发展,实现工业化。由于其内部市场规模有限,合作领域较少,进展一直比较缓慢。1990年6月,5国总统举行会晤并达成协议,决定设立一种地区支付手段,确定统一的对外贸易关税税率,简化本地区海关和移民手续,加强地区的经济合作,并为促进这种合作提供便利。1990年8月5日,5国又决定逐步取消关税壁垒,经过2年的过渡,1992年中美洲建立了自由贸易区。显然过去该一体化组织进展缓慢的程度是可以想见的。

拉丁美洲自由贸易协会成立于1960年,1980年改名为拉丁美洲一体化协会。它的成员国有阿根廷、巴西、智利、墨西哥、巴拉圭、秘鲁、乌拉圭、哥伦比亚、厄瓜多尔、委内瑞拉和玻利维亚。由

于该一体化组织成员比较多,经济发展水平差异较大,因而在贸易自由化方面难以取得一致步调。

安第斯集团是1969年5月成立的。其创始国有玻利维亚、哥伦比亚、智利、厄瓜多尔和秘鲁。1973年委内瑞拉加入,1976年智利退出。该组织的基本宗旨是,取消成员国之间的关税壁垒,组成共同市场,以充分利用本地区的经济资源,促进成员国经济的平衡发展。在其成立以后的20多年里,由于各国采取比较封闭的经济发展战略,一体化进展比较缓慢,经济一体化的收效并不明显。1989年以来,成员国加强合作的意识明显加强。1989年成员国举行首脑会议,决定建立安第斯自由贸易区,并提出自1990年起,经过5年的过渡,成员国分阶段削减关税。此后,在1990年11月的政府首脑会议上,又将建成自由贸易区的时间提前到1991年底。其一体化目标为1991年底内部完全取消关税,1995年底建立共同对外关税,形成商品、资本自由流动并相互协调经济政策的安第斯共同市场。

南方共同市场是近年来酝酿建立的区域经济一体化组织。1991年3月26日,当时的阿根廷、巴西、乌拉圭和巴拉圭四国总统签定了《亚松森条约》,决定于1994年底建立南方共同市场。它规定,在1994年12月31日以前的过渡期内,各成员国将相互取消关税和非关税壁垒,实现商品和服务的自由流动,确立共同对外关税,制定共同的贸易政策。并且还要协调各国的宏观经济政策,以及工农业、税收、货币、汇率等方面的政策及有关的立法。目前该一体化组织发展势头良好。

在亚洲,东南亚国家联盟特别突出。该一体化组织成立于1967年8月8日,当时的印度尼西亚、马来西亚、菲律宾、新加坡和泰国五国的外交部长在曼谷签署了建立东盟的宣言,宣告作为地区性合作联盟——东南亚国家联盟的成立。其建立的宗旨是,在经济、社会、文化、技术、科学和行政管理的领域内促进共同有利的事业的积极合作和互助。然而,在东盟最初成立的9年里,经济合作并未见诸行动。70年代中期以后,东盟各国加强了相互间的经济合作,成立了一系列的促进经济合作的组织机构。80年代中期以后,随着地区贸易保护主义的抬头,东盟各国认为,有必要加强内部的经济合作,提高合作的层次和水平,扩大合作的领域。1992年1月28日的东盟首脑会议发表了《1992年新加坡宣言》、《东盟加强经济合作的框架协议》和《有效普惠关税协议》。东盟决定从1993年1月1日起,将成员国制成品、农业加工品和生产设备三大类15种商品的关税逐步降低,在15年内实现自由贸易区。此后,这个过渡期几次提前,1994年东盟又提出,在5年内建立自由贸易区的目标,称为"亚洲自由贸易区"。不仅如此,由于近年来东盟各国经济发展较快,对外贸易迅速发展,因而其内部合作的扩大对周围国家构成较强的吸引力。文莱、越南、老挝、柬埔寨和缅甸等相继加入,使其成为拥有10个成员国的区域经济一体化组织。

受欧洲共同体的影响,许多非洲国家愿意加入某种形式的经济一体化组织。在非洲,主要有马拉加斯经济联盟,该组织成立于1974年,其成员国有喀麦隆、中非共和国、乍得、刚果、多荷美、象牙海岸、马里、毛里塔尼亚、尼日尔、圣迭哥、多哥和布金纳;东非关税同盟成立于1967年,其成员国有埃塞俄比亚、肯尼亚、苏丹、坦桑尼亚、乌干达和赞比亚;西非经济共同体成立于1972年,其成员国有象牙海岸、马里、毛里塔尼亚、尼日利亚、圣迭哥和布金纳;此外还有马格里布经济联盟等。尽管非洲各国之间签署了许多旨在发展地区经济合作的协议或条约,但是进展较少,所以吸引力不大。

在阿拉伯国家之间,也有一些区域经济的一体化组织。阿拉伯共同市场成立于1964年,其成员国有埃及、伊拉克、科威特、约旦和叙利亚。该组织原计划经过10年的过渡,完全取消内部贸易的障碍,对外共同关税也要在80年代建立,但是出于多方面的原因,该目标未能实现。

三、发达国家与发展中国家之间的经济一体化组织

80年代以来,发达与发展中国家之间的经济一体化组织也相继产生萌芽,且发展很快,最典型的经济一体化组织是北美自由贸易区。

北美自由贸易区发端于1988年美国与加拿大签定美加自由贸易协定,并从1989年1月1日生效。该协定的主要内容是,经过10年的过渡,逐步取消相互关税,同时在投资方面实现自由化。墨西哥对此的反应是加快了与美国实现自由贸易的谈判。在此背景下,三国领导人于1991年在多伦多举行第一次会议,决定建立美加墨自由贸易区。经过一系列谈判,1992年8月12日正式签定了建立北美自由贸易区的协定,1993年7月又签定了建立北美自由贸易区的补充协定,决定建立北美自由贸易区。协定明确规定,从1994年1月1日起,经过15年的过渡,三国相互取消关税,实现商品和服务的自由流动。为防止来自第三国的转口贸易,三国详细开列了原产地原则的标准,规定在多数产品中,只有当全部价值62.5%的产品在其成员国生产时,才属于原产地产品。

北美自由贸易区是一个包括3.6亿人口、每年6万多亿美元国民生产总值的区域经济一体化组织。该自由贸易区的建立开创了发达国家与发展中国家之间组成区域经济一体化组织的先例。

四、国际经济一体化组织的成败

根据世界贸易组织的统计,当今世界大约有65个各种类型的经济一体化组织。从各类经济一体化组织的成败看,比较成功的是发达国家之间建立的区域经济一体化组织,不大成功的是发展中国家之间建立的区域经济一体化组织,发达国家与发展中国家之间的经济一体化组织目前尚在发展之中,从其发展的势头可以

看出,它成功的把握是比较大的。

发达国家之间的经济一体化组织成功的原因主要有三点。首先,各成员国经济发展水平的差异较小。各成员国经济发展水平的接近不致使某个成员国成为其他成员国的负担。不仅如此,成员国经济发展水平较高且相互接近有助于成员国开展产业内贸易,实现各成员国企业的规模经济。其次,各成员国对内部市场依赖性的加强,有助于增加区域经济一体化组织的凝聚力。第三,发达国家之间的经济一体化总是从市场一体化入手,这与他们的经济制度密切相关。因为在市场经济条件下,政府只能通过间接手段干预经济,所以发达国家之间的区域经济一体化是以区际贸易的一体化为出发点,推动经济一体化发展的。

发展中国家之间的经济一体化组织发展缓慢,甚至失败的原因主要是三点。首先,成员国经济发展水平较低,因而缺乏进行贸易合作的物质基础。一方面,各国的经济发展水平均比较低决定了他们经济结构相类似,因而难以形成产业间贸易。另一方面,各国经济发展水平不高还决定了他们没有进行产业内贸易的基础。其次,一些国家参加某种经济一体化组织的目的是在封闭的市场内寻求经济的发展,然而当各成员国市场比较狭小时,区域经济的一体化不会给各国带来足够的市场规模,一些成员国就需要在共同体以外寻找出路,由此造成一体化组织内部凝聚力的减弱。第三,对于那些实行开放经济的国家,他们在参加区域经济一体化组织的同时,也倾向与发达国家开展贸易,以促进经济发展。在此情况下,如果发达国家市场的吸引力超过区域经济一体化组织内部市场,那么该国的离心倾向是不可避免的。因此,尽管一些发展中国家的区域经济一体化组织名义上的一体化程度较高,但多数名不副实。由此我们的结论是:发展中国家之间区域经济一体化组织的存在与发展需要具备下列几个条件:(1)各成员国经济需要有一定程度的发展,以便为经济一体化提供必要的条件;(2)发展中国家经济一体化组织的前途有赖于内部市场的扩大和经济互补性的增强;(3)发展中国家的经济一体化组织的建立不能脱离发展中国家的特点,一切组织模式的选择要有助于各国经济的工业化。因此,发展中国家经济一体化组织发展的模式似乎是区域市场一体化与产业部门一体化的结合,既要求市场的统一,又要求产业发展上成员国之间的协议分工,以加强内部的相互依赖性。当然,具体模式的选择应以各成员国经济的发展和工业化为前提。

从目前看,发达国家与发展中国家之间的经济一体化组织还是一种新现象,参加一体化组织的两类国家都可以从中得到相应的利益。从发达国家看,通过参加这种一体化组织,各国可以充分利用发展中成员国廉价的劳动力和商品的销售市场,使这些国家在一体化市场内部有优于其他国家的竞争力,在外部市场,也因为使用伙伴国低廉的劳动力降低了某些产品的成本。同时,发达国家还可以利用区域经济一体化的便利重新配置资源,将资本投向能够最有效使用的地区。从发展中成员看,他们也获得了较有保证的劳动密集型产品的市场,同时在引进外资的竞争中,取得了一定的优势地位,相应地也创造了一系列产业部门的就业机会,还可以获得比较先进的生产技术,从而有利于这些国家的工业化。

五、经济一体化的新模式——开放的区域经济一体化

开放的区域经济一体化是一种新型的区域经济合作形式。所谓开放性是指,这类经济一体化没有专门的组织机构和机制化的贸易安排。成员经济体通过经济和贸易合作实现区域经济的相互依赖,以促进各成员经济体的经济发展。其突出的特点是,对外不搞排他性,即他们之间的贸易自由化安排,非成员经济体也能享受。

这种区域经济一体化的典型形式是亚洲与太平洋地区经济合作组织(简称亚太经合组织)。80年代以后,面对国际经济一体化

的新浪潮,亚太地区的许多国家试图构建本地区的经济一体化组织,然而由于该地区政治制度的多样性、各国经济发展水平的巨大差异,以及利益共同体的多元性,特别是一些国家担心,某种形式的区域经济一体化组织可能导致国家主权的削弱,因此探讨一种非机制性的区域经济合作模式成为亚太地区的独特任务。1989年在澳大利亚、日本、韩国三国的倡导下,成立了亚太经济合作组织,当时的成员国包括15个成员经济体,1991年中国、中国台湾加入,以后智利又加入进来。刚成立的亚太经合组织类似于一个经济论坛。1993年,亚太经合组织发生了重要的变化。根据亚太经合组织的规定,这次亚太经合组织部长级会议在美国的西雅图召开。当时美国提出,在召开部长级会议之后,召开成员经济体的非正式首脑会议。在成员经济体第一次首脑会议上,形成了亚太经合组织的基本目标,即在该地区实现贸易和投资的自由化,并确定这种自由化是非排他性的。1994年,亚太经合组织部长级会议和非正式首脑会议在印度尼西亚的茂物召开,在此次会议上,成员经济体一致同意,规定实现贸易和投资自由化的时间表。各国最后商定,亚太经合组织中发达的成员经济体最迟在2010年实现贸易投资自由化,发展中成员经济体最迟在2020年实现贸易投资自由化。1995年亚太经合组织会议的重要进展是,成员经济体一致同意将加强相互经济技术合作作为该组织的另一个重要支柱。因此,亚太经合组织有两大支柱,一是贸易投资自由化,二是经济技术合作。1996年在亚太经合组织会议上成员经济体商定,成员经济体的贸易投资自由化将从1997年1月1日开始启动。1997年的亚太经合组织会议上,成员经济体明确了单边行动和集体行动的基本原则和步骤。1998年,尽管面对东南亚金融危机,成员经济体仍然重申了继续推进亚太经合组织贸易投资自由化的目标和行动。

亚太经合组织的基本特征是非机制化、渐进性、开放性、单边行动与集体行动的结合。非机制性是指,该组织不建立固定的执行机构,成员国的主权不存在让渡给任何超国家的经济一体化组织的问题。就其渐进性而言,亚太经合组织强调,成员经济体之间的经济一体化需要一个渐进的过程,因而需要有一个符合各国经济发展实际的贸易自由化和投资自由化的时间表。开放性是该组织区别于其他经济一体化组织的明显特征,即成员经济体之间取得的某种贸易自由化的进展,非成员国也自动享受,因此没有排他性。单边行动与集体行动的结合则强调,各国根据自己经济发展的实际情况和承受能力提出贸易和投资自由化的内容和相应的时间。集体行动则是强调,一旦成员经济体做出某种决定和安排,就要统一步调,贯彻执行。1997年以后,以美国为代表的一些国家希望,将亚太经合组织机制化,增强一体化组织的约束力。这个意愿不符合亚太地区的实际,因而目前还难以推动。

尽管亚太经合组织成立的时间不长,但是其发展十分迅速,在贸易投资自由化方面,成员经济体每年都有新的进展,技术经济合作的措施逐步具体化。成员经济体之间相互贸易已经占该地区全部对外贸易的40%以上,其贸易总额已占到世界贸易总额的45%,国内生产总值已占到世界总产值的近50%,因而该组织的吸引力不断增强。现在的成员经济体已经有21个,他们是澳大利亚、文莱、加拿大、智利、中国、中国香港特别行政区、印度尼西亚、日本、韩国、马来西亚、墨西哥、新西兰、巴布亚新几内亚、秘鲁、菲律宾、俄罗斯、新加坡、中国台湾、泰国、美国和越南。

除此之外,一些新型的区域间经济合作也逐步发展起来。1996年3月启动的亚欧经济合作在亚洲的东南亚国家联盟及有关国家(中国、日本、韩国)、欧洲联盟的积极推动下,正处在探讨合作领域和加强合作的阶段。如果能够成功,亚欧经济合作将是另一种范围更加广泛的经济一体化模式。

本章小结

1. 国际经济一体化组织是两个或两个以上的国家或成员经济体通过达成某种协议而建立起来的经济合作组织。

2. 国际经济一体化组织有五种形式:自由贸易区、关税同盟、共同市场、经济联盟和完全的经济一体化。

3. 国际经济一体化组织的建立需要具备三个条件,即各成员国或成员经济体之间的经济发展水平比较接近;地理位置上临近;一体化组织要照顾到所有成员国的经济利益,政治制度比较接近。

4. 国际经济一体化组织具有的区域性特征,使人们经常将国际经济一体化组织等同于区域经济一体化组织。

5. 国际经济一体化组织的建立对各成员国会产生静态和动态两个方面的影响。静态的影响包括贸易创造和贸易转向。从静态的角度看,成员国是否参加某一个国际经济一体化组织决定于他从该组织中的所得到的贸易创造是否大于贸易转向。从动态看,一个国际经济一体化组织可以带来大市场效应、竞争效应、引进外资效应等积极影响。同时,在一体化处于停滞状态时,有可能不利于技术进步。

6. 从国际经济一体化的实践看,50年代以后,国际经济一体化得到广泛的发展。

7. 新型的国际经济一体化(而不是组织)也有了明显的发展。特别突出的是亚太经合组织,以及亚欧经济合作。

本章思考题

1. 什么是国际经济一体化组织?国际经济一体化组织有几种形式?
2. 国际经济一体化组织的建立需要具备哪些条件?
3. 分析一国参加关税同盟的静态效应。
4. 简述关税同盟的动态效应。

5. 从国际经济一体化组织发展的实践看,哪些模式的经济一体化更有利于一国经济的发展?

6. 如何看待亚太经合组织?

第九章　国际卡特尔的理论与实践

国际贸易会冲毁一国厂商在封闭状态下构筑的不完全竞争的市场结构,在新的基础上形成国际垄断或垄断组织。从历史经验看,国际卡特尔是国际垄断的主要形式。尽管国际垄断组织产生的比较早,但是多数是短命的。60年代以来,有一个国际垄断组织特别引人注目,它就是石油输出国组织。从它的发展和演变中,人们似乎可以得到某种启发。

第一节 垄断与贸易利益

在封闭条件下,一国实现规模经济的部门将会走向垄断。一般而言,垄断表现为通过控制产量和对市场的供给量来控制价格。国际贸易会打破国内企业的垄断格局,恢复世界范围内的竞争状态,使世界的福利水平有所提高。

一、进口竞争部门的垄断与国际贸易

假设,一国只生产两种产品——飞机和布,其中飞机的生产是垄断的,该部门的垄断企业能够控制产品的产量和价格,进而可以获得垄断利润。

国际贸易带来了国外产品的竞争,进口品的不断增多,将摧毁国内企业营造的垄断市场结构,形成国际范围的激烈竞争。这种竞争将本国产品的生产者推向价格承担者的地位,并根据自由贸易的价格安排自己的产品生产。具体情况如图9-1所示。

在图9-1中,TT曲线表示生产可能性边界。在封闭条件下,如果该国的市场是完全竞争的,其生产点应为C_1点,消费点也是C_1点。在飞机生产部门,该国已经形成垄断。假设有两种程度不同的垄断,即飞机的生产量不同。当飞机生产量较少,市场的供应量较少时,飞机的市场价格较高。图中Fm表示国内企业在假定产量较少时的供给量,Pm表示此时的价格。第二种情形下的供给量为F′m,此时的价格为P′m,即比第一种情形下的价格水平要低。但是这两种情形下的产量均比完全竞争条件下的供给量要少,因而企业可以获得垄断利润。价格线交于生产可能性边界表明,该种生产均衡并非竞争性的均衡而是人为控制下的均衡。

国际贸易带来了国外产品的竞争,因而本国企业失去了对产

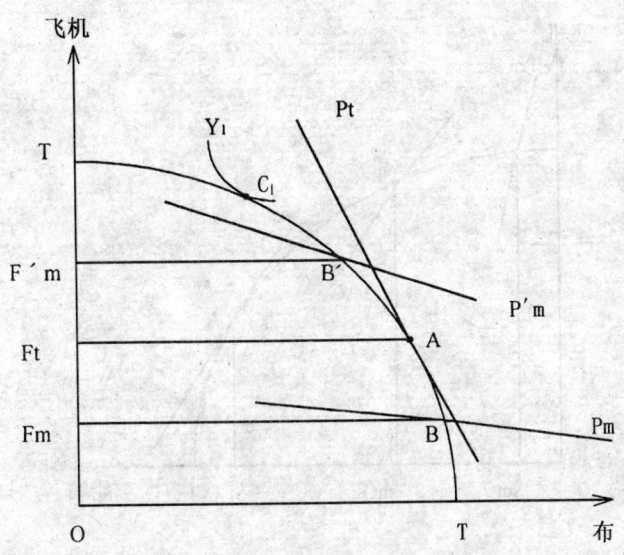

图 9-1 国际贸易对进口竞争部门垄断的影响

品价格的控制力,只能接受新的国际比价。在国际比价下,如果本国企业原来的产量为 Fm,那么该企业可以将产量扩大到 Ft,国际比价线为 Pt,与生产可能性边界交于 A 点。如果本国企业原来的产量为 Fm,则本国企业必须减少飞机的生产。无论本国增加还是减少飞机的产量,该国的福利水平都提高了,因为消费者享受了较低的飞机价格。至于国内消费量因飞机价格下降而增加的情形,我们在讨论自由贸易的利益时已经做了详细的阐述。因此,国际贸易可以给一个封闭的垄断市场带来活力和福利。

二、垄断与出口机会

在经济开放以后,如果原来在国内占垄断地位的行业,恰好是现在的出口行业,那么,国际贸易不仅给消费者带来了利益,也使生产者获得了好处。具体情况如图 9-2 所示。

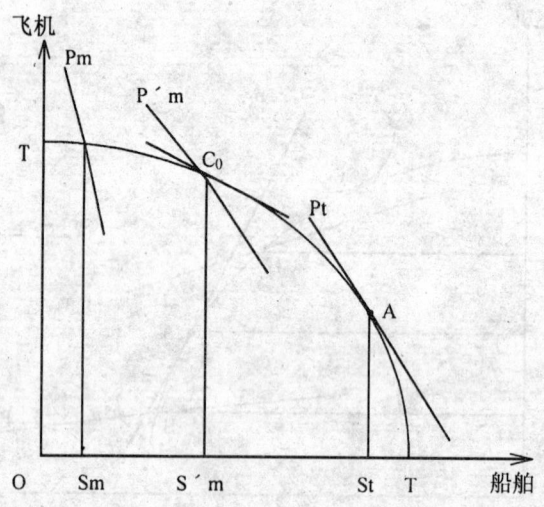

图 9-2　国际贸易对出口垄断部门的影响

在图 9-2 中，TT 曲线表示生产可能性边界，在封闭条件下，如果该国市场是完全竞争的，那么其生产点和消费点都是 C_0 点。然而该国船舶生产是完全垄断的。我们同样设想两种垄断情景。第一种情况是本国企业的产量为 S_m，其垄断价格为 P_m，因而供给量比较少，价格比较高，即价格线 P_m 比较陡；第二种情况是本国企业产量为 S'_m，垄断价格为 P'_m，因而其供给量比第一种情况下要多，价格相对也比较低，即价格线比较平坦。但是比完全竞争下 C_0 点表示的价格要高。

国际贸易造成这样一种情况，使国际比价与封闭条件下第二种垄断情形下的价格相同，由于该国具有竞争优势，导致其出口这种产品——船舶。结果是本国企业在增加了生产量的同时，还获得了与垄断国内市场时相同的利润率，从而其利润总水平必然上升。如果本国企业的出发点是第一种垄断情形，那么该国的消费者也享受了比过去还要低的价格。

由以上从国内垄断走向开放、引进国际贸易过程的分析,我们可以看出,国际贸易有助于打破国内垄断,提高一国的福利水平。但是,如果在国际市场范围内重新形成垄断,其影响又如何呢?

第二节　国际卡特尔理论

国际卡特尔是指,跨国界的同类商品的生产者通过某种协议控制产量,划定市场销售份额,将国际市场价格维持在完全竞争价格以上,以获取垄断高额利润为目的的国际寡头垄断的组织形式。

一、卡特尔获取最大限度利润的原则

国际卡特尔获取最大限度利润的原则,也同国内垄断者一样,根据边际成本等于边际收益的原则确定垄断价格水平,获得垄断超额利润。具体情况如图9-3所示。

在图9-3中,横轴表示国际卡特尔企业的出口数量,纵轴表示价格水平。D表示国际卡特尔企业产品的需求曲线,MC表示企业的边际成本,MR表示企业的边际收入。我们看到,其需求曲线是向右下方倾斜的,因此其供给量的增加需要以降低产品价格为前提,这表明国际卡特尔具有控制市场的力量。根据边际成本等于边际收益的原则,国际卡特尔确定的垄断价格水平为Pm,对市场的供应量为Qm,该价格高于完全竞争条件下的价格水平(如Pc)。在此情况下,国际卡特尔成员可以获得垄断利润,其数额为供应量与垄断价格和完全竞争价格的差的乘积。

二、国际卡特尔制定价格的基本依据

尽管国际卡特尔的产品定价是以不完全竞争者的定价原则为

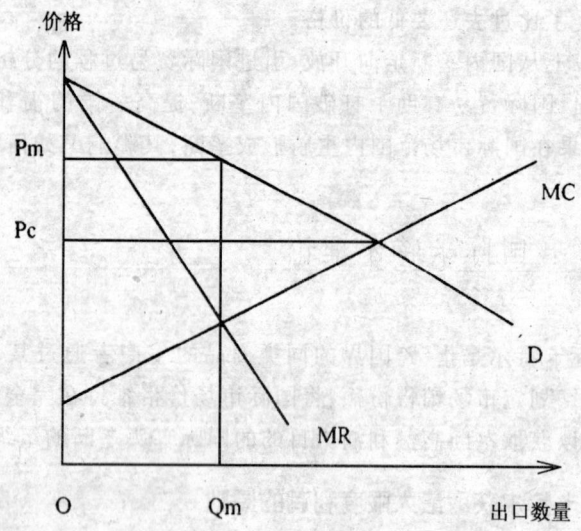

图 9-3 国际卡际尔获取最大限度利润的定价过程

出发点的,但是在具体制定过程中还需要考虑多方面的因素,以便制定最佳的价格水平。

国际卡特尔订价时需要考虑的因素,首先是产品的需求弹性,以及与此相关的因素。产品的需求弹性是国际卡特尔定价的基本出发点。一般而言,产品的需求弹性越小,卡特尔定价的水平就可以越高,相反则比较低。

其次,卡特尔定价水平决定于该卡特尔市场的占有率,一般而言,卡特尔的市场占有率越高,其对价格的控制能力越强,因而操纵市场的能力也就越强。

第三,对卡特尔产品的需求强性。尽管我们前面已经谈到对产品的需求弹性,但是这种产品的需求弹性还不等于消费者对卡特尔产品的需求弹性。如果卡特尔产品具有某种优势,那么消费者对卡特尔产品的需求弹性就比较小,相反需求弹性就比较大。

第四,卡特尔定价水平的高低还要考虑到非卡特尔厂商产品的供给弹性。如果在卡特尔制定了较高的价格以后,非卡特尔成员迅速作出反应,大规模增加了其产品的供应量,那么卡特尔的定价也可能失控。反之,非卡特尔厂商的供给弹性较小,卡特尔对价格的操纵能力就比较强。

上述各种因素对卡特尔定价的影响,可以用公式表示为:

$$Pm = |1/dc| \tag{1}$$

$$Pm = |1/dc| = c/|d - So(1-c)|^{①} \tag{2}$$

式中,Pm 表示卡特尔的最佳定价水平,dc 表示消费者对卡特尔产品的需求弹性,d 表示该产品的需求弹性,c 表示卡特尔占有的市场份额或市场占有率,$(1-c)$ 为非卡特尔成员的市场占有率,So 为非卡特尔成员的产品价格供给弹性。由此可以看出,国际卡特尔制定价格的最佳水平决定于消费者对卡特尔产品的需求弹性,进而决定于卡特尔的市场份额、产品的需求弹性、非卡特尔的供给弹性及市场份额。

三、国际卡特尔维持价格的理论

国际卡特尔的成功与否决定于其所制定的价格水平能否长期维持,产量和市场份额能否维持。

在前面的内容中,我们已经讨论了在静态条件下,卡特尔制定

---

① 该公式的数学推导过程是:卡特尔出口 = 世界出口 - 其他国家出口,即 $Xc = X - Xo$。

对卡特尔价格变动求微分,得出 $dXc = dX/dp - dXo/dp$,对该式作变换,变成弹性公式:

$dXc/dp/Xc \cdot Xc/X = dX/dp/X - dXo/dp/X$,

$dPc/dp \cdot P/Xc \cdot Xc/X = Dx/Dp \cdot P/X - dXo/Dp \cdot P/Xo \cdot Xc/X$,

$dc/C = d - So(1-c), dc = d - So(1-c)/c$,

$Pm = |1/dc|, Pm = c/|d - So(1-c)|$。

价格的影响因素,卡特尔的成功与否还在于其价格的长期稳定。从长期来看,如果卡特尔不能维持价格,那么该卡特尔就是短命的。首先,从长期来看,卡特尔的市场占有率可能下降。因为较高的市场价格会刺激非卡特尔成员增加其产品的生产,如果卡特尔成员控制产量,其市场份额必然会下降,除非所有的产品生产国都加入了卡特尔。其次,替代品的出现。即使某种产品的需求弹性非常低,卡特尔控制价格的难度也很大。因为当某种产品价格长期居高不下时,就会刺激企业寻找替代品,替代品的出现将威胁卡特尔产品的垄断价格。第三,买方是否形成垄断。如果需求方组成某种形式的买方垄断,那么价格的维持决定于买卖双方谁能坚持的时间更长一些。第四,卡特尔要成功地维持价格,还有赖于各成员是否严格地遵守定价和限制产量的协议。实际上,多数卡特尔的短命,在很大程度上属成员违反协议或个别成员要求重新划分市场份额使然。

总之,卡特尔制定一个比较适当的价格是重要的,更重要的是卡特尔能够长期地维持一个价格。

第三节 国际卡特尔的实践

最早的国际卡特尔是随着主要发达国家不完全竞争的市场结构建立并逐步产生的。19世纪80年代,一些大的烟草贸易公司和铁路运输公司开始组织国际卡特尔。进入20世纪以后,欧洲各国的钢铁公司为避免竞争也曾组织过国际卡特尔。此外,像食糖生产国、橡胶生产国等都试图建立并维持国际卡特尔的市场结构,但是绝大多数都是短命的。主要原因是卡特尔协议常常因为战争而难以贯彻执行,再有就是卡特尔成员划分市场的结束,通常又是新的市场争夺的开始。60年代以后,石油输出国组织的出现,引起了人们的广泛关注。学者们总结国际卡特尔发展的历史时发现,石油输出国组织可能是最成功的国际卡特尔。

一、石油输出国组织的产生

1960年,阿尔及利亚、巴林、埃及、伊拉克、伊朗、科威特、利比亚、卡塔尔、沙特阿拉伯、委内瑞拉、叙利亚和阿拉伯联合酋长国等10余个国家为在石油出口上获得较大的经济利益,进而掌握自己生产和出口石油的主动权,成立了石油输出国组织。

石油输出国组织成立的动因要追溯到1960年初。1960年新泽西美浮石油公司董事会作出决定,将石油的标价降低10美分,这意味着石油输出国的税收和开发权使用费将相应减少。因为根据西方各石油公司与石油输出国达成的协议,这些石油公司要根据石油的标价纳税,对此,石油输出国作出强烈反应。委内瑞拉石油部长佩雷斯·阿方索提出,既然我们不能在现有的条件下保证自己的利益,就让我们携起手来,成立一个"俱乐部"。以后由于沙特阿拉伯政府的更迭,石油输出国的俱乐部没有具体的行动。

1965年,石油输出国组织在利比亚的的黎波里举行会议。会上大多数成员国要求对石油生产进行控制,并确定每个成员国的产量。然而由于沙特阿拉伯的反对,该建议未能实施。1967年,石油输出国正式放弃了管理石油生产的权利。

在石油定价方面,1970年9月,利比亚向西方石油公司提出,将每桶原油的价格提高50美分,西方石油公司被迫接受。这是石油输出国组织成员国第一次提出提高原油的标价,从而标志着石油输出国组织正在演变成国际卡特尔。

二、石油价格的变动

石油价格的变动大体经历了5个阶段。第一个阶段是1900年—1970年。在这个阶段中,原油的价格起初为每桶1.20美元,

1960年价格上升到1.80美元。从1960年—1970年,即石油输出国组织成立后的10年内,每桶原油的价格一直是1.80美元。

第二阶段是1970年—1972年。在这个阶段,利比亚的提价要求及其被接受触发了石油输出国的提价,使每桶原油的价格上升到3美元左右。

第三阶段是1973年—1978年。这是第一次石油冲击及其影响期。1973年10月中东战争爆发,发达国家相继站在以色列一边,对此石油输出国组织宣布对支持以色列的国家采取石油禁运。5个月后,当石油禁运解除时每桶原油的价格已经上升到11.65美元,即猛增了3倍,此后原油价格一直在12美元左右徘徊。

第四阶段是1979年—1982年。1979年发生了伊朗革命,什叶派穆斯林推翻了巴列维国王。伊朗是石油输出国组织中的主要产油国,也是世界石油市场的主要供应者之一。该国社会不稳定必然影响到其原油的产量,由此引起西方世界的极度恐慌,原油的价格上升到每桶34美元,最高时达到43美元。

第五阶段是1983年以后,石油价格缓慢回落,每桶原油的价格降到18美元左右的水平。两伊战争和海湾战争只对石油价格造成短期波动。1998年每桶原油的价格平均是12.28美元,1999年4月1日,石油输出国组织与非成员国签定了限产保价协议后,原油回升到14—16美元之间。

三、石油价格变动的原因

石油价格大起大落的原因是多方面的。从石油涨价看,主要有三个方面的原因。首先,长期不合理的低价格是西方大石油公司对产油国生产和定价垄断经营的结果。应该说石油价格的初期上涨是石油输出国重新获得应得利益的手段和必然的结果。据统计,从1950年到1972年,世界能源的消耗以每年5%的速度增长,石油消耗占全部能源消耗的比重从29%上升到46%。因此石油用量每年要净增7.5%,高于石油年生产增长率。而且,石油是一种不可再生的能源,这就决定了石油价格的增长是不可避免的。

其次,面对突如其来的石油冲击,人们准备不足,研究不够,以为石油资源的枯竭已经来临。许多国家开始大量储存石油,结果促成了短期石油价格的上涨。这种大量的购买又进一步增加了人们对石油价格进一步上涨的预期。

第三,1973年和1979年的两次偶发性事件是石油价格上涨的导火线。二者的区别仅在于,前者是石油价格长期偏低的释放,后者则是石油供应的信任危机。

1982年以后,石油价格的下跌主要由三个方面的原因造成。首先,石油价格的上涨刺激了一些非石油输出国组织成员国增加石油的生产和出口,供应量的增加必然导致价格的下降。同时,由于非成员国产量和出口量的增加,使石油输出国组织的市场占有率下降,削弱了该组织控制市场价格的能力,因而价格也很难维持。例如,当时的英国和荷兰加紧了北海石油的开发,随之迅速变成石油输出国。前苏联和中国也相继向国际市场销售石油,促成了石油价格的下降。

其次,两次石油价格冲击促使西方国家寻找替代能源,以减少对石油的过分依赖。当时法国、比利时、美国等大力发展核能电站,一些国家重新估计煤炭的重要性,使煤炭气化和液化,从而扩大了煤炭的使用范围。此外,风能、太阳能的利用也日趋广泛。

第三,石油输出国组织内部成员国的背叛行为,使价格难以维持。1983年初,面对市场上石油供过于求的压力,一些成员国单方面将标价从每桶34美元降至29美元,结果导致1983年的油价比上一年降低20%,仅此一项,成员国得自石油出口的收入就减少400亿美元。

四、石油卡特尔的定价策略

1965年,石油输出国组织曾提出,各成员国限制石油产量,抬高石油价格的策略,但是由于各国意见不一致,限产保价的策略被搁置下来。

1973年的石油禁运客观上起到了限制石油供应量、抬高石油价格的作用,但是还未成为石油输出国组织的自觉行动。

1979年第二次石油冲击以后,面对石油的高价格,成员国和非成员国石油供应增加,该组织才明确提出"限产保价"的定价策略。并且威胁说,如果非成员国不能按石油输出国组织确定的价格销售石油,该组织将扩大石油生产和供给量,促使石油降价,打败竞争者。然而,这种威胁的效果似乎不明显。

1985年以后,石油输出国组织认识到,要维持原油的价格,需要与非成员国进行有效的协调和广泛的合作,实行"价格领先制"收到一些效果。

从总体上看,石油输出国组织是迄今为止最成功的国际卡特尔,它主要体现在,石油的世界市场价格仍然可以维持,该组织本身正在比较顺利地运行着。

石油输出国组织的成功除了我们前面讲的那些条件之外,另外两个特殊的条件也不容忽视。第一,石油输出国组织不是垄断企业间的垄断联合,而是政府出面的国际卡特尔,因而在控制本国石油生产量和销售价格方面具有较强的权威性。第二,它所垄断的产品不是一种可以不断再生的资源,而是关系到人类主要能量来源的不可再生的资源。因此,每个国家都很清楚,扩大生产、降低油价只能是搬起石头砸自己的脚,减少自身的收入,加快本国资源枯竭的速度。因此,除非成员国遇到经济方面的特殊困难,否则不会轻易违反统一制定的石油价格。

五、中国的石油生产和出口

历史上,中国是一个贫油的国家。1950年时,中国石油的产量仅为20万吨,不能自给。60年代中期以后,中国相继发现了大庆油田、克拉玛依油田、大港油田、胜利油田、中原油田,以及沿海大陆架的石油资源。据统计,中国探明的石油储量达52.9亿吨,已开采20.9亿吨石油,1998年中国的石油产量达1.5亿吨,列世界第五位。

改革开放以后中国的石油出口也逐步增加。1978年中国出口的石油总量占当年出口总额的13%,1980年达到20%,到1985年,中国出口石油所获外汇收入占全部出口收入的25%,这是世界市场上油价奇高带来的结果。1985年以后石油价格呈缓慢下降的趋势,再加上随着中国经济的发展,国内对石油的需求量迅速增加,乃至于可供出口的原油逐步减少。1997年我国矿物燃料的出口额为近70亿美元。此外,中国出口产品的结构也经历了一个逐步调整的过程,制成品的出口逐步代替了原材料和自然资源的出口。

本章小结

1.国际贸易会打破原有的国内垄断,使一国在获得贸易利益的同时,也从国际的竞争中获得了经济利益。

2.国际卡特尔是国际范围内,企业或政府通过达成某种协议,以限制产品的产量、维持垄断高价,获取超额垄断利润的组织。

3.国际卡特尔制定垄断价格需要在考虑作为不完全竞争者定价一般原则的基础上,还要考虑到诸如产品的需求弹性、卡特尔占有的市场份额、非卡特尔成员的供给弹性,以及这些影响因素的最集中反映——消费者对卡特尔产品的需求弹性。我们用专门的数量关系概括了这种关系。

4. 国际卡特尔的成功不仅在于它制定了一个合适的垄断价格,更在于它能够较长时间地维持垄断价格,如果不能维持价格,国际卡特尔就是短命的。维持垄断价格需要考虑的因素更多,除了应该考虑制定价格需考虑的因素外,还需要从动态上考虑国际卡特尔市场份额的变化,寻找替代品的可能性,非卡特尔成员长期的供给弹性,以及卡特尔成员出于某种经济原因导致的背叛行为等。

5. 国际卡特尔的历史比较长,但多数是短命的。世界上最成功的国际卡特尔可能是石油输出国组织。其特点是政府出面,且垄断的产品是不可再生的能源。

6. 中国也是石油的出口国之一。随着经济的发展,中国的石油出口会减少。

本章思考题

1. 什么是国际卡特尔?
2. 一国由封闭走向开放,对打破国内垄断有何作用?
3. 一国从打破国内垄断中可以获得哪些利益?
4. 国际卡特尔制定垄断价格需要考虑的因素有哪些?
5. 国际卡特尔维持垄断价格需要考虑哪些因素?
6. 从石油输出国组织订价策略的变化中可以得到哪些启示?
7. 1970年以后,石油价格波动的原因是什么?
8. 中国应该出口石油吗?

第十章　发展中国家的贸易政策与工业化

20世纪60年代以后，许多经济发展水平比较低、收入水平也比较低的民族和地区相继独立。这些取得了政治上独立的国家认识到，经济独立是政治独立的根本保证。从历史的经验看，一国发展经济的途径是国民经济的工业化，国际贸易是一国经济发展的重要推动力，因而选择适当的对外贸易政策是发展中国家加速经济发展的关键之一。

第一节 发展中国家及其经济贸易现状

发展中国家是经济发展的水平和产业结构都有待进一步发展和升级的国家。在全球的人口和国家数量上,它占绝大部分。世界需要发展,这些国家迫切需要经济的发展。

一、发展中国家的概念

根据世界银行 1996 年的标准,发展中国家是指那些在 1994 年人均国民生产总值低于 8956 美元的国家和独立行政区[①]。

在发展中国家中,又进一步分为:(1)高收入的发展中国家,其人均收入在 2895—8956 美元之间;(2)中等收入的发展中国家,其人均收入在 725—2895 美元之间;(3)低收入的发展中国家,其人均收入在 725 美元以下。

从更广泛的意义看,发展中国家不仅仅是指人均国民生产总值比较低,还涉及生活的质量标准。按照质量标准,尽管一些石油输出国人均收入水平比较高,但是它们的得分并不高,仍属发展中国家之列。

另有一些学者为了便于比较,采用购买力评价(以后我们要讲到)计算国民生产总值及人均国民收入水平。从 1992 年起,世界银行开始公布按购买力评价计算的人均国民生产总值。按照这一标准,一些国家的人均收入水平提升很多。

还有一些国家出于多方面的考虑,尽管其人均收入水平已经很高了(如新加坡),但仍然称自己是发展中国家。

---

① 从人均收入水平的角度看,收入高于发展中国家最高收入水平的国家是经济发达的国家,这也是我们经常使用的概念。

总之,发展中国家是经济尚比较落后,面临经济发展的艰巨任务,处在发展过程中的国家和地区。

二、发展中国家经济发展的状况

20世纪60年代中期以后,发展中国家的经济有所发展,但增长的速度并非令人满意。

表10-1　1965年—1996年人均国内生产总值的年均增长率

单位:百分比

国家组别	1965—1973	1973—1980	1980—1986	1986—1995 高	低
发展中国家	3.9	3.2	1.5	3.9	2.0
低收入国家	2.9	2.5	5.4	4.8	2.8
中等收入国家	4.4	3.3	-0.3	3.2	1.4
石油输出国	4.3	4.2	-1.8	1.9	1.1
制成品出口国	4.8	5.1	4.3	5.3	2.7
债务沉重国	4.2	2.9	-1.8	3.1	1.2
撒哈拉以南非洲国家	3.6	0.3	-3.4	0.7	0.0
工业国	3.7	2.1	1.6	3.9	2.0

注:(1)发展中国家的所有增长率均根据90个国家的抽样调查。

(2)不包括南非。

(3)1986年—1995年资料为预测值。

资料来源:《世界银行:1987年发展报告》第26页。

由表10-1可以看出,60年代中期至70年代初,发展中国家人均国内生产总值的增长速度超过工业国,大有赶超之势。然而70年代中期以后,多数发展中国家速度放慢,甚至是负增长。

据世界银行1999年的报告,80年代发展中国家国内生产总值的年平均增长速度为3%,90年代初期为2%,1996年至1997年达到3%,而且除东欧和前苏联的加盟共和国外,发展中国家的经济增长率为5%。低收入和中等收入国家(包括中国)的经济增长率高达10%。1996年,南亚地区的经济增长率加快到6%(前5年仅为4.5%)。自1991年以来,中东和北非的经济增长率也较高,一直在3%以上。1996年,撒哈拉以南非洲国家的经济增长率达到4%。尽管如此,发达国家与发展中国家在收入水平上的差距仍有扩大的趋势。

发展中国家为发展自己的经济,特别是为了获得发展经济的资金,努力扩大自己的对外贸易。具体情况见表10—2。

由表10—2可以看出,发展中国家对外贸易的发展是比较快的,特别是明显地快于其国民生产总值的增长速度,其中发展中的制成品出口国对外贸易增长得最快,其次是中等收入国家。由于发展中国家对外贸易的迅速发展,因此对外贸易在各国经济发展中的重要性不断增强。据世界银行1999年发展报告,1986年发展中国家的贸易额占其国内生产总值的比重为10.5%,1990年达12.2%,1996年进一步上升到15.2%。

由于发展中国家长期致力于经济的发展,涌现出一系列新兴的工业化国家和地区。如亚洲"四小龙",即韩国、中国台湾、中国香港和新加坡。在拉丁美洲,巴西、墨西哥和智利的经济发展也十分引人注目,以致从国民生产总值的角度看,一些国家和地区已经从发展中国家的行列"毕业了"。

但是也应看到,由于一些国家经济贸易发展战略上的失误,在其经济发展的过程中也遇到了许多困难,仍处在痛苦的经济调整过程中。

表 10-2　1965 年—1996 年发展中国家对外贸易的发展

单位：百分比

国家组别	商品出口					商品进口				
	1965—1973	1973—1980	1980—1986	1986—1996		1965—1973	1973—1980	1980—1986	1986—1996	
				高	低				高	低
发展中国家	4.9	4.7	4.4	7.3	3.6	5.7	6.1	0.8	7.8	4.1
低收入国家	2.0	4.7	5.4	7.5	3.6	0.9	5.7	7.9	5.7	2.3
中等收入国家	5.3	4.8	4.2	7.2	3.6	6.7	6.1	6.5	8.2	4.6
石油输出国	4.1	-0.9	0.2	4.8	2.3	4.5	10.3	-6.3	5.8	3.2
制成品出口国	8.4	9.8	8.1	8.7	4.4	9.9	5.9	5.7	8.8	4.6
债务沉重的国家	3.1	1.1	1.3	6.4	3.7	6.7	5.5	-6.9	7.5	4.4
撒哈拉以南非洲国家*	15.0	0.1	-1.9	3.9	2.0	3.8	7.6	-7.9	4.9	2.9

注：* 不包括南非。
资料来源：同表 10—1。

第二节　扩大初级产品出口与稳定价格

经济发展的理论认为,发展中国家通过出口初级产品,获得经济发展的资金以求得其经济的发展。但是在现实中,发展中国家面临两个方面的问题,一是初级产品的世界市场价格过低;二是商品的价格不稳定。为此发展中国家在其初期的经济发展中,首先要解决这两个问题。

一、初级产品的出口与价格水平

对于一个希望发展本国经济,但苦于无任何可供交换的产品的国家而言,资源的出口或初级原材料的出口可能是比较现实的选择。因而从发展中国家经济发展的历史上看,只要一国拥有某种自然资源,那么选择出口这些资源是换取经济发展资金的重要手段。

依靠资源出口来发展经济是有条件的,其中初级产品价格的稳定或提高,可能是非常重要的条件,否则可能陷入"悲惨的增长"。

然而,一些学者经过一系列的考察发现,发展中国家的贸易条件是恶化的。这意味着,相对于制成品而言,初级产品的价格是偏低的。20世纪50年代初,阿根廷经济学家劳尔·普雷维什等证明了:(1)一个发展中国家从贸易中所得到的利益少于工业化国家;(2)初级产品出口国贸易条件较差,且将继续恶化;(3)扩大初级产品的出口可能导致"悲惨的增长"。

另外,一些西方学者认为,初级产品的价格是随世界经济发展与波动而变化的。它既不是直线下降,也不会直线上升。大萧条促成了初级产品价格的下降,但是朝鲜战争又导致初级产品价格的上升。尽管如此,一些初级产品的价格确实是持续下降的。据统计,1920年至1970年,天然橡胶的价格几乎是直线下降的。

发展中国家认识到,这些初级产品价格的下降不利于其经济的持续发展,难以提高这些国家的福利水平。因此,发展中国家提出要支持初级产品的价格,以利于其收入水平的稳定。

然而到目前为止,没有哪一个工业国响应这一号召。因为从直观来看,保持或提高初级产品价格无异于来资助或援助发展中国家,所以直接的援助方式可能更容易使发展中国家"知情报恩"。

二、稳定初级产品价格

初级产品价格不稳定同样是发展中国家经济持续发展的障碍。从经济学的角度看,初级产品价格不稳定产生于两个方面的原因,一是需求变动,另一个是供给变动。发展中国家要保持初级产品价格的稳定,需要有相对稳定的供给量和需求量。

(一)需求变动与价格稳定

所谓需求变动引起的价格变动,是指由于对某种初级产品需求变动所带来的需求量的变化从而造成的价格波动。具体情况我们用图10—1加以说明。

在图10—1中,横轴表示商品的数量,纵轴表示商品的价格。曲线SS表示某种初级产品的供给曲线,DD和D′D′分别表示两条需求曲线。现在我们假定,市场上该产品的供求均衡水平为Q_1,均衡价格为P_1。现在由于某种外界原因,需求曲线从DD变到D′D′,相应地,需求量也由Q_1增加到Q_5,市场价格变到P_2。这意味着该产品的价格从较低的水平跃升到较高的水平,从短期看,对产品的供应者是一件好事。但是从长远看,如果本次价格的上升带来下一轮的价格下降,那么发展中国家的收入水平就很难稳定了。只有保持市场价格的稳定才更有助于发展中国家经济的长远发展。如果要保持价格的稳定,就需要确定一个合理的目标价格。该

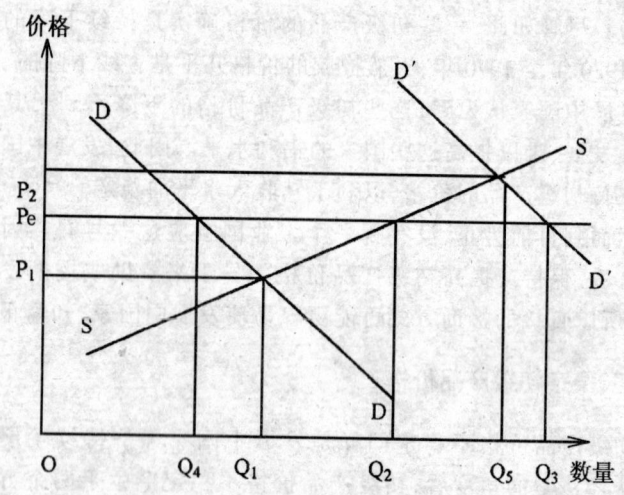

图 10-1 需求变动引起的价格变动

价格既有利于需求方以相对低的价格获得原材料,又有助于供应方获得稳定的收入。目标价格一般要高于最低价格,低于可以预见到的市场变动造成的最高价格。在图 10—1 中,目标价格为 P_e。在此情况下,如果是第一种供求情况,目标价格高于市场价格,价格从 P_1 上升到 P_e,价格上升以后需求量减少到 Q_4,而供给量(由于价格上升)从 Q_1 增加到 Q_2。供求之间的差额,需要有关价格干预机构买进这些产品。在第二种情况下,目标价格低于市场价格,即价格从 P_2 降到 P_e,供给量从 Q_5 减少到 Q_2,而需求量则从 Q_5 增加到 Q_3。供求之间有 Q_2Q_3 量的差额,显然需求大于供应,此时为维持价格的稳定,干预机构要卖出这些产品,以满足市场的需要,否则市场价格还会上升。

(二)供给变动与价格稳定

当供给发生变动时,要保持一种初级产品价格的稳定也需要借助干预机制。具体情况,我们用图 10—2 加以说明。

第十章 发展中国家的贸易政策与工业化

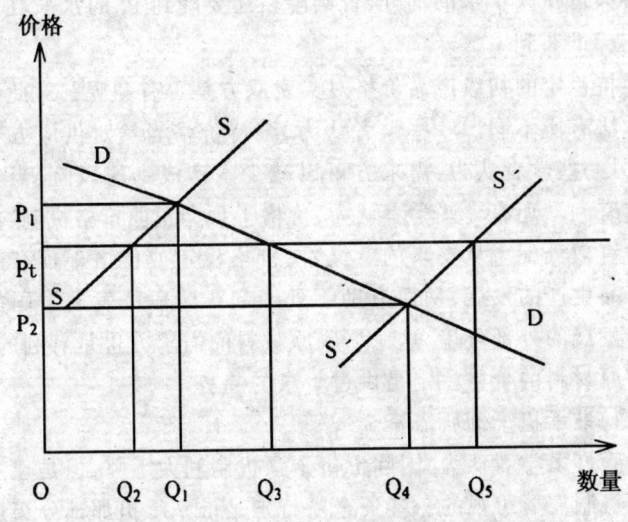

图 10-2 供给变动引的价格变化

在图10—2中,横轴表示商品的数量,纵轴表示商品的价格,曲线 DD 表示需求曲线,曲线 SS 和 S'S' 分别表示两条供给曲线。在没有干预的情况下,DD 与 SS 曲线的相交的均衡价格和均衡数量为 P_1 和 Q_1。现在假定,由于某种外部原因,供给突然增加,供给曲线从 SS 移到 S'S',此时如果没有对市场的干预,均衡价格会突然降到 P_2 的水平。可见,供给变动造成了市场价格大幅度下降,不利于生产者收入的稳定,为保持价格稳定,需要有干预机构出面。假设目标价格为 Pt,在第一种情况下,目标价格低于市场价格,因而供应量将从 Q_1 降到 Q_2,而需求量则从 Q_1 增加到 Q_3,显然需求大于供给,这就需要干预机构卖出一部分储存的该种产品,以弥补供不应求的缺口。在第二种情况下,目标价格高于市场价格,此时的供给量从 Q_4 增加到 Q_5,由于价格的上升,需求量从 Q_4 降到 Q_3,供求之间有 Q_3Q_5 的差额,为了解决供过于求的问题,干预机构要买进供大于求的部分,否则降格还要降到 P_2 的水平。

(三)谁获利

维持稳定的初级产品价格对买卖双方是否有利呢?对此学者们的看法有所不同。一些学者认为,维持价格当然对供应方更有利,而另一些学者认为,需求方可以减少生产成本的风险,当然对需求方有利。还有一些学者认为,价格干预会扭曲价格机制,影响资源的有效分配。从本来的意义看,价格稳定或价格干预有助于初级产品生产的发展,从而有助于处于起步阶段的发展中国家获得稳定发展的外部环境,这对那些原材料的需求方也是有利的,除非某种原材料的价格注定是供过于求的趋势。

(四)谁承担干预所需资金

尽管许多学者认为,国际价格干预机制利大于弊,但是建立这样一个机制需要可观的一笔资金。特别是谁来承担那部分买进商品、储存商品,并且以较低的价格抛出商品的费用呢?从原则上看,应该由发达国家来承担。但是发达国家认为,既然是发展中国家切身感到价格稳定的重要性,那么这笔资金应该由发展中国家承担。

比较合理的原则是谁获利,谁承担,即当价格变动主要是由供给方造成时,由供给方出资;当价格变动主要是由需求方造成时,由需求方出资。问题在于如果发展中国家有这样一笔资金,他们可能不至于单纯依赖初级产品的出口获得经济发展的资金了。

价格支持机制难以长期贯彻的另一个重要原因是,价格支持会造成生产或供应无限增长的趋势。因为稳定的价格将刺激厂商不断增加产品的生产,而不顾及商品是否能够销售出去,随之而来的是被支持的初级产品长期地供过于求,因而需要不断地注入干预资金。这些可能造成干预机构及有关国家不堪重负,从而最终放弃价格支持机制,所以就目前而言,世界上初级产品价格干预机制的成功经验几乎没有。

第三节 发展中国家贸易与经济发展战略

发展中国家对外贸易的发展战略总是与其经济发展的战略密切相关的,这是发展中国家经济发展的任务本身决定的。各国根据自己的具体情况,借鉴别国的成功经验,制订自己的经济发展战略,并随着经济发展水平的提高而不断加以调整。

一、进口替代工业化战略

进口替代是指,通过发展本国的工业,实现用本国生产的产品逐步代替进口满足国内需求,以期节约外汇,积累经济发展所需资金的战略。

进口替代战略有一定的理论基础。20世纪60年代中期,阿根廷经济学家劳尔·普雷维什认为,整个世界可以分为两类国家,一类是处于"中心"地位的经济发达的国家,另一类是处于"边缘"地位的发展中国家。边缘国家是中心国家经济上的附属,为中心国家的经济增长服务。中心国家通过不等价交换,剥削边缘国家的利益,使发展中国家本身难以发展。因此,发展中国家应该摆脱这种不合理的国际分工体系,走独立自主的发展经济的道路。

采取进口替代战略的另一个理由是,某些国家存在二元经济结构。所谓二元经济是指,在一个发展中国家内,比较先进的、资本密集型且工资水平相对较高的工业部门和传统的落后农业并存的经济结构。二元经济的一般特点是:(1)比较先进的工业部门的劳动生产率比其他部门高;(2)工业部门的高产出率使该部门的工资率明显地高于其他部门;(3)尽管工资率较高,工业部门的资本报酬率相对较低;(4)工业部门的资本密集度高于其他部门,与发达国家的工业部门有相近的生产设备;(5)城市中的高工资与大量失业并存。正因如此,发展中国家的企业家集团希望在政府的保护之下,排挤来自先进国家的竞争,垄断地占领本国市场。同时,整体经济发展水平的落后又需要本国的工业部门带动国民经济的发展。

进口替代工业化大体可以分成两个阶段。

第一个阶段是用国内生产的非耐用消费品代替进口的同类产品。一般情况下,发展中国家比较容易进入这个阶段,而且成功的把握也比较大。因为发展非耐用消费品的生产避开了重工业发展需要大量资金的难题,这些产品的技术含量比较低,可以进行较小规模的生产,且对劳动力的素质要求不高,所以从比较利益的角度看,工资水平相对比较低的发展中国家以较低成本生产出这类产品,进而代替同类的进口产品。这类工业包括纺织品原料、服装、鞋类,以及其他劳动密集型的产品生产行业。

第二个阶段是用国内生产的耐用消费品、重工业产品和化工产品代替进口品。一般而言,进入这一阶段需要发展中国家有一定的工业基础,要么是从第一个阶段的过渡,要么是该国有"二元经济"结构作为其第二阶段起步的基础。

选择进口替代战略并且取得成功的国家具有这样几个特点:首先,该国的国内市场比较大,较大的国内市场可以为其工业的发展提供较有保障的市场,以便使这些行业迅速实现规模经济,且比较快地成长起来。其次,选择进口替代战略的国家内拥有一定的自然资源和丰富的劳动力供应。第三是"二元经济",因为二元经济可以为工业发展奠定基础,也为现代工业的发展提供了相对廉价的劳动力。作为发展中国家要保证进口替代战略的成功,需要采取一系列的对外贸易政策措施,以保证本国工业的发展。这些政策包括:对进口的关税壁垒、非关税障碍以及外汇管制,高估本国货币对外价值等。

采取保护贸易政策的指导思想是通过保护本国的幼稚工业,

为本国现代工业的发展创造条件。有关关税和非关税壁垒的作用我们在前面的章节中作了比较详尽的分析。外汇管制就是要通过限制本国居民使用外汇,限制商品的进口或使进口成本提高。高估本国货币对外价值则是为了在外国资本进入时折成的本国货币量较少,从而促使外国企业增大投资规模的措施。

由此可见,发展中国家进口替代战略的选择需要与各国的具体条件相结合,并有一系列的政策措施保证其贯彻。

进口替代战略的成败如何一直是学者们争论的一个大问题,实践是最有力的论据。现实中,采取或曾经采取过进口替代战略的国家主要有拉丁美洲的阿根廷、巴西、墨西哥以及亚洲的印度等,东亚的韩国也曾经采取过类似的发展战略,后来作了调整。从总的情况看,一些采取进口替代战略的国家,其轻纺工业、钢铁工业和化学工业逐步发展起来了。例如巴西,在实行进口替代战略的时期,发展了本国的汽车装配和制造业、飞机制造业、钢铁工业。印度的重化工业也有了较大的发展。在采取进口替代战略的国家中,出现了一些新兴的工业化或准工业化国家,如巴西、墨西哥、阿根廷、智利等。

然而,进口替代战略的实施也给发展中国家带来一系列的问题和进一步发展的困难。首先,实行进口替代的工业化的多数国家出现过"债务危机"。其次,进口替代工业化战略存在着自给自足的倾向,而这种将自己封闭起来的战略不利于借助外部的资源和技术发展自身的经济。当这些国家面临经济困难或债务危机时,被迫求得国际社会的帮助,也不得不经历一个痛苦的调整经济发展战略的阶段。一些学者认为,进口替代战略的核心问题是,它违背比较利益原则,通过人为的干预,将资源或生产要素转向自己比较劣势的部门或产业,因而经济发展的速度不但不会加快,反而会减缓。

二、出口导向战略

出口导向战略是指,发展中国家通过促进本国产品的出口,积累发展资金并发展经济的战略。

出口导向战略是建立在比较利益理论基础上的。这种理论认为,无论发展中国家处在何种发展水平上,总有某种比较优势或要素优势,特别是多半数具有廉价劳动力的优势。借助这种优势,发展中国家可以出口劳动密集型产品或原材料,以获取经济发展的资金。

发展中国家利用本国的自然资源优势发展产品的出口,带动经济增长的战略被称为初级产品出口导向战略或初级导向战略。在经济发展的初期,发展中国家多采取初级导向战略。

采取次级产品出口导向战略的特点是,利用发展中国家某种生产要素优势,特别是利用廉价劳动力优势,生产价格相对低廉的制成品并出口,以获取经济发展的资金。

次级产品出口导向战略对发展中国家的经济发展有多方面的积极作用。首先,从比较利益论看,一国能够根据自己的生产要素优势分配本国的生产要素将带来资源有效配置的经济效果,这种效果能够将本国的资源优势充分发挥出来,最大限度地利用资源,有助于经济的迅速发展。其次,出口导向将产生一系列的产业发展的连锁效应,进而带动整个经济的发展。第三,次级产品出口导向也有助于一国经济逐步地工业化。因为在经济发展的初期,发展劳动密集型产业将节约资金,避免在工业化的初期就投入大量资金来发展重化工业,从而避免可能带来的资源配置的扭曲。第四,发展劳动密集型产业还有利于创造较多的就业机会,从而能够较快地提高国民的收入水平,进而是消费水平。消费水平的提高又反过来促进耐用消费品和其他产品生产的发展,从而有助于本国的某些工业部门实现适度的经济规模。

第十章 发展中国家的贸易政策与工业化

一般而言,选择出口导向战略的国家有三个特点。一是采取出口导向战略的国家或地区内部市场相对比较狭小;二是劳动力比较便宜,具有廉价劳动力的优势;三是采取次级出口导向战略的国家国内自然资源比较稀缺,需要靠自然资源或原材料的进口才能生产制成品。总之,这类国家和地区的国内市场都比较小,如果将自己封闭起来,很难使本国工业达到规模经济水平。因而对这些国家而言,封闭就意味着放弃本国的工业化,放弃本国的经济发展。

采取出口导向战略的国家倾向于自由贸易的政策。由于采取出口导向战略的国家和地区需要外部市场,大进大出,所以需要有相对稳定和便利的市场环境。这些自由贸易政策主要体现在:他们的进出口关税都比较低,较少使用非关税壁垒,同时低估本国货币的对外价值,低估本国货币对外价值可以促进本国产品的出口。

从总的情况看,实行出口导向战略的国家在实现本国经济发展上是比较成功的。历史上,美国依靠棉花和小麦的出口带动了其初期的经济发展。日本通过出口蚕丝,加拿大、澳大利亚和阿根廷通过出口肉类和小麦,南非出口黄金、瑞典出口木材、巴西出口橡胶等都在一定程度上促进了本国初期的经济发展。

60年代中期以后,一些发展中国家相继采取了次级出口导向战略,结果带来了这些国家和地区经济的迅速发展。具有典型意义的国家和地区是韩国、中国香港、新加坡和中国台湾。由于他们在过去的30年里经济持续高速发展,被誉为"亚洲四小龙"。

现在许多发展中国家也开始仿效出口导向战略,以求得本国经济的迅速发展。

然而,采取出口导向战略也并非有百利而无一害。除了我们在前面已经提到的初级产品贸易条件恶化之外,出口导向战略的成败还有赖于出口品市场的发展状况。这种出口市场状况决定于多种因素。首先,经济发达国家对进口产品的需求波动可能给发展中国家制成品和原材料的出口造成冲击,从而影响到这些国家经济正常、持续地发展;其次,发达国家贸易保护政策的实施,可能切断发展中国家借助国外市场或需求带动本国经济发展的渠道;第三,如果所有的发展中国家同时选择相同的商品出口,势必造成市场的激烈竞争。在市场规模有限的情况下,这种竞争必然有失败者,甚至两败俱伤。

第四节 世界银行的经验性总结

世界银行的专家们根据各国经济发展所采取的不同战略,将41个国家和地区分成四种类型,以考察一国对外开放的程度,考察贸易自由化的程度与经济发展的关系。世界银行总结的经济发展战略的四种类型是坚定外向型战略、一般外向型战略、一般内向型战略和坚定内向型战略。

一、坚定外向型战略

采取坚定外向型战略的国家在对外贸易政策上,表现为对商品的进口和出口采取中性的贸易政策,既不过分鼓励出口,也不严格地限制进口。它们对对外贸易的限制程度较低,很少采取直接的贸易限制和许可证限制,保持汇率的相对稳定,实行单一汇率。

80年代中期,世界上采取该种经济发展战略的国家和地区有中国香港、韩国、新加坡和中国台湾。

二、一般外向型战略

采取一般外向型经济发展战略的国家偏重于进口替代,表现为对本国市场的实际保护率相对较低,对不同商品的保护程度的差异较小,在某些商品上使用直接的贸易限制和许可证制度,但范围有限;对出口的鼓励超过对进口的便利;一般实行两种汇率,即进口贸易的实际汇率超过出口贸易的实际汇率,但差别并不大。

1973年以前,实行这种发展战略的国家主要有巴西、喀麦隆、哥伦比亚、哥斯达黎加、科特迪瓦、危地马拉、印度尼西亚、以色列、马来西亚和泰国等10个国家。1973年至1985年间,采取这种战略的国家有巴西、智利、以色列、马来西亚、泰国、突尼斯、土耳其和乌拉圭等。

三、一般内向型战略

采取这种发展战略的国家带有明显的进口替代倾向,表现为对本国市场的平均保护率比较高,涉及的商品种类比较多;这些国家广泛实行进口的直接限制和许可证办法;本国货币的对外价值偏高。

采取这种战略的国家比较多,在所考察的国家中占较大的比重。在考察的41个国家中,有16个国家采取这种战略,占被考察国家数的39%。

四、坚定内向型战略

采取坚定内向型战略的国家坚决实行进口替代,强调发展本国工业,对本国市场有较高的实际保护率,保护的商品范围很广,普遍实行直接的贸易限制和许可证制度。对非传统的出口品积极加以鼓励,高估本国货币的对外价值。

实行这种发展战略的国家也比较多。1973年至1985年,在所考察的国家和地区中,实行坚定内向型的国家有14个之多,占被考察国家总数的34%。

世界银行在对这41个国家和地区作了分类以后,对它们过去20多年的经济发展实绩作了比较。得出的基本结论是:采取外向型经济发展战略的国家和地区比采取内向型经济发展战略的国家和地区经济发展要快,其中采取坚定外向型经济发展战略的国家和地区经济发展的速度最快,其次是一般外向型,再次是一般内向型,采取坚定内向型经济发展战略的国家经济发展的速度最慢。具体情况见表10—3。

表10-3 41个发展中国家和地区经济发展战略的实绩

贸易战略	制造业实际增值价值的年平均增长率		农业实际增值价值的年平均增长率		平均制造业增值价值占国内生产总值的比重[1]		工业劳动力在总劳动力中的比重		制造业就业人数的年平均增长率[2]	
	1963–1973	1973–1985	1963–1973	1973–1985	1963	1985	1963	1980	1963–1973	1973–1984
坚定外向型	15.6	10.0	3.0	1.6	17.1	26.3	17.5	30.0	10.6	5.1
一般外向型	9.4	4.0	3.8	3.6	20.5	21.9	12.7	21.7	4.6	4.9
外向型(平均)	10.3	5.2	3.7	3.3	20.1	23.0	13.2	23.0	6.1	4.9
一般内向型	9.6	5.1	3.0	3.2	10.4	15.8	15.2	23.0	4.4	4.4
坚定内向型	5.3	3.1	2.4	1.4	17.6	15.9	12.1	12.6	3.0	4.0
内向型(平均)	6.8	4.3	2.6	2.1	15.2	15.8	12.7	14.1	3.3	4.2

[1] 南斯拉夫的资料暂缺。
[2] 哥斯达黎加和马来西亚1963年—1973年和1973年—1985年的数据资料暂缺,泰国和墨西哥1963年—1973年的数据暂缺。
资料来源:《世界银行1987年发展报告》,第87页。

从表10—3中可以看出,世界银行通过对选定国家各种经济发展指标的总结、比较得出结论,并向各发展中国家推荐:采取外向型经济发展战略更有利于一国经济的发展。

五、发展中国家贸易自由化的过程

世界银行向各发展中国家推荐坚定外向型的经济发展战略,主张贸易自由化是各国推行外向型经济发展战略首要工作。世界银行认为,一个发展中国家要从贸易保护走向贸易自由化,需要作好三个方面的工作。

第一项工作就是取消商品进口的数量限制,以关税作为贸易保护的唯一手段。正如我们已经讲到的,数量限制是一种比较严厉的贸易保护措施。在数量限制下,无论出口商如何降低成本或价格也难以打进进口国的市场。所以,用关税代替数量限制是一国贸易自由化的首要步骤。

贸易自由化的第二项工作是改革关税制度。所谓关税制度改革包括两方面的内容,一是降低进口关税的总水平,二是缩小不同商品间关税税率的差异幅度。根据各国的经验,降低关税水平的操作方法主要有四种:(1)等比例地削减所有商品的关税水平,即将每种商品的关税都降低同样的比例;(2)等比例地削减某个指标之上的高关税;(3)较大幅度地削减较高水平商品的关税;(4)上述几种方法的结合运用。世界银行推荐的方法是"蛇腹式"削减关税的方法。即先将某个上限的关税降到这个上限以下,然后将所有高于一个新的较低上限的关税再降到这个上限以下。假设一国使用四个等级的进口关税率,即100%以上、50%以上、15%以上和0%以上。"蛇腹式"方法是将实行100%以上的关税的商品的关税水平降到100%以下,将实行50%以上关税的商品的关税水平降到50%以下,将15%以上关税的商品降到15%以下等等。许多专家认为,这种方法带来的调整成本最低,同时还能够保持原有的贸易保护结构。

贸易自由化必须建立在扩大出口的基础上。随着本国市场的逐步开放,必然有大量的商品流入本国市场,如果在进口不断增加的同时,没有出口的增加,那么进口国为支付进口所需要的资金,就会造成入不敷出。在此情况下,该国政府不得不限制进口,从而断送贸易自由化的连续性。另一方面,商品的大量进口可能挤垮竞争力比较弱的国内企业,结果失业人数大量增加,当这些失业人口不能被本国出口部门对劳动力需求的增加所吸收时,要求政府退回到贸易保护主义政策的呼声必然会高涨起来。相反,如果贸易自由化伴随着出口的不断增加,那么一国贸易自由化就可以顺利实施。因此,在贸易自由化的过程中需要配合鼓励出口的贸易政策。

贸易自由化第三项比较可行的政策是通过货币贬值促进出口的增加。

六、中国的经济发展战略

新中国建立以后,一直在探索多快好省地建设社会主义的道路。改革开放以后,开始学习别国的经验,按照客观经济规律办事,走上了多年希望的较快发展中国经济的道路。

中国人民的一个根本的愿望是迅速地摆脱贫穷落后,走上共同富裕的道路。为了少走弯路,中国以马克思列宁主义的社会再生产理论为指导,借鉴其他国家的社会主义建设实践经验,选择了一条优先发展重工业的战略。一些学者将这种战略称为"赶超战略",即希望用不太长的时间,建立一个具有现代工业、现代农业的社会主义国家。为此,经济发展是以重工业发展为重心。在计划经济的安排下,生产资料的生产成为安排其他产品生产的前提。为了发展重工业,有时不得不牺牲农业和轻工业的利益。

从短期看,这种战略确实带来了工业生产的迅速恢复,重工业得到了发展。由于这种发展战略是逆比较优势而发展经济的,所以造成了社会资源配制的总体扭曲,进而形成了资源的低效率使用,结果自然是经济增长速度比较缓慢。

1965年毛泽东同志在《论十大关系》中,试图将国民经济各部门之间发展的相互关系重新加以认识。在客观上,这种重新认识加大了对农业和轻工业的重视程度,提出了农业与重工业的辨证关系在于工业的发展离不开农业的发展。对这种部门关系的重新认识,为中国的农业和轻工业迅速恢复和发展提供了依据,在客观上使中国开始摆脱优先发展重工业的所谓"赶超战略"。

1978年以后,中国逐渐认识到发展中国家也必须遵循经济发展内在规律,提出中国必须坚持以经济建设为中心,以改革开放为基本点,充分发挥市场经济在资源有效配置中的作用,同时积极参加国际分工,借助外部资源发展中国经济。

改革开放以后,中国根据自己的实际,选择了进口替代与出口导向相结合的发展战略。这种选择的基本背景是:(1)经过30多年的经济建设,中国已经形成了门类比较齐全的工业体系;(2)中国拥有丰富的自然资源、广阔的国内市场;(3)有比较廉价的劳动力,从而为局部开放提供了生产要素条件。

这种结合战略首先体现在区域上。改革开放以后,中国先后开放了5个经济特区、14个沿海开放城市和一系列的经济技术开发区,以期利用廉价劳动力生产和出口劳动密集型产品。

此外,中国还利用某些省份自然资源比较丰富的优势,发挥初级产品出口导向战略的作用。80年代,中国煤炭和石油出口就是这一战略的具体体现。

同时,在大部分地区仍然实行进口替代,以满足国内对多种产品的需求。中国通过进口国外的先进技术设备,在高关税的保护之下,发展本国的耐用消费品工业、重化工业,其结果是中国的产业结构逐步趋向合理化。

经过改革开放20年的发展,中国经济以史无前例的速度向前发展。据统计,近20年来中国的国内生产总值以年均近10%的速度增长。人均国民收入水平按购买力评价计算超过2000美元。

1998年,中国对外贸易总额达到3340多亿美元,外贸总额居世界第九位。

目前,中国正沿着改革开放的道路继续前进,其对外开放的程度正在逐步扩大。同时,在探讨可持续发展的道路上,以期用较小的代价换取迅速的经济发展。

本章小结

1.发展中国家是那些经济发展水平和产业结构都有待进一步升级的国家和地区。

2.衡量一个国家是否是发展中国家有三种方法。一是用人均国民生产总值作为标准,这个标准会随着世界经济的总体发展水平的提高而调整。第二个标准是生活质量标准,一国的生活水平不仅体现在货币收入水平上,还体现在生存环境、预期寿命、卫生标准等方面。第三个标准是购买力评价,按照这一标准,许多发展中国家的收入水平都比过去高。

3.发展中国家的经济发展水平和发展的速度并不是均齐的。有的发展很快,有的还有负增长,有的国家和地区已经接近或达到发达国家的收入水平,而有一些国家和地区还处在非常贫困的状态。

4.发展中国家初期的经济发展,需要借助自然资源的出口,以获得经济发展所需要的资金。因此,保证原材料价格的稳定是非常重要的。

5.为保证原材料价格的基本稳定,需要有价格的干预机制及相应的其他干预机构,通过维持市场价格在目标价格水平,来达到稳定市场价格的目的。

6.稳定初级产品价格的焦点问题是谁出钱?它决定于价格的波动主要是由哪一方造成的。主要是由需求方造成时,由需求方出钱,主要由供给方造成时,由供给方出钱,问题在于,发展中国家缺乏资金。此外,稳定价格机制的另一个问题是,它可能造成供给的无限增加,以致干预基金不堪重负。

7. 一国的贸易发展战略主要有两种,一是进口替代战略,即用本国制成品的生产逐步代替进口,节约资金,发展经济的战略;二是出口导向战略,即通过产品的出口换取经济发展的资金,发展本国经济的战略。

8. 一国采取哪种贸易发展战略与该国具体的经济发展实际密切相关。根据经济发展战略和贸易发展战略的不同实绩,世界银行推荐出口导向战略。

9. 改革开放以后,中国选择了进口替代与出口导向相结合的发展战略,对外贸易逐步走向自由化。

本章思考题

1. 发展中国家是指哪种类型的国家?
2. 发展中国家面临的主要问题是什么?
3. 如何稳定初级产品价格?
4. 进口替代战略适用于哪些国家?
5. 出口导向战略适用于哪些国家?
6. 各种贸易发展战略的作用如何?世界银行是如何将各国分类的?得出了哪些结论?
7. 改革开放以后,中国采取了哪种发展战略?为什么?

第十一章 国际贸易体系

国际贸易体系是调整各国之间经济贸易关系的组织和制度。第二次世界大战以后,各国为重建国际贸易秩序,希望建立一个调整各国贸易关系的组织,以便各国能够在比较宽松的环境下开展国际贸易。通过循序渐进的方式,在签订多边贸易协定的基础上,经过多年的不懈努力,建立了世界贸易组织,形成了比较完整的国际贸易体系。

第一节 关税与贸易总协定的签订

关税与贸易总协定是调整各国关税与贸易关系的多边国际协定。由于关税与贸易总协定特殊的背景,以及它多年运行的特点,使它成为带有组织性的多边贸易协定。

一、签订关税与贸易总协定的起因

早在第二次世界大战结束之前,美国和英国在商讨建立战后国际经济新秩序时就设想重建国际贸易秩序。它们认为,20世纪20年代中期以后,各国相继实行的以邻为壑的贸易政策是导致1929年—1933年经济大危机的原因之一,至少它加重了当时的经济危机,因此他们倡导建立一个"世界贸易组织"。

二、关税与贸易总协定的签订过程

1945年,为了重建国际贸易秩序,美国建议成立"国际贸易组织"。1945年12月6日,美国政府单方面提出《扩大世界贸易和增加就业的建议》,主张在这个建议的基础上制定国际贸易宪章,以重建国际贸易秩序。美国在提出这些建议的同时,照会各国政府,提出召开世界贸易和就业会议。各国在美国提出的方案的基础上进行贸易谈判,实施关税减让。经过讨论,一个有23个国家代表签字的《国家贸易组织宪章》产生了,其宗旨是:"通过促进国际贸易的发展,稳定生产和就业,鼓励落后地区的经济发展,为在世界范围内提高生活水平作出贡献"。

为作好贯彻国际贸易组织宪章的准备工作,23个国家的代表在日内瓦进行关税减让谈判,并将此内容的贯彻与国际贸易组织宪章今后的执行相联系,签订一个临时性文件或协议,一旦《国际贸易组织宪章》被各国国会正式批准,这个临时性协议就完成了自己的历史使命。在这23个国家中,澳大利亚、比利时、加拿大、法国、卢森堡、荷兰、英国和美国于1947年10月30日签署了"关税与贸易总协定临时议定书",中国等15个国家也相继在"临时议定书"上签了字。因此,最初的关贸总协定是临时性或过渡性的协议,只有《国际贸易组织宪章》才是建立国际贸易组织的基石。

然而,1950年美国突然宣布,它不打算寻求国会批准哈瓦那宪章,实际上世界贸易组织的建立就此夭折了。由于各国仍然希望有一个比较自由的贸易环境,因此在临时协定缔约国讨论并修改之后,"临时议定书"得以继续执行。这样,关税与贸易总协定也就"临时了"47年之久。

虽然关税与贸易总协定是临时性协定,但是它一直作为协调多边贸易与关税关系的、对缔约国具有约束力的文件,并且它类似一个组织,它安排缔约国之间的旨在追求贸易自由化的谈判,因而在1947年以后的47年的时间里,它对形成一个比较自由的国际贸易环境作出了贡献。

第二节 关税与贸易总协定的宗旨和基本原则

关税与贸易总协定是以贸易自由化为基本目标的。因此,其宗旨和原则总体上是以推进贸易自由化为内容的。当然,从实际出发,关贸总协定也接受现实中的许多例外情况。

一、关贸总协定的宗旨

关贸总协定明确指出,缔约国政府在处理他们的贸易和经济事务的关系方面,应以提高生活水平、保证充分就业、保证实际收入和有效需求的巨大增长、扩大世界资源的充分利用,并以发展生产和交换为目的,并期望通过达成互惠互利的贸易协议,促进进口关税和其他贸易障碍的大幅度削减,取消国际贸易中的歧视待遇。因此,关贸总协定积极倡导贸易自由化的趋向是十分突出的。

二、关贸总协定的基本原则

关贸总协定主要有八个方面的原则,即自由贸易原则、非歧视原则、关税减让原则、一般禁止数量限制原则、公平贸易原则、自我保护原则、透明度原则和磋商调解原则。

关贸总协定的内容中体现着以市场经济为基础开展自由贸易的原则。它规定,关贸总协定的缔约国应该是市场经济国家,并以市场经济的竞争为基础开展自由贸易。

非歧视原则是关贸总协定的重要原则。它规定,缔约国之间的贸易要平等互惠,避免歧视和差别待遇,这主要包括两个方面的内容,一是最惠国待遇,一是国民待遇。最惠国待遇是指,缔约国一方现在和将来给予任何第三个缔约国的一切贸易特权、优惠和豁免,也应同样无条件地给予其他缔约方。这里的使用范围包括:(1)一切与进出口货物有关的关税和费用;(2)与进出口货物有关的国际支付转账所征收的关税及费用;(3)征收上述关税和费用的办法;(4)进出口的规章手续;(5)与进出口货物有关的国内税与国内规章制度的国民待遇等。国民待遇是指,缔约国一方保证缔约国另一方的公民、企业、船舶及产品在本国境内享受与本国公民、企业、船舶、产品的同等待遇。

关税减让原则主要是:(1)关税保护原则。关贸总协定规定,缔约国只能用关税作为保护国内工业的唯一手段,而不能用关税以外的其他办法来保护。(2)关税减让原则。关贸总协定规定,在确定关税作为唯一手段的基础上,各缔约国要逐步降低本国的关税水平。(3)关税稳定原则。关贸总协定规定,在各国制定了关税水平以后,不能借故重新提高关税。

就一般地取消数量限制而言,关贸总协定反对以关税以外的办法保护本国经济。但是它只是一般的原则,实际上也有一些例外。关贸总协定从实际出发,也允许某些国家采取关税以外的贸易保护措施。

关贸总协定提倡,缔约国之间进行公平、平等和互惠的贸易,反对不公平贸易或人为地干预贸易,改变自由竞争的基本格局,因此关贸总协定反对倾销和补贴。

在自我保护方面,关贸总协定指出,各国如果因为加入关贸总协定、执行关贸总协定的各项条款和原则而给他们带来损失,他们可以实施自我保护。这主要指三种情况:(1)保护幼稚工业。关贸总协定允许发展中国家对某些幼稚工业实施保护,以利其经济发展。(2)保障条款。关贸总协定规定,当一缔约国承担了总协定的义务而导致某一产品进口激增时,受到严重伤害或威胁的国内同类产品的生产者,可以要求政府采取紧急措施,撤消或修改已承诺的进口减让。(3)利用关贸总协定中规定的各种例外条款。这些条款包括国际收支平衡例外、关税同盟和自由贸易区例外、安全例外等等。

关于透明度原则,关贸总协定要求各国凡应公布的贸易条例,应该提前予以公布。总协定明确规定,缔约国海关对产品的分类、税费、进出口限制,以及影响进出口贸易货物销售、分配、运输、保险、仓储、检验、展览、加工的法律,一般引用的司法判断及行政决定都应迅速予以公布,以使各国政府和贸易商熟悉它们,但是要以不泄露国家机密为界限。

关于磋商调解原则,关贸总协定规定,一旦缔约国之间发生争端,首先在总协定范围内由当事国双方进行磋商,如果磋商不能解决问题,交由专门的工作组解决并向关贸总协定理事会报告。如果理事会做出的决定有一方拒绝执行,理事会可以授权另一方实行报复。

第三节 关税与贸易总协定的多边贸易谈判

自关税与贸易总协定签字以来,在其组织下进行了8轮多边贸易谈判。从谈判所要解决的主要问题来看可以分为三个阶段,即以进口关税减让为主的阶段、以非关税减让为主的阶段和一揽子解决多边贸易体制根本性问题的阶段。

一、以关税减让为主阶段的多边贸易谈判

在关贸总协定的安排下,以关税减让为目的的谈判共进行了六轮。

第一轮谈判是从1947年4月至10月的日内瓦谈判,23个缔约国参加了该轮谈判,达成双边减税协议123项,占当时资本主义国家进口净值54%的商品平均降低关税35%。

第二轮谈判于1949年4月至10月在法国的安纳西举行,有13个国家参加,达成147项关税减让协议,使占进口总值56%的商品平均降低关税35%。

第三轮谈判于1950年9月至1951年4月在英国拖奎举行,有38个国家参加,达成关税减让协议150项,使占进口总值的11.7%的商品平均降低关税26%。

第四轮谈判于1956年1月至5月在日内瓦举行,共有26个国家参加,使工业品的进口关税下降了15%。

第五轮谈判于1960年9月至1961年7月在日内瓦举行,共有62个国家参加,使工业品的进口关税下降了35%。在这次谈判中,第一次涉及非关税壁垒问题,通过了第一个反倾销协议。

第六轮谈判于1964年至1967年在日内瓦举行,有102个国家参加了此次的关税和某些反倾销措施的谈判。

二、以非关税壁垒谈判为主阶段的多边贸易谈判

以消除非关税壁垒为主的关贸总协定第七轮谈判于1973年9月至1979年4月在日本东京举行,有123个国家参加此次谈判。在1979年谈判结束时达成一揽子大范围的关税减让和一系列的非关税壁垒措施、新协议,以及对关贸总协定的法律框架的修改意见。

就关税方面而言,总协定的一揽子协议规定,经过8年的时间,使世界9个主要工业国家制成品的加权平均进口关税从7%降到4.7%。

在非关税壁垒方面,针对政府采购和其他公共机构提供的采购合同达成一致原则,规定了作为贸易壁垒的技术标准、证书及其检验制度的实施纪律,规定了进口许可程序不被用做制止贸易的手段,提出了关于为海关估价建立公平、统一和公正的制度。

在这次谈判中,参加国还签署了补贴和反补贴措施的新协议,并且修改了反倾销守则。总之,在这次谈判中共达成9项反对非关税壁垒的协议,但并非每个国家都在文件上签了字。

三、一揽子解决多边贸易体制问题阶段的多边贸易谈判

关贸总协定的第八轮谈判是1986年9月在乌拉圭埃斯特角城召开的,125个国家和地区派代表参加了谈判。

参加谈判的各国部长们达成了总体的政治承诺,它共有两大部分:(1)货物贸易的谈判。其目标是促成国际贸易的进一步自由化,加强关贸总协定的作用,改善多边贸易体系,增强关贸总协定对不断变化的国际经济环境的适应性,鼓励合作,以加强国际经济增长和发展与其他经济政策相互间的联系。(2)概述了服务贸易规则新框架的目标。

这些承诺的具体谈判事宜包括15个议题,即关税问题、非关

税壁垒、热带产品问题、自然资源产品、纺织品和服装、农业、关贸总协定条款、保障条款、多边贸易谈判协议和安排、补贴和反补贴措施、争议的解决、与贸易有关的知识产权包括假冒商品贸易、与贸易有关的投资措施、关贸总协定体系的作用、服务贸易。

乌拉圭回合的谈判原订于1990年12月在布鲁塞尔贸易委员会的部长会议上结束,在部长会议之前和期间,许多领域都有明显的进展,但是未能结束。经过多方努力,乌拉圭回合谈判的最后文件于1993年12月15日草签,这些文件经各国议会通过后,于1994年4月正式签署。

四、关贸总协定下多边贸易谈判的成就

尽管关贸总协定在执行过程中遇到多方面的困难,但是在它组织之下,从1947年到1994年的47年间所取得的成就也是十分显著的。

首先,通过关贸总协定组织的八轮谈判,使各缔约国的进口关税水平都有明显的下降。发达国家的平均关税从1947年的40%左右下降到4%左右,发展中国家的平均关税也下降到13%左右。这样就保证了战后的国际贸易能够在一个比较自由的贸易环境下展开。据统计,1913年—1938年间,世界贸易的年平均增长率仅为0.7%,而1948年—1973年间,世界贸易的增长率为7.8%。1950年时世界贸易总额为603亿,到1994年时世界贸易总额已达到5万多亿,平均增长率达6%,这为各国经济增长创造了良好的条件。

其次,关贸总协定创造了良好的国际贸易秩序。尽管关贸总协定还不是真正意义上的世界贸易组织或国际贸易体系,但是由于它的存在,使国际贸易能够有一个比较公认的法律或规章制度,从而能够规范国际贸易朝着自由化的正确方向发展。

第三,作为具有组织性的关贸总协定,其吸引力越来越大。由

于关贸总协定在很大程度上符合世界上大多数国家自身的经济利益,而且这种利益大于由此带来的损失,所以它的吸引力逐渐增加,以致使关贸总协定的缔约国从 23 个增加到 128 个(1994 年底)。

第四节 世界贸易组织

世界贸易组织建立于 1995 年 1 月 1 日,其机构设在日内瓦,现有成员国 132 个(1999 年 2 月)。世界贸易组织是约束各成员国之间贸易规范和贸易政策的国际贸易组织。世界贸易组织建立协定是国际贸易制度运行和各成员国贸易政策制订的法律基础,它继承了关贸总协定的主要原则,比关贸总协定约束的范围更广泛,它是一个真正意义上的国际贸易体系。

一、世界贸易体系的基本原则

在世界贸易组织建立的协定中,明确指出了五个基本原则,即非歧视原则、通过谈判逐渐推行贸易自由化原则、可预见原则、促进公平竞争原则和鼓励发展与改革的原则。

国际贸易中的非歧视原则在关贸总协定中已经作了明确的规定,就是要贯彻最惠国待遇和国民待遇。在世界贸易体系建立的基本原则中重新明确这一重要原则的意义,不仅在于重申本身,还在于这一原则适用的范围更广。它不仅适用于成员国之间的商品贸易,还适用于服务贸易以及与贸易有关的知识产权问题。在此,世界贸易组织重申,这种非歧视原则也有例外,如它不适于世界贸易组织的非成员国,也不适用于对那些实行不公平贸易政策的国家采取报复行动的国家。

贸易自由化原则是指,通过减少贸易障碍来促进贸易的扩大。

这些贸易障碍不仅是指进口关税,还包括各种数量限制、政府的某些限制进口的规定及汇率政策等方面的限制措施。这就要求,世界贸易组织的成员国根据组织的要求加以调整。世界贸易组织允许各国采取渐进的方法实现贸易自由化,而且发展中国家可能需要的时间相对要长一些。

可预见性原则是指各成员国在其贸易政策或规定执行以前,要对成员国公开并通知世界贸易组织。世界贸易组织认为,各成员国不应重新人为地增加贸易障碍,以保证国际贸易环境的稳定。因此,一方面世界贸易组织反对重新提高贸易障碍的行为,另一方面也反对使用除关税以外的其他保护措施。从制度上看,世界贸易组织要求各成员国将他们将要执行的贸易政策和措施尽快公布,并上报世界贸易组织,该组织将对此作出评估,以确定其对贸易自由化可能带来的影响。

鼓励公平竞争的原则是指世界贸易要在公开、公正和不受干扰的情况下开展,因而该贸易体系反对倾销、补贴及政府的歧视性采购等等。

鼓励发展和经济改革的原则是指对发展中成员国的经济发展和改革采取鼓励原则。由于世界贸易组织的 3/4 成员国是发展中国家,因此对他们的经济发展和市场经济改革要给予特别的关注。世界贸易组织规定,发展中成员国在执行规定的内容和时间方面应该具有某种灵活性,即允许他们经过较长的时间达到世界贸易组织的要求。建立世界贸易组织协定给了发展中成员国调整与世界贸易组织规定不相适应方面的过渡期。

由此可见,世界贸易组织在上述原则指导下,对处在经济发展不同阶段的国家都具有广泛的吸引力,各国纷纷要求加入该组织。

二、世界贸易组织的职能

世界贸易组织的基本职能是执行世界贸易组织的各个协定;

组织国际贸易谈判,并提供成员国进行贸易谈判的场所;解决成员国之间的贸易纠纷;指导各成员国制订对外贸易政策;向发展中国家提供技术帮助和培训;与其他国际组织进行合作。

执行世界贸易组织成员国所签署的多个国际协定是该组织的首要任务。在建立世界贸易组织的谈判中,成员国签署了一系列旨在推进商品和服务贸易自由化、国际贸易中的知识产权的保护,以及与贸易有关的投资问题等方面的协定。这些协定有赖于在世界贸易组织的监督下加以贯彻、执行。

组织成员国之间进行多边贸易谈判,并为此提供谈判的场所是致力于贸易自由化的世界贸易组织的重要职能。在关贸总协定之下,组织了八轮贸易谈判,在推进贸易自由化方面取得了很大的进展。在世界贸易组织之下,这一职能不会削弱,反而会加强。关于贸易谈判的场所问题,1997年在世界贸易组织的主持下,在新加坡举行了该组织成立以来的第一次会议,并取得了一系列贸易自由化的进展(如知识产权保护、通讯和信息产品贸易自由化等)。

指导各成员国制订对外贸易政策是指各国制订的对外贸易政策,不应与世界贸易组织的有关条款相抵触,因此成员国任何与世界贸易组织有关条款不相一致的政策规定都是不允许的。

与其他国际组织的合作主要是指,世界贸易组织与联合国、国际货币基金组织和世界银行,以及地区性的经济一体化组织进行多方面的合作,以保证组织之间的协调性。

三、世界贸易组织与关贸总协定的关系

从总体看,关贸总协定在国际贸易组织未能建立起来的条件下,起到了一个维持国际贸易秩序的组织的作用,但它不是一个国际贸易组织,因此,它与世界贸易组织有本质的区别。

首先,它们的性质不同。关贸总协定是一个多边的国际协定,

而世界贸易组织则是一个合法的国际经济组织。我们前面已经讲过,关税和贸易总协定是一个多边贸易协定。尽管其初衷是要建立一个国际贸易组织,而且试图起到国际贸易组织的作用,但是从国际法的角度看,它是不具备组织的法律基础的。而世界贸易组织则是建立在规范的国际法基础之上的国际组织,各国政府代表本国在加入世界贸易组织协定上所签署的文件均得到了各国立法机关的认可。

其次,对参加者的称谓不同。关贸总协定的签字国被称为缔约国,而其实体被称为"缔约国全体",表明了它的协定特征。而世界贸易组织的成员被称为"成员国",其实体是"世界贸易组织",表明它的组织性特征。

第三,它们各自约束的范围不同。关贸总协定只约束缔约国之间的商品贸易,而世界贸易组织的约束范围不仅包括成员国的商品贸易,还包括服务贸易及与贸易有关的知识产权问题。世界贸易组织第一次将商品、服务和知识产权问题包括在一个国际组织约束范围之内。

第四,争端解决机制的运转速度不同。世界贸易组织在解决贸易纠纷的速度上更快,且内在机制运行比较顺畅,特别是其纠纷解决的最终判决具有权威性,在很大程度上要强制执行。关贸总协定没有强大的约束力,且争端解决颇费时日。

然而,世界贸易组织是关贸总协定的继续,它继承了关贸总协定所倡导的许多原则和基本精神。另一方面,世界贸易组织代替了关贸总协定,它发挥着更大的调节世界贸易,特别是成员国之间贸易关系的作用。

1995年1月1日,世界贸易组织正式取代关贸总协定发挥其国际贸易组织的作用,使世界真正具有了一个组织形式和运行机制合为一体的国际贸易体系。

本章小结

1. 国际贸易组织是适应战后迫切建立国际贸易秩序的要求而试图组建的。

2. 关贸总协定是在成立国际贸易组织的努力失败之后,追寻贸易自由化的临时性措施和具有组织性的协定。

3. 关贸总协定是以推进贸易自由化为原则的多边国际协定,它发挥着一个类似国际贸易组织的作用,因而是一个具有组织性的协定。

4. 关贸总协定组织了八轮旨在贸易自由化的谈判,取得了显著的成绩。

5. 在乌拉圭进行了一揽子式的国际贸易谈判,致力于将商品贸易、服务贸易以及与贸易有关的知识产权保护问题都包括在一个贸易组织的约束之下,进而成立世界贸易组织。

6. 世界贸易组织是调节国际贸易,特别是成员国之间贸易关系、约束各国贸易政策,使之与世界贸易组织的一般原则相一致的国际贸易组织。由于它是组织形式和职能的统一体,我们说世界有了一个名副其实的国际贸易体系。

7. 在性质上,世界贸易组织与关贸总协定不同,关贸总协定是一个具有组织性的协定,而世界贸易组织则是合法的国际性组织。此外,他们在约束的范围、解决纠纷的机制和参加者的称谓上有明显的差别。

本章思考题

1. 建立国际贸易组织的原因是什么?
2. 关贸总协定的基本原则有哪些?
3. 关贸总协定组织了哪些谈判?各阶段讨论了哪些问题?
4. 关贸总协定的成就有哪些?

5. 世界贸易组织的职能有哪些?
6. 世界贸易组织与关贸总协定有什么区别?

第十二章　外汇与外汇市场

我们前面十几章的阐述都假定,各国之间的商品交换是以物物交换的形式进行,其间的价格问题,我们使用了比价加以说明,以减少各方面知识相互交叉可能给我们的分析和读者的理解带来较多干扰。实际上,当贸易在各国之间发生时,由于各国都有自己的货币作为价值尺度和流通手段,因此其交换的媒介必须脱掉"民族服装",使其具有世界性。为适应这一需要,开始有了国际公认的、可以作为国际的价值尺度和流通手段的外汇的概念和这些外汇交换的市场。本章主要阐述外汇和外汇市场。

第一节 外汇及汇率

一、外汇的概念

外汇是国际汇兑的简称,它是指外国货币和以外国货币表示的可以用于国际支付的债权。

作为外汇使用的外币可以分为两类,一类是可以自由兑换的外国货币,这些货币可以自由地兑换成其他国家的货币或用于对第三国支付,并被其他国家的居民所认可,如美元、英镑、德国马克[①]、瑞士法郎等。另一类是未经发行国允许不能自由兑换成其他国家货币或用于对第三国支付,只能用于发行国之间有双边结算关系的货币,这种外币以及用它来表示的债权称为计账货币。

外币只是外汇的一个部分,以外币表示的可用于国际支付的债权也是外汇的重要组成部分。以外币表示的可用于国际结算的债权包括,以外币表示的有价证券(如外国政府的公债、国库券、公司股票和债券等),以外币表示的各种支付凭证(如商业票据、银行汇票、支票等)。有价证券本身虽然不是外币,但是经过一段时间或通过一定手续就可以变成外国货币,而支付凭证可以直接用于国际支付。

二、汇 率

(一)汇率的概念

国际间的商品交换需要把本国货币表示的商品价格换算成用外国货币来表示,其他国际经济活动的开展,也需要外汇的买卖。

---

① 2002年以后,一些欧洲国家的货币将会消失,代之以称为"欧元"的统一货币。

汇率就是本国货币和外国货币相互折算的比价。

(二)汇率的表示方法

每个国家,对于在本国销售的商品和服务都有一个市场价格,各国市场价格是用本国货币表示的。如:在英国用英镑表示,在德国用马克表示,在美国用美元表示,在中国用人民币表示。

一国的商品一旦希望进入外国市场,就需要考虑本国商品用外国货币表示的价格,以确定这种商品的国外市场价格能否收回成本而有利润。例如,在中国一条牛仔裤的价格为100元人民币,那么在美国的市场上卖多高的价格才能保证厂商收回成本呢?显然,需要利用人民币与美元之间的兑换率或汇率来折算。又如,一国居民到其他国家旅游,为在国外购买商品和服务(如住饭店、乘车、购买回程机票等)都需要将本国货币兑换成外国货币。此外,购买外国公司的股票、在国外开办企业等也都离不开将本国货币兑换成外国货币。这种兑换货币的比率就是汇率。例如,美元与人民币的现行汇率是\$1 = ¥8.2789,根据这一兑换率将价格100元人民币的牛仔裤换算成用美元表示,其价格应为100元/8.2789元 = 12.08美元。如果汇率不发生变化,该企业的牛仔裤在美国市场上至少要卖13美元以上才能收回成本。

表示各国货币之间汇率的方法有两种。一是直接标价法,二是间接标价法。所谓直接标价法是指,用一单位外国货币表示本国货币的价格。如\$1 = ¥8.2789就是人民币对美元的兑换率,其采用的标价法就是直接标价。此外\$1 = HK\$6.7345,\$1 = FF5.9786分别为香港元对美元的直接标价和法国法郎对美元的直接标价。当用直接标价法标价时,一单位外币表示的本币数量越多,就意味着本币价值下降或贬值,相反为升值。间接标价法是指,以一单位本国货币表示外国货币的价格。这种标价方法只有少数国家如英国和美国使用。例如英国,据外汇市场的信息,英镑对美元的汇率是£1 = \$1.61524。对英国而言,上述标价法就是间接标价。

第二节　外汇市场

当经济交易需要外汇时,需要到外汇市场去交换。国与国之间货币的兑换率正是由这种对外汇的相互需求决定的。外汇的交易是在厂商、银行和其他金融中介机构的参与下进行的。这种国际间的货币交易发生的场所就是外汇交换市场。

一、外汇交易的参加者

外汇交易的主要参加者是经常参与国际贸易和其他国际经济活动的经济组织,其中包括商业银行、有国际贸易业务的公司、非银行金融机构(如资产管理公司、保险公司)以及中央银行。当然,一些居民个人也会参与外汇的买卖业务,但不够成外汇交易的主体。

一般而言,商业银行是外汇市场上从事外汇交易的主体。大多数的外汇交易是通过商业银行进行的。例如,一个从事国际贸易的厂商要对其购买的商品支付外汇或对本企业卖出的商品收进外汇,从信用的角度看,都需要借助商业银行办理信用证、外汇的托收等。

大企业或大公司也经常参与外汇市场的业务。大公司通常是以全球市场作为开发的目标的,因而它所涉及的外汇业务是比较多的。一般而言,当他在别国销出产品时,需要将外国货币换成本国货币,以继续其经营活动;当他向国外投资办企业时,企业需要将本国货币折成所在国的货币,以便在雇佣工人时支付工资。

近年来,非银行的金融机构也加入到外汇业务中,他们的主要业务来自各种基金的对外投资和参与各种涉外经济活动等。

此外,各国的中央银行从干预或稳定金融市场的角度也参与外汇的交易。尽管他们所进行的交易有限,但是由于他们的目的的特殊而特别引人注目。

二、即期交易

即期交易是指,一种在买卖契约的当天或次日进行交割的外汇交易。所谓交割是指购买外汇者支付现金,出售外汇者交付外汇的行为。在外汇市场的各类交易中,即期交易量最大。

表12-1 中国银行人民币外汇汇率(1999年3月3日)

货币	现汇买入价	现钞买入价	现汇现钞卖出价
美元	826.6500	807.1900	829.1300
德国马克	462.6000	451.7100	463.9900
港币	106.7000	104.1800	107.0200
瑞士法郎	567.3600	554.0100	569.0700
澳元	513.4600	501.6300	515.5200
加拿大元	543.0700	530.5600	545.2500
新加坡元	477.2300	466.2400	479.1500
法国法郎	137.9300	134.6800	138.3500
澳门元	104.0600	101.6600	104.4800
日元	6.7881	6.7196	6.9057
英镑	1335.2400	1304.4600	1340.5900
欧元	904.7700	——	907.4800

注:每100单位外币价。

资料来源:人民日报海外版,1999年3月4日。

即期交易中所使用的汇率为即期汇率。各银行对即期汇率采取"双档报价",即同时报出某种外汇的买入价和卖出价。所谓买入价是经营外汇的银行向同业银行或客户买入外汇的汇率。卖出价是经营外汇的银行卖出外汇的价格。因此买入价和卖出价都是从银行的角度标出的外汇。采用直接标价法标价时,外汇折合成本币量较少的价格为银行买入价,而折合本币较多的价格则是银行的外汇卖出价。一般而言,买价和卖价之间的差额是银行买卖外汇的手续费。买入价和卖出价的算术平均数是外汇的中间价,在报刊和文献中,一般多使用中间价。采用间接标价法时,情形相反。表12—1是中国银行人民币外汇汇率。

由表中可以看出,银行的外汇买入价是第二和第三列所标出的价格。其中现汇价为买入支票或其他票据形式的外汇价,而现钞价则是买入现金形式的外汇价格。由于外币现钞一般不能在其发行国之外流通,银行在买进现钞后必须将其运送到发行国之后才能作为支付手段,在运送过程中需要支付运费和保险费等,因此银行的现钞买入价低于现汇买入价。卖外汇的现钞和现汇的价格相同。

第二次世界大战以后,美元一直作为国际支付中的主要货币。因此,外汇市场上的许多交易是对美元的交易,各大银行的报价大都以美元为计算汇价的基准。这样就产生了非美元的各国货币之间汇率的计算问题,套算汇率应运而生。所谓套算汇率是指,通过两种货币与第三种货币之间的汇率计算出两国货币之间的汇率。例如,某日伦敦外汇市场上加元对美元的汇率为:

C＄1 = US＄0.8950——0.8953

英镑对美元的汇率为:

£1 = ＄2.2530——2.2540

那么,英镑对加元的套算汇率为:

买入价 £1 = ＄2.2540/＄0.8950 = C＄2.5173

卖出价 £1 = ＄2.2540/＄0.8953 = C＄2.5176

三、远期交易

远期外汇交易是指,交易商按商定的汇价、外汇数量订立买卖合约,在约定日期进行交割,卖方交付外汇、买方付款的外汇交易形式。其交易中使用的汇率就是远期汇率,即现在商定的日后交割时使用的汇率。根据商定日期与交割日期间隔的长短,分为30天、60天、90天,180天和1年期等远期汇率。

即期汇率是由交割时外汇的供给和需求状况决定的。当某种外汇的供应大于需求时,其价格或汇率比较低,相反该种外汇的价格(或汇率)就比较高。随着外汇供给和需求的变化,市场上的汇率也会发生变化,因而当人们进行远期的外汇交易时不得不考虑到汇率的变化。

比较而言,即期汇率和远期汇率之间是有差别的。当某种货币的供应将会小于需求时,该货币的远期汇率就会低于即期汇率。外汇交易的专门术语将这种汇率变动称为贴水,或对即期交易的贴水。相反当某种货币的供应将小于需求时,该货币的远期汇率就会高于即期汇率。外汇交易的术语将这种汇率变化称为升水,或对即期汇率的升水。当然,如果相对于即期而言,远期的某种外汇供求没有发生变化,我们用平价来描述。例如,美元与德国马克的即期汇率为 US＄1 = DM2.2510,一年期的远期汇率为 US＄1 = DM2.2010,同期汇率相比,美元的远期汇率下降,即美元贴水,从另一方面看,远期马克价值上升,即德国马克升水。

在实际远期外汇交易中,贴水、升水均用点来表示。例如,在法兰克福外汇市场上,美元的即期汇率为 US＄1 = DM1.7889,3个月远期美元升水 100 点。美元升水说明远期美元的价值高于即期美元,升水 100 点表明美元的远期价值提高了 $100 \times 0.0001 = 0.01$,因此,3 个月美元的远期汇率为 US＄1 = DM(1.7889 + 0.01) = DM1.7989。假设 3 个月的美元不是升水,而是贴水,则 3 个月远期汇率为 US$1 = DM(1.7889 - 0.01) = DM1.7789。

在实际外汇交易中,银行远期外汇报价同即期外汇报价一样,要报出买入价和卖出价,而且银行在报价时,并不说明远期差额表示的是升水,还是贴水。例如,某银行报出一年期美元对德国马克的汇率为:

即期汇率　US$1 = DM1.7889——1.7899
　　(A)一年期　400——360
　　(B)一年期　360——400

此时,计算远期汇率的方法是,如果远期差额的排列为由高到低,说明标价中的基础货币(这里是美元)贴水,远期汇率 = 即期汇率 - 远期差额;如果远期差额的排列由低到高,则说明标价中的基础货币升水,远期汇率 = 即期汇率 + 远期差额。因此在本例中,第一种情况下(A)远期差额 400 - 360 排列是由高到低,说明基础货币美元贴水,因此美元对马克的远期汇率为:

US$1 = DM(1.7889 - 0.04)——(1.7899 - 0.036)
US$1 = DM1.7489——1.7539。

在第二种情况下,远期差额为 360 - 400,排列顺序为由低到高,说明基础货币美元升水,因此远期汇率为:

US$1 = DM(1.7889 + 0.04)——(1.7899 + 0.036)
US$1 = DM1.8289——1.8258。

在远期交易中,根据交易日期的确定性又分为固定交割日交易和择期远期交易两类。前面所讲述的都是在交易合约中规定了明确的交易日期的固定交割日交易。择期远期交易有其局限性,因为使用这种交易的进出口商必须确切知道,什么日期将会收到外汇或需要支付外汇。但是,大多数进出口商往往无法事先知道货物运出或到岸的准确时间,因此,也就不知道收款或付款的确切日期。为了方便这类交易者的需要,择期交易方式产生了。

所谓择期远期交易就是客户与从事外汇交易的银行签定合

约,根据合约,客户可以在今后未确定的一段时间内以事先确定的汇率买进或卖出一定数量外币的交易。如果一个出口商将在出口合同签字后第二个月收到货款,但不能确定具体的收款日期,那么他可以与银行签定一个择期远期交易合同,择期在第二个月,该合约可规定出口商必须在第二个月内将外汇卖给该银行,但究竟在该月的那一天交割,则完全由出口商选择。很明显,择期远期交易在交割日期上为客户提供了方便,同时银行方面就要承担较大的风险。为了补偿银行的损失,择期远期交易所确定的汇率对银行比较有利。

第三节 外汇市场的交易与职能

外汇也同商品一样,会经常地、大量地进行交换,因此产生了外汇市场。健全的外汇市场使各国的通货能够顺利地进行兑换,以保证国际经济交易的顺利开展。从理论上看,一切外汇交易的起因应该是商品、劳务以及资本在国际间的流动。由于市场上各种货币供求的变化,各国间的汇率经常发生变动,因而产生了除实际经济生活需要的外汇交易之外的许多种类的外汇交易。据统计,在外汇市场上,全球的外汇交易额每天达 2000—2500 亿美元,一年的交易量达 50—70 万亿美元,其中国际贸易和长期性国际投资引起的交易量仅有 2 万亿左右。

一、外汇市场上的交易

从组织形式看,外汇市场有两种,一种是"有交易厅"的市场,如芝加哥国际货币市场。这种货币市场有具体、固定的交易场所和统一的交易时间,买卖外汇的各方在规定的时间内集聚在交易大厅内进行交易。另一种是"无交易厅"的市场,在这种外汇交易里,没有固定的外汇交易厅和统一的营业时间,交易员在各自的银行里,利用电脑和电话相互交易,电脑终端设备显示所有主要货币在不同时期交割的即期汇率行情,世界各地的主要银行都公布各种货币所愿意买入和卖出的价格。

在外汇市场上交易的各种货币,大部分是银行同业之间进行的交易,以不同货币计值的活期存款、铸币和纸币进行的交易只占很小的一部分。这种银行同业市场上进行的外汇买卖都是按照大额进行交易,交易员在电话里通常将100万美元称为"美元"。由于每分钟成交额都在数百万以上,所以即使汇价上存在微小的差额也会导致巨额的损益。

此外,外汇交易多集中在金融中心城市,世界上著名的外汇市场在伦敦、纽约、法兰克福、香港、东京、新加坡等。

二、外汇市场的职能

国际间商品和劳务的交易常常需要其买方向卖方支付。他们可以通过外汇市场买卖各种货币,来实现国际清算,在各种汇率波动频繁的今天,许多人还需要利用外汇市场进行"保值"或"赢利"活动,这些活动构成外汇市场的主要功能之一。

(一)国际清算

国际经济交易的结果需要债务人向债权人进行支付,这种国际支付是通过外汇市场实现的。例如,美国波音公司将价值1000万美元的飞机出售给一德国公司,这笔交易的结果要求德国公司向美国的波音公司进行支付。美国波音公司收到马克,并试图出售马克取得美元,或者波音公司只接受美元,从而需要德国公司在市场上用马克换取美元。无论是哪种支付方式,这笔国际交易最终会产生德国马克的供给和对美元的需求。

进入外汇市场兑换货币的公司和个人并不是直接进行外汇交易,而是委托银行进行兑换。而后,这些银行之间通过专业的外汇经纪人买卖各种货币。因此,波音公司可取得德国公司的马克汇票,并向一家美国银行贴现,这家银行将这张德国马克汇票再卖给另一家想用美元去买德国马克的银行。这样美国银行收到美元支票账款,就抵偿了贴现给波音公司的美元。这就是外汇市场的清算职能。

(二)套期保值

进出口商从签定进出口合约到支付或收到货款,通常都要经过一段时间,也就是说,他们要在将来某一日期才能获得外汇收入或支付外汇款项。由于外汇市场中汇率的不稳定性,所以持有外币或有外币负债就承担一定的风险,当然也可能获利。如果不愿意对未来获利报有期望,只是希望从本国货币的尺度上保护其资产的价值不变,那么就需要对这些货币资产进行套期保值,以确保对该项资产既无净资产,也无净头寸。因此,所谓外汇的套期保值就是通过外汇买进或卖出等值的远期外汇,轧平外汇头寸来保值的一种外汇业务。这里所谓头寸是指银行、企业和个人持有的某种外汇资产或负债的差额。例如,德国公司从美国波音公司进口价值1000万美元的飞机,3个月后付款,波音公司要求以美元支付。德国公司为避免美元升值带来的损失,在作此交易时,从外汇市场买进3个月期的美元期汇。3个月到期交割时,德国公司收进美元,支付购货款。这样,德国公司就不致于因美元3个月间可能升值而蒙受损失。

套期保值也可通过即期外汇市场和货币市场进行。在上例中,德国公司可在货币市场上借3个月相当于1000万美元的马克,同时在外汇市场上买进1000万美元存在银行,到期支付货款。但买卖即期外汇会占用较多资金。

(三)投机

与套期保值相反,远期交易投机是以取得某类货币资产的净头寸或净负债头寸,利用将来的汇率变化赚取汇价差额的行为。

外汇投机包括从事远期交易投机、套汇和套利。

套汇是利用不同外汇市场某种货币的汇价差异,同时在不同的外汇市场买进和卖出这种货币,以期赚取汇率差额收益的一种外汇交易。套汇包括两种,一种是双边套汇,也称直接套汇,它是利用两个外汇市场汇率的差额,贱买贵卖;另一种是多边套汇,它是利用三个或三个以上不同外汇市场汇价的差异,同时进行三种或三种以上货币的买卖,从汇率差异中赚取差额收益。原则上讲,各国外汇市场上的汇率应该大体相同,但有时会出现暂时的差异,这就为套汇提供了机会。而套汇的结果又使这种汇价差异消失,从而使某一市场的汇价与另一市场的汇价联系起来,形成全球性外汇市场。随着信息技术的发展,这种套汇的机会趋于减少。

套利是利用两个国家(地区)金融市场利息率的差异,将资金从利率较低的市场调往利率较高的市场,以赚取利率差收益的一种外汇投机活动。在套利过程中,投资者为了避免汇率变动带来的风险,一般还要进行套期保值。例如,伦敦市场上的利率为13%,纽约市场上的利率为10%(均折合年率)。为追求较高的利息收入,投资者将资金从纽约调往伦敦,在期货市场上卖出美元,买进英镑,将其投放伦敦市场,为期3个月。与此同时,投资者在远期外汇市场上进行套期保值交易,即卖出远期英镑,买进远期美元,以免3个月以后因汇率发生变动而带来损失。一般而言,高利率的货币是按远期贴水卖出的,而贴水和升水与两个市场的利率差大体一致,因此当利率差收益与其花费的套期保值成本相抵消时,套利活动停止。

三、世界主要的外汇市场

目前世界上主要的外汇市场有伦敦外汇市场、纽约外汇市场、苏黎世外汇市场、巴黎外汇市场、东京外汇市场、新加坡外汇市场和香港外汇市场等。这些国际金融中心的外汇市场之间紧密相连,形成了全球性的统一外汇市场。

(一)伦敦外汇市场

伦敦外汇市场是世界上最早,也是目前为止最大的外汇市场。它由经营外汇业务的银行、外汇经纪人及其他金融机构组成。目前约有200多家银行从事外汇业务。在伦敦市场上,大多数银行间的外汇买卖都是通过外汇经纪人达成的。二战以前,这些经纪商有40多家,1951年后减少到9家。今天他们已经成为伦敦外汇市场的主要角色,由他们组成的外汇经纪人协会支配了伦敦外汇市场。伦敦外汇市场的主要交易是现汇交易和远期交易,外汇标价采用间接标价法。

(二)纽约外汇市场

纽约外汇市场是战后随着美国经济实力的增强,美元取代英镑成为关键货币而发展起来的,它是世界上最重要的外汇市场之一。由于美国对经营外汇业务没有限制,政府也不指定专门的外汇银行,所以几乎所有的美国银行和金融机构都可以经营外币买卖业务。在纽约外汇市场上,外汇交易分为三个层次,即银行和客户之间的交易、本国银行之间的交易以及本国银行与外国银行之间的交易,其中银行之间的交易有相当一部分是通过经纪人进行的。纽约外汇市场有8家经纪商。

纽约外汇市场中与进出口贸易相关的外汇交易量较少,因为在美国,对外贸易大多用美元来计价结算。当美国公司从国外进口商品时,支付的是美元,美元同外汇的兑换发生在出口国,而当美国公司出口时收到的是美元,美元同外币的兑换也是发生在外国。但是,不论美元的买卖发生在哪一国,最终都必须在美国的纽约商业银行的账户上收付和划拨。这是因为,二次世界大战后,美元成为国际支付中使用最为广泛的货币,各国银行都持有美元并用于国际结算,因此他们大多数在美国开立账户。这样外国银行将买入的美元存入在美国银行的账户,出售美元等于将美元存款从他的美国银行账户上划拨到买主的账上。

(三)东京外汇市场

东京外汇市场是1950年—1960年代发展起来的,限于日元在国际经济中的地位,东京外汇市场的规模远不如伦敦和纽约外汇市场。东京外汇市场在交易时间上同纽约市场没有交叉,同欧洲市场也只有在每个交易日的最后一、两个小时有交叉。由于同其他外汇市场不能同时交易,东京外汇市场上的交易规模难以有大的扩展。

在东京外汇市场上交易的外汇币种较为单一,绝大多数是美元的交易,其他货币交易较少。据统计,东京外汇市场的外汇交易量90%以上是美元与日元之间的交易。

此外,东京外汇市场受贸易收支的影响较大,使其外汇交易又有明显的季节性。

(四)新加坡和香港外汇市场

新加坡外汇市场的历史较短,它是1970年代随着亚洲美元的兴起而发展起来的新兴外汇市场。新加坡的时区、地理位置具有一定的优势,其外汇市场在上午可与东京、香港进行交易,下午又可以同中东、伦敦外汇市场进行交易。1960年代末期以来,新加坡政府采取了一系列的金融国际化政策,从而促进了新加坡外汇市场的发展。新加坡外汇市场由经营外汇业务的本国银行、经批准可以经营外汇业务的外国银行和经纪人组成。

香港外汇市场是1970年代以后发展起来的国际性外汇市场。同伦敦、纽约的外汇市场一样,香港外汇市场是无形市场,它没有固定的交易所和正式的组织,而是由从事外汇交易的银行、其他金融机构和外汇经纪人组成,通过电话、传真、电脑联网的通讯工具联系起来的交易网络。从1973年开始,香港当局允许所有的金融机构经营外汇业务。但实际上,在外汇市场上只有100多家金融机构比较活跃。70年代以前,香港外汇市场的业务以港币和英镑的兑换为主,以后随着香港市场的国际化,以及港币与英镑脱钩,并与美元挂钩,美元逐步取代英镑,港币成为市场上交易的主要外币。香港外汇市场上的交易主要分为两类,一类是港币同外币的兑换,其中以同美元兑换为主,因为香港的对外贸易多以美元计价结算;另一类是美元对其他外币的交易。

第四节 汇率制度

汇率制度是指,各国确定货币的汇率、汇率波动的界限和维持汇率措施的制度。总体上看,汇率制度分成两大类,一类是固定汇率制度,一类是浮动汇率制度。

一、固定汇率制度

固定汇率制度是一种将本国货币与外国货币之间的兑换率或汇率稳定在一定的水平上,并保持其变动幅度相对固定的汇率制度。

固定汇率制度包括两种,即长期不变的固定汇率制度和可调整的固定汇率制度。长期不变的汇率制度是指,货币之间的兑换率保持长期固定,一般不调整相互兑换率的制度。在以黄金作为各国货币的价值尺度、流通手段和支付手段的"金本位制度"下,汇率制度即为长期固定的汇率制度。在金本位制度下,每一种货币都规定其单位货币的法定含金量;各种货币之间的汇率是它们各自含金量的相互折算;市场上各国货币之间汇率的变动,以黄金在各国之间运送的费用(即黄金输送点)为波动的界限。在金本位制度下,汇率的波动是自动的而不是人为调整的。由于黄金可以在各国间自由地运出和运进,因此办理国际间结算的方式就有两种:当汇率对自己有利时,使用外汇汇票来结算;当汇率的波动幅度大于黄金输送的成本时,采用直接运送黄金的方法。由于这种费用同所输送的黄金价值相比很小,所以市场汇率的波动度就比较小。例如,美国公司需要向英国公司支付一定的英镑,市场上对英镑的需求就会增加,英镑的汇价上升,如果上升的幅度超过各国英镑与美元之间按含金量折算的汇率和运送黄金到英国的费用,那么美国的债务人就选择直接运送黄金。反之,如果英国公司需要向美国公司支付美元,且市场上汇率的变动超过按两国货币含金量折算的汇率加上黄金输送费用时,英国公司也会选择直接运送黄金,而不在市场上兑换美元。结果英镑与美元的汇率就会稳定在按各自黄金含量折算的汇率附近,长期维持固定状态。因此,在这种汇率制度下,只要各国不改变本国货币的法定含金量,各国货币之间的汇率就会长期稳定。

固定汇率的另一种形式是可调整的固定汇率制度。它是二次世界大战以后,以美国为首的各国,在国际货币基金组织(1944年成立)的基础上,为了规范国际金融秩序而建立起来的。根据这一制度,各国要规定自己货币的含金量,美元与黄金直接挂钩,各国货币直接与美元挂钩,间接与黄金挂钩。为此各国承认美国1934年1月规定的美元含金量为0.888671克,35美元等于1盎司黄金的黄金官价。该组织的其他成员国货币同美元挂钩,各国根据本国货币与美元的含金量确定它们与美元的汇率(特殊情况下不规定含金量,只确定与美元的汇率)。美国承担各国政府或中央银行随时以美元按黄金官价向美国兑换黄金的义务。各国货币对美元的汇价一般只能在法定汇价的上下1%的范围内波动。各国政府有义务对外汇市场进行干预,以保证汇率的波动度不超过这一范围。当出现各国无力干预并难以维持法定汇率时,各国在货币基金组织的认可下,可以改变或调整其货币与美元的法定平价,其调整的幅度一般不超过10%。一旦确定了新的平价,各国仍然要履行维持固定汇率的义务。相对于金本位制下的完全固定汇率而言,这种可调整的固定汇率制度有了一定的灵活性。

二、浮动汇率制度

所谓浮动汇率是指,政府对汇率的确定和变动不加干预,任其在外汇市场上根据其供求状况自行涨落的汇率。1973年以后,各国相继采取了浮动汇率制度。但是在浮动汇率"自由浮动"的程度上有所不同。由此浮动汇率有三种不同的类型。

一是完全自由浮动的汇率。它是指政府不采取任何干预汇率的政策措施,完全听任外汇供求状况决定本国货币和外国货币之间的汇率或比价。这是浮动汇率最为典型的制度,目前采取这种汇率制的国家有59个。

二是有管理的浮动汇率,又称"肮脏浮动汇率"。它是指政府采取一定限度干预汇率的措施,使汇率朝着有利于本国经济发展的方向浮动。为此,货币管理当局经常采取的措施是在外汇市场上参与外汇买卖,以保持汇率稳定,通过调整银行利率和外汇管制来控制本国外汇市场上的外汇供求。目前采取有管理浮动汇率的国家有35个,中国采取的汇率制度是有管理的浮动汇率。

三是盯住汇率。它是指一国货币的汇率随着另一种或一组货币汇率的变动而上下波动的汇率。当所盯住的货币汇率上升时,该国货币的汇率随之上升,反之随之下降。盯住汇率是当今一些发展中国家实行的独具特色的汇率制度。根据1995年3月的统计,盯住美元的发展中国家有22个,盯住法国法郎的国家有14个,盯住其他货币的有8个国家,盯住国际货币基金组织计账单位"特别提款权"的国家有3个,盯住其他一组货币的国家有20个。然而,发生在1997年夏季并持续相当一段时间的亚洲金融危机,引起了人们对发展中国家采取这一货币制度的怀疑,世界银行认为,这种盯住汇率不能实行太长的时间。

四是联合浮动汇率,又称"共同浮动汇率"。它是指几个国家出于发展相互经济关系的需要达成协议,建立稳定的货币区,参加这个稳定货币区的成员国之间实行固定汇率,允许它在规定的范围内浮动,超过这个范围各国中央银行有义务进行干预,而对货币区以外国家的货币则实行联合自由浮动。实行这种汇率的地区主要是欧洲货币体系的成员国,随着欧洲经济和货币联盟的建成,其成员国将使用统一的货币"欧元"。如果所有的欧洲联盟的成员国都参加这个货币联盟的话,他们将摆脱汇率变动的困扰。

本章小结

1. 外汇是外币和以外币表示的可用于国际支付的债权。
2. 汇率是一国货币与其他国家货币之间相互折算的比率或比价。
3. 汇率的标价方法有两种,一是直接标价法,二是间接标价法。这两种标价方法的主要差别是以外国货币作为基数标出本国货币的价格,还是以本国货币作基数标出外国货币的价格。
4. 外汇交易有即期交易和远期交易之分。即期交易是交易者签定买卖契约的当天或次日交割的外汇交易。在这种交易中使用的汇率就是即期汇率。交割就是外汇支付的过程。远期交易是按商定的汇价、外汇交易数量订立买卖合约,在约定日期进行交割,卖方交付外汇、买方付款的外汇交易形式。在这种交易中使用的汇率就是远期汇率。
5. 由于货币供求的变化,即期汇率和远期汇率是不同的。当某种货币的远期汇率高于即期汇率时,我们称之为升水;当远期汇率低于即期汇率时,我们称之为贴水。当然如果汇率保持不变,我们称之为平价。
6. 择期的远期交易是适应国际经济联系的需要而产生的。
7. 外汇市场的参加者主要是银行、有对外经济联系的大公司、非银行金融机构等。

8.外汇市场的主要职能是国际间的清算、套期保值和投机。

9.世界上主要的外汇市场是伦敦、纽约、东京、法兰克福、新加坡和香港。

10.汇率制度是各国确定货币的汇率、汇率波动的界限和维持汇率措施的制度。

11.汇率制度大体分为两类,一类是固定汇率制度,另一类是浮动汇率制度。固定汇率制度中包括长期固定的汇率制度和可调整的固定汇率制度两种。浮动汇率制度包含四种形式,即完全自由浮动的汇率制度、有管理的浮动汇率制度、盯住汇率制度和联合浮动汇率制度。

本章思考题

1.什么是外汇?

2.什么是汇率?

3.什么是即期外汇交易与即期汇率?

4.什么是远期外汇交易与远期汇率?

5.外汇市场的主要职能是什么?

6.什么是汇率制度?

7.什么是固定汇率制度?有几种形式?

8.什么是浮动汇率制度?有几种形式?

9.查阅当日报刊,阅读有关汇率的消息,举出即期汇率和远期汇率的例子,并进行分析。

10.结合东南亚金融危机,思考盯住汇率制的利弊。

第十三章 国际收支

每个国家都有自己的国际收支状况,不同的收支项目对一国经济的意义不同。各国都希望保持有利于自己的国际收支,因此,对自己的国际收支特别重视。

第一节 国际收支的概念

一、国际收支的基本含义

国际收支是指,在一定时期内(通常为一年)一国居民与世界其他国家居民之间的全部经济交易的系统记录。进行国际收支统计的主要目的是使政府了解本国的国际债权债务地位,从而为制订货币财政政策提供信息。同时,为本国企业提供重要的本国外部均衡的信息。

在国际收支的定义中,"居民"既可以是自然人,也可以是政府机构或法人。自然人属于哪国居民不以他们的国籍为依据,而是由下列原则来决定:身在国外但代表本国政府的个人(包括军队),一般是属于所代表的国家的居民。他们在购买所在地商品和服务时,都要计入两国的国际收支账目中;身在国外而不代表政府的个人属于哪国的居民要依据他的收入来源而定,如果仍无法判断,则以其工作地作为判断标准;所有派驻国外的政府机构,无论其在国外时间多长,都属于本国居民;就法人组织而言,它在哪国成立、注册就是哪国居民,但他所在国外的分支机构和分公司属于国外居民。因此,跨国公司的内部贸易只要是跨国界的贸易都属于国际贸易,交易所造成的货币收付应计入两个有关国家的国际收支账上。

国际收支定义中的"经济交易"是指,一国居民与外国居民之间的商品、服务和资本所有权的交换。一项交易要伴随着一笔货币收付,而一项国际交易一般也要伴随着一笔国际货币收付。甚至在国与国之间的无偿经济援助中,尽管发生了商品和服务在各国间的转移,而没有货币收入,也仍然要计入国际收支当中。当然,如果是易货贸易不需要使用实际的货币,那么就不存在国际货币收付问题。

二、国际收支平衡表

国际收支平衡表是指,以复式计账法系统记录一国居民在一定时期(通常为一年)内所从事的全部国际经济交易的统计表格。在现代经济中,一国居民在一定时期内从事的国际经济交易是大量的、多种多样的。为了对本国国际收支状况及其变化有一个系统的了解,必须对这些交易信息进行收集、整理,并编制国际收支平衡表。

按照复式计账的原理,每一笔国际经济交易都要分别记录在国际收支平衡表的借方和贷方。计入借方的国际收支项目称为借方项目;计入贷方的国际收支项目为贷方项目。凡是涉及外国居民支付的交易属于贷方项目,计入国际收支平衡表的贷方;凡是涉及本国居民支付的交易属于借方项目,计入国际收支平衡表的借方。

通常,属于国际收支统计当中的贷方项目有:(1)商品出口;(2)外国居民在本国旅行或旅游的支出;(3)外国居民购买本国的其他劳务或服务;(4)本国居民海外投资所得的收入;(5)本国居民接受的馈赠、赔偿和其他单方面转移;(6)外国居民对本国进行投资;(7)本国居民收回对外投资贷款。属于借方项目的有:(1)本国居民进口商品;(2)本国居民在外国旅行或旅游支出;(3)本国居民购买外国居民的其他劳务或服务;(4)向外国居民支付其在本国投资的收益;(5)本国居民对外国居民的单方面转移;(6)本国居民向外国进行投资;(7)外国居民收回其在本国的投资和贷款。

复式计账的方法还规定,对任何国际交易都要分别在借方和贷方记录同等的金额。这种记录方法的依据是任何一笔经济交易都包括两个方面,即出售商品、服务、资产而取得价款和购买商品、服务和资本而付出价款。

三、个别案例分析

收支平衡表的计账方法。

案例1:美国IBM公司向德国出口价值2500万美元的计算机,对方用德国马克汇票支付。

从商品出口角度看,这笔交易导致德国居民向美国居民的货币支付,属于贷方项目,应记录在美国国际收支平衡表的贷方。同时,德国居民用德国马克汇票支付,这导致美国在德国银行的存款增加,相当于美国短期资本流入德国,美国对德国的债权增加,因此还应在美国的国际收支平衡表的借方记录相同的金额。即:

	贷方(+)	借方(-)
商品输出	$2500	
短期资本输出		$2500

案例2:一日本居民到伦敦旅行,在旅行、食宿方面花费了15万日元。

从日本的角度看,日本居民购买了英国居民提供的价值15万日元的劳务,属借方项目,应计入日本国际收支平衡表的借方。另一方面,英国居民得到15万日元,因此导致伦敦银行东京分行的日元存款增加,这相当于英国的短期资本流入日本,对日本来说属于贷方项目,应计入贷方。即:

	贷方(+)	借方(-)
从国外购买劳务		150000日元
短期资本流入	150000日元	

案例3:美国政府向俄罗斯政府提供价值500万美元的无偿援助。

这是美国单方面转移,属美国的借方项目,应计入美国国际收支平衡表的借方。同时,这笔交易还导致俄罗斯在美国银行的存

款增加,这对美国来说是一笔资金流入,属于贷方项目,应计入贷方。即:

	贷方(+)	借方(-)
单方面转移		$500万
短期资本流入	$500万	

案例4:一美国居民购买1万美元的日本公司债券。

从美国的角度看,购买日本公司债券增加了美国在国外的长期投资,是一种长期资本流出,应计入借方。另一方面,还导致日本在美国银行中的存款增加,对美国来说,这又是一种短期资本流入,应计入贷方。即:

	贷方(+)	借方(-)
长期资本流出		$10000
短期资本流出	$10000	

第二节 国际收支的内容

国际收支是一国全部国际经济交易的系统记录。由于国际交易内容和形式在不同的历史阶段具有不同的特点,所以在世界经济发展的不同阶段,国际收支所包含的内容也有不同。50年代以前,国际资本流量不大,国际收支只是反映一国对外贸易收支,即主要反映商品的进出口情况。其后随着各国放松对资本流动的管制,资本在国际间的流动迅速发展。现在,国际经济交易额的2/3以上属于资本项目。于是,人们认识到了资本项目的重要性。今天,国际收支已经比较全面地包括了贸易收支、资本收支以及其他国际转移在内的全部经济交易。

在国际收支平衡表中,国际收支项目通常可分为四大类,即经常项目、资本项目、官方结算项目以及错误和遗漏项目。

一、经常项目

经常项目是国际收支平衡表中最基本的项目。根据国际货币基金组织的规定,经常项目是国际收支平衡表中记录商品贸易收支、劳务贸易收支和单方转移三方面的经济交易的项目。贸易收支包括所有可移动的有形商品的进出口,非货币用途的黄金贸易也在贸易项目之列。按照国际货币基金组织的规定,进出口商品都使用离岸价格。一般而言,劳务项目的内容比较繁杂,主要包括:(1)通讯运输,即国际间海陆空客运和货运收支,以及各种国际通讯、信息服务收支;(2)旅游收支;(3)保险费和保险赔偿支付;(4)投资收益,包括本国居民海外投资和国外居民在本国投资的利息、股息及利润的支付;(5)技术和专利使用费等。单方面转移记录的是单方面的无对等的经济交易,如侨民汇款、慈善或宗教机构的援助、馈赠、政府间无偿援助等。经常项目记录的是一国经济交易的主体,它影响和制约着其他项目的变化。

二、资本项目

资本项目是记录一国居民在一定时期内对外金融资产债权和债务变化(不包括官方储备)的国际收支项目。这里的金融资产不包括作为货币使用的黄金和特别提款权。资本流动按照期限的不同可分为长期资本流动和短期资本流动。期限在一年以上的资本流动为长期资本项目,而期限在一年或一年以下的为短期资本项目。长期资本项目包括直接投资和长期证券投资。直接投资是一国居民为取得或增加对外国公司或企业的控制权而进行的投资(关于这一点,我们以后还会讲到)。长期证券投资是指在长期债券和公司股票上的投资。此外,长期的商业贷款也在此项目中。短期资本流动包括国际经济交易造成的日常收支,他们主要通过活期存款和短期存款所有权在各国居民间易手而进行的。此外,短期证券、票据买卖、短期信贷也构成短期资本项目。由于短期资本流动具有投机性,它是国际收支平衡表中最容易波动的项目,因而在一定的条件下具有某种破坏性。近年来短期资本流动的规模日趋扩大,因而对国际金融市场上的外汇供求、汇率、一国的国际收支都有着明显的影响,它引起了各国的关注。

三、官方结算项目

官方结算项目是记录一国金融当局在一定时期内为平衡经常项目、资本项目而动用的官方储备资产的数额,它等于官方对外国官方债权债务的变化。官方储备是一国金融当局用于平衡国际收支、调节汇率、干预国际金融市场的资产,它包括黄金、外汇、特别提款权以及其他债权。一国的国际收支不可能完全处于平衡状态,因此需要政府出面,消除本国国际收支的暂时性可能给汇率或本国对外经济交易带来的不利影响。

四、错误和遗漏

按照复式计账原理,国际收支平衡表借方和贷方的净差额应该等于零。在现实中并非如此,原因是:第一,在统计国际收支有关数据时可能发生遗漏;第二,存在商品走私、民间货币收付以及携带现钞入境等官方监控以外的国际经济交易;第三,资料来源和口径不同造成的误差。以商品进口为例,其数据来源于海关根据过关商品的数额记录,而与之相对应的货币支付数据则来源于银行记录,由于时间差等原因,借贷双方记录的数据很可能不同。这种现象在延期支付贷款或预期支付货款的商品贸易中时有发生。货款预付后,这笔交易在银行中便有了记录,从而增加了本期的贷方数额,而海关要到下一时期商品入关时才会将该笔交易记录下来,从而增加了下一期国际收支中的借方数额。同样地,资本项目也会产生类似的问题。为了解决这一问题,就人为设立了这一平衡项目——错误与遗漏项。当经常项目、资本项目和官方结算项目总计贷方数额大于借方数额,从而出现贷方余额时,则在错误和遗漏项下的借方计入与该余额相等的数额。反之,当出现借方余额时,则在错误和遗漏项下的贷方计入该余额相同的数额。

第三节 国际收支的平衡与失衡

从国际收支记账的角度看,一国国际收支的贷方和借方总是平衡的,然而在现实中,各国国际收支的不平衡则是大量的普遍的现象。这种不平衡有多方面的原因,从而表现为不同的形式,一国的国际收支不平衡对经济有着重要的影响。

一、国际收支的平衡问题

由于采取复式计账,国际收支平衡表上借贷双方总是相等的。既然如此,我们看到的总是某个国家的国际收支出现失衡呢?为回答这个问题,我们需要将国际收支项目分成自发交易平衡项目和调整交易项目。自发交易项目又称事前交易项目,它是企业或个人出于经济利益或其他动机进行的国际交易,与国际收支调整无关。经常项目和资本项目都属于自发交易项目。调整项目或称补偿项目、事后项目,它是指以调整国际收支为目的的交易项目。国际收支中的官方结算是主要的调整项目。当一国自发性交易所产生的外汇需求大于外汇供给时,为平衡供求,金融当局就需动用本国的黄金、外汇等官方储备,或通过中央银行、国际金融机构借入资金,以弥补自发性交易带来的收支差额。错误与遗漏也是调整项目,它可以使国际收支平衡表最终在账面上达到平衡。

由此可见,国际收支的账面平衡是通过调整项目来实现的,真正能够反映国际收支状况的是自发项目。通常意义上的国际收支状况实际上是指自发项目收支的平衡与失衡。

二、国际收支差额

为了了解不同交易项目的收支平衡状况,各国编制了下面几种收支差额的统计数字。

(一)商品贸易差额

国际商品贸易差额是一定时期内一国商品出口总额与进口总额之差。如果出口大于进口则称贸易收支顺差,如果进口大于出口则称贸易收支逆差,如果出口等于进口则称贸易收支平衡。这些数据在许多经济类刊物上都能看到,例如,英国出版的经济学家杂志每个月都公布有关国家贸易收支情况的数据。中国的《中国对外贸易》杂志也公布有关中国贸易收支状况的数字。

(二)经常项目差额

经常项目差额是指一定时期内一国出口商品、劳务和单方面转移项目上的贷方总额与同期进口商品、劳务和单方面转移等借方项目总值之差。当贷方总值大于借方总值时,为经常项目顺差,反之则为经常项目逆差。经常项目差额是国际收支平衡表中最重要的收支差额,如果出现经常项目顺差,则意味着由于有商品、劳务和单方面转移的贷方净额,该国的国外资产净额增加,或者说经常项目顺差表示该国对外净投资。

(三)基本收支差额

基本收支差额是指,一定时期内经常项目与长期资本项目借方总额与贷方总额之差。由于经常项目差额和长期资本项目流动主要受该国生产率长期变化、生产要素的有效配置、消费者偏好,以及预期资本利润率等基本经济因素的影响。因此,基本收支表示的是一国国际收支的长期趋势。基本收支逆差表示一国国际收支有长期恶化的趋势,它表示一国可能处于基本不平衡状态;顺差则表示该国的国际收支有长期加强的趋势。

(四)官方结算差额

官方结算差额是政府用于平衡自发收支项目总差额的项目,官方结算差额等于经常项目和资本项目的借贷总值差额,即官方结算顺差 = 官方储备净增额 + 对外国官方的流动负债净减额,官方结算逆差 = 官方储备净减额 + 对外国官方的流动负债净增额。不过,该差额近年来较少运用了。

三、国际收支不平衡的类型

一国国际收支失衡的产生有不同的原因,根据这些不同的原因,国际收支可分为四种不同的类型。

(一)周期性不平衡

经济的周期性波动对一国国际收支有着重要的影响。在经济衰退阶段,居民的收入减少,有效需求水平下降,这时可能引起进口减少,在出口量不变的情况下,该国的国际收支可能趋于顺差。相反,在经济景气阶段,由于居民收入迅速上升,有效需求增加,从而导致进口需求扩张,同时部分出口产品转向内销,由此可能引起国际收支逆差。在各国经济联系日益密切的今天,国际收支周期性不平衡会使各国之间相互传递景气和衰退的信息。

(二)结构性不平衡

结构性不平衡是因国内生产结构变动不能适应国际市场变化而引起的国际收支不平衡。例如,大多数发展中国家的出口以初级产品为主,进口以制成品为主,近几十年来,由于国际市场上制成品价格大幅度上扬,而初级产品价格增长相对缓慢,使这些国家的贸易条件恶化,从而导致国际支付上的困难。

(三)价格性不平衡

在一定的汇率条件下,一国物价水平普遍上升,高于其他国家,必然导致出口竞争力下降,从而使出口下降、进口增加,国际收支会趋于逆差。相反,如果一国物价普遍低于其他国家,则会发生相反的情况,使该国的国际收支趋于顺差。这就是所谓价格性不平衡,也称货币性不平衡。它表明,在货币对外比价一定的情况下,通货膨胀或通货紧缩都会导致国际收支不平衡。

四、国际收支失衡对一国经济的影响

在开放的经济中,国际收支平衡是整个宏观经济均衡的重要组成部分。宏观经济均衡决定了其对内经济的均衡发展,而国际收支的均衡决定了其对外经济的均衡发展,而国际收支的均衡与否对宏观经济的均衡发展也有着深刻的影响。

国际收支均衡状况对外汇市场上外汇的供求关系会产生直接的影响,进而影响到国内的总供给和总需求。从货币供求的角度看,国际收支记录的外币收付实际上是外汇供求的变化过程。因此,原则上讲,国际收支的经常项目、资本项目贷方所记录的是以外币标价的国际交易,它表现为外币的供给。同样,他们的借方项目所记录的交易表现为对外币的需求。所以说,国际间外汇的供求最终是由各国的国际收支差额决定的。当一国国际收支为顺差时,外汇的供给大于对外币的需求;当国际收支为逆差时,外汇的供给小于对外币的需求。外汇供求的这种此消彼长的关系决定了汇率的升降,从而影响到该国商品的进出口和国内总供求。

此外,国际收支平衡状况是一个动态的过程,今年的国际收支可能影响到一国明年的贸易和收支,乃至影响到下一年的经济发展。关于这些方面的详细情况,我们还要专门阐述。

五、对中国国际收支平衡表的分析

中国的国际收支平衡表是按照国际规范的标准编制的。对它的分析有助于我们理解一般的国际收支平衡表,另一方面,由于中国的某些特殊性,我们分析它,有助于我们了解中国的具体情况。

六、中国的国际收支平衡表

为了便于了解中国的情况,在表13-1中列出了1996年中国国际收支平衡表。

表13-1 中国1996年国际收支平衡表 单位:百万美元

	收入	支出	差额
一、经常项目			7 243
1.贸易项目	151 077	131 542	19 535
2.劳务	20 601	22 585	-1 984
3.单方面转移	2 368	239	2 129
私人(净额)			
官方(净额)			
4.投资收益	7 318	19 755	-12 437
二、资本项目			
1.长期资本(基本收支)	42 552	2 742	39 810
2.短期资本(自发收支项目)	1 282	1 126	156
三、官方储备资产净增减额	0	31 705	31 705
四、错误和遗漏		15 504	15 504

注:长期资本为国外直接投资与本国对外投资、国外购买股票、债券及本国居民购买外国的股票、债券,短期资本为其他投资。

资料来源:国际货币基金组织,《国际金融统计》,1997年12月。

由上表可以看出,我国在1996年的国际收支为顺差。其中的经常项目和资本项目皆为顺差,因而自发性收支为顺差。在经常项目中,贸易项目顺差明显,但劳务项目为逆差,单方面转移为顺差。在资本项目中,长期资本收支顺差很大,以致在当年成为仅次于美国的第二大引进外资最多的国家,由于引进外资较多,所以国外得自资本的投资收益也比较多。由于各项平衡指标都对我国有利,因而我国的官方储备净增310多亿美元,而错误和遗漏又有150多亿的修正。从技术上看,我们利用复式计账法使贷方项目和借方项目的数额完全相等。尽管如此,我们仍然可以看出,1996年我国的自发性国际收支为顺差。

本章小结

1. 国际收支是指,一定时期内(通常是一年)一国居民与世界其他国家居民之间的全部经济交易的系统记录。

2. 国际收支平衡表是以复式计账的方法系统记录一国居民在一定时间内(通常为一年)所从事的全部经济交易的统计表格。

3. 国际收支主要包括四大类项目,即经常项目、资本项目、官方结算项目以及误差和遗漏。

4. 为了衡量一国国际收支的基本情况,各国通过不同的项目统计监督国际收支的平衡与失衡。其中包括:商品贸易差额、经常项目差额、基本收支差额、官方结算差额等。

5. 国际收支的不平衡主要有周期性不平衡、结构性不平衡、价格性不平衡、收入性不平衡等。

6. 一国国际收支的不平衡对该国的经济有着直接和间接的影响,因而各国政府都十分关注。

7. 在中国经济走向开放的今天,其国际收支状况也是政府乃至企业十分关注的宏观经济指标,对它的关注有利于开展国际经济交易。

本章思考题

1. 什么是国际收支?
2. 什么是国际收支平衡表?

3. 国际收支平衡表中的经常项目是指什么?
4. 国际收支平衡表中的资本项目是指什么?
5. 什么是贸易收支差额?
6. 什么是经常项目差额?
7. 什么是基本收支差额?
8. 什么是国际收支中的复式计账?举例说明。
9. 什么是国际收支的结构性不平衡?
10. 什么是国际收支的价格性不平衡?
11. 什么是国际收支的收入性不平衡?
12. 一国的国际收支失衡对该国经济有什么影响?

第十四章 国际收支调整的弹性论

弹性论是由英国经济学家弗雷德·马歇尔首先提出来的。后来经过罗宾逊、梅次勒和哈伯勒等人的探索,将弹性理论发展成为国际收支调整的重要基础理论。国际收支调整的弹性理论要说明的是,在一国收入水平不变的情况下,汇率变动和进出口商品价格变动对贸易收支与国际收支失衡的调节作用。

第一节 进出口贸易与外汇市场上的外汇供求

为了清楚地阐述国际收支调整的弹性论,需要作一系列的假设,并将有关的贸易收支状况作为说明的出发点。

一、弹性论的假定条件

为了便于分析,我们假定:

1. 国内总体价格水平保持不变;
2. 汇率的调整不是市场供求的自然结果,或汇率不是完全自由浮动的汇率,而是由货币管理当局决定的固定汇率制,可调整的盯住汇率制或有管理的浮动汇率制;
3. 汇率变动或汇率调整将影响到进出口商品的价格;
4. 世界上只有两个国家,美国和新加坡;
5. 这里不存在资本在国际间的流动。

在这些假设之下,我们考察弹性论是怎样描述汇率变动对贸易收支的影响。

二、外汇市场上的外汇供求

为说明问题的方便,我们借用几何图形加以说明。图14—1表示外汇市场上的供给与需求,横轴表示美元的供求数量,纵轴表示用美元表示的新加坡元的汇率。

对于新加坡来说,美元是他用于对外支付的货币。在纵轴上的价格上升就意味着美元相对于新加坡元升值,相应地是新加坡元对美元贬值。曲线 S 表示外汇市场上美元的供给量,曲线 D 表示对美元的需求。在新加坡的外汇市场上,对美元的需求取决于新加坡进口商向外国供应商支付货款的需要。因为外国供应商收

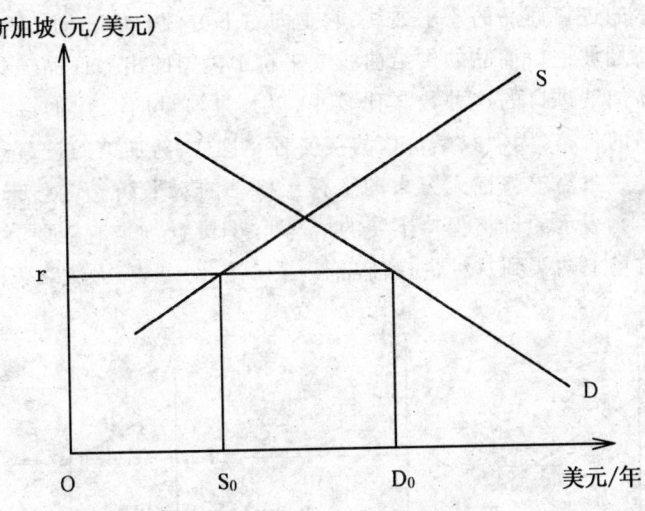

图 14-1 外汇市场上的美元供求

入的是美元,而不是新加坡元(在实际中,除了支付进口货款外,还有其他形式的美元需求,如支付劳务进出口等,但我们这里只假定没有其他形式的外汇需求),因而对外汇的需求仅由进口商对外汇的需求来决定,而外汇的供给则决定于美国进口商对新加坡出口品需求的变化。如果需求比较多,对美元的供给就会增加,反之会减少。在图 14—1 中,如果美元的供应是 S_0 点,对美元的需求为 D_0 点,则表明市场上外汇(美元)的供应小于需求。如果没有对汇率的干预或维持汇率稳定的机制,则此时的新加坡元就会贬值。

为进一步说明市场上的商品供求与外汇供求之间的关系,我们将上述例子进一步细分。在新加坡市场上,需求者关心的是进口品折合成新加坡元以后的价格,他们用这一价格与国内生产的同类商品相比较,当进口商品的价格上升时,进口需求可能会下降,反之进口需求会增加。这一点我们用图 14—2 加以说明,图 14—2 由三个细分的图形组成的。图 14—2a 表示的是用新加坡元表示的进口商品的需求曲线,它是向右下方倾斜的。图14—2b 表示新加坡进口商品的供给曲线或来自于美国的出口商品。我们假定新加坡进口的这种数量比较小,以致进口量的变化不会影响到商品的价格,因而只是价格的接受者。这样,新加坡的进口需求曲线是一条需求弹性无穷大的平行于横轴的水平线。这意味着,在用美元表示的价格保持不变的情况下,只要新加坡有需要,就可以从市场上购买到这种进口商品。

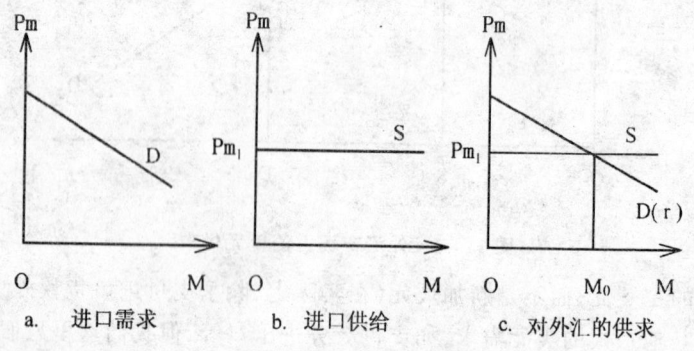

a. 进口需求　　　b. 进口供给　　　c. 对外汇的供求

图 14-2　进口与美元需求

为了理解新加坡对美元的需求情况,我们将图14—2a 以新加坡元计价的进口需求曲线转换成用美元计价的需求曲线。这里只要用美元与新加坡元的汇率将用新元表示的价格转换成用美元表示就可以了。图 14—2c 中的曲线 $D(r)$ 就是转换后的需求曲线。点 M_0 为以美元表示的对该商品的需求量,用价格与进口量相乘即为进口所需支付的美元量,因而是对美元的需求。

在新加坡的外汇市场上,美元的供给决定于新加坡出口商收到的美元货款。图 14—3 表示了新加坡外汇市场上美元的供给过程。我们还将该过程细分成三个几何图形。由于新加坡是一个小国,因此它可以在世界市场上以一个不变的美元价格 P_x 出售商

第十四章 国际收支调整的弹性论

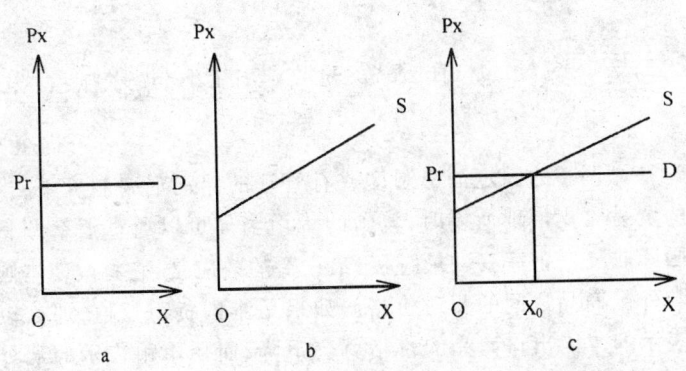

图 14-3 出口与美元供给

品。图 14—3a 表示世界市场对新加坡产品的需求曲线。横轴表示出口的数量,纵轴表示用美元表示的需求曲线。由于新加坡是个小国,因而其需求曲线是一条水平线。它表示世界市场对新加坡商品的需求是无限的。新加坡出口量的增加不会影响到商品的价格。图 14—3b 表示新加坡出口商对该商品的出口供给曲线。横轴表示出口的数量,纵轴是新加坡元表示的商品的价格。对新加坡的出口商而言,他们所关心的是出口商品的新加坡元价格。如果新加坡元贬值,其折合成新加坡元的价格就会上升,从而能够鼓励他们增加商品出口。反之则会减少出口。因此,用新元表示的出口商品的供应曲线是一条向右上方倾斜的曲线,该曲线也可以转换成用美元计价的出口供给曲线,只是需要借用汇率的折算。图 14—3c 就是以美元计价的出口供给曲线和需求曲线。在 X_0 点为供求的均衡数量。对新加坡而言,该国出口商品所形成的美元供给和进口商品所造成的美元需求或贸易收支差额,这些就构成了外汇市场上对美元的需求和美元的供给。如果新加坡出现贸易收支逆差,则美元的供给就会小于对美元的需求,原则上新加坡元就会贬值,相应地美元就会升值。

第二节 货币贬值对贸易收支的不同影响

在可调整的固定汇率制度或有管理的浮动汇率制度下,当一国的贸易收支出现逆差时,该国的货币当局可以通过汇率调整平衡国际收支。汇率变动最直接、最主要的效应是,它将改变本国商品与外国商品之间的相对价格。如果是本国货币贬值,那么以外币表示的本国出口商品的价格就会下降,而用本币表示的从外国进口的商品的价格就上升。一般情况下,各国将会采取鼓励商品出口、抑制商品进口的政策。但是,在某些特殊情况下也会起到完全相反的作用。在这里,贸易收支的变动方向决定于汇率变动对一系列因素的影响。

其影响因素我们可以通过下列关系式看出。我们用 TB 表示以美元计价的贸易差额,其关系式为:

$$TB = P'_x \cdot X - P'_m \cdot M$$

式中,P'_x 表示用美元表示的出口品的价格,X 表示出口商品的数量,P'_m 表示用美元表示的进口品的价格,M 表示进口商品的数量。当本国货币贬值时,用美元表示的出口商品的价格多半会下降(或不变),出口量可能增加,两项乘积的结果(出口收入)决定于它们各自的变动方向对总出口收入的影响。如果出口品的美元价格下降幅度较大,而同时出口量增加得不够多,两项的乘积可能比货币贬值前还少,贬值不但不会改善贸易收入,反而会恶化贸易收入。当然,如果出口产品价格下降的幅度较小(或保持不变),贸易收入会改善。从贸易支出看,如果本国货币贬值造成的进口产品价格上升,其进口的数量可能会下降,从而本国的外汇支出可能会减少。在出口收入不变的情况下,进口商品的外汇支出减少,贸易收支就会改善。但是,当进口商品价格不变和进口量保持不变时,货币贬值是否会改善贸易收支还要看出口总值的变化,其中心是:价格变动所引起需求量变化的大小决定于进口需求弹性和进口供给弹性,以及出口需求弹性和出口供给弹性。

为了发现某些有意义的启示,我们分析以下四种条件下货币贬值的效果。

一、小国情况下的货币贬值

假设新加坡是个贸易上的小国,为了消除贸易逆差,政府决定采取货币贬值的措施,其结果一美元所换得的新加坡元的数量增加了。在此情况下,我们考察新加坡出口品和进口品的市场供求变化。

我们用图14-4表示小国情况下的货币贬值与贸易差额的变动。图14-4由三幅图组成,图14-4a表明进口品市场供求及贸易收支的变化,图14-4b表示出口品市场供求及贸易收支的变化,图14—4c表示外汇市场的供求变化。在图14—4a中,横轴表示商品的进口供求量,纵轴表示用美元表示的商品的价格。在进口供应弹性无穷大时,其供给曲线为一条与横轴相平行的曲线,其需求曲线则是向右下方倾斜的或有弹性的。如果新加坡元贬值,用美元表示的价格尽管可能不变,但是用新元表示同一价格时,其价格上升了。由于新加坡的消费者关心的是用新元表示的进口商品的价格,尽管可能美元的价格不变,但如果用新元表示的价格上升了,消费者会减少对进口品的需求。结果使用美元表示的需求曲线向左下方移动,其移动的距离与新元贬值的程度直接相关,一般而言,当一国货币贬值20%时,进口商品的需求曲线也相应地向左移同样的程度。图14—4a中,需求曲线从 D_r 移到 D'_r,相应地,其需求量从 M_0 移到 M_1,从而使进口规模下降,在用美元表示的商品价格保持不变(记住新加坡是个小国)的情况下,进口量的减少意味着进口的外汇支出减少,从而有利于贸易收支的改善。在图 14—4b 中,在新加坡的出口品市场上,由于用美元表示的价格不变,其用新元表示的价格上升了,既然新加坡的出口商关心的是用新元表示的价格,因此新加坡元贬值后,一单位美元所能换得的新加坡元的量增加了。尽管新加坡出口商销售同样商品所得到的美元价格相同,但是换成新元后,价格提高了,因此其供给曲线从 Sr 移到 S'r,即在同样的美元价格下,新加坡出口商供应的商品增加了,新加坡的出口收入总量增加了。如果我们假定进口商品的外汇支出保持不变,那么出口收入增加就可以改善该国的贸易收支状况。由于用新元表示的进口品的价格上升了,导致进口的需求下降,进而是外汇的支出减少,新加坡元贬值所能带来的改善贸易收支的效果会更大。

货币贬值不仅影响到贸易收支的变化,而且会影响到外汇市场上美元的供求。图 14—4c 显示的为外汇市场上美元供求的变化。在新加坡元贬值以前,由于新加坡进口商品所需外汇支出或在外汇市场上对外汇的需求比较多,而且商品出口带来的美元收入相对比较少,因此市场上的美元供应比较少,使外汇市场上的美元供小于求。过多的需求使美元升值,即单位美元所换的新元的量增加了。在这种贸易收支逆差和外汇市场的压力之下,新加坡元被迫贬值,使单位美元所换得的新元的量增加了。结果,进口品价格上升,导致进口减少,外汇支出减少,在外汇市场上对美元的需求减少。从一国的角度看,进口商品的减少,节约了外汇的支出,另一方面,由于新加坡元的贬值,在用美元表示的出口商品价格不变的情况下,用新元表示的商品价格上升了。因此,新加坡出口商会增加商品的出口,出口的收入增加,从而增加了外汇市场上的美元供给,增加了美元的收入。综合而言,新加坡元的贬值,一方面减少了市场上的美元需求,另一方面又增加了美元的市场供应,使外汇(美元)的市场供求发生了变化。即原来是美元的供小于求,现在是供大于求。同时也意味着,新加坡的贸易收支从逆差

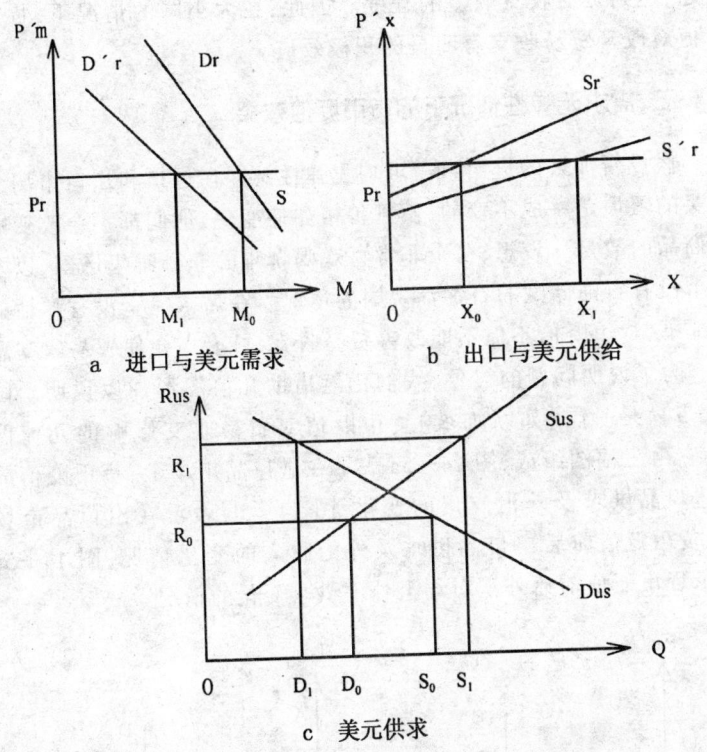

图 14-4 货币贬值与贸易收支差额——小国的情况

变成顺差。在图 14—4c 中,原有的汇率为 R_0,贬值后的汇率为 R_1,新元贬值前的美元供应为 S_0,需求为 D_0,贬值后对美元的需要减少到 D_1,而供应增加到 S_1。这种供求的变化说明,在为小国的情况下,由于进口需求对价格、对汇率的反应程度较大,而进口的供应弹性为无穷大,因此,货币贬值对小国起到的节约外汇的效应较大。同时,在出口方面,由于出口的供给弹性较大,对新加坡出口品的需求弹性为无穷大,所以出口所带来的外汇收入明显增加,以致于货币贬值不仅能够改善贸易收支到平衡的程度,反而有所出超,达到贸易收支顺差的程度。因此,在为小国的情况下,货币贬值对改善贸易收支有明显的积极效应。

二、需求无弹性情况下的货币贬值效果

假设新加坡的进出口需求均无弹性。即在进口和出口市场上购买的习惯是一成不变的,不管价格如何变化,他们都不会改变购买商品的数量。设想,一个非常喜欢喝咖啡的非咖啡生产国,以及一个没有石油储藏的石油消费国的情况。在需求完全没有弹性的情况下,货币贬值不但不能改善贸易收支,可能还会使贸易收支恶化。为了说明问题的方便,我们仍然借助几何图形加以说明。图14—5就是一国(如新加坡)货币贬值对贸易收支影响的几何图形,它由三幅图组成,图14—5a表示在进口品市场上,货币贬值前后进口品供求及外汇支出的变化,图14—5b表示在出口品市场上,货币贬值前后出口品供求及外汇收入的变化情况,图14—5c表示货币贬值前后外汇市场上外汇供求变化的情况。

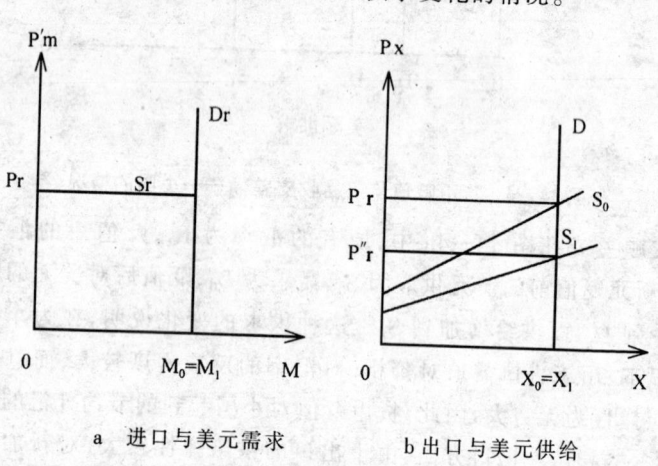

a 进口与美元需求　　b 出口与美元供给

第十四章 国际收支调整的弹性论

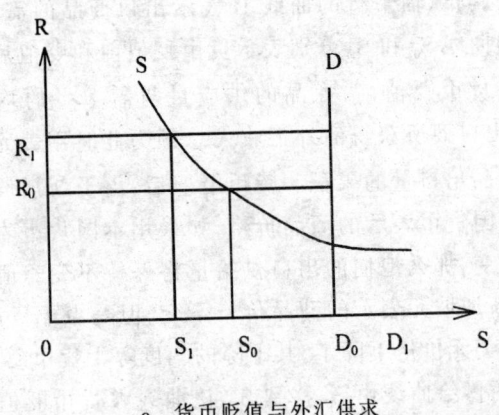

c 货币贬值与外汇供求

图 14-5 货币贬值与贸易收支变动——需求无弹性的情况

在图 14—5a 中,横轴表示商品的进口量,纵轴表示用美元表示的进口商品的价格,与横轴平行的曲线 Sr 为供给曲线,表明该商品的供给弹性无穷大,与纵轴平行的曲线 Dr 为需求曲线,表明需求是无弹性的,或者说,无论商品的市场价格如何变化,消费者对该商品的进口需求量都保持不变。图中,货币贬值以前消费者对该进口品的需求量为 M_0,进口品用美元表示的价格为 Pr,其进口商品需支出的外汇量是进口量与用美元表示的商品价格的乘积。货币贬值以后,由于消费者对该商品的需求是无弹性的,因而其国内对该商品的需求量仍保持不变,即 $M_1 = M_0$。值得注意的是,尽管用美元表示的商品的价格没有发生变化,但是用本国货币(如新加坡元)表示的价格却上升了,因而消费者现在购买同量商品所付出的本国货币量比过去多了。在进口品市场上,尽管用本币表示的商品价格上升了,并没有使消费者减少对进口品的需求量,那么货币贬值没有起到抑制本国消费、减少外汇支出的效果。在图 14—5b 中,横轴表示出口商品的数量,纵轴表示用美元表示

305

的商品价格,与纵轴平行的曲线 D 表示出口商品的需求曲线,与横轴平行的曲线 S_0 和 S_1 分别表示货币贬值前和贬值后的商品供给曲线。在货币贬值前,商品的供应量与需求量的均衡水平是 X_0,新加坡出口商所获得的外汇收入总额为此时用美元表示的商品价格与商品出口量的乘积。货币贬值后,由于新加坡出口商重视的是用本国货币表示的商品价格,如果用本国货币表示的商品价格保持不变,那么他们的出口供给量将保持不变。值得注意的是,尽管用新加坡元表示的商品价格不变,但是由于货币贬值,使出口商品的美元价格下降了,其下降的幅度等于货币贬值的程度。这样,商品的供给曲线由 S_0 移到 S_1,该曲线在货币贬值前的供应曲线之下,这意味着,同样的出口商品量所得到的外汇收入减少了。在出口需求无弹性的情况下,一国的货币贬值不但不会增加外汇收入,反而会减少外汇收入,这不利于贸易收支的改善。在外汇市场上,这一结果也得到了反应。

在图14—5c中,横轴表示外汇的供求量,纵轴表示一单位美元所折合的新加坡元的量,如果该数量上升,则表示新元贬值,该数量下降表示新元升值。曲线 D 表示对美元的需求曲线,由于消费者对进口产品的需求无弹性,因而对外汇的需求曲线也是与纵轴平行的。曲线 S 表示外汇的供应曲线,该供应曲线与正常的向右上方倾斜的供应曲线不同,该供应曲线是向右下方倾斜的。其原因在于,外汇的汇价越高,一定的本币量所能换得的外汇量越少。在新加坡元贬值以前,对美元的需求量为 D_0,而对美元的供给量为 S_0,此时对美元的需求超过对美元的供给,其供少于求的数量为 S_0D_0,这意味着新元的贬值或美元的升值。然而在新加坡元贬值以后,由于进口的需求不变,而出口所换得的外汇量减少了,结果新加坡的贸易收支不但没有因为货币贬值而改善,反而恶化了。在图中表现为新加坡对美元的需求没有变化,即为 $D_1 =$

第十四章 国际收支调整的弹性论

D_0,而外汇的供应则减少了。从而使外汇供应少于需求的情况进一步恶化为 S_1D_1,显然贸易收支恶化了。在此情况下会驱使本币进一步贬值,贸易收支会进一步恶化,从而形成了货币贬值与贸易收支恶化的恶性循环。由此可以得出结论,在需求无弹性的情况下,货币贬值不但不会改善贸易收支,反而会恶化贸易收支。相反,在此情况下,货币升值可能是贸易收支改善的较好措施。

三、需求弹性无穷大情况下的货币贬值效果

在需求弹性无穷大的情况下,货币贬值可以改善贸易收支差额。为说明问题,我们仍然借用几何图形分析贬值的影响,图14—6 表示了这样一种影响过程。图14—6 仍然由三幅图组成,图14—6a 表示货币贬值对进口及贸易支出的影响,图14—6b 表示货币贬值对出口及贸易收入的影响,图14—6c 则表示商品的供求变化对贸易收支的综合影响,进而对外汇市场上外汇供求的影响。在图14—6a 中横轴表示进口商品的供求量,纵轴表示用美元标出的进口商品价格。其中曲线 Sm 表示进口商品的供应曲线,Dm 表示货币贬值前对进口品的需求曲线,D′m 表示货币贬值后的需求曲线。该需求曲线表明,需求弹性是无穷大的。货币贬值前,该国(如新加坡)对进口品的需求量为 M_0,其外汇的支出量为该商品的美元价格与供求均衡量之间的乘积。假设现在新加坡元贬值,这意味着,同一商品用美元表示的价格如果不变,用新加坡元表示的商品价格会上升。而新加坡消费者所关心的是用新元表示的商品价格,如果该价格上升,它们将减少需求。如果外国出口商要保持其出口量的稳定,必须维持用新加坡元表示的价格不变。这意味着该进口品在新元贬值后,用美元表示的价格下降了,需求曲线平行地向下方移动。对外国的出口商而言,他们所关心的是用美元表示的价格,尽管在其出口品市场上用新元表示的价格不变,但既然用美元表示的价格下降了,外国出口商对该市场的商品供应量

自然会减少。因此进口品的供求均衡数量变成 M_1,即从 M_0 减少到 M_1,再加上商品的美元价格下降,使新加坡的外汇支出减少了,其支出量为用美元表示的商品价格与均衡供求量的乘积。

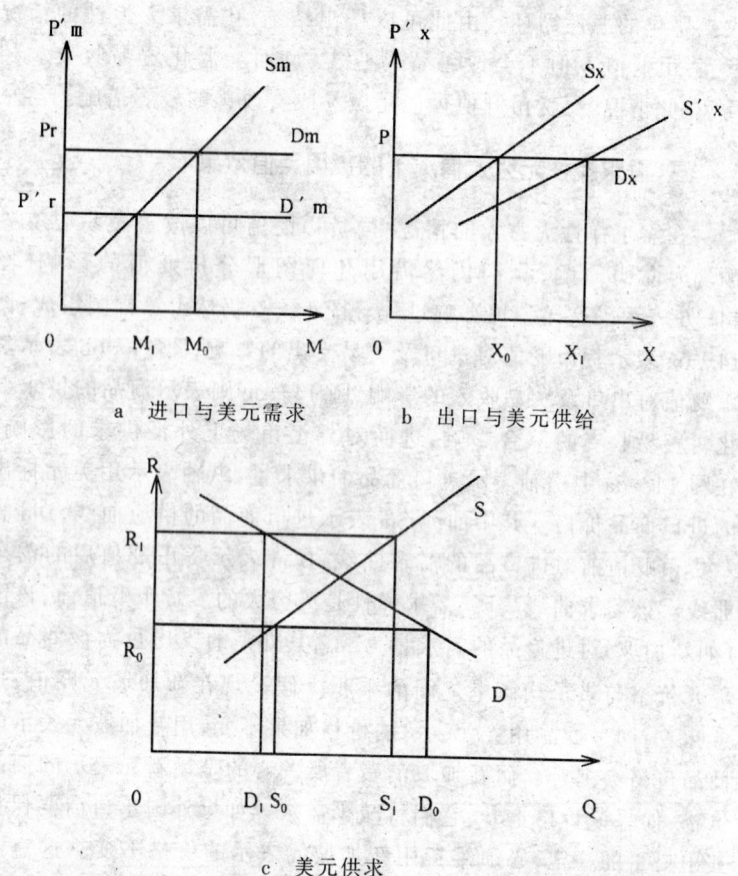

图 14-6 货币贬值与贸易收支变动——需求弹性无穷大的情况

在图 14—6b 中,横轴表示出口商品的供求数量,纵轴表示商品的美元价格。曲线 D_x 表示出口商品的需求曲线,S_x 表示在货币贬值前出口商品的供给曲线,$S'x$ 表示货币贬值后出口商品的供给曲线。在新加坡元贬值以前,新加坡的出口商所得外汇收入为用美元表示的出口商品价格乘以出口商品的供求均衡数量。新加坡元贬值后,尽管用美元表示的出口商品的价格保持不变,但用新元表示的价格上升了,新加坡出口商所关心的正是出口商品的新元价格,既然这一价格在货币贬值后提高了,所以必然鼓励出口商增加商品的出口。由于其产品的需求弹性为无穷大,因此对新加坡的出口商而言,不需要降低商品的美元价格就可以增加其商品的销售量(只要新加坡的出口商能够生产出来)。如图所示,既然出口商品的价格不变,而出口的数量增加了,所以其出口的收入肯定增加。如果进口的支出保持不变,只是出口收入的增加,该国的贸易收支就会改善。况且,进口商品的支出也同时减少了。

在图 14—6c 中表示了货币贬值前后,外汇的供求情况。图中,横轴表示外汇的供求数量,纵轴表示单位美元所能兑换的新加坡元的量。货币贬值前,一单位美元所换得的新加坡元的量相对比较少,主要是因为新加坡商品出口所获得的美元较少,使外汇的供应比较少,同时,商品进口所需的外汇比较多,就使外汇的支出比较多,这样形成了外汇供应少于外汇需求的情况。这种外汇供求之间的差额为 S_0D_0。外汇供应的不足或需求的过多,造成了外汇市场上的需求压力,从而导致新加坡元的贬值,一方面是外汇市场供不应求的压力使然,另一方面是为了改善贸易收支差额。货币贬值后,单位美元所能换得的新元量增加了,因而对美元的需求减少,即从 D_0 减少到 D_1,美元汇价的提高使美元的供应量增加了,即美元的供给量从 S_0 增加到 S_1,因此,在外汇市场上不是美元的供给小于需求,而是美元的需求少于供给。市场上的这种外汇供求关系的变化,实际上是商品市场上进口规模的下降和出口规模上升的反映。因为,一方面货币贬值促进了出口的增加,带来了外汇收入的增加,另一方面,用新元表示的进口品价格的上升,或外国出口商为维持用进口货币表示的商品价格不变,要么会减少对进口品的需求,要么减少进口品的供给,结果是新加坡外汇支出的减少。由此可见,在进出口商品的需求弹性比较大的情况下,一国的货币贬值能够改善其贸易收支的差额。

四、供给弹性无穷大情况下的货币贬值效果

我们现在分析第四种比较典型的情况,在一国进口品和出口品的供应弹性比较大的情况下,该国的货币贬值对贸易收支的影响。我们借助图14—7加以说明。该图也由三幅图组成,图14—7a表示一国(新加坡)进口品市场货币贬值前后商品供求的变化和外汇支出的变化,图14—7b表示出口品市场上新加坡元贬值前后商品供求和外汇收入的变化,图14—7c表示外汇市场上新元贬值前后外汇供求情况的变化。

在图14—7a中,横轴表示进口商品供求的数量,纵轴表示用美元表示的商品价格。由于供给弹性无穷大,所以供给曲线S_m是平行于横轴的,新加坡元贬值的需求曲线为D_m。新元贬值后,尽管用美元表示的进口品的价格没有变化,但是用新元表示的进口品的价格上升了,因而导致新加坡对进口品的需求下降,即从D_m曲线移到D'_m曲线。在用美元表示的价格相同的情况下,需求量从D_0减少到D_1。因需求量的减少,导致新加坡进口商品的外汇支出减少了,这将有利于改善该国的贸易收支状况。

在图14—7b中,横轴表示出口商品的数量,纵轴表示用美元标出的商品价格。由于供给弹性无穷大,所以出口的供给曲线与横轴是平行的。由于新加坡的出口商关心的是用新元表示的商品价格,因此在用新元表示的出口商品价格不变的情况下,用美元表示的商品的价格下降了,而出口品的消费者所关心的正是用美元表示的价格,因此当这一价格下降时,消费者的需求量必然增加,进而使出口量增加,图中表示为出口量从S_0增加到S_1。这种增加

能否改善贸易收支的差额,还要看在货币贬值前后用美元表示的商品价格的变化,以及它所导致的总收入的减少量是否能够被需求量的增加所带来的总收入的增加量所抵消,如果能够抵消,这种贬值才会导致贸易收支的改善。否则,货币贬值不但不能改善贸易收支,还可能使贸易收支恶化。衡量这种变化的直观图形是,图14—7b中用美元表示的商品价格与出口量的乘积在货币贬值后与货币贬值前的差异。假定进口支出保持不变,如果货币贬值后出口的总收益大于贬值前,则贸易收支改善,相反则贸易收支恶化。另外一种可能的情况是,贸易收支保持不变。因此,在供给弹性无穷大的情况下,贸易收支是否改善是不确定的,其结果要看需求弹性的大小。从图14—7b中可以看出,货币贬值不但没有改善贸易收支,反而使贸易收支恶化了。

在图14—7C中,横轴表示外汇(或美元)的供求数量,纵轴表示新加坡元对单位美元的汇率。D曲线表示外汇的需求曲线,其需求量直接反映进口品市场上的外汇支出。S曲线表示外汇的供应曲线,其供应量直接反映出口品市场上外汇的供应,该曲线与正常的供应曲线不同,它与汇率之间的关系时而为正相关,时而为负相关。其原因在于汇率变动与贸易收支,与外汇供应的关系不确定。我们看到,在新加坡元贬值以前,其汇率为 R_0,此时美元的供应为 S_0,美元的需求为 D_0,结果美元供不应求,其差额为 D_0S_0,美元的供不应求迫使美元汇价上升或新元汇价下降,使汇率从 R_0 变到 R_1,即用单位美元表示的新加坡元的汇率下降了,或一美元所能换得的新元的量增加了。在此情况下,美元的需求从 D_0 减少到 D_1,表明新加坡外汇支出的减少。另一方面,新元的贬值没有带来外汇收入的增加,反而使外汇的供应量从 S_0 减少到 S_1,也就是说,新元的贬值反而对贸易收支起到了相反的作用,即不是改善而是恶化了贸易收支。从总的外汇供求看,一方面,新元贬值减少了外汇的支出,另一方面,也减少了外汇的供给。因此该国仍然有贸易收支的逆差,其差额为 D_1S_1。至于贸易收支是否已经改善,可用 $TB = D_1S_1 - D_0S_0$ 的差额表示,如果其差额为正,贸易收支改善,如果差额为负,则贸易收支恶化。我们从直观上可以看出,新加坡元贬值后,其贸易收支没有改善。

由第四种情况的分析我们可以看出,在供给弹性无穷大的情况下,货币贬值对贸易收支的影响是不确定的。

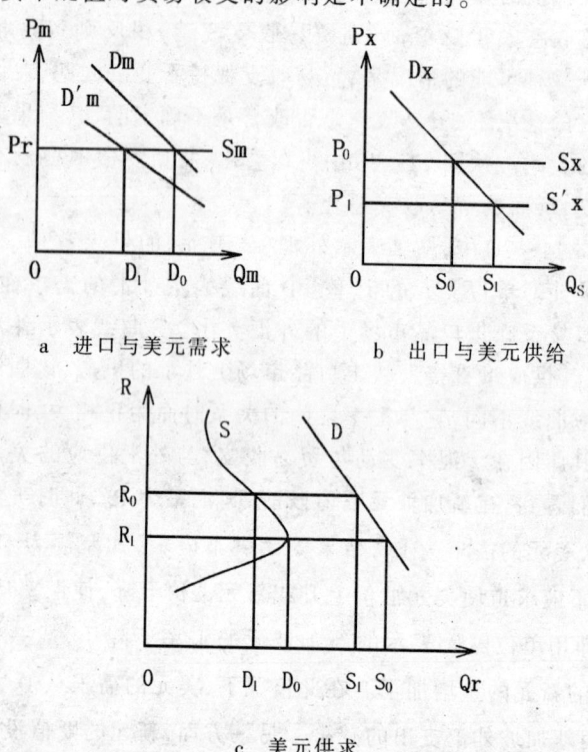

a 进口与美元需求　　b 出口与美元供给

c 美元供求

图 14-7　货币贬值与贸易收支变动——供给弹性无穷大的情况

由上述四种情况的分析可以看出,货币贬值能否改善一国的贸易收支与该国进出口产品的需求弹性和供给弹性有关,由于供给弹性的大小对贸易收支的影响有某种不确定性,因此可以肯定地说,货币贬值能否改善贸易收支与该国进出口产品的需求弹性密切相关。

第三节 马歇尔——勒纳条件

在上一节中,我们得出结论,一国的货币贬值能否改善其贸易收支,与该国进出口产品的需求弹性和供给弹性密切相关。马歇尔——勒纳条件就是从量上描述这一关系的基本理论。

一、马歇尔——勒纳条件的内容

我们从上一节的分析中发现,一国的货币贬值能否改善其贸易收支差额,进而是国际收支差额,依赖于该国进出口产品的需求弹性和供给弹性。一般而言,需求弹性越大,货币贬值对贸易收支的调节效果越好,越有利于改善贸易收支。当需求弹性无穷大时,一国的货币贬值不仅能够消除逆差,还可以使该国从逆差变为顺差。相反当需求无弹性时,一国的货币贬值不仅不能改善贸易收支,反而使贸易收支恶化。尽管进出口的供给弹性对贸易收支有影响,但是其影响的方向是不确定的。在现实中,由于一国货币的贬值不仅影响需求,而且还影响供给,所以我们不能从直观上将货币贬值对贸易收支改善的影响辨认清楚,马歇尔——勒纳条件就是比较精确地判定一国货币贬值对贸易收支影响程度的基本条件。一般而言,只要满足马歇尔——勒纳条件,一国的货币贬值就可以改善贸易收支。

假设,E_{tb} 表示贸易收支对汇率的反应弹性,即:

$$E_{tb} = (D_{tb}/V_m)/(dr/r) \tag{1}$$

式中,分子为净进口值,表示净进口对贸易收支的影响程度,分母为 dr/r,表示汇率的变动程度。该方程的左边表示汇率变动对贸易收支变动的影响程度或贸易收支对货币贬值的影响程度。

我们用组成上述式子的各个因素,进一步加以推导(推导过程从略)得出:

$$Etb = Vx/Vm[(dx+1)/(dx/sx)-1] - \{(Sm+1)/[(sm/dm)-1]\}$$
(2)

式中,Etb 表示贸易收支差额,即外汇供需差额,Vx 和 Vm 分别表示货币贬值前的出口值(外汇的供给)和进口值(外汇的需求),因此,$Etb = Vx - Vm = Px \cdot X - Pm \cdot M$,$dx$ 和 dm 为出口的需求弹性和进口的需求弹性。

从式(2)中,我们看到,当 $Etb > 0$ 时,货币贬值能够改善贸易收支;当 $Etb = 0$ 时,货币贬值对贸易收支无影响;当 $Etb < 0$ 时,货币贬值将导致贸易收支恶化。

我们将上节分析的四种情况带入此条件,如表14—1所示。

表14-1 四种特殊情况下货币贬值对贸易收支的影响

	供需弹性	贬值对贸易差额的影响
情况1.小国情况	$Sm = -dm = \infty$	$Etb = sx \cdot Vx/Vm - dm > 0$,贸易收支改善
情况2.需求无弹性	$dx = dm = 0$	$Etb = -Vx/Vm < 0$,贸易收支恶化
情况3.需求弹性无穷大	$dx = dm = -\infty$	$Etb = sx \cdot Vx/Vm + (s+1) > 0$,贸易差额改善
情况4.供给弹性无穷大	$Sx = Sm = \infty$	$Etb = (Vx/Vm)(-dx-1) - dm$,可能大于0,也可能小于0

在第四种情况下,即当 $Sx = Sm = \infty$ 时,

$$Etb = Vx/Vm - (-dm - 1) - dx \quad (3)$$

式中的 dx 和 dm 都是负值,因此,$-dx, -dm > 0$。假设,贬值前贸易收支为逆差,即 $Vx < Vm$ 或 $Vx/Vm < 1$,那么,贬值贸易改善贸易逆差的一个充分条件就是,进出口需求弹性之和的绝对值应大于 1,即:

$$|dx + dm| > 1 \quad (4)$$

这就是著名的马歇尔——勒纳条件。马歇尔——勒纳条件是在假定供给弹性无穷大时,货币贬值与贸易收支改善之间的关系。然而这个严格的假定,有助于我们得出肯定的结论。在这一条件中,只要一国出口和进口需求弹性的绝对值大于 1,那么,该国的货币贬值一定能够改善贸易收支,进而改善国际收支。

二、现实世界中的弹性估计

在现实世界中,汇率变动或调整能否改善贸易收支?马歇尔——勒纳条件能否得到满足?这是几十年来经济学家们感兴趣的问题,但学者们的结论并不一致。

20 世纪 20 年代,以马歇尔为代表的经济学家们深信,需求弹性足够大,货币贬值一定能够改善贸易收支。马歇尔在其《货币、信用与商业》(1923 年出版)一书中,首先提出了这一论点,但是并没有对此进行实证。40 年代,一些经济学家将计量经济学用于测算国际贸易中的需求价格弹性,结果估计值很低,由此推论,货币贬值往往会使贸易收支恶化,因此当时经济学界普遍流行着"弹性悲观论"。

40 年代需求弹性偏低的主要原因是,学者们所使用的数据是三四十年代的,当时的经济形势使许多国家采取了贸易的管制措施,因此商品的进口与贸易收支间的正常关系被人为阻断。到 60 年代,经济学家们根据 50 年代的数据估计进出口弹性时,结果是

需求弹性较高,由此"弹性悲观论"被"弹性乐观论"所代替。由此可见,一国进出口需求弹性的大小不仅决定于产品需求本身,还受到当时贸易环境的影响。1970年代,学者们的估计更坚定了"弹性乐观论"的观点。具体情况见表14—2所示。

表14-2　七大国进口需求弹性的估计值

国　别	dx	dm	dx + dm
美国	-1.41	-1.66	-3.07
加拿大	-0.79	-1.30	-2.09
英国	-0.48	-0.65	-1.13
日本	-1.11	-0.78	-1.39
法国	-1.31	-1.08	-2.39
德国	-1.11	-0.88	-1.99
意大利	-0.98	-1.03	-1.96

注:德国为当时的联邦德国。

资料来源:罗伯特·斯泰因等著,《国际贸易中的弹性》表2—2,英国麦克米伦和贝辛斯托公司,1976年版,第49页。

三、货币贬值的J型曲线效应

经济学家们在40年代分析国际贸易需求弹性偏低的另一个原因是,根据当期的收入和价格之间的关系作回归分析(或最多滞后一年)。但是进出口收入对价格变化的反应是比较缓慢的。一般而言,一国货币贬值后,贸易收入的充分调整或货币贬值的作用完全释放出来,大约需要三四年的时间。因此,货币贬值后,进出口相对价格变动与贸易量增减变化之间存在着时滞。60年代以后,学者们在考察进出口需求弹性时,比较充分地考虑到了贸易对汇率变化进行反应的时滞。

一国货币贬值后,贸易收支变动对汇率变动作出反应的过程或变动的轨迹,被经济学家们概括为"J型曲线",即当一国货币贬值后,贸易收支呈现出初期贸易收支恶化,然后逐步改善,最后贬值效果消失的情形。

为了解释这种现象,我们借用一国贸易收支表达式逐一对此加以分析。即:

$$TB = (P_x \cdot Q_x) - [(e \cdot P'_m) \cdot Q_m]$$

式中,TB表示贸易收支差额,P_x表示以本币表示的出口商品价格,P'_m表示用外币表示的进口商品价格,Q_x为出口数量,Q_m表示进口数量,e表示汇率。我们假设,t_0时期该国发生货币贬值,因为贸易合同是在发货和这笔交易进入贸易统计之前的某个时期签定的,因此贬值对Q_x和Q_m,即贸易量不会立即产生影响,在此情况下,用本币表示的进口支出会增加,同时如果用本币表示的出口品价格不变,出口的收入用外币表示时还可能减少。如果所有的贸易合同距发货的期限相同,那么贸易收支恶化将持续到时期t_1。从这一点t_1开始,t_0时期以后签定的贸易合同开始交货,并进入贸易统计数字。由于编制导致以外币表示的出口商品价格下降,所以出口合同数量增加,以本币表示的出口价格也可能提高,于是出口值开始增加;另一方面,由于贬值引起的以本币计价的进口价格提高了,所以进口需求下降,进而进口合同数量下降,贸易逆差开始缩小,到了t_2时期,贸易逆差消失。如果贬值的幅度很大,那么t_2后,贸易收支可能转为顺差。由于货币贬值后,贸易差额的变动轨迹或路径像英文字母"J"的形状,因此人们将货币贬值与贸易收支改善之间的关系称为"J型曲线效应"。如图14—8所示。

四、货币贬值与贸易条件

汇率变动除了可以调整贸易收支和国际收支之外,还产生了

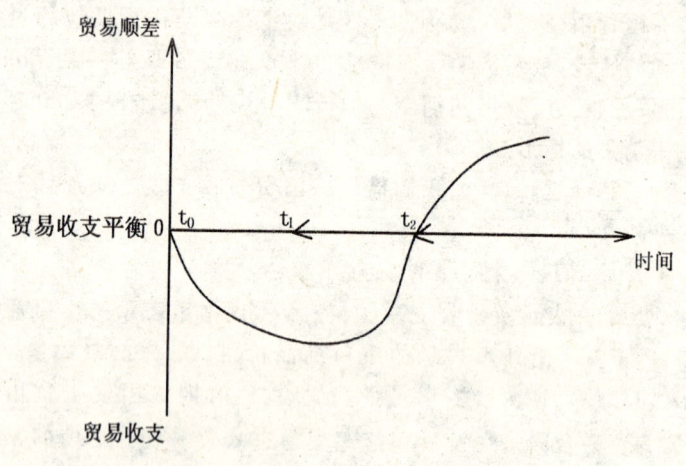

图 14-8 货币贬值的"J 型曲线效应"

其他方面的经济效应。为了说明一国的货币贬值是否有利于贬值国本身,还需要考察货币贬值对该国贸易条件的影响,以及对国民收入水平的影响。关于第二个方面的影响,我们将在下一章加以阐述。这里我们主要讨论第一个方面的影响。

在阐述国际贸易理论时,我们曾经讲述过国际贸易条件。在我们加入货币因素后,贸易条件可以表述为,以一种货币表示的一国进口商品平均价格与出口商品平均价格的比率。一般情况下,本国货币贬值以后,本国货币表示的进口商品价格可能上升,以外币表示的出口商品价格可能下降,而以本币表示的商品价格会上升。因此,货币贬值后,该国的贸易条件是改善、不变,还是恶化,这需要比较进出口价格各自的变动幅度才能确定,而进出口价格的变动幅度是由商品的供给和需求弹性决定的。经数学推导,可以得出以下几种情况:

(1) 当 $dx \cdot dm > sx \cdot sm$ 时,货币贬值会改善贸易条件(Px/Pm);

(2) 当 $dx \cdot dm = sx \cdot sm$ 时,货币贬值对贸易条件没有影响;

(3) 当 $dx \cdot dm < sx \cdot sm$ 时,货币贬值会恶化贸易条件。

第四节 人民币贬值对我国贸易收支的影响

在开放经济条件下,各国都会遇到如何调整汇率以有利于本国贸易收支,乃至国际收支改善的问题,中国也不例外。我们也在思考人民币汇率的调整是符合马歇尔——勒纳条件的问题。

一、中国进出口商品的需求弹性

对于人民币是否满足马歇尔——勒纳条件的问题,中国的理论界多持否定的看法。一般认为,中国的进出口需求弹性比较小,人民币贬值对改善贸易收支的作用不大。其理由主要是两个方面,一是结构性因素论,另一个是体制性因素论。

结构性因素论认为,中国出口的商品主要是初级产品和纺织品、服装等劳动密集型产品。这些产品在国际市场上竞争激烈,且需求弹性低。尤其是80年代以来,世界市场上初级产品贸易不断下降,需求有相对缩小的趋势,需求弹性很低。此外,纺织品、服装、鞋类和玩具等我国主要出口品往往被发达国家视为"敏感产品"而加以限制,从而人为地降低了这些产品的需求弹性。

从中国进口产品的需求结构看,我国进口的商品中,有80%是各种生产资料,此外还有一部分是引进国外技术含量比较高的产品,这些产品的进口难以压缩,因而中国的进口需求弹性也比较低。

体制性因素论者认为,1992年以来,尽管中国一直致力于经济的市场化,但进展比较慢,特别是对外贸易的主要经营者是国营外贸公司,因此难以对商品价格作出迅速的反应。

二、人民币的贬值效应

中国金融学领域的著名专家陈彪如教授在《人民币汇率研究》[①]一书中,通过对1980年—1989年期间的有关数据计算了中国的进口需求和出口需求的弹性,其结论是,中国的进口需求弹性为-0.3007,出口需求弹性为-0.7241。两个弹性之和的绝对值为1.0248,略大于1,勉强满足马歇尔——勒纳条件。这一结果表明,人民币的汇率调整或贬值对改善贸易收支的作用效果不是十分明显。

正如我们前面已经提到的,由于所选资料的时间不同,得出弹性高低的结论可能有很大的不同。中国正处于经济市场化的过程中,市场因素起作用的程度,决定了消费者和生产者对价格的反应程度。进入90年代以来,中国经济市场化的步伐逐步加快,中国的出口商品结构和进口商品结构也发生了明显的变化,即由过去以出口初级产品为主,转向以出口制成品为主。在制成品出口中,又大体上出口机电产品和其他技术含量较高的产品。因此应该说,中国进口和出口产品的需求弹性都有不同程度地提高。中国目前所面临的一个重要课题是,在国际市场有限的情况下,一些产品出口国借用货币贬值的方法改善贸易收支,常常会导致各国的竞相贬值,从而互相抵消着货币贬值对改善贸易收支的积极作用。

本章小结

1.当一国发生贸易收支逆差时,各国都希望通过政策进行调整,调整汇率可能是比较简便的政策措施。

2.一般而言,当一国贸易收支发生逆差时,本国货币对外贬值可以改善贸易收支的差额。货币贬值对贸易收支的调整作用,可

[①] 陈彪如著,《人民币汇率研究》,华东师大出版社,1992年,第80页。

第十四章 国际收支调整的弹性论

以通过对进出口商品的价格和数量起作用的。

3. 从四种特殊情况下货币贬值对贸易收支的影响看,进出口商品的需求弹性和供给弹性起着关键性的作用。由于供给弹性对贸易收支的调整方向不同,进出口的需求弹性决定了贸易收支调整的方向和程度。一般而言,一国进出口产品的需求弹性越大,货币贬值对改善贸易收支的效果越好。

4. 马歇尔—勒纳条件为 $|dx+dm|>1$,即当本国进出口商品的需求弹性之和的绝对值大于 1 时,货币贬值能够改善贸易收支差额。

5. 货币贬值也会影响贸易条件。

6. 货币贬值对贸易收支的改善并非立即发生作用,而是有一定的时滞,在此过程中,贸易收支的变动轨迹呈"J"型,被称为"J 型曲线效应"。

7. 中国的进出口需求弹性决定了人民币贬值对贸易收支改善的效果。不同的历史时期,人民币汇率调整的作用有所不同。随着中国经济体制的转型,人民币的贬值效应会有扩大的倾向。

本章思考题

1. 货币贬值的效应受哪些因素的影响?
2. 一般情况下,货币贬值对贸易收支有哪些影响,为什么?
3. 在小国情况下,货币贬值对贸易收支会产生什么影响?
4. 在需求无弹性情况下,货币贬值对贸易收支的影响如何?
5. 在需求弹性无穷大情况下,货币贬值对贸易收支的影响如何?
6. 在供给弹性无穷大情况下,货币贬值对贸易收支的影响如何?
7. 马歇尔—勒纳条件的理论意义是什么?
8. 货币贬值对贸易条件有哪些影响?

9.试说明改革开放以后,中国汇率调整的效果。它将朝着哪个方向发展?

第十五章　国际收支的收入调整论

在这一章里,我们主要阐述一国的收入调整对贸易收支的影响。1936年,凯恩斯在《就业、利息和货币通论》中比较系统地建立了宏观经济理论,他提出,在封闭经济条件下,一国的收入水平决定于它的需求水平。政府可以通过调整需求水平,维持一国较稳定的收入水平。此后不久,经济学家哈罗德、费里茨·麦克勒普与S·亚历山大等将凯恩斯的乘数分析法和支出分析法应用于开放经济下国际收支调整的分析中。

第一节 国际收支调整的吸收方法

一、分析的假定条件

为了简化我们的分析过程,需要作几点假定。

第一,各种商品的价格保持不变,有关国家采取固定汇率制度,即不采取货币贬值或不允许市场力量带来汇率的变动。这种假定意味着,我们只是从收入变动或需求变动造成的收入变动的角度,阐述其对贸易收支,进而对国际收支的影响。

第二,经济中现存的供给与需求的均衡是低于充分就业水平的均衡。它意味着,产出水平可以在价格不变的前提下,通过调整需求水平来提高或降低。

第三,货币供应量只根据商品交易中所需要的货币量加以调整。因此,货币供应量的变动不会导致商品价格的变动,只会根据产出量的增减变动或货币需求的增减变动来调整货币供应量。

二、国际收支调整论吸收方法的内容

国际收支调整的吸收方法或收入调整论是亚历山大于1952年提出的,其基础是凯恩斯的支出分析。吸收论从凯恩斯的国民收入均衡公式出发,研究调整支出对稳定一国收入的作用。根据凯恩斯的理论,国民收入 = 消费 + 投资 + 政府支出,即 $Y = C + I + G$。它表明在封闭条件下,收入水平依赖于支出水平。在开放经济条件下,应该将来自外国的需求和对外国的需求因素考虑进来,即将对外贸易包括进来,国民收入的均衡公式变为:

$$Y = (C + I + G) + (X - M) \tag{1}$$

式中,Y 表示一国的国民收入水平,C 表示该国的消费需求水

平，I 表示私人投资需求水平，G 表示政府支出水平，X 表示出口值，M 表示进口值。其中(C+I+G)表示国内的吸收或需求水平，X 和 M 表示贸易收支差额或 TB。因此我们还可以将公式写成：

$$Y = E + (X - M) = E + TB \text{ 或 } TB = Y - E \tag{2}$$

这就是国际收支调整的收入调整或吸收调整论的表达公式。它表明，一国国际收支差额(假设没有资本流动)或贸易收支差额等于国民收入减去国内吸收(或国内的总支出)的差额。国际收支平衡或贸易收支平衡等于国民收入等于国民总吸收，顺差表示国民收入大于国民总吸收，逆差表示国民总收入小于国民总吸收。所以，一国国际收支失衡最终要通过国民收入或国民吸收加以调节。在调节吸收的过程中，主要是针对国内需求的调整，增加或减少国内吸收，或通过调整国民收入，增加或减少收入总量。根据公式(2)可以得到：

$$\triangle TB = \triangle Y - \triangle E \tag{3}$$

式中，吸收的变化可分为两个部分，一部分是"引致支出"效应所产生的变化，这一部分是收入变动的结果，可记作 $c\triangle Y$，其中 c 表示边际吸收倾向，它等于边际消费倾向和边际投资倾向之和。所谓边际投资倾向是指，增加的收入中用于增加投资的比例。第二个部分是，除收入变动之外其他因素的变动对吸收的直接影响或直接效应，记作 Ed。因此上述公式也可推出：

$$\triangle(TB) = (1 - C)\triangle Y - Ed \tag{4}$$

由(4)式可以看出，要改善贸易收支、国际收支，需要调整本国的收入和本国的消费需求与投资需求。

三、贬值与吸收

亚历山大认为，国际收支或贸易收支的弹性论把贬值所起到的改善贸易逆差的效应看得过于简单了，如果考虑到收入问题，那么贬值只有在一国收入大于支出时才会起到调节贸易收支的作用。从(4)式中可以看出,贬值对贸易收支的影响包括两个部分,即对收入的影响和对吸收的影响。然而,一旦将贬值因素加进来,考虑的因素就超出了我们前面的假定。

就贬值的收入效应而言,贬值通过两个方面对收入产生影响。首先是闲置资本效应。在生产要素尚未充分利用之前,贬值可以刺激国内外居民对本国产品的需求,并通过波及性的影响使国民收入水平提高。但是随着国民收入的增加,国内消费、投资(国内吸收)也会增加,因此,贬值对贸易收支是正还是负决定于$(1-C)$。如果$C<1$,国内吸收的增加小于国民收入的增加,此时贸易收支会改善;如果$C>1$则国内吸收的增加大于国内收入的增加,此时出口增加小于进口的增加,结果贸易收支会恶化;如果$C=1$,表示国内吸收增加等于国民收入的增加,新增国民收入完全被国内吸收,贸易收支保持不变。其次是贸易条件效应。一般而言,贬值会使贸易条件恶化,贬值会使国民收入下降,国内吸收也随之下降,其净影响取决于$(1-C)$。如果$C<1$,则国内吸收的下降小于国民收入的下降,此时贸易收支会恶化;如果$C>1$,则国内吸收的下降大于国民收入的下降,贸易收支得到改善;如果$C=1$,则国内吸收的下降等于国民收入的增加,贸易收支保持不变。因此,贬值通过对收入效应、贸易收支,进而是国际收支产生影响。这就是(4)式中右边第一项的基本含义。

货币贬值对吸收的直接影响主要包括三个部分。第一是"货币余额效应"。一般而言,货币贬值会推动国内物价的上涨,使居民所持有的货币余额减少,居民为使自己持有的货币额保持不变,他们一方面会出售原有的资产,使货币的需求上升,利率随之上升,投资下降,另一方面居民会减少消费支出,这两个方面的共同作用将使国内的吸收水平下降。第二是"收入再分配效应"。货币贬值后,由于物价水平先于工资水平的提高而提高,一部分收入将从工薪阶层那里转到利润收入者那里,由于后者的边际储蓄倾向高于工薪阶层,因而会使总吸收下降。第三是"货币幻觉效应"。当货币贬值、物价上涨时,人们的收入水平有可能随之成比例地提高,但是,物价水平的提高使人们产生某种幻觉,似乎收入水平下降了,因而减少货币的支出,其结果使国内的吸收下降了。

第二节 国际收支调整的乘数论

根据凯恩斯的宏观经济理论,在开放经济条件下,国民收入账户的总支出为:个人消费(C) + 私人投资(I) + 政府支出(G) + 商品和劳务出口(X) – 商品和劳务进口(M),总收入为消费(C) + 储蓄(S) + 税收(T)。国民收入的均衡条件是总支出等于总收入。用公式表示即为:

$$C + I + G + X - M = C + S + T \tag{5}$$

将上述方程作一简单变换为:

$$X - M = (S - I) + (T - G) + (C - C) \tag{6}$$

因此,贸易收支差额可以表示为私人部门的储蓄与投资的差额加上政府的财政收入(T)与政府支出的差额。即一国的贸易收支依赖于一国的私人净投资和政府的财政净收入。当二者为正时,贸易收支为顺差。

实际上,凯恩斯理论不仅强调支出对收入的决定作用,而且更强调支出变动对收入变动的乘数效应。

一、封闭条件下的乘数

在封闭经济条件下,一国没有对外贸易,因此 $X = M = 0$。现假设,D 为政府的财政赤字,即政府的财政支出大于财政收入。用公式表示为: $-D = T - G$,因此(6)式可改写成:

$$S = I + D \tag{7}$$

由(7)式,我们有:

$$\triangle S = \triangle I + \triangle D \tag{8}$$

假设 c 为边际消费倾向,即在增加的收入中增加的消费所占的比例,用公式表示为 $c = \triangle C/\triangle Y$,s 为边际储蓄倾向,即增加的储蓄占增加的消费的比重,用公式表示为 $s = \triangle S/\triangle Y$。由于居民的收入一般分成两个部分,即消费和储蓄,所以边际消费倾向加上边际储蓄倾向等于1,或 $c + s = 1$。我们将公式 $S = \triangle S/\triangle Y$ 作简单变换,则 $\triangle S = s \cdot \triangle Y$,将此公式带入(8)式,我们得到:

$$\triangle I + \triangle D = s \cdot \triangle Y, \text{即} \triangle Y = (\triangle I + \triangle D)/s \tag{9}$$

由于 $s = 1 - c$,所以(9)式还可写成:

$$\triangle Y = (\triangle I + \triangle D)/(1 - c) \tag{10}$$

这里的 $1/s$ 或 $1/(1-c)$ 就是收入乘数。收入乘数是一个系数,它表示投资或政府支出的变化所导致的收入水平的倍数变化。由于 s 和 c 小于1,所以 $1/s = 1/(1-c) > 1$。例如,$s = 0.25$,则乘数为4,就是说,如果政府支出或私人投资增加100亿美元,则该国的国民收入增加400亿美元。反之,当私人投资或政府支出减少100亿美元时,国民收入水平将降低400亿美元。

二、开放经济条件下的外贸乘数

为了分析的方便,我们假定实施开放经济的国家是一个小国。在国际经济学中,所谓小国是指那些本国经济活动对世界经济的影响很小,以致可以忽略不计的国家。对于一个开放的小国而言,商品的出口对进口国的进口没有显著的影响,因而对进口国的国民收入水平也无明显的作用。

在开放经济中,进口水平决定于本国的国民收入水平。一般而言,收入水平提高时,该国对进口商品和劳务的需求也增加,因而进口额也会上升。进口额与国民收入水平之间存在如下函数关系:

$$M = M_0 + mY \tag{11}$$

上述公式为一国的进口函数。其中 M_0 为自发进口,即它与国民收入的水平无关,m 为边际进口倾向,即收入的增减变动对进口增减变动的影响,或进口变动量占收入变动量的比例。由(6)式,我们得到:

$$\triangle(X - M) = \triangle(S - I) - \triangle D \tag{12}$$

将 $\triangle M = m \cdot \triangle Y$、$\triangle S = s \cdot \triangle Y$ 代入上式,可以得出:

$$\triangle Y = (\triangle I + \triangle X + \triangle D)/(s + m) \tag{13}$$

我们假设,A 为支出的增加额,则 $A = \triangle I + \triangle X + \triangle D$,因而(13)式可以简化为:

$$\triangle Y/A = 1/(s + m) \tag{14}$$

这里的 $1/(s+m)$ 就是外贸乘数。它表明,在开放经济条件下,私人投资、政府支出、出口每增加 1 个单位或减少 1 个单位,这些将导致国民收入增加或减少 $1/(s+m)$ 个单位。

在开放经济条件下,一国国民收入由四个部分构成,即 $Y = C + S + T + M$。如果我们不考虑政府的财政收入部分,一国国民收入的增加为:$\triangle Y = \triangle C + \triangle S + \triangle M$,将该等式变形,得到 $1 = \triangle C/\triangle Y + \triangle S/\triangle Y + \triangle M/\triangle Y$,于是我们有 $c + s + m = 1$,因此 $1/s > 1/(s+m) > 1$。该结论表明,有了对外贸易以后,主要是考虑到进口因素以后,一国支出的增减变动所带来的国民收入变动的乘数仍大于1,但是小于封闭条件下的国民收入增减的乘数。这是因为,考虑了进口因素之后,一国支出增加所带来的收入增加量比没有考虑到进口因素时要小,进口是形成本国国民收入的漏出量,或者说这种进口需求形成了对外国产品的需求,因而形成了外国的收入,所以考虑到进口以后的国民收入乘数比封闭条件下的乘数要小。

三、开放经济中的收入调整机制

为了分析问题的方便,我们仍然假定所分析的国家是一个小国。现在我们看,在固定汇率制度下,一国如何通过调整收入来调整贸易收支,进而是国际收支。我们用 TB 表示贸易收支差额,我们能够得到:

$$TB = X - M \tag{15}$$

因此,$\triangle TB = \triangle X - \triangle M$ \hfill (16)

由于 $\triangle M = m \triangle Y$,$\triangle Y = (\triangle I + \triangle X + \triangle D)/(s + m)$,所以我们可以推出:

$$\triangle TB = [\triangle X - m(\triangle I + \triangle X + \triangle D)]/(s + m) \tag{17}$$

假设该国不改变私人投资、政府支出来调节经常项目失衡,自发的进口变化为零,即 $\triangle I = \triangle D = \triangle M_o = 0$,则有:

$\triangle TB = [\triangle X - m(0 + \triangle X + 0)]/(s + m)$,简化为:

$$\triangle TB / \triangle X = s/(s + m) > 0 \tag{18}$$

(18)式表示,在贸易收支逆差的情况下,出口值每增加1美元,将使贸易收支改善 $s/(s + m)$ 倍。由于 $0 < s/(s + m) < 1$,所以其改善的数额小于出口的增加额。

再假设,$\triangle I \neq 0$,并用 $\triangle I$ 除(17)式各项,我们得到:

$\triangle TB / \triangle I = [\triangle X - m(\triangle I + \triangle X + \triangle D)]/(s + m)$,如果 $\triangle X = \triangle D = 0$,则该式变成:

$$\triangle TB / \triangle I = - m[1/(s + m)] < 0 \tag{19}$$

该式表明,私人投资每增加(或减少)1美元,贸易收支将恶化(或改善)$m/(s + m)$ 倍。由于 $0 < m/(s + m) < 1$,所以其恶化(或改善)贸易收支的数额小于私人投资的增加(或减少)额。同样地,如果我们假定其他变量保持不变,而只改变 $\triangle D$,则有:

$$\triangle TB / \triangle D = - m/(s + m) < 0 \tag{20}$$

这表明,政府的财政支出每增加(或减少)1美元,能够使贸易收支恶化(或改善)$m/(s+m)$倍。由于 $0 < m/(s+m) < 1$,所以其恶化(或改善)贸易收支的数额小于政府支出投资的增加(或减少)额。

为了考察开放经济条件下的一系列乘数效应,假设一个开放经济的小国,其 $c = 0.7, s = 0.20, m = 0.10$,且该国贸易收支存在逆差,其调整过程如表15-1所示。

表15-1 开放经济下小国用收入调整法调节贸易收支举例

单位:亿美元

时期	△X	△M	△TB	△S	△C	△Y
1	-100	0	-100	0	0	-100
2	0	-10	-90	-20	-70	-70
3	0	-7	-83	-14	-49	-49
4	0	-4.9	-78.1	-9.8	-34.3	-34.3
⋮	⋮	⋮	⋮	⋮	⋮	⋮
n	0					

从表中可以看出,我们首先假设,贸易逆差是由出口下降引起的。我们将时间因素考虑进去,在时期1,该国出口下降100亿美元(以后出口不再发生变化),结果是国民收入减少100亿美元。由于进口保持不变,所以贸易收支出现100亿美元的逆差。在时期2,国民收入减少100亿美元,该国进口减少额为 $△M = m△Y = 0.1 \cdot 100$ 亿美元 $= 10$ 亿美元。由于进口减少,贸易收支逆差减少到90亿美元,同时储蓄减少20亿美元($△S = s△Y = 0.2 \cdot 100$ 亿美元 $= 20$ 亿美元),消费下降了70亿美元($△C = c△Y = 0.7 \cdot 100$ 亿美元 $= 70$ 亿美元),所以在第2个时期,国民收入又下降了70亿美元。在时期3,由于国民收入下降了70亿美元,所以进口又下降

了7亿美元,贸易收支逆差减少到83亿美元,储蓄减少14亿美元,消费下降49亿美元,引起国民收入进一步下降至49亿美元。在时期4,进口又下降了4.9亿美元,贸易收支逆差进一步下降到78.1亿美元,国民收入下降了34.3亿美元。依此类推,经过较长的一段时间后,即经过多个时期的延续,出口下降使国民收入共下降了:

$$\triangle X(1 + C + c2 + c3 + \cdots + cn + \cdots) = -100 \cdot [1/(1-0.7)]$$
$$= -333(亿美元)$$

进口共下降 $-100 \cdot [1/(1-0.7)] \cdot 0.1 = 33.3(亿美元)$。

以上的各项结果可以通过有对外贸易条件下的一系列乘数获得:

$$\triangle Y = \triangle X/(s+m) = -100/(0.2+0.1)$$
$$= -333(亿美元)$$

由于该国的国民收入下降,其总支出也相应下降,因而进口下降,下降额为:

$$\triangle M = m\triangle Y = 0.1 \cdot (-333) = -33.3(亿美元)$$

可见,出口下降100亿美元所带来贸易收支逆差,进一步引起国民收入水平下降,从而造成进口下降33.3亿美元,综合起来,由于出口减少带来的贸易收支逆差增加了66.7亿美元。这种自发的调节结果也可以从我们前面的乘数公式中得到:

$$\triangle TB = \triangle X - (s/s+m) \cdot \triangle X = -100 - (0.2/0.2+0.1) \cdot (-100)$$
$$= -33.3(亿美元)$$

从以上分析可以看出,靠外贸乘数的自动调节作用难以在短期内完成调整贸易收支逆差的任务,只是在一定程度上缓解了贸易收支逆差或贸易收支不平衡的状况,因此,还需要借助政府的平衡政策。

根据公式(20),一国可以通过减少政府支出,使经常项目恢复平衡。(17)式中,我们设 $\triangle I$ 为零,那么我们可以得到:

$$\triangle TB = \frac{s}{s+m} \cdot \triangle X - \frac{m}{s+m} \cdot \triangle D \qquad (22)$$

使贸易收支恢复平衡,即 $\triangle TB = 0$ 的条件是 $\triangle D = (s/m)\triangle X$。根据(17)式,我们有 $\triangle Y = (\triangle X + \triangle D)/(s+m)$,因此,

$$\triangle M = m \cdot \triangle Y = m/(s+m) \cdot (\triangle X + \triangle D) \qquad (23)$$

将 $\triangle D = (s+m) \cdot \triangle X$ 代入上式,我们得到 $\triangle M = \triangle X$,即贸易收支平衡。因此,调整政府的支出水平是实现贸易收支平衡的重要政策措施。

四、外国收入的影响

在前面的分析中,我们所阐述"乘数效应"的基本前提是小国经济,即一国对外贸易占世界贸易中的比重微不足道,现在我们放松对小国的假定。实际上,一国的商品进口就是其他国家的商品出口。因而当本国的进口增加时就意味着别国出口的增加,从而是出口国国民收入水平的提高。别国收入水平的提高,又会增加对进口品的需求;而别国进口的增加又会影响到本国出口,进而对本国的国民收入增加有积极影响。因此在开放经济条件下,一国国民收入的增减变动不断地受到本国的出口和本国的进口、外国的出口和外国的进口的相互影响。对于一个大国而言,这种影响更加明显。就乘数论而言,如果我们将本国增加了对外国产品的需求以后,外国收入水平提高,又反过来增加对本国产品的需求,从而是本国出口的进一步增加对本国国民收入水平的影响考虑进去,外贸乘数会发生哪些变化呢?

当我们考虑到外国收入增加后把对本国产品的需求考虑进去,本国和外国的储蓄——投资均衡条件可以表示为:

$$[S(Y) - I_d] + (T_d - S_d) = X(Y_f) - M(Y) \qquad (24)$$

$$[S(Y_f) - I_f] + (T_f - S_f) = M(Y) - X(Y_f) \qquad (25)$$

式中,S 表示本国的储蓄额,它受到本国国民收入 Y 的影响,I

表示私人投资，T表示政府的财政收入，X表示本国的出口，Y_f表示外国的国民收入，M是外国的出口。但我们用本国的进口来表示，而外国的进口，我们用本国的出口来表示，以表明世界上只有两个国家，下标f表示是外国的与本国相应指标，如S表示本国的储蓄，而S_f则表示外国的储蓄。我们假设本国支出增加用"A"来表示，略去推导过程，我们得到，在考虑本国出口对别国收入影响的条件下的外贸乘数为：

$$\triangle Y/A = [1+(mf/sf)]/[(s+m)/(mf \cdot s/sf)] \quad (26)$$

式中，mf和sf分别表示外国的边际进口倾向和边际储蓄倾向。如果外国的收入水平因本国的进口而提高后，并不增加对本国商品的购买或进口，那么mf=0，此时本国的外贸乘数仍然是不考虑外国收入影响时的乘数。如果mf>0，则乘数为(26)式中的乘数结果。将(26)式与(14)式比较可以看出，考虑外国收入影响时的乘数大于不考虑该因素时的乘数。因为当考虑外国收入因本国的进口变动而发生变动后，实际上是考虑了外国收入变动后对本国出口产品需求的可能变动，无论这种变动的方向如何，其影响程度肯定是增大了。一般而言，外国进口的变动方向应该与本国进口的变动方向相一致。因为当本国的进口增加时，外国的出口增加，从而使外国的国民收入水平提高，反过来，外国的国民收入水平的提高又会增加对本国出口品的需求，从而使本国的出口增加，本国的国民收入水平提高。我们的结论是：在考虑外国收入的影响时，本国进口的增加，在第一轮漏出一部分国民收入之后，在第二轮后会有利于本国国民收入水平的提高，反之不利于本国收入水平的提高。因此，当一国因经济衰退而减少进口需求时，这不仅影响到外国产品的出口和收入水平的下降，还进一步引起外国对本国产品需求的下降和本国的出口下降、国民收入水平下降，因而衰退的经济会因进口需求或外贸的减少而进一步衰退。

我们还使用前面的例子，假定本国的$s=0.2, m=0.2$，进一步假定外国的边际进口倾向为 mf = 0.2,边际储蓄倾向为 sf = 0.2,那么将这些变量代入(26)式之后,我们有:

$$\triangle Y/A = [1 + 0.2/0.2]/[0.2/0.2 \cdot (0.2 \cdot 0.2/0.2)]$$
$$= 10$$

如果 mf = 0 则,我们有:

$$\triangle Y/A = [1 + 0/0.2]/[0.2 + 0 + (0 \cdot 0.2/0.2)]$$
$$= 5$$

显然,在考虑外国收入影响后,本国的外贸乘数比以前要大。由此我们可以得出结论:在开放经济条件下,各国经济的增长或国民收入水平的变动是相互依赖的,或者说各国之间经济的运行状况是相互传递的。

本章小结

1. 在开放经济条件下,一国的国民收入水平不仅决定于国内的需求水平,还决定于本国的对外贸易状况,因此国民收入均衡水平的公式变成:$Y = (C + I + G) + (X - M)$。在这里,本国出口的增加意味着本国产品需求的增加,这有利于本国国民收入水平的提高,然而本国的进口增加则是本国国民收入水平形成的漏出量。

2. 与国内各种需求对国民收入的影响类似,出口需求和进口需求对本国收入水平的影响不只是一轮的,而是多轮的。因而这种需求的变动对国民收入也会产生乘数效应。

3. 在开放的小国经济下,我们得到的有了外贸以后的国民收入乘数,为 $\triangle Y/A = 1/(s + m)$。在考虑到对外贸易以后,各种因素变动对贸易收支的影响乘数分别为:

(1) 本国出口对贸易收支影响的乘数:$\triangle TB/\triangle X = s/(s + m)$

(2) 本国私人投资对贸易收支影响的乘数:$\triangle Y/\triangle I = -m/(s + m)$

(3) 本国政府支出对贸易收支影响的乘数:$\triangle Y/\triangle D = -m/$

$(s+m)$

4. 对小国而言,其进口需求对外国收入的影响可以忽略不计,但是对于一个大国则不然,本国的进口需求可能对外国的国民收入水平有很大的影响,以致外国收入水平的变动又反过来进一步影响到本国的收入水平。因此,考虑到本国的进口对外国收入以后,国民收入的均衡就是一个相互影响的均衡了,其均衡关系可以概括为:

$$[S(Y) - Id] + (Td - Sd) = X(Yf) - M(Y)$$
$$[S(Yf) - If] + (Tf - Sf) = M(Y) - X(Yf)$$

该均衡关系表明,本国和外国之间的国民收入水平是相互影响的。

5. 考虑到外国收入的影响以后,本国的国民收入乘数变成:
$\triangle Y/A = [1 + (mf/sf)]/[(s+m) \cdot (mf \cdot s/sf)]$

6. 本国收入水平与外国收入水平之间的相互影响表明,在开放经济条件下各国的经济运行是相互传递的。

本章思考题

1. 封闭经济条件下的收入均衡与开放条件下的收入均衡有何不同?

2. 在开放经济条件下,小国的国民收入乘数发生了哪些变化?

3. 指出出口、私人投资和政府支出变化对贸易收支的影响。

4. 为什么在大国条件下要考虑到本国进口对外国收入的影响?

5. 考虑外国收入的影响以后,国民收入的均衡关系发生了哪些变化?

6. 考虑到本国进口对外国收入的影响以后,本国国民收入的乘数发生了哪些变化?

7. 试述在开放经济条件下,各国经济运行的相互传递机制。

第十六章 国际收支调整的货币理论

在开放经济条件下,一国货币的供求会影响到该国的国民收入水平、贸易以及国际收支。本章从货币供求的角度,阐述贸易收支调整理论。

第一节 价格——铸币流动机制

国际收支的货币分析法可以追溯到18世纪中叶,大卫·休谟在1752年的著作中将物价与货币供给联系起来,并结合货币数量论和国际间的货币流动,提出了著名的价格——铸币流动机制,该理论可以说是最早的国际收支调整理论。休谟的基本观点是,金本位具有自动调节国际收支的内在机制。

一、金本位制含义

为了理解大卫·休谟的价格——铸币流动机制,首先我们要了解金本位的基本含义。所谓金本位是指,以贵金属——黄金作为商品流动的价值尺度、流通手段、支付手段的货币制度。实行金本位的基本特征是:(1)以金币为本位货币,金币是用一定重量和成色的黄金铸造的铸币,其单位货币所含黄金的重量和成色称为金币的含金量;(2)金币自由铸造,在金本位制下人们可以自由地将金块交给国家铸币局铸成金币;(3)黄金自由输出和输入。

当世界主要国家均实行金本位制时,国与国货币之间的比价则由单位货币含金量之比决定。由于含金量之比又称铸币平价,因此又可以说,两国之间的汇率是由铸币平价决定的。例如,在20世纪初,1英镑含金量为7.32250克,1美元的含金量为1.50466克,因而英镑和美元的含金量之比为 $7.32250/1.50466 = 4.8665$,也就是1英镑的含金量是1美元含金量的4.8665倍。因此,英镑与美元之间的汇率为 £1 = \$4.8665。

在外汇市场上,由于外汇供求的变化,汇率并不总是刚好等于铸币平价,而是围绕这一平价上下波动,波动的范围以黄金输出点和黄金输入点为界限。

二、金本位制下的价格——铸币流动机制

在金本位时期,黄金是国际储备资产,也是发行纸币的后盾,甚至其本身就是流通货币的一种形式。因此,货币和国际储备是同一回事。国际收支差额和该国货币供应量的关系就是下面的简单恒等式,即:

$$TB = \triangle R = \triangle M \tag{1}$$

式中,TB 表示贸易收支,$\triangle R$ 表示本国的国际储备,$\triangle M$ 表示本国的货币供应增加量。它意味着,本国货币供应量的增长只取决于贸易收支或国际收支的差额。因此,货币供应量的增长率只取决于贸易收支或国际收支。即:

$$\triangle M/M = \triangle R/M \tag{2}$$

因此,贸易收支差额计量的是该国货币供应增减的数量。同时,在世界的黄金供应量保持不变的情况下,该国货币供应量的增减变动也是其他国家货币供应量的相反变动。

在金本位制下,价格——铸币流动机制是指,通过货币或贵金属的流出流入自动调节贸易收支的机制。其基本的运行路径是:当一国发生贸易收支或国际收支逆差时,要用黄金支付差额,导致黄金流出本国,国际储备减少,从而减少了本国的货币供应量。货币供应量的减少使国内物价水平下降,使本国商品的国际(价格)竞争能力提高,在本国市场上,本国生产的产品取代了进口商品,减少了进口数量,同时在国外市场上,由于价格降低,外国对本国产品的需求增加使出口增加。一旦本国的贸易收支得到改善,形成国际收支顺差,黄金就会流入,本国的国际储备就会增加,进而货币供应量增加。在本国实际生产水平保持不变的情况下,货币供应量的增加,就意味着物价水平的上升。物价水平的上升削弱了本国商品在国内外市场上的(价格)竞争能力,使出口减少进口增加,贸易收支会恶化,甚至变成逆差。贸易收支逆差又会重新造

成黄金流出,物价水平下降,出口增加进口减少,贸易收支改善的循环。只有在贸易收支平衡的条件下,黄金的流动才会停止,而这种平衡本身就是在动态中实现的。上述价格——铸币流动机制也可以简化为:

贸易收支逆差——黄金流出——货币供应量减少——本国商品价格下降——本国产品价格竞争力提高——出口增加、进口减少——贸易收支改善——黄金流入——货币供应量增加——本国商品价格上升——产品的价格竞争力下降——出口减少、进口增加——贸易收支逆差——黄金流出——货币供应量减少——本国商品价格下降。

在金本位制下,上述过程是一个自动循环的过程或自我调节的过程。

值得指出的是,价格——铸币流动机制包含了几个方面的假设,(1)假设国际货币体制实行固定汇率制度,因而才会有最初的贸易收支逆差,进而导致黄金等国家储备的减少;(2)该机制对贸易收支的调整完全是自发的,一国货币的供应量消极地适应贸易收支的逆差和顺差的增减变动,政府没有人为地限制黄金的自由流出和流入,政府不干预经济运行;(3)该机制中货币供给量的减少将导致商品价格下降的结论,它是以货币数量论为前提的。货币数量论认为,一国的价格水平决定于该国的货币供应量。其基本的货币数量论方程是:

$$MV = PQ \qquad (3)$$

式中,V 是流通速度,Q 为实际产出量,M 表示货币供应数量,P 为物价水平。一般而言 V 和 Q 是常数,前者取决于交换中使用的技术手段,或者决定于就业水平的高低。因此,物价水平完全决定于该国货币供应量的变化,即货币供应量的变化必定直接引起物价水平的同比例变化;(4)该机制实际包含着这样的假定,即一国物价水平的变化有明显的限制进口、鼓励出口的作用;(5)假定没有资本流动,贸易收支就是国际收支。

三、可调整的固定汇率制度下的价格——铸币流动机制

休谟所提出的价格——铸币流动机制是金本位制下的贸易收支自动调节机制。实际上,这种调节机制不仅适用于金本位制,而且还适用于其他的固定汇率制度,甚至适用于可调整的盯住汇率制度。在可调整的固定汇率制度下,一般而言货币当局需要将汇率维持在一个较小的波动幅度内,以有利于正常经济活动的开展。

第二次世界大战以后,美国芝加哥大学的蒙代尔和约翰逊在继承古典的价格——铸币流动机制学说的基础上,提出一种新的国际收支调整理论——国际收支的货币调整法。后来,J·波拉克又将此项研究向前推进了一步,新的理论仍然是以货币的流出和流入为分析的起点,并以货币数量论为基本依据,描述了国际收支如何通过一般价格的变动自动达到平衡。同大卫·休谟的价格——铸币机制不同的是,后者将货币量分成国内来源和国外来源两个部分,该理论认为,一国货币供应量的增减可以通过国际储备,即货币的国外来源的增减来实现。黄金仅仅是这种储备的一种形式,还可以通过国内银行体系信用的扩张和收缩,即国内来源的增减变动实现。下面的两节,我们详细阐述不同汇率条件下的两个基本理论。

第二节 固定汇率下国际收支调整的货币分析

现代银行制度比金本位制要复杂得多。在现代银行制度下,货币供应量不仅仅决定于一国的货币储备(国内储备资产或国际储备资产)的数额,黄金不再是一国唯一的储备资产,它已经从货币流通中退出。一国的国际储备资产主要由货币当局及其控制下

的银行持有,黄金只是作为该国货币供应量后盾的一部分。现代货币的大部分供应属于仅以银行系统持有部分储备为后盾的信用货币,这种货币制度被称为"部分准备金制度"。国际收支调整的货币分析法正是基于这种货币制度展开的。

一、货币分析法的内容

货币分析法认为,人们对实际货币金额的需求取决于实际国民收入和利息率。即:

$$Md/p = f(Y,i) \qquad (4)$$

式中,Md 为名义货币余额的需求量,P 为物价水平,Y 为实际资产,i 为利率。由上式可以得出名义货币余额的需求方程为:

$$Md = P \cdot f(Y,i) \qquad (5)$$

一国货币供给方程为:

$$Ms = m \cdot (D + F) \qquad (6)$$

式中,Ms 表示一国总的货币供应量,m 表示货币乘数,我们假定它是常数,D 是一国的基础货币(也称高能货币)的国内供应部分,F 是基础货币的国外供应部分。

一个国家基础货币的国内部分 D 等于该国货币现金和银行准备金之和。基础货币的国外部分 F 则是该国的国际储备,它的增减变动分别代表国际收支的顺差和逆差。D 加 F 被称为一国的基础货币或高能货币。在现在的银行准备金制度下,商业银行每增加 1 单位 D 或 F 都将使该国货币供应量增加 m 单位,因此将 m 称为货币乘数。

假定最初的货币市场处于均衡状态,即 Md = Ms。此后,由于某种原因(如国民收入增加)导致对货币的需求增加,增加的货币需求可以通过增加基础货币中的国内部分 D 得到满足,也可以通过国际储备 F 的增加来满足。通过国际储备增加来满足的条件是,本国的贸易收支或国际收支出现顺差。另一方面,在货币需求

第十六章 国际收支调整的货币理论

Md 不变的情况下，D 的供应量增加将导致国际储备 F 减少，其结果是贸易收支或国际收支出现逆差。

因此，从货币供求均衡的角度看，一国贸易收支或国际收支逆差实际上来源于该国货币存量的过度供给。即当一国的国内货币量供应过多时，国际储备资产减少或本国国际收支逆差是自动实现本国货币供给和需求达到均衡状态的内在机制。相反，一国国际收支顺差来源于该国货币存量的过度需求，贸易收支顺差是实现这种货币供求平衡的内在机制。从这个意义上说，国际收支失衡的根本原因是国内货币供求的失衡。

由此可见，如果货币当局对国际收支失衡不采取任何抵消政策，这种失衡可以通过货币供求机制自行消除，不可能长期存在。其基本过程是：当 $Ms > Md$ 时，国际收支出现逆差，表现为一部分国际储备资产的流出，于是该国基础货币 $D + F$ 下降，导致 Ms 以基础货币下降数额（即国际收支逆差额）的倍数下降，直到 $Ms = Md$ 为止，用公式表示为 $Ms = m \cdot (D + F)$；当 F 减少时，Ms 将减少 $m \cdot F$ 倍，最后使 $Ms = Md$。此时，由于货币供应降回到货币需求的水平，所以贸易收支或国际收支逆差消失。当 $Ms < Md$ 时，对货币需求超过货币供应的部分，可以通过国际储备资产的流入加以调整。用公式表示就为 $Md > m \cdot (D + F)$，此时，在 D 保持不变的情况下，F 增加使 Md 增加 $m \cdot F$ 倍，这种国际储备的流入只有在 $Md = Ms$ 时才会停止，此时贸易收支或国际收支的顺差消失。

在现代银行制度下，银行系统短期内能够抵消国际收支失衡对国内货币供应量的影响。当出现顺差时，货币当局可以通过实施紧缩的货币政策，减少基础货币中的国内部分，或降低货币乘数 m 等手段来抵消国际储备资产 F 的增加对货币供应量 Ms 的影响。相应地，货币当局也可以通过采取放松的货币政策，增加国内部分的货币供应量，即增加 D 或增加乘数 m 等措施来抵消国际收支逆差对 Ms 的影响。其结果是，国际收支差额难以影响国内的货币供应量,从而该国通过货币供应量的变化自动调整国际收支状况的机制就会失去效应。

二、固定汇率的制约

在固定汇率制度下,银行系统难以使本国的货币供应量免受国际收支的影响。在固定汇率制度下,如果一国试图通过削减国内部分的货币供应抵消贸易收支顺差对货币供应量的影响,那么,在它的整个基础货币部分中来自于国际储备的部分会逐渐增多,而国内部分会逐渐减少,直到全部的基础货币部分都由国际储备构成。这一原理的基本过程用公式表示就是:$Ms = m \cdot (D + F)$,其中,在固定汇率制度下,如果 F 增加,D 保持不变,则 Ms 就会增加,因而本国的物价水平就会上升,商品的竞争力下降,进而进口增加出口减少,F 就会逐步减少。但是如果在 F 增加的同时 D 相应减少,因而使本国的货币供应量保持不变,则本国的出口竞争力仍然很高,进口产品不具备较强的竞争力,结果是出口继续增加,进口不变,贸易收支仍然是顺差,F 会继续增加。本国为保持国内货币供应量不变,仍需减少基础货币中的国内部分。其结果使本国贸易收支继续改善,要保持国内货币供应量,需继续减少基础货币中的国内部分,最终基础货币只是由国际储备组成了。当基础货币中不再有国内部分时,银行也同时失去了用本国部分抵消国际储备增加的能力,听任货币供应量随国际储备的增加而增加。相反,如果一国一直保持贸易收支逆差,并且试图用国内货币供应量的增加来保持市场上的货币供应量的稳定,那么该国就会用掉其全部的国际储备,以至在全部的基础货币中都是由国内供应部分构成,从而失去了用国际储备调节贸易收支的能力。因此,从长期来看,在固定汇率制度下,国际收支或贸易收支失衡迟早要影响到本国的货币供应量,并且在国际储备资产流动机制的作用下最终改善国际收支。

三、主要储备货币国的优势

作为国际主要储备货币的国家,货币分析法的调整机制是不适用的。因为这类国家的本国货币就是国际承认的储备资产,当该国面临国际收支或贸易收支逆差时,可以用本国货币直接支付,因此其"国际储备"不存在用尽的时候,唯一可能的威胁是,该国货币出现了信用危机。就这一点而言,美国的情况就是一个典型的实例。美元是世界各国作为国际储备资产的主要货币,当美国发生贸易逆差时,就可以用本国货币——美元直接支付,世界各国也并不认为,美国用本国货币支付其贸易收支逆差对自身有何危害,它们很正常地将美元收入作为国际储备存入美国银行,或经营美元的银行。当美国出现国际收支顺差时,如果是大量美元流入,就意味着本国货币供应量的增加。但是由于美国基础货币"国外部分"在很大程度上就是美元本身,因此,当大量美元流入美国时,该国中央银行可以采取抵消措施,减少D部分的供给,维持市场上货币供求的平衡,从而并不担心"外汇的充斥"。由此可见,储备货币国家在固定汇率制度下拥有的特殊优势。

第三节 浮动汇率下的国际收支调整

前面的分析是建立在这样一个假定的基础上的,即汇率是基本固定的,并由官方加以维持,并在官方的干预下实施汇率调整的。因此,汇率的调整是一个外生的变量,它是由货币当局决定的。在本节里,我们主要分析当汇率由市场决定时,汇率本身的决定机制,以及在此条件下的贸易收支或国际收支是如何调整的。

一、经常项目差额决定的汇率模型

经常项目差额决定汇率模型是指,一国与它国之间的汇率决定于由经常项目引起的外汇供求的模型。在这里,外汇的供给决定于该国经常项目中记录本国外汇收入的各个贷方项目,如商品和劳务的出口等。外汇需求则取决于该国经常项目中记录对外支出外汇的借方项目,如商品和劳务的进口等。汇率就是由外汇供求所决定的外汇的市场价格。

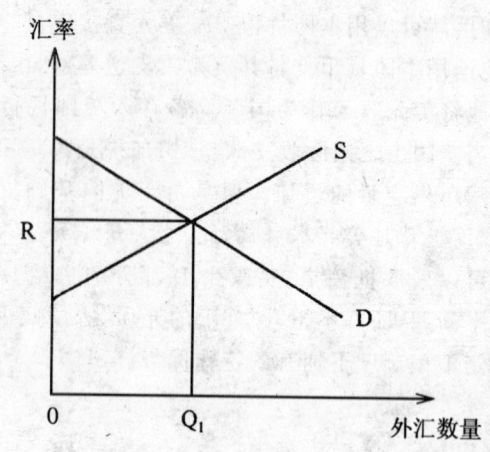

图 16-1 外汇供求及汇率决定图

图 16—1 中表示的就是一国外汇市场上的外汇供求及汇率的决定。图中,横轴表示由商品的进出口所表示的外汇供求数量,纵轴表示汇率,或由市场上的外汇供求所决定的外汇的价格,D 表示外汇的需求曲线,S 表示外汇的供给曲线。外汇汇率的高低决定于外汇供求量的变化,而外汇供应量的增加是本国出口增加,从而是本国外汇收入增加的反映。另一方面,外汇需求量的增减变动则是本国进口增加变动导致的外汇支出增减变动的反映。如果外

汇的供应大于需求,则外汇的价格较低,反之外汇的价格较高。在国际金融市场上,某种货币的均衡汇率是该货币供求均衡的反映。从汇率的角度看,如果市场汇率不能正确地反映现实的贸易收支或经常项目收支状况,贸易收支就会受到市场汇率的作用。即当本国货币的市场价格偏低时,或外币的市场价格较高时,就意味着本国货币的贬值。这种贬值会鼓励商品的出口,抑制商品的进口。从而增加外汇的供应,减少外汇的需求,使市场汇率反映外汇市场上的外汇供求。相反当本国外汇的市场汇率低于贸易收支或经常项目差额时,汇率会起到调整贸易收支的作用。即当外汇价格偏低时,会起到鼓励商品进口,限制商品出口,从而使外汇的需求增加,供给相应减少。

总之,经常项目决定汇率论认为,这种汇率是经常项目差额在金融市场上的反映。图16—1中,R为均衡汇率,Q_1为均衡的外汇供求量。无论是外汇的供给大于外汇的需求,还是外汇的需求大于外汇的供给,贸易收支或经常项目收支的调整将使市场汇率恢复到均衡汇率的水平。

二、购买力平价论

浮动汇率决定的另外一个理论是"购买力平价论"。所谓购买力平价论是指,两种货币之间的汇率决定于它们单位货币购买力之间的比例。用公式表示就是:

$$R = Pf/Pd$$

式中,Pd表示单位本国货币的购买力,它等于本国物价指数的倒数,用公式表示为 $Pd = 1/\sum \alpha i Pi$。Pf表示外国货币的购买力,它等于外国物价指数的倒数,用公式表示为 $Pf = 1/\sum a'ip'i$。式中$\sum$表示所有商品物价指数的和,αi表示"i"商品的影响物价总指数的权数,或权重,Pi表示"i"商品的物价指数(P),上标"'"表示外国的相应指标。因此按照上述各因素的定义,所谓两个国家之间由

单位货币的购买力决定的汇率,就是它们之间物价总指数之间的比率。因而该公式可以表示为:

$$R = (1/\sum \alpha'iP'i)/(1/\sum \alpha iPi) = \sum \alpha iPi/\sum \alpha'iP'i \tag{7}$$

由上述公式可知,两国的购买力之比或两国之间的购买力平价就是两国之间的物价指数之比。

第一个提出购买力平价理论的是瑞典经济学家古斯塔夫·卡塞尔。这一理论的基本假定是,在一个统一的商品市场上,同一种商品应该有相同的价格,这就是所谓"一市一价的规律"。即在一个统一的市场上,如果不考虑运费因素,通过市场上的完全竞争,同一商品的价格会趋于相等。因而,当用不同的货币购买时,它只是表明各种不同的单位货币有不同的购买力。因此,各国货币之间的兑换率就是单位货币购买力之间的比率。

例如,一个茶杯在美国是 1 美元,在中国是 5 元人民币,那么以该商品衡量两种货币之间的购买力平价或汇率为 1 美元等于 5 元人民币。当然,现实中购买力平价的计算远比此要复杂得多。

一国的物价水平并非保持不变,其变化会影响到两国之间的购买力平价。我们知道,商品的价格会随着供给和需求的变化而变化,在商品供求保持不变的情况下,货币供求的变化也会导致物价水平的变化。而且,各国物价水平的变化程度和变动所发生的时间是不同的,因此由各国物价指数决定的各国货币的购买力也会发生变化,进而影响到汇率的稳定。各国之间也会因为它们之间物价水平的相对变化程度而相应地改变它们之间货币的汇率。因此随着各国物价水平的变化,建立在货币购买力基础之上的汇率也会发生变动。其变动的基本公式是:

$$R_1 = R_0 \cdot (\sum \alpha_1 P_1/\sum \alpha_1 P_0)/(\sum \alpha_1'P_1'/\sum \alpha_1'P_0') \tag{8}$$

式中,下标 0 和 1 分别表示物价的基期指数和物价的报告期指数。因此,两国物价水平的相对变动决定于两国物价水平本身变动,而新的基期汇率"R_0"乘以两国物价水平是购买力的相对变动幅度。我们称上述公式为购买力平价的相对表达式。

例如,在 1998 年,美元对人民币的汇率是 1 美元等于 8.2345 元人民币,假设美国的物价水平比前一年上升 8%,而中国的物价水平上升 10%,则美元与人民币之间理论上的汇率就是:$R_1 = 8.2345 \cdot (110\%/108\%) = 8.3870$,或者说新的汇率为 1 美元等于 8.3870 元人民币,即单位美元所换得的人民币增加了,这说明人民币相对贬值了。之所以是"相对贬值",是由于美国的物价水平也上升了,所以其单位货币的购买力也下降了。但是由于美国单位货币购买力的下降程度不如人民币,所以计算的结果仍然是美元相对于人民币的升值。

购买力平价理论提出后,在西方学术界曾引起很大争论,毁誉不一。但是应该指出,这一理论在汇率决定理论方面占有十分重要的地位,关键在于当各国放弃或被迫放弃以贵金属——黄金作为本国货币发行基础的金本位制以后,特别是在难以维持各国汇率的长期稳定之后,各国货币的购买力可能是一国货币"价值"的重要参照物。

然而,购买力平价论存在一些局限性。首先,购买力平价是根据一国物价水平在较长一段时间内的变动来确定汇率的变动,在一个较短的时间内,物价水平的变动就很难作为汇率变动的参照系了。其次,购买力平价是根据各国物价指数计算出的,由于各国在计算物价指数时选取的代表性商品不同,各种商品对物价指数的影响程度或权数不同,所以计算出的购买力平价不是严格意义上的"对应商品的购买力"之比,而是反映一国货币的综合购买能力,因而在使用上应特别注意。第三,购买力平价论假定国际间的商品流动是完全自由的,因此国际市场才得以统一,进而才能有反映一国货币购买力的汇率。然而,各国之间的市场远未自由到这样一个程度,以致我们可以将一市一价作为我们分析的基础。现实中,这种汇率可能只有理论意义。

为了弥补上述不足,在国际经济分析中,人们引入另外一个重要的概念,就是"实际汇率"。所谓实际汇率是指,用两国的综合物价计算出的兑换率。

为说明实际汇率,我们假定,我们用 Pus 表示美国的物价水平,Pg 表示德国的物价水平,它们分别代表本国购买固定的一组商品的总支出,即建立在反映本国消费水平和结构基础上的商品和服务选择基础上的综合物价。在此基础上本国货币的购买力表明了单位货币的"内部价值"。现在如果我们用 Q 表示美元对德国马克的实际汇率,那么,其实际汇率应等于德国马克对美元的名义利率乘以一组主要消费品的用本国货币表示的总支出,除以美国一组主要消费品付出的总支出的结果。其公式为 Q = (R·Pg)/Pus。例如,我们在德国选定一组参考的商品,其价格总额为 100 马克,美国的一组参考商品的总价格是 50 美元,两国的名义汇率或市场汇率为 1 美元 = 2 马克,或 1 马克 = 0.5 美元。所谓的实际汇率就是 Q = ($0.5·DM100)/$50 = 1,它表示,从购买力的角度看,1 马克的购买力与 1 美元是相同的。就是说,这种汇率是反映外国货币购买本国商品的能力,或本国商品购买外国商品能力的汇率。根据这样一个实际汇率,美元远未像其名义上显示的那样值钱,这种名义汇率高于实际汇率的情况,称为货币的实际贬值,相反为货币的实际升值。因为实际汇率是反映一国货币购买一组主要商品的能力与另一国家货币购买一组主要商品的能力,因此我们只要知道两国各自选定商品的物价,就可以计算出实际汇率。不像购买力平价那样,有特别严格的商品选择的要求。

三、货币主义的汇率决定论

货币主义者认为,汇率就是货币的价格,两国之间的汇率决定于它们之间的相互供求关系。根据货币主义的观点,人们对实际货币余额的需求,取决于实际的国民收入和利率。即:

$$Md/P = f(Y,i) \tag{11}$$

$$M'd/P' = f(Y',i') \tag{12}$$

式中，Md、M′d 分别代表本国和外国居民对名义货币的需求，Md/P、M′d/P′则代表本国和外国居民对实际货币余额的需求，Y 和 Y′分别为本国和外国的实际收入，i、i′分别为两国的利息率。在上述两个公式中，人们对货币余额的需求与国民收入水平的增长呈正函数关系，与利率呈反函数关系。

货币主义认为，货币市场存在着均衡的趋势，即名义货币需求等于名义货币供给。假设用 Ms 和 M′s 分别代表两国的名义货币供给，则：

$$Ms = Md = P \cdot f(Y,i) \tag{13}$$

$$M's = M'd = P' \cdot f(Y',i') \tag{14}$$

由上面两个公式可得：

$$P/P' = (Ms/f(Y,i))/(M's/f(Y',i')) \tag{15}$$

因此汇率便由下式决定，即：

$$R = P/P' = (Ms/M's) \cdot [f(Y',i')/f(Y,i)] \tag{16}$$

上述公式表明，各国货币之间汇率决定于它们均衡的货币供求。

四、资产选择决定汇率的理论

前面所阐述的几种汇率决定的理论基本上是从货币供求出发的。1973 年以后，主要工业国家纷纷实行浮动汇率制，国际资本流动迅速增加，因而市场上的外汇供求在很大程度上受资本在国际间流动的影响。据不完全统计，在国际间的外汇交易中，有 2/3 以上是资本项目。在此背景下，投资者选择什么样的货币资产，或选择以哪种货币作为投资对象的资产，在相当程度上影响着货币的兑换率。因而出现了资产选择决定汇率的理论。

所谓资产选择理论是指，以国际金融资产的选择影响外汇供求,进而决定市场汇率的理论。根据这一理论,本国货币被看作是一种资产,它是本国居民可以持有的各种金融资产的形式之一。除此之外,本国居民还可以持有外国资产。无论是持有本国资产,还是外国资产,居民都是着眼于它能够带来收益,当然也要承担持有金融资产所带来的风险。持有本国资产和持有外国资产的差异之一是,持有外国金融资产不仅要承担一般金融资产的风险,还要承担可能的汇率风险。然而根据金融投资的一般理论,分散风险是避免风险的重要方法,而持有本国以外的金融资产就意味着投资风险的分散化程度比单纯在国内投资更大,这必然伴随着资产选择问题。投资者资产选择的方程为:

$$M = a(i, i')W \tag{17}$$

$$B = b(i, i')W \tag{18}$$

$$eF = c(i, i')W \tag{19}$$

$$W = M + B + eF \tag{20}$$

式中,M 表示本国货币持有量,B 表示国内有价证券持有量,F 表示外国证券净持有量,e 为汇率,i 或 i′ 分别表示本国和外国的利息率,W 为资产总额,$a + b + c = 1$,表明投资者分别投在不同资产形式的资产总额为其拥有的全部资产。F 值可以是正数,也可以是负数。一般情况下,M 随着利息率的上升而减少,而随着利率的下降而增加,B 将随着 i 的上升而增加,随着 i′ 的上升而减少。而外国证券的持有量将随着 i′ 的上升而增加,随着 i 的上升而减少。

假定在各金融市场上,各种金融资产的供求达到平衡,则由(20)式可知:

$$eF = W - M - B \tag{21}$$

将(17)式和(18)式代入(21)式,得:

$$eF = W[1 - a(i, i') - b(i, i')] \tag{22}$$

由此可以得出决定汇率的表达式:

$$e = f(i, i')W/F \tag{23}$$

由上式可知,汇率 e 决定于 i′、i、W 和 F 四个因素,其中 W 和 i′ 呈正函数关系,同 i 和 F 呈反函数关系。

五、利息平价理论

利息平价是指,由各国之间实际利息率的差别带来的外汇供求变化决定市场汇率的理论。

利息平价论是远期汇率决定的理论。一般而言,当外汇持有者希望通过对外投资获得某种收益时,一个重要的参考指标就是利息率,或者利息率的差别。各国利息率水平的高低,在很大程度上决定了投资者将资金投向何处的问题。利息平价论者认为,当投资者进行投资选择时,它需要比较各国利率水平的高低,由于各国的物价水平不同,因此他们所比较的利息率是剔除了通货膨胀因素后的实际利息率的差别。在其他条件保持不变的情况下,对外汇的需求总是倾向于实际利息率比较高的国家。套利者根据不同时期、不同地区的利率差别以及汇率的预期变动决定他们在市场上的套利活动。因此短期资本总是从利率低的国家流向利率较高的国家。由此对外汇市场上的货币供求产生影响,并决定市场汇率。

六、浮动汇率下的国际收支调整问题

在浮动汇率制下,国际收支的失衡可以由汇率的变化或货币的升值或贬值加以自动调整,不需要国际间的货币或国际储备的流动。

当一国的国际收支出现逆差时,在外汇市场上会表现为外汇的供给小于需求,使外汇的价格相对于本国货币升值,或本国货币贬值。本国货币贬值一方面可以起到鼓励出口抑制进口的作用,另一方面,它会提高外汇需求方获得外汇的成本,当这种成本较大时,同样会抑制市场上对外汇的需求,同时鼓励外汇的供应,这一过程直到该国的国际收支平衡实现时才能停止。其基本过程是:国际收支逆差—货币贬值—出口增加、进口减少—贸易收支,进而国际收支改善—国际收支恢复平衡。相反,当一国的国际收支出现顺差时,在外汇市场上表现为外汇的供给大于需求,从而外汇的价格相对于本国货币贬值,或本国货币升值。本国货币的升值会起到抑制外汇供给,增加外汇需求的作用,结果外汇相对于本国货币又会恢复平衡。其过程是:国际收支顺差—货币升值—出口减少、进口增加—贸易收支或国际收支改善—国际收支恢复平衡。

由于各国希望自己的币值保持相对稳定,并非在所有的外汇市场上与本国货币供求有关的不平衡都要通过货币的上浮(向上浮动)或下浮来恢复平衡,有时也采取某种程度的干预。在此情况下,汇率就不是完全浮动的汇率了。

浮动汇率制的一个重要的负面效应是国际性通货膨胀。在浮动汇率制度下,一国能够控制自己的货币发行量,一般而言,增加货币的供应对经济有某种刺激作用。在固定汇率制度下,这种刺激不能无限进行。然而在浮动汇率制下,如果一国因刺激经济导致本国货币供应过多,造成国际收支逆差,该国货币的自动贬值会修正这种国际收支逆差,既不需要动用国际储备,也无须停止对经济的刺激活动。但是如果每个国家都这样,就会出现全球性的货币供给超过货币需求的情况。

本章小结

1. 价格—铸币流动机制是金本位制下,依靠货币的流动导致的价格变化自动调整国际收支平衡的机制。

2. 金本位制是一种以黄金作为货币本位的货币制度。金本位制有三个特点,即以金币为本位币、金币自由铸造、黄金自由输出入。

3. 可调整的固定汇率制度下,国际储备和国内信用货币一起构成本国货币供应的来源。一国国际收支的不平衡在很大程度上来源于货币供给中的国内部分供应过多或过少。因此,为调整国际收支逆差,一国应减少本国货币供给的国内部分,反之增加本国货币供给中的国内部分。

4. 在浮动汇率制度下,对汇率的决定有多种解释。其中包括经常项目差额论、购买力平价论、货币主义的汇率决定论、资产选择理论及利息平价论。

5. 在浮动汇率制度下,国际收支或贸易收支的不平衡可以通过汇率的上浮或下浮自动加以调节。

6. 由于浮动汇率制度本身对国际收支的自动调节作用,各国多倾向于扩张的货币政策,而并不担心货币供给的国内部分供给过多。如果每个国家都持有这种观点,整个世界将面临着通货膨胀的危险。

本章思考题

1. 什么是价格—铸币流动机制?
2. 试说明价格—铸币流动机制的作用。
3. 什么是金本位,其特点是什么?
4. 什么是国际收支调整的货币理论?依据这一理论,当一国发生国际收支不平衡时,该如何调整?
5. 什么是汇率的经常项目决定论?
6. 什么是购买力平价论?
7. 什么是实际汇率?
8. 什么是货币主义的汇率决定论?
9. 什么是汇率的资产选择理论?
10. 什么是浮动汇率下国际收支调整的机制?
11. 实行浮动汇率对物价水平的影响是什么?

第十七章　开放经济条件下的宏观经济政策

在开放经济条件下,一国经济与其他国家的经济密切相关,各国之间的经济既相互依赖,又相互影响,因此,一国经济面临着对内和对外两个方面的平衡问题。所谓内部平衡就是在国内经济运行中,保持物价和经济的稳定与增长,所谓的外部平衡就是保持国际收支的平衡。在现代经济条件下,政府应该通过经济政策维持经济的内外平衡,即内外经济的同时平衡。本章主要阐述开放经济条件下的宏观经济政策。

第一节 开放经济条件下稳定汇率的政策工具

国际收支的不平衡反映在汇率上就是汇率的不稳定。在正常的情况下,政府可以采取的政策工具主要有五个方面,即融通资金、外汇管制、汇率浮动、政府调节经济和采取政府调整相对固定的汇率。

一、融通资金

所谓融通资金是指,政府通过动用本国的国际储备,或从国外金融机构借入资金支付国际收支逆差的政策。一国的国际收支或贸易收支可能会出现不平衡,作为一国的政府需要分析这种不平衡发生的原因,如果这种不平衡是暂时的,那么政府就应该采取融通资金的政策。

一般而言,政府通过融通资金来调整贸易收支差额比其他调整政策(如浮动汇率)更有利。为说明这一点,我们假设,一国的国际收支不平衡是由某种可知的因素造成的。如一国产品出口的淡季和旺季与进口商品的旺季和淡季的不一致。这种类型的外汇收入与支出不需要借助汇率的调整,而只是需要融通资金。我们借助图 17—1 说明这一基本政策。

图 17—1 表示美国的贸易与外汇(英镑)的供求情况和汇率。横轴表示外汇的均衡供求数量,纵轴表示外汇的价格或汇率。曲线 D 表示外汇的需求,而曲线 S_1 和 S_2 表示外汇的供给,其中 S_1 表示由美国春季的贸易状况所引起的外汇供应,S_2 为美国秋季的贸易状况所引起的外汇供应。我们假定,官方确定的固定汇率为 1 英镑 = 1.6 美元,如果听凭外汇市场的供求来决定汇率,这一官方固定的汇率很难维持。春季,美国的出口相对比较少,因而外汇的

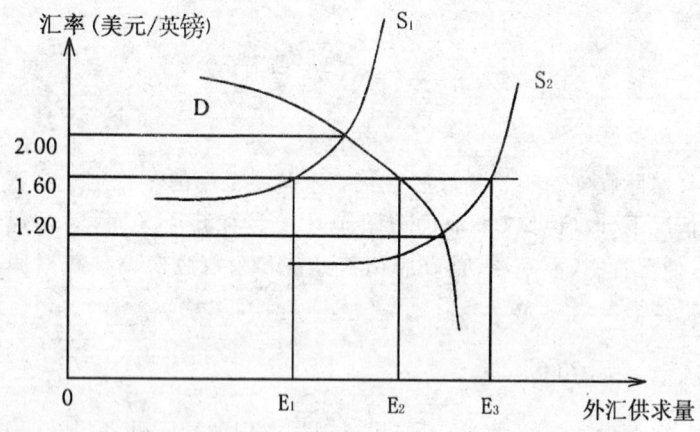

图 17-1　固定汇率下对暂时性失衡的资金融通

供给并不多,相反,外汇的需求相对比较强劲,因而市场上的外汇价格可能上升到 1 英镑 = 2.00 美元。相反到了秋季,美国的出口比较多,外汇的供应比较充裕,此时,市场上英镑的价格可能低至 1 英镑 = 1.20 美元。对此,美国是否要根据市场上外汇供求的状况来调整英镑对美元的汇率呢? 这里的关键问题是,这种外汇供求状况是暂时的,还是长期的,是偶发的,还是根本性的。从引起这种外汇供求变化的情况看,我们知道,它完全是由对外贸易的季节性造成的。因此,政府不需调整汇率,只需要动用本国的国际储备来干预外汇市场,使汇率维持在官方规定的汇率水平。在春季,市场供求决定的汇率水平高于官方汇率,需要政府在外汇市场上卖出外汇,其卖出外汇额等于在官方汇率下需求大于市场供给的部分,图中为 E_1E_2 的量。在秋季,市场供求决定的汇率低于官方汇率,此时需要政府在市场上买进一部分外汇,其买进外汇的金额等于在官方汇率下供给大于需求的部分,在图中为 E_2E_3 的量,其中政府在春季卖出外汇的量可能大体上等于秋季买入外汇的量。

第十七章 开放经济条件下的宏观经济政策

由此可见,暂时的国际收支不平衡可以采取融通资金的方法。

二、外汇管制

当融通资金仍不能平衡国际收支时,可能需要采取外汇管制的措施。所谓外汇管制是指,通过控制本国居民外汇支出,保持本币对外价值的稳定。

外汇管制是一个比较严厉的政策措施,尽管它能够起到维持汇率稳定的作用,但是它所带来的损失也是比较大的,它意味着正常的国际经济交易可能受到干扰。因此,除非在十分艰难的时期,各国不愿意采取外汇管制的办法。

三、调整经济

所谓调整经济是指,政府通过采取扩张或紧缩的经济政策,调整经济的运行方向,以缓解国际收支的顺差或逆差,最终恢复国际收支平衡。

调整经济的问题是我们下面两节所要详细阐述的内容。这里的关键问题是,既然国际收支的顺差和逆差都是国际收支的不平衡,那么,当一些国家出现国际收支顺差,而另一些国家出现国际收支逆差时,谁应该调整经济呢?从国际收支的角度看,一国的顺差就意味着其他国家的逆差。所以它们任何一方的调整都会导致各国的国际收支趋向平衡。而一国经济的调整意味着该国经济不能按照既定的方向继续发展。

我们现在假设,出现国际收支逆差的国家调整经济。根据我们前面几章阐述的理论,当一国的国际收支出现逆差时,从收入调整的角度看,该国就需要采取紧缩的经济政策抑制需求,进而减少对进口产品的需求,这样会减少对外汇的需求,使国际收支逐渐恢复平衡。

相反,如果出现国际收支顺差的国家调整经济,该国需要采取膨胀性的经济政策,以刺激需求的扩大,从而增加对进口品的需求,增加对外汇的需求。

无论哪类国家调整经济,都会付出代价。对于有国际收支逆差,并面临货币贬值威胁的国家,紧缩经济就意味着经济增长可能停滞或下降,这样将使失业人数增加,还可能引起社会的动荡。而顺差国调整经济意味着要扩张经济,如果该国经济已经达到充分就业的水平,那么扩张经济就有可能引发物价上涨,从而可能出现过度的通货膨胀。因此,从调整经济的代价考虑,每一个国家都不愿意调整经济。

事实上,无论是顺差国,还是逆差国,都需要调整经济。这两类国家都存在着经济的外部不平衡问题(尽管一般的价值观是顺差比逆差好),因而两类国家朝相向方向的调整,意味着将分担维持外部平衡的成本或代价,减少单方面经济调整所需要面临的难度和调整所需要的时间。因此,在国际收支不平衡时,合作比各国单方面拒绝调整要好。

上述问题不是单纯的理论问题,在很大程度上是个实践的问题,关于谁应该首先调整经济的问题一直存在着。经济学家们早就注意到这一点,凯恩斯在1944年建立战后国际货币体系(布雷顿森林体系)会议之前,就提出了关于通过罚金制度迫使国际收支的逆差国和顺差国调整经济的建议,以保持汇率的稳定。甚至还提出,主要是顺差国应该调整经济,即让顺差国放弃国际收支顺差。

然而在现实中,经济调整的任务多数落在逆差国肩上。对于逆差国而言,持续的国际收支逆差将有可能耗尽其全部的国际储备。因此,调整经济可能是逆差国不得不作出的选择。当然,储备中心国家(如美国)是例外的。

第二节 固定汇率下的内外平衡政策

第二次世界大战以后,各国相继将经济增长、充分就业、物价稳定、国际收支平衡作为政府干预经济、维持宏观经济稳定的四大政策目标。其中,经济增长的目标是长期的;从短期来看,政府宏观经济政策的目标主要是后三个,这三个目标从内外经济的角度看,又可以分成对内平衡和对外平衡两大类目标。对内平衡是指一国内部经济要保持充分就业和物价稳定状态;对外平衡则是一国的国际收支处于平衡状态,既无国际收支的逆差,也无国际收支顺差。在固定或维持相对稳定的汇率制度下,一国政府就是要争取实现这一内外平衡的目标。

一、几点假设

为了阐述问题的方便,我们先作几点假定。

1.我们面临一条既定不变的总供给曲线。在这一假设之下,我们只考虑实际的国民收入水平和物价水平都受总需求的影响,而不考虑供给方面的影响。

2.不考虑预期因素对物价水平的影响。一般情况下,预期对物价水平,特别是充分就业条件下的物价水平有着明显的影响。当人们预期通货膨胀即将发生时,肯定会采取相应措施,贷款的利率往往要提高,因为通货膨胀会使有偿还期的货币价值有所减少,当然工资也会提高。在这里,为了简单起见,我们不考虑预期因素。

3.在有国际资本流动的情况下,其流动量决定于各国之间的利率差别。

4.不考虑资本流动所引起的利息和本金的回流。

利用这些假设,我们建立短期的开放条件下的宏观经济模型,以描述本国和外国货币、本国和外国债券市场以及本国和外国商品和劳务市场的开放经济。

二、需求管理手段的局限性

根据丁伯根法则,要达到一个经济目标,就至少需要一种有效的政策工具,要达到 n 个独立的经济目标,至少要有 n 种有效的政策工具。第二次世界大战以后,在固定汇率制度下,各国政府有两个经济政策的目标,即内部平衡和外部平衡。由于它们所使用的政策工具只是将货币和财政政策作为统一的经济政策工具来使用,因而形成了使用一种政策工具达到两个政策目标的情形,在某些情况下,面临着政策发挥作用的难题。

(一)高失业与国际收支逆差并存

当一国需要面对内外两个政策目标时,难免遇到高失业和国际收支逆差并存的两难困境。如果政府要恢复内部平衡,就需要采取扩张性的政策,通过扩张性的财政政策和货币政策,增加社会总需求,刺激生产的发展,进而创造更多的就业机会。然而,当政府采取扩张性的经济政策时,又必须顾及来自外部的不平衡,即国际收支的逆差。如果希望外部达到平衡,政府又需要采取紧缩的财政政策,从而抑制社会总需求,进而抑制对进口商品的需求,实现外部平衡。然而,高失业和国际收支逆差是同时并存的,当我们力图通过实施经济政策达到一个目标时,它可能恶化另一个目标,而且,当我们回过头来治理已经恶化了的另外一个方面的失衡时,我们所采取的相反政策,可能足以使我们前功尽弃。在美国的历史上,肯尼迪政府和约翰逊政府曾经遇到了这样的困境。

(二)高通胀与国际收支逆差并存

有时,一国也会出现高通货膨胀率和国际收支逆差并存的情况。由于这两种不平衡可能都是经济过度扩张的结果,因此,采取紧缩财政和货币政策可以降低总需求,可以同时抑制国内需求和进口需求,所以紧缩的经济政策可以同时调整内部和外部两方面的不平衡。

(三)高通胀与国际收支顺差并存

当一国同时出现高通胀与国际收支顺差并存时,政府管理或调控需求的政策又遇到了困境。如果采取紧缩的财政和货币政策,尽管可以抑制需求,控制物价水平的持续上涨,但是控制需求又会减少对进口品的需求,从而进一步加大国际收支顺差,造成外部不平衡的加剧。反之,如果希望减少国际收支顺差,就要扩大需求,因而采取扩张性的财政和货币政策。结果是,在国际收支逐步恢复平衡的同时,加剧了国内的物价上涨,恶化了内部不平衡。

(四)高失业与国际收支顺差并存

幸运的是,有时国际收支顺差与高失业并存,政府采取需求管理政策就可以同时实现经济的内部和外部的同时平衡。政府可以采取扩张的财政和货币政策,一方面刺激国内需求,使国民收入水平提高,从而创造更多的就业机会;另一方面,需求的扩张可以促成国际收支顺差的减少,最终实现失业率的下降和国际收支顺差的减少,即实现内外同时平衡。

总之,在上述四种情况中,至少有两种情况是政府的需求管理遇到了两难的问题,无法同时实现内外经济的平衡。其根本问题在于,我们要通过一种政策工具,实现两个经济政策的目标。显然,政府政策的工具是不够的。

三、财政政策和货币政策的搭配

罗伯特·蒙代尔和其他几位经济学家经过研究发现,在固定或相对稳定的汇率之下解决宏观经济政策困境的途径。如果仔细地分析财政政策和货币政策的作用方向和对内外平衡作用的程度,就会发现财政政策和货币政策实际上是两个政策工具,而不是一种。我们通常认为是一种,是因为我们总是"一起"来使用它们。

(一)财政政策的作用

财政政策作用于两个领域,一是内部平衡,二是外部平衡。作用的方向也是两个方面,即经济的紧缩和经济的扩张。扩张的财政政策通过下列途径作用于内外经济平衡:

扩张财政 { 政府支出增加——国民收入水平提高——失业减少——高失业逐步消失
政府支出增加 { 进口需求增加——贸易收支恶化
利率上升——资本内流(利率高于他国) } 国际收支变动方向不明

由流程图可以看出,在政府货币政策保持不变,只采取扩张的或松的财政政策情况下,从内部需求看,政府支出增加会导致总需求增加,从而使国民收入水平提高,就业机会增加,失业就相应减少,因而它可以减少因需求不足带来的内部经济的不平衡。从外部平衡看,当政府增加支出后,一方面,在总需求增加的同时,进口需求会同时增加,由此会导致贸易收支恶化;另一方面,扩张性的财政政策会使政府的债务负担加重,导致市场上的资金相对缺乏,进而利息率上升。如果其他国家的利息率保持不变,本国利率上升可能引起外国资金流向该国以获取较高的利息收入,这一结果会使国际收支得到改善。贸易收支的恶化和国际收支资本项目的改善加在一起,使扩张性的财政政策对外部平衡的作用方向不清楚,其作用决定于国际收支的贸易项目和资本项目各自受影响的程度。由此可见,当一国采取扩张性的财政政策,对实现内部平衡比较有效,而对外部平衡的作用方向不明。

紧缩财政 { 政府支出减少——国民收入水平下降——物价下降——高通胀逐步消失
政府减少支出 { 进口需求减少——贸易收支改善
利率下降——资本外流(利率低于他国) } 国际收支变动方向不明

在货币政策保持不变,只采取紧缩的财政政策的条件下,其影响与扩张政策相反。从内部平衡看,政府减少支出会导致总需求减少,使国民收入水平下降,物价水平随之下降,结果通货膨胀逐步消失。从外部平衡看,当政府减少支出时,一方面,在总需求减少的同时进口需求也会减少,因而国际收支中的贸易项目可能因进口减少而改善;另一方面,紧缩的财政可能使政府的债务负担减轻,市场上的资金供应增加,因而利率会下降,在其他国家利率保持不变的情况下,本国利率下降会导致资本外流,从而使国际收支中的资本项目恶化。由此可见,当一国采取紧缩性财政政策时,对实现内部平衡比较有效,而对外部平衡的作用方向不明显。因此,财政政策对内部平衡的作用程度和作用效果是比较好的。

(二)货币政策的作用

货币政策同样也作用于内部平衡和外部平衡。但是它的作用程度和方向与财政政策不同。扩张的货币政策和紧缩的货币政策在影响内外平衡方面有明显的差异。其发挥作用的过程是:

扩张货币—利率下降 $\begin{cases}\text{内部平衡—国民收入增加—就业增加—高失业逐步消失}\\ \text{外部平衡}\begin{cases}\text{进口需求增加—贸易收支恶化}\\ \text{资金外流—资本项目恶化}\end{cases}\text{国际收支恶化}\end{cases}$

如流程图所示,在财政政策保持不变的情况下,实行扩张性的货币政策将对内外均衡产生影响。从内部平衡看,扩张性的货币政策将会降低利息率,刺激私人投资需求和消费需求的增加,进而使国民收入水平提高,增加就业的机会,从而使失业率逐步降低。从外部平衡看,利率降低后,在刺激国内有效需求的同时,也刺激了进口需求,进而使国际收支中的贸易差额恶化,同时利率降低使资金外流,从而使国际收支的资本项目恶化。可见,扩张性的货币政策将使国民收入水平提高,并减少失业,同时外部平衡的变动方向明显。因此,货币政策对外部平衡的作用方向和程度是明确的。

在财政政策保持不变的情况下,紧缩的货币政策也将影响到内外平衡。但是与财政政策不同的是,对外不平衡的作用方向十分明显,且作用程度较大。具体过程是:

紧缩货币—利率上升 $\begin{cases}\text{内部平衡—需求下降—物价水平下降—内部逐步平衡}\\\text{外部平衡}\begin{cases}\text{进口需求减少—贸易收支改善}\\\text{资本内流—资本项目改善}\end{cases}\text{国际收支改善}\end{cases}$

如流程图所示,紧缩的货币政策可以同时作用于内部和外部平衡。从内部平衡看,当采取紧缩的货币政策以后,利息率上升会抑制需求的增长,从而使物价水平下降,内部逐步恢复平衡。从外部平衡看,利率的上升在使总需求减少的同时,也会使进口需求减少,从而使贸易收支得到改善;另一方面,利率上升必然使资本内流,使国际收支的资本项目改善,总的结果将改善国际收支。

可见,虽然财政政策和货币政策对内部平衡和外部平衡都有影响,但是其作用的程度和方向是不同的。财政政策通常对内部平衡的影响程度比较大,且方向明确。而货币政策对外部平衡的影响比较大,且方向明确。因此可以将这两种经济政策作为两个政策工具搭配使用,以便同时实现内部和外部平衡。

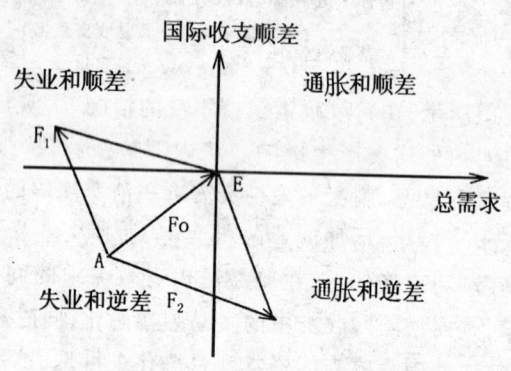

图 17-2 财政政策和货币政策的搭配使用

图 17—2 说明了在面对内外经济不平衡的四种情况下,搭配使用财政政策和货币政策的情况。图中横轴表示内部平衡的情况,纵轴表示外部平衡的情况。两个轴垂直相交,以内外经济同时

平衡作为交点 E 组成了四个象限,第一象限表示通货膨胀和国际收支顺差同时存在的情况;第二象限表示失业和国际收支顺差同时存在的情况;第三象限表示失业和逆差同时存在的情况;第四象限则表示通货膨胀和国际收支逆差同时存在的情况。

为说明问题起见,我们假定该国出现了点 A 的内外不平衡情况,即失业、需求不足和国际收支逆差并存的情况。这里有两个矢量,F_1 表示货币政策的作用方向,即紧缩的货币政策在改善国际收支的同时,造成需求下降,因此其政策的作用方向或作用力是向北偏西方向移动。F_2 表示财政政策的作用方向,即扩张的财政政策在扩大国内有效需求、创造更多就业机会的同时,造成进口需求的增加,因而有使贸易收支逆差扩大的负面影响。因此,其政策的作用方向为向东偏南方向移动。两种力量的共同作用,即松的财政政策和紧的货币政策相配合,结果是内外经济的同时平衡。在这里我们使用一个物理学中的基本原理,即两个矢量的合力是其平行四边形的对角线。这种合力作用意味着两种政策作用在不利于走向内外同时平衡的力量时,将通过另一种政策的相反力量所抵消。这种方法就是 60 年代蒙代尔向美国政府提出的平衡内外经济的建议。

表 17-1 财政和货币政策的搭配

经济情况	财政政策	货币政策
失业和逆差	放松财政	紧缩货币
失业和顺差	放松财政	放松货币
通胀和逆差	紧缩财政	紧缩货币
通胀和顺差	紧缩财政	放松货币

同理,我们可以采取这种矢量分析方法将任何象限的情况或任何一种内外不平衡的情况,通过两种政策配合的方式实现平衡。具体的搭配情况如表 17—1 所示。

四、分配法则

通过上述分析,我们能够得出结论:由于财政政策和货币政策对内外经济平衡所起的作用不同,所以可以分配给它们不同的调节任务。这种分配要遵循一定的法则,就是将平衡内部经济的任务交给财政政策,将外部平衡的任务交给货币政策。这就是罗伯特·蒙代尔提出的"分配法则"。[①]

五、资本完全自由流动的影响

在固定汇率制度下,如果资本完全自由流动,那么会形成一个统一的货币市场,各国的货币市场中高于或低于统一市场上的利率水平都会被资本的流动所消除,因而一国通过货币政策干预经济或平衡本国经济的政策将会失去作用。因为一方面"松的货币政策"根本上不能持久,因而当它尚未来得及发挥作用时,资本的跨国界流动(流出)已经将利率差异消除了。另一方面,紧缩的货币政策也不能持久,因为当一国采取"紧的货币政策",即提高利率时,资本的内流很快将利率的差异抑平,使紧缩的政策难以奏效。

因此,在国际金融逐步一体化的情况下,货币政策将逐步失去它调节经济的作用。

[①] 在某些特殊情况下,也存在将内部平衡分配给货币政策,而将外部平衡分配给财政政策的情况。

第三节 浮动汇率下的内部平衡

在浮动汇率制度下,一国宏观经济政策只需着眼于实现内部平衡就可以了,外部平衡的实现,可以留给外汇市场。

一、浮动汇率下的货币政策

与固定汇率的情况有所不同,在浮动汇率制下,不管各国间是否存在完全的资本流动,货币政策对内部平衡都具有很强的影响。

当采取松的货币政策,即通过扩大信用货币供应量或降低利率刺激经济时,国内的需求水平上升,进而国民收入水平提高,同时由于需求增加,对进口产品的需求也会增加,结果贸易收支会恶化。另一方面,利率降低将导致资本外流,因而引起资本项目恶化。所以当一国采取松的货币政策以后,在刺激国民收入水平提高的同时,短期内会使国际收支恶化。然而,如果此时该国实行的是浮动汇率,这种外部的失衡可以留给外汇市场。因为当一国国际收支恶化时,外汇的供给小于需求的情况不能持久,外汇市场将使本国货币换得的外汇量减少,或单位外币所能换得的本国货币量增加,进而刺激本国的出口、抑制进口,贸易收支会改善。同时本国货币的汇率下浮,意味着本国的货币供应量减少,从而会使利率上升,利率上升资本将回流,该国的国际收支会逐步恢复平衡。外部平衡的恢复,完全是汇率的自由浮动带来的。

相反当一国采取紧的货币政策时,利率的下降会抑制需求,从而降低国民收入的水平,紧的货币政策也会抑制进口需求,进而有利于贸易收支的改善。此外,紧的货币政策造成的利率上升将吸引外部资金流入本国,因此国际收支可能出现顺差。在浮动汇率下,这种国际收支顺差意味着相对于本国货币而言,外汇的供应过多,其结果本国货币上浮,本国产品的国际竞争力减弱,出口减少,进口增加,贸易收支恶化,同时国际收支顺差所造成的本国货币供应的增加,将导致利率的下降,使资本流出本国,最后国际收支重新恢复平衡。浮动汇率制度下扩张货币对外部平衡的影响机制可用下列流程图来表示。

$$\text{放松货币—利率下降} \begin{cases} \text{需求增加—进口增加—贸易收支恶化} \\ \text{资本外流—国际收支恶化} \end{cases} \text{本币贬值—国际收支恢复平衡}$$

由此可见,在浮动汇率制度下,一国的宏观经济政策只需照顾内部平衡,外部平衡可以通过汇率的浮动自动加以调整。

二、浮动汇率下的财政政策

在浮动汇率制度下,一国财政政策对外部平衡的影响比较复杂,它的作用方向是不确定的。当政府放松财政时,一方面会刺激需求的增加,从而刺激进口需求的增加,其结果使贸易收支恶化;另一方面,扩张性的财政政策将使利率上升,从而使资本内流,其结果有利于改善国际收支。问题是,如果松的财政所造成的贸易收支恶化对国际收支的影响程度,超过资本内流对国际收支的影响,那么总的影响是恶化国际收支。相反,如果该政策所造成的贸易收支恶化对国际收支的影响程度,小于资本内流对国际收支的影响程度,那么总的影响是国际收支的顺差。外部不平衡的两种不同情况决定了该国汇率的不同变动方向,要么本币上浮,要么本币下浮。这两种汇率变动的方向又决定着该国经济的不同走向:当货币贬值时,经济的扩张可以继续进行,相反当货币升值时,经济就会走向萎缩,扩张财政政策对经济的影响受到抑制,或者该国的经济扩张就会中断。

放松财政对外部平衡的影响可以用流程图来表示。

第十七章 开放经济条件下的宏观经济政策

放松财政 { 需求增加—进口需求增加—贸易收支恶化
利率上升—资本内流—国际收支的资本项目改善 } { TB > 资本内流—国际收支恶化
TB < 资本内流—国际收支改善 }

　　——本国货币贬值—经济继续扩张
　　——本国货币升值—经济停止扩张

可见,在浮动汇率制度下,一国的财政政策的影响方向是比较复杂的,因而该国经济的变动方向也是不确定的。

三、固定汇率制与浮动汇率制对经济的稳定作用

国际经济学家们一直关心这样一个问题,当一国经济受到冲击时,是固定汇率制还是浮动汇率制更能起到"自动稳定器"的作用?对于这个问题的回答决定于冲击的类型。

(一)出口需求冲击

当一国面临出口需求的冲击时,它所采取的汇率制度,决定了该国经济可能受冲击的程度。

假设国际市场对来自马来西亚锡的出口需求突然减少。如果马来西亚采取的是固定汇率制度,那么将会产生严重的收入下降。因为在其他方面保持不变的情况下,出口下降必然带来贸易收支的恶化,因而在外汇市场上,马来西亚的福林面临着贬值的压力。为了维持汇率的稳定,该国必须紧缩经济。同时由于出口需求下降使国民收入的水平下降,这种因出口突然减少带来的国民收入水平的下降和政府的紧缩政策带来的对经济的抑制使国民收入水平下降,通过收入的乘数效应,因此国民收入会成倍数的减少。可见,在固定汇率制度下,出口需求冲击对一国经济的影响是比较大的。

相反,在浮动汇率制度下,出口需求减少会引起贸易收支的恶化,进而引起货币贬值。而货币贬值将有助于扩大出口、减少进口,并抑制资本的外流,这在一定程度上将缓解出口需求下降对一

国经济带来的冲击。可见,浮动汇率制度有助于缓解出口需求的冲击。

在现实中,许多国家经常受到国际市场对其出口需求的冲击,特别是一些原材料的生产和出口国,如智利、马来西亚、加拿大等金属出口国,他们常常会面对这种冲击。1997年发生在东南亚的金融危机在一定程度上,就是这些国家出口连续出现收支逆差,而又不愿意放弃可调整的盯住汇率制度带来的。当然这次危机还有其他方面的原因,但是其重要的原因之一是出口需求的减少所引起的贸易收支恶化,进而是国民收入水平的下降,使投资者丧失了信心。危机发生后,经济的被迫紧缩带来了经济的全面衰退。假设如果这些国家当时采取的是浮动汇率制度,也许出口需求减少不会形成累积,因而对国民经济的冲击力也不会这样大[①]。由此人们可以推论,对于那些对国际市场依赖比较强的国家,采取浮动汇率可能是比较好的。从动态的角度看,随着一国经济对外开放度的扩大,相应的汇率制度也应该从相对固定转向相对变动。

(二)进口供给冲击

对于一个对关键原材料依赖进口的国家而言,一种或几种进口商品供给的大幅度减少,也会对经济造成冲击。在1973年—1974年和1979年发生的两次石油危机期间,西方国家石油进口量突然减少,由于石油是一种关键的进口品,且对其需求是无弹性的,所以导致国民的购买力下降,或实际收入水平下降。同时在进口量不变的情况下,由于价格的上升,进口总额增加了,使贸易收支恶化、国际收支恶化。在固定汇率制度下,为维持汇率,这些国家必须紧缩经济。此外,国际收支逆差将减少国内的货币供应量,

---

① 东南亚各国金融管理不当,给国际投机带来可乘之机也是重要的原因,但基本的外部平衡因素是贸易收支逆差。在这些严重依赖对外开放的国家,出口对经济的带动作用是相当大的。

也会导致经济紧缩。无论是石油供给的直接冲击,还是面对石油冲击,政府采取的紧缩政策都会使经济紧缩,且在乘数作用下,该国经济会加倍紧缩,其结果影响了经济的正常运行。

相反,如果该国实行的是浮动汇率,石油危机带来的国际收支逆差只能导致这些国家的货币贬值。而货币贬值增强了本国商品的竞争能力,进而在一定程度上缓解了石油对经济的冲击,至少不致造成该国被迫调整经济。可见,在进口需求冲击下,一国采取浮动汇率比采取固定汇率要好。

(三)国际资本流动冲击

由于种种原因,资本在国际间的流动也会对一国经济产生冲击。因为当资本流入一国时,国内的货币供应量突然增加,因而利息率下降,国内的需求增加,在充分就业的情况下,需求的增加会引起通货膨胀。相反,如果资本大量流出,本国的货币供应量就会突然减少,导致利率上升,从而抑制对消费品需求和私人投资品的需求,因而可能引起经济的衰退。

在固定汇率制度下,如果资本外流,会引起国际收支的资本项目恶化,为维持汇率,国内必须紧缩经济以缓解逆差,结果本国的需求水平下降,经济将进入衰退期。如果是可调整的盯住汇率制度,当资本外流时可能引起人们对该货币贬值的预期,因而进一步强化对外币的需求。货币当局要维持汇率,就需要动用本国的外汇储备。如果这种储备量足以维持本国的现行汇率还好,如果本国的外汇储备有限,以致难以维持现行汇率的稳定,则资本的外流可能引发金融投机,在该国储备用尽之时,被迫放弃维持现行汇率,从而完全丧失维持汇率的能力,只得听凭本国货币浮动。这种金融危机还可能影响经济中正常的信用关系,从而进一步引起信用关系倒塌,它带来整个经济运行的混乱,发生经济危机。从外汇投机的角度看,一些投机商可能正是看中该国难以维持现行汇率才开展投机的,因此国际资本流动的冲击对那些难以维持本国现行汇率的国家而言,其冲击度是最大的。

相反,浮动汇率制度对资本流动的冲击可以起到缓冲作用。因为资本外流会导致国际收支恶化,此时该国货币贬值将使兑换外币的成本加大,起到抑制资本外流的作用,同时货币贬值还可以鼓励商品的出口,抑制商品的进口,缓解由资本外流对该国经济正常运行的冲击。另一方面,资本内流会导致国际收支顺差,从而可能给该国造成通货膨胀的压力。在浮动汇率制度下,本国货币升值会起到抑制资本内流的作用,同时货币升值将抑制出口,鼓励进口,贸易收支将趋向逆差,从而缓解货币进一步升值的压力。

从以上三种外部因素对经济冲击力的分析中,我们可以看出,当冲击来自外部时,一国采取浮动汇率比采取固定汇率对经济的稳定作用大。因此,浮动汇率成为一国抵御外部冲击的"自动稳定器"。

(四)内部冲击

与外部冲击相对应,一国经济的稳定也会受到内部冲击的干扰。所谓内部冲击是指,由国内需求的异常变动引起的对经济的影响。所谓国内的需求主要是指居民的支出需求和对货币余额的需求。在开放经济条件下,内部冲击对经济的冲击度也取决于一国所实行的汇率制度。当一国采取固定汇率制度时,如果本国居民对商品的需求突然减少,那么国民收入水平就要下降,失业就可能增加。在总需求减少的同时,对进口品的需求也会减少,这引起贸易收支改善,从而使外汇的需求会减少,供给则相对增加。为维持汇率,政府就会通过扩张的财政和货币政策刺激需求,进而刺激对进口品的需求,其结果对因需求突然下降可能引起的经济衰退起到了抑制作用,使经济重新恢复平衡。

如果在浮动汇率制度下,需求的突然增加和对货币的需求增加将引起经济走向扩张,物价会上升,导致通货膨胀。同时,经济的扩张也会刺激进口需求,从而使贸易收支,进而是国际收支恶化,此时本国货币贬值。本国货币贬值后会刺激出口,限制进口,出口的增加使国民收入水平进一步上升,进口会进一步增加。如果出口的增加少于进口需求的增加,货币会进一步贬值。可见,如果冲击来自内部,浮动汇率不但不能起到"自动稳定器"的作用,反而还起到了推波助澜的作用。因此,对于国内支出变动所造成的冲击力,固定汇率更加有效。

通过上述分析,我们可以得出以下结论:如果冲击来自外部,浮动汇率比固定汇率更能稳定经济;如果冲击来自内部,固定汇率比浮动汇率更能稳定经济。随着一国经济对外依赖性的加强,来自外部的冲击可能会逐步增大,该国经济受外部影响的机率加大,所以一国的汇率制度的选择似乎应该逐步由相对固定过渡到相对浮动,或者应逐步加强其汇率制度的灵活性。

本章小结

1. 开放经济条件下,一国经济的稳定在很大程度上要靠政府的宏观经济政策加以干预,以保持经济的平衡发展。

2. 通常情况下,一国需要兼顾经济的内部平衡和外部平衡。所谓内部平衡就是稳定的经济增长、低失业率、稳定的物价水平。所谓外部平衡就是保持国际收支的平衡,既无国际收支的顺差,也无国际收支的逆差。

3. 政府在实现外部平衡的过程中,有许多可供选择的政策措施,如融通资金、外汇管制、浮动汇率、调整经济以及可调整的盯住汇率制。

4. 融通资金是国际收支出现暂时不平衡时政府采取的干预措施。

5. 外汇管制似乎过于严厉,各国政府很少使用。

6. 调整经济通常意味着有关国家付出经济调整的代价。

7. 在一定汇率制度下寻求经济平衡时,政府所关心的问题有所差异。在固定汇率制度下,政府可以通过货币和财政政策对经济实行干预。然而在干预经济的工具有限的情况下,政府将面临着需求管理的困境。

8.罗伯特·蒙代尔法则告诉我们,财政政策对付内部平衡问题比较有效,而货币政策对付外部平衡问题比较有效,其核心是需求管理工具的搭配使用。

9.在资本完全自由流动的前提下,政府的货币政策面临失效的威胁,以致各国经济越是趋向一体化,各国自身经济政策的调控效果越差。

10.在浮动汇率制度下,一国只需照顾经济的内部平衡就可以了,而外部平衡则由汇率的浮动自动加以调整。

11.在一定程度上,汇率制度可以作为缓解内外经济冲击,维持内外经济平衡的"自动稳定器"。但不同的汇率制度对缓解内外冲击的作用程度和方向是不同的。

12.对于来自外部的冲击,如出口需求冲击、进口供给冲击和资本流动冲击等,浮动汇率比固定汇率更加有效;而对于来自内部经济的冲击,固定汇率更加有效。随着一国经济开放度的提高,各国的汇率制度选择应趋向于相对变动,以增强应付日益增多的外部冲击的能力。

本章思考题

1.什么是内部平衡和外部平衡?
2.通常情况下,政府有哪些维持外部经济平衡的措施?
3.固定汇率制度下,需求管理的困境是什么?
4.什么是蒙代尔的分配法则?
5.在浮动汇率下,政府如何实现内外经济平衡?
6.什么是开放经济条件下的"内在稳定器"?

第十七章 开放经济条件下的宏观经济政策

7. 当冲击来自外部时,为什么浮动汇率更能稳定经济?
8. 当冲击来自内部时,为什么固定汇率更能稳定经济?

第十八章 发展中国家的融资、债务和金融市场的开放

我们前面几章的阐述主要是说明经济发达国家,在开放经济条件下的宏观经济稳定和维持内外经济平衡的问题。尽管其中的某些方面在发展中国家也似曾相识,但是,发展中国家从自身经济的特点出发,其金融体系、面临的问题和金融市场都具有自己的特征。在寻求国际融资的过程中既有收获,也有问题。发展中国家的金融市场开放是他们与世界金融市场一体化中的核心问题。

第十八章 发展中国家的融资、债务和金融市场的开放

第一节 发展中国家金融体制的特征

一、发展中国家的金融市场

一般而言,发展中国家的金融市场也处在发展的过程之中。它主要表现在:长期资本融资的市场尚未成熟,企业在一级市场上融资的渠道不够畅通;投机活动在相当大的程度上受非经济因素的影响;银行系统或短期资本融资的市场受到政府的严格控制,以便于其利用不健全的金融系统为政府财政筹措资金;为经济发展的需要,人为地控制贷款的利息率水平,使利率停留在低水平,或形成存款利率与贷款利率的倒挂,压抑金融系统的经营积极性;企业为了获得经营资金常常要到"黑市"上以高息拆借资金,导致一些国家非法金融机构的发展;为了使企业获得足够的资金需要,较大程度上要借助引进外资。

二、发展中国家的汇率制度

大多数发展中国家由政府确定该国的汇率制度。汇率制度的主要特征是:采取盯住汇率制度、实行外汇管制、本国货币不能自由兑换外国货币。

发展中国家所以采取相对固定的汇率制度并盯住主要发达国家的货币的原因,主要来自于三个方面。首先,发展中国家经济实力比较弱,既无承担风险的能力,也无稳定汇率的能力。如果采取浮动汇率,处在起步阶段的对外贸易将难以承担因汇率变动带来的风险,从而不利于企业的成长。其次,如果采取相对固定的汇率制度并由该国自己维持汇率,在发展中国家外汇缺乏的情况下,一旦市场出现某种冲击,它们将很难应付和维持现行汇率,导致其汇

率听凭市场摆布的困难局面。第三,盯住汇率有助于发展中国家稳定与主要贸易伙伴的正常贸易往来,促进经济的发展。一般而言,发展中国家的贸易伙伴主要集中在少数发达国家,因此他们与主要国家之间具有稳定的贸易关系将有利于经济的发展。为此保持对这些国家货币汇率的稳定将有助于商品和服务贸易的正常进行。

至于发展中国家采取外汇控制主要出于两个方面的考虑。一是资金的缺乏。缺乏发展所需用的资金是发展中国家经济发展中的关键问题。由于发展中国家经济发展水平较低,储蓄率比较低,资金就比较缺乏,因此它们十分珍惜用本国资源的出口或大量的劳动密集型产品的出口所换回的外汇,外汇控制或管制就是将有限的资金由国家监管起来,以充分发挥其作用。二是有助于发挥政府干预外贸的作用。作为发展中国家多采取鼓励出口限制进口的相对保护政策,而外汇管制意味着,通过繁杂的外汇审批手续控制商品的进口,或对有利于经济发展的商品进口提供多方面的便利。

发展中国家多采取货币不能自由兑换的政策,这来源于发展中国家对货币自由兑换的某种担心。首先,如果发展中国家实行自由兑换货币的政策将不利于贯彻其保护贸易的政策,如果外汇很容易从金融市场获得,对进口就难以控制,至少是减少了一个控制进口规模的有效工具。其次,货币自由兑换意味着金融市场的开放,在发展中国家金融市场尚不健全的情况下,开放的金融市场意味着将承受较大的外部金融冲击的压力。如果货币不能自由兑换,这等于在本国金融市场和外国金融市场之间设立了一道"篱笆",使不够发达的发展中国家的金融市场与国际金融市场分开,减少了受外部冲击的可能性。

三、发展中国家汇率制度的局限性

发展中国家所采取的这种汇率制度和货币管制也存在许多的局限性。首先,盯住汇率制度的维持是有条件的。对于发展中国家而言,当它盯住某一种主要货币时不仅在于名义上的"盯住",还意味着该国经济要与所盯住货币的国家经济运行保持同步。因为根据购买力平价理论,两国间汇率的稳定决定于两国货币的发行量,进而是物价水平的变动程度和变动方向。如果两国货币供给的增长速度不同,其各自的物价水平和利率水平都将发生变动,从而影响外汇市场上的外汇供求,产生外汇的黑市或外汇投机。其次,外汇管制将鼓励外汇黑市的出现。在市场经济条件下,任何的人为管制如果不能与经济现实的要求相一致,就会产生来自企业或经济人的规避或"创新",以继续获取某种经济利益。外汇管制在有利于面上的市场管理的同时,将外汇交易推向"地下",从而更是难以控制。第三,本国货币不能自由兑换也意味着国际贸易和引进外资的便利性较差,从这一点出发货币不能自由兑换是一把双刃剑。第四,汇率的人为高估或低估不利于或可能破坏该国对外贸易和引进外资的正常条件。

一些发展中国家为避免上述某些方面的缺陷或局限性,采取了一些折中措施,如在保持盯住汇率制度的同时,取消外汇管制或实行货币自由兑换。一些国家采取某些措施只是改变了外汇管制的方式,用拍卖外汇的方式代替过去严格的外汇审批。也有一些国家采取可调整的盯住汇率制度,即在当两国经济发展情况不同步时,该国可以调整其汇率,使汇率能够反映发展中国家的实际经济运行。

第二节 发展中国家的引进外资及其债务危机

前面的章节已经指出,发展中国家单纯依靠国内的资金很难满足其经济发展的需要,所以引进外资就成了发展中国家获取资金的重要渠道。

一、发展中国家获得外资的主要渠道

发展中国家引进外资的主要渠道是官方贷款、银行贷款、发行债券和外国直接投资。

(一)官方贷款

发展中国家向国际机构或有关国家求得官方贷款,可能是引进外资比较容易的渠道。从国际机构看,世界银行的主要职能就是向发展中国家提供发展中所需要的资金。在该机构认为其申请可行,且有利于其经济发展的情况下,申请国能够获得"优惠的"或"低息的"贷款。其次,一些国家出于各种原因对发展中国家也提供某些政府贷款,有的是为了促进贷款国商品的出口,有的是帮助发展中国家进行某种关键项目的建设。对于发展中国家而言,这类贷款的条件是比较优惠的,多数是低息贷款。但是官方贷款的问题是获得这种贷款常常有某种附加的条件,这些附加条件也许是借款国家所不情愿接受的。

(二)发行债券

发展中国家向国外的居民发行债券筹集资金也是其引进外资的重要来源,这是发展中国家的对外直接融资。发行债券是一种直接的融资行为,因此没有附加非经济条件的可能性。当然这种融资是建立在发行债券国家在国际金融市场上有良好信誉的基础上的。现实是多数发展中国家在金融市场上没有信用记录,或由

于经济发展水平较低,经济比较脆弱,在国际信用评级中的记录不够理想,从而难以在国际金融市场上发行债券。

(三)银行贷款

发展中国家从国外银行获得商业贷款是其获取资金的又一渠道。商业银行贷款是发展中国家根据国际市场上资金供求情况,适时地从金融市场获得的贷款。根据保罗·克鲁格曼的资料,70年代,发展中国家大约有1/4的资金来自于商业银行贷款,而到了80年代,发展中国家从银行获得贷款占它们获得外资的总比例明显增加了。其中拉丁美洲国家对银行贷款的依赖程度最高。

(四)外国直接投资

外国直接投资主要是指,由外国人所有的公司收购本国企业,或在东道国设立新的企业或分支机构。外国直接投资的有利之处是,这种外资引进不需要偿还,东道国只要允许外资能够将其所得利润自由汇出即可。当一个发展中国家采取外汇管制时,资金的汇出就难以进行。为了吸引外国直接投资,许多发展中国家采取各种鼓励或优惠措施,形成了对直接投资的强劲需求。目前对发展中国家引进外资的争论是其利弊得失问题。

总之,在上述四种引进外资方式中,银行贷款的作用在逐步增强,对外直接投资正在成为各国追求的引进外资方式。

二、发展中国家的债务危机

在国际金融领域,发展中国家的债务危机曾经引起人们的广泛关注。其中的主要原因是他关系到发展中国家能否引进外资和利用外资的问题。

(一)债务危机的爆发

1982年8月12日,墨西哥通知外国金融官员,该国不能按照原计划偿付外债,进而向外国政府和中央银行寻求贷款援助,向有关的商业银行请求延展偿还本金和利息的期限,并且要求对近期将要到期的债务进行重新安排。不久巴西也出现类似情况,债务危机爆发了。

实际上,当墨西哥提出债务问题时,其他拉丁美洲国家,乃至其他地区的发展中国家几乎面临同样的偿债困难。据统计,1982年墨西哥的外债额累计800亿美元,在发展中国家中居第二位,巴西的外债额为880亿美元,在发展中国家中居第一位,阿根廷的外债额也达400多亿美元。此外,一些非洲国家、东亚国家以及东欧的一些国家也面临着严重的偿债问题。墨西哥的偿债危机只是这种严重局面爆发的导火线。由于美国及其他国家的许多银行在拉丁美洲拥有债权,如果拉美国家难以偿还债务,将引起连锁反应,甚至引起世界性的金融危机。

(二)债务危机的原因

尽管债务危机是有关国家的偿债危机,但是如果能够借到新的资金,偿债危机就不可能成为现实。偿债危机的发生还在于债务国难以借到新的债务。

从债务危机产生的原因看,首先,发展中国家的债务危机首先产生于他们债务负担的日益加重。据统计,非产油发展中国家的债务总额1962年为259亿美元,1973年为1310美元。1973年—1976年间,发展中国家债务以每年300—400亿美元的速度增长,1977年—1983年间,以每年500亿美元的速度增长,到1983年时,发展中国家债务总额达到6640亿美元。1973年—1983年间,拉美国家的外债增加了4.6倍。由于债务负担沉重,导致债务国不仅还本负担逐步加重,偿还利息的负担也不断加重。另据统计,到1973年时,发展中国家的债务还本付息额为179亿美元,1982年达到1071亿美元,即增加了5倍。

其次,偿债负担的加重还由于发展中国家难以用商品的大量出口保证债务的顺利偿还。世界银行在考察一国债务负担及还款能力时使用偿债率,该指标是指一定时期内,一国的出口总额与同期的还本付息额的比值。1973年发展中国家还本付息率为16%,1982年增加到25%。其中巴西的还本付息率达87%,墨西哥58.5%,阿根廷则高达103%。导致该比率上升的重要原因是与这些国家的商品出口规模有限直接相关。自60年代以来,拉丁美洲的一些发展中国家采取了进口替代的经济发展战略,这种发展战略的基本特征是抑制出口、有利进口和外资的引进。这将导致其出口贸易发展较慢,所借债务难有可靠的资金来源,依靠借新债还旧债毕竟不是长远之计,世界银行提出,如果一国的还本付息率高于20%可能就包含着偿债的风险。因此,当一国的偿债率高达50%以上时,就不会有任何银行愿意继续贷款给债务人。

第三,拉美国家对国际金融市场过分乐观,大量举债。70年代后期,发达国家,特别是美国实行了低利率政策,拉美国家急于发展自己的经济,试图以最快的速度进入发达国家的行列,因而大量举债。据统计,70年代末期,在墨西哥的庞大发展计划中举债金额达970亿美元,巴西的发展计划需举债近2000亿美元。如果国际金融市场的利率继续保持在低水平,这些国家可能不致出现偿债危机。然而,进入80年代以后,美国等国家利率水平攀升,使发展中国家的债务负担明显加重。据统计,1979年—1982年期间,由于美国利率水平的提高使拉美负债国多付490亿美元的债务。

第四,美国及其他发达国家的商业银行对拉美经济过度乐观,不顾其偿债能力,以各种形式向拉美国家提供贷款。当拉美国家对外资的依赖越来越重时,其获取新贷款的条件日益苛刻,从而出现债务的恶性循环。

当然,债务危机是多方面因素合成的结果。尽管如此,还是应该从危机中吸取教训。

(三)债务危机的处理

面对发展中国家的债务危机,不仅这些国家本身不愿意看到危机的恶化,发达国家也担心危机的恶化引起全球性的金融危机,威胁发达国家经济的增长。因此对债务危机,发达国家以及有关的商业银行也积极寻求解决办法以期避免危机趋于严重。

实际上,在墨西哥危机开始时,在墨西哥和美国的主持下,将墨西哥财政部官员和拥有债权的数百家商业银行召集在一起,召开了一次会议,并组成了一个解决债务问题的咨询委员会,目的是帮助和协助债务国的贷款问题的解决,同时,这些银行、有关发达国家的政府和世界银行一起向债务国提供新的贷款。另一方面,要求这些参加合作的银行重新安排还款期限,以缓解发展中国家的债务负担。尽管如此,债务问题并未随之解决。

1989年,美国当时的财政部长尼古拉斯·布雷迪提出了解决债务危机的计划,主要是要求商业银行与债务国合作,为债务国提供多种形式的金融支持,包括减免债务和债务清偿以及提供新的贷款;要求国际货币基金组织和世界银行,为"减少债务或清偿债务"提供资金;要求国际货币基金组织改变这样一个规定,即当商业银行不承诺借款给债务国时,就拖延该组织对债务国提供贷款的做法。布雷迪计划的显著特点是减少拉美的债务负担。美国担心债务危机的深化可能危及拉美国家的政治稳定。

墨西哥积极配合国际社会,调整了它的经济结构和经济政策,收到了良好的效果。此后,菲律宾、哥斯达黎加、委内瑞拉、乌拉圭和尼日利亚都开始了与商业银行谈判,签定债务减免协议。1992年,在巴西和阿根廷与他们的债权国签定了减免债务协定时,发展中国家终于渡过这次债务危机。

第三节 发展中国家的金融危机

由东南亚的金融危机所引起的经济危机是发展中国家走向经

济开放,实行盯住汇率制度后所发生的对发展中国家冲击最为猛烈的一次金融危机。这是需要引起我们重视的问题。

一、东南亚金融危机的爆发

1997年7月2日泰国政府和金融当局宣布,放弃实行长达13年之久的盯住美元的汇率制度,随后泰铢贬值了48%左右。之后,泰国的金融危机波及菲律宾、马来西亚、印度尼西亚、新加坡、韩国和日本等国家,金融市场的动荡波及到该地区的证券市场。当金融危机来临时,股票价格急剧下跌,多数股票变得一文不值。东南亚和东亚地区的金融危机导致了该地区持续高速经济增长的中断,泰国、马来西亚、印度尼西亚、韩国的经济从过去每年经济增长7%,降低到零增长,甚至是负增长。日本也出现了近年来罕见的负增长。直到1999年上半年,东亚各国经济尚未从危机中恢复过来。

二、东亚金融危机爆发的原因

东亚金融危机的突然到来,以及它所带来的影响是经济学家和实业界人士们所始料不及的,因此人们对它爆发的原因给予多方面的关注。

世界银行认为,这些国家过度的外资引进、实行盯住汇率制度的时间过长、国内过度投机,以及政府金融管理的不利是导致金融危机爆发的主要原因。有的学者认为,东亚金融危机的主要原因是出口的下降,导致盯住汇率的预期贬值压力加大。有的学者认为,东亚金融危机是国际投机商的投机所致。总之,他们列举了许多东亚国家经济的弱点。

实际上,东亚地区的金融危机产生于内外经济的根本性失衡。首先,对外资的过度依赖迫使这些国家采取高利率政策。作为外向型经济的国家,引进外资是获取经济发展资金的重要来源。在国内资金尚未收回的情况下,要继续获得外资必然导致政府和商业银行提高借入资金的利息率。高利率使借款人难以用正常的生产获取高额利润,而投机活动成了获取高额利润的主要渠道,日本大量的闲置资金的流入为证券和房地产投机提供了资金来源。其次,该地区出口产品的雷同或相互竞争,导致东亚某些国家处于不利地位,一些产品被挤出出口市场,导致其出口收入的减少。对于实行出口导向战略的国家,出口的持续增长是维持其经济发展的重要支柱。如果出口增长受阻,这些国家的贸易收支就会恶化。在贸易收支恶化的条件下,国际金融市场对这些国家的盯住汇率能否维持将产生怀疑,从而使他们维持汇率的压力变大,为了弥补经常项目的逆差,大量地引进外资就成了这些国家的方便选择,特别是国际社会都看好东亚地区经济发展前景的情况下,这种资本的流入成为可能。第三,金融投机商们正是看到了这些国家支持盯住汇率基础的薄弱,乘虚而入,大肆进行投机活动,终于导致一些国家放弃盯住美元的汇率制度。

这种金融危机在东亚地区的连锁反应来源于该地区的相互依赖,或地区分工结构。近20年以来,东亚地区以日本为领头雁,四小龙为身,东盟其他成员为尾,形成了比较密切的类似齿轮咬合的"联动机制"。在产业上表现为三个层次的国际或地区分工,即以日本技术密集型产业为主,亚洲四小龙以重化工业及电子产业为主导,东盟其他成员以劳动密集型产业为主导。这种体系的运行条件是,领头雁必须为雁身和雁尾提供其发展和升级的空间。然而现实的情况是,领头雁——日本没有及时地将自己的产业升级,导致了雁身和雁尾难以前行。作为发展中国家,当他们走向开放时,很重要的战略就是生产和出口劳动密集型产品。由于后来者生产成本较低、且有政府通过货币贬值促进本国出口的增加,自然会挤掉东盟其他成员国出口产品的市场,其出口市场萎缩,由于这些东亚国家不能前行,所以在每一个阶段上,它们的竞争力都处于不利地位。这种竞争力的下降使所有国家的经济增长都难以为继,一旦时机成熟,经济的倒塌就会变成一个连锁反应。

这些国家的经济危机之所以从金融危机引发,还有这些国家在尚不具备管理金融市场能力的情况下就开放本国市场,从而难以抵御来自外部的金融冲击。

三、东亚金融危机的启示

东亚的金融危机向我们提出了许多值得思考的问题。首先,作为一个发展中国家是否应该长期维持盯住的汇率制度,是否应该随着经济开放度的提高,而逐步将自己的汇率制度由主要抵御内部冲击为主的相对固定汇率制度,向以抵御外部冲击为主的相对变动的汇率制度过渡。其次,发展中国家的金融市场在什么时间段上开放自己的金融市场才能在融入国际社会的同时,不致付出过多的代价;作为发展中的大国,是否应该不顾及外部市场,只是一味地促进本国产品的出口;发展中国家是否应该同时采取外向型的经济发展战略发展本国经济。这是我们应该逐步研究清楚的问题。

本章小结

1.发展中国家金融市场是不够发达的,他们有的根本没有发展,有的则尚不成熟。

2.发展中国家的汇率制度主要是盯住汇率,其目的是创造有利于本国经济发展的国际金融条件。

3.发展中国家主要通过四个渠道引进外资。这些渠道是:发行债券、官方贷款、银行贷款和外国直接投资。随着各国经济相互依赖程度的加强,发展中国家更多地依赖银行贷款和外国直接投资。

4.墨西哥的债务危机爆发于其清偿债务的困难。导致这种债务危机的原因是多方面的,如债务负担过重、对出口抑制政策的实施、对国际金融市场的错误估计及大量举借外债、国际环境的变化等。

5.东亚的金融危机是90年代以来影响世界经济发展的一个非常令人关注的事件,它的发生以及它的波及现象有着多方面的原因。对此,许多学者提出自己的观点,并且这种研究还在进行。

6.东亚金融危机引起了我们的许多思考,我们应该进一步地研究这些问题。

本章思考题
1.发展中国家的金融市场有什么特点?
2.发展中国家汇率制度如何?为什么采取盯住汇率制度?
3.发展中国家引进外资的渠道有哪些?
4.发展中国家引进外资与银行借款的利弊比较。
5.墨西哥金融危机的原因是什么?
6.如何看待发展中国家的金融危机?
7.如何看待东亚金融危机?

第十九章 国际资本流动

研究国际资本流动和研究国际间劳动力的流动一样,意味着我们放弃了新古典贸易理论中关于生产要素在各国间不流动的分析前提。实际上,在我们前面分析开放经济条件下的宏观经济政策,以及在阐述国际收支账户时,已经涉及资本流动的问题。这表明,在现代经济条件下,生产要素不流动的假设只具有理论意义。要素流动不仅对国际贸易发生直接或间接的影响,而且其本身也是国际经济联系的重要载体。

我们在本书中讨论国际资本流动时,经常使用国际投资这一概念。实际上,正是投资者的对外投资行为,才造成了资本在国际间的流动。因此,当我们不是特别强调投资主体的行为时,国际资本流动和国际投资这两个概念可以互换使用。国际投资,按照投资者对所投资本项目的实际控制程度,可以分成直接投资和间接投资。所谓直接投资是指,投资者对所投入资金的实际运行过程具有足够的影响力或控制权的投资。间接投资是指,投资者不直接操纵或影响资金运行过程的投资。

第一节 资本流动纯理论:间接投资

在经济学原理中,我们将投资视为一种推迟消费的行为,或者说,进行投资就是用目前的消费换取未来的(通常是更多的)消费。根据这一解释,我们可以将国际投资看作是一种国际交换,但不是国际贸易理论所阐述的那样,以一种商品交换另一种商品,而是用现在的商品去交换未来的商品。这样更有利于我们用已经学过的知识,分析资本流动发生的机制了。

一、相对价格与资本流动

现在假设,有两个生产者(同时也是消费者),为了简单起见,我们分别称这两人为甲和乙,他们都能生产一种商品 X,生产活动可以有选择地在两个时期进行,即今年和明年。如果其中一人选择今年生产商品,我们说他生产"现在商品"——为满足现在消费的商品。如果他选择明年生产这种产品,我们就说他在生产"将来产品"——为满足将来消费的商品。我们再进一步假设,每个人都拥有一定规模的有形资产。如果他增加这一资本存量,意味着他愿意放弃现在商品的生产,而增加未来商品的生产,若减少这一资本存量,则表明他倾向于增加现在商品的供应,而减少未来商品的供应。

实际生活中存在这样的情况,我们以一个独立经营的农场主为例。根据前面的假设,他可以通过改变其有形资产存量的办法来改变他的现在商品和未来商品的供应量。最明显的表现是,他可以用今年产的谷物的一部分作为种子存起来,增加有形资本的存量,这将增加其明年的生产和消费。如果他减少种子的存量,他会增加今年的生产和消费。当然这种跨时期的选择还可以通过其他方式表现出来。实际上,所有的工商企业,包括一些大公司也都面临着同样的选择,他们必须考虑,在现在和未来用途之间如何分配其资源。

我们用图19—1来分析甲和乙所面临的选择。

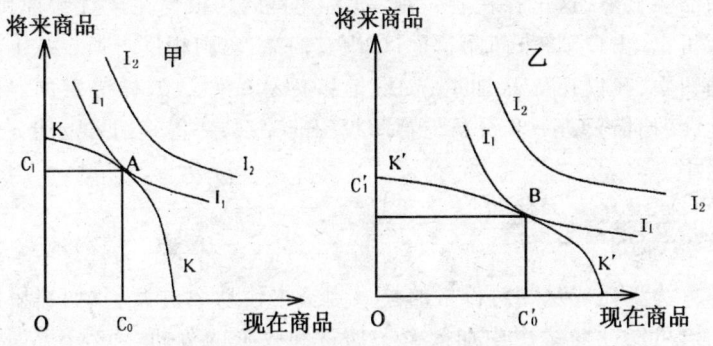

图19-1 甲和乙生产可能性边界和无差异曲线图

图19—1中,横轴表示现在商品 C_0 的数量,纵轴表示将来商品 C_1 的数量。KK表示甲生产现在商品与生产未来商品的转换关系,或生产可能性边界。无差异曲线 I_1I_1 表示效用水平,它们表示是两个时期的消费组合而成的效用水平,而不是两种商品组合而成的效用水平,但是分析方法没有什么不同。如果甲乙两人之间不存在交换关系的话,他们将分别在A点和B点达到各自效用最大化的均衡。A、B两点所处的斜率则分别表示无交换条件下现在商品和未来商品的"相对价格"。比如,如果在A点处,放弃1单位

现在商品可以换得 1.2 单位将来商品,或者说,1 单位现在商品值 1.2 单位将来商品,那么实际利率便是 20%,也就是说,实际利率等于以下一年商品表示今年商品的价格减去 1。

如果我们仔细比较就会发现,由于 A、B 两点所表示的实际利率不同,使甲乙两人拥有不同的相对优势,即 A 点处的斜率大于 B 点。这意味着,甲所面临的以将来商品表示的现在商品的价格高于乙,所以甲在将来商品的生产上拥有相对优势。就是说,甲可以牺牲较少的现在商品生产较多的将来商品。乙则在生产现在商品上拥有相对优势,即他放弃 1 单位将来商品可以生产较多的现在商品。显然,这里存在着一种"贸易"的机会,根据比较优势原则,甲可以"出口"将来商品,"进口"现在商品,乙则相反。但仅从上面的图中,我们还无从知道,贸易量和贸易条件是怎样决定的。因此,我们需要进一步分析储蓄和投资的关系,并将其纳入上述分析之中。

二、储蓄与投资

为了完成从相对价格的差异到资本流动的过渡,我们在甲的生产可能性曲线图中加入有关储蓄和投资的分析。该分析如图 19—2 所示。

在图 19—2 中,KK 曲线仍然表示甲的生产可能性边界,假如给定一有形资本存量,甲最初生产现在商品 OY_0,生产将来商品 OY_1,这一组合由 E 点表示。现在商品 OY_0 就是甲当前的收入。但是,如果给出反映甲在现在商品和将来商品之间偏好的无差异曲线 II,我们立即发现,E 点并不是最佳的均衡点,沿 KK 曲线向 A 点移动,会提高甲的效用水平。在没有交换的条件下,A 点将是甲实现效用最大的均衡点。与 E 点相比,向 A 点移动就意味着甲将减少生产现在商品 C_0Y_0,而增加将来商品的生产 Y_1C_1。因为 OY_0 是甲的当前收入,因此减少当前商品的生产 C_0Y_0 实际上就是将这

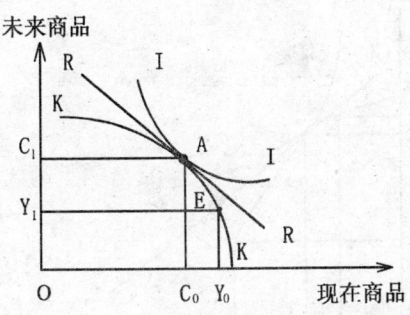

图 19-2 无交换条件下的储蓄与投资

部分资源从现在转移到将来,那么 C_0Y_0 就可以理解为当前收入的储蓄和对未来商品的投资,在量上储蓄和投资是相等的。换言之,C_0Y_0 对应于 RR 曲线所表示的实际利率 r,它表示甲的投资价格。

需要指出的是,上述无交换条件下的实际利率 r(RR 线的斜率),是由甲自己的生产可能性边界和无差异曲线共同决定的,也就是说甲自己的行为决定两个时期商品的相对价格。现在放弃这一假设,将甲作为一个价格的接受者。那么,甲就要根据市场利率来决定他的储蓄与投资。这样我们便可以根据市场条件来推导他的储蓄与投资水平。图 19—3 是存在交换时的储蓄与投资的决定。

在图 19—3 中,R_1R_1 线的斜率 r 表示由市场决定的实际利率水平,它比图 19—2 中的实际利率水平要低,也就是说,在该图中以将来商品表示的现在商品的价格比过去要低。根据新的相对价格水平,甲将选择 Q 点生产,而且他在该点生产时可以使其实现的总财富最大化。我们用 OW 表示他的总财富,因为 W 点和 Q 点所表示的产出组合在价值上是相等的,也就是说 Q_0W 表示的是将来商品 OQ_1 的现值(以现在商品表示的价值)。注意,由于我们并

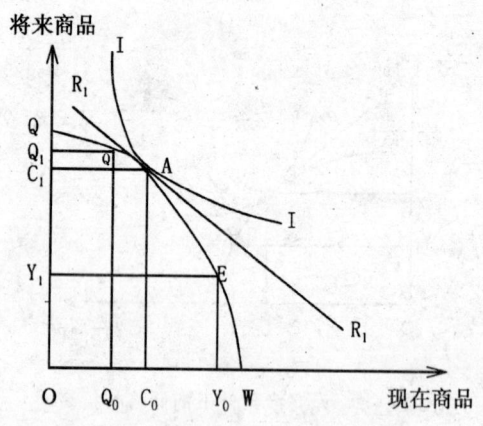

图 19-3 存在交换时的储蓄与投资

没有声明横轴和纵轴的度量单位是统一的,所以从几何图上看 R_1R_1 的斜率小于 1,但是这并不意味着实际利率是负数。由于甲在生产将来商品上有相对优势,他可以根据市场利率水平沿着 R_1R_1 线以将来商品交换现在商品。交换使他获得了新的商品组合,并随之提高其效用水平,直至达到 A 点处,即 R_1R_1 线与他的最高的一条无差异曲线相切,此时,甲便实现了效用最大化。该过程意味着,甲用将来商品 C_1Q_1 换取了现在商品 Q_0C_0。在 r_1 的利率水平下,现在商品的生产减少了 Q_0Y_0 以增加未来商品 Y_1Q_1,那么 Q_0Y_0 也就是对将来生产的投资。但是,根据前面的分析,OY_0 是甲当前的收入,而他的消费(对应于 A 点)却是 OC_0,也就是说,他的储蓄仅为 C_0Y_0。比较 C_0Y_0 和 Q_0Y_0,我们发现,他的储蓄低于他的投资。这个答案如何弥补呢?其实答案已经隐含在我们上面的分析中了,在甲出售将来商品时,实际上他所出售的不是别的,而是一种对将来商品的要求权。这种要求权通常是以股票、债券等金融资产的形式存在的。出售这些金融资产所获得的资金便可弥补甲在储蓄和投资之间的差额。换句话说,甲出售将来商品的过程就是他"引进外资"的过程,这样我们便完成了对资本流动的初步解释。当然我们也可以用同样的方法推导出乙的储蓄与投资水平的决定过程。

如果一个社会只是由甲乙两个人组成的话,我们便可以通过两者的储蓄与投资函数来最终确定交换的条件和交换的规模。我们这里所说的交换是指现在商品和未来商品的交换或交易,在这种交换的背后是资本的流动。

图19—4中,分别给出了甲乙两人的储蓄与投资函数。在没有交换的情况下,实际利率分别由各自的储蓄与投资曲线的交点来决定。因此 Ra 和 Rb 的利率水平分别对应于图19—1中的 a、b 两点的利率水平。

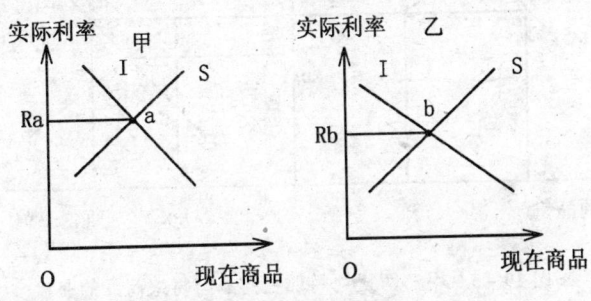

图19-4 甲乙两人的储蓄与投资函数

正如图19—4所示,如果实际利率低于 Ra,便会出现储蓄小于投资的情况。在图19—3中,这种情况具体表现为 C_0Y_0 小于 Q_0Y_0。当然,对于乙来说,类似的情况也会发生。假如利率高于 Rb,那么乙的储蓄会大于他的投资。如果利率水平介于 Ra 与 Rb 之间,那么乙将减少将来商品的生产而增加现在商品的生产。甲则正好相反。这一调整过程怎样才能完成呢?或者说市场利率最终将确定在什么水平呢?

现在我们将图 19—4 的两张图合二为一,将甲图沿横轴旋转 180°与乙图合并,如图 19—5 所示。为了简便起见,假设甲乙两人仍为完全竞争市场上的价格接受者,在没有交换的条件下,利率分别为 Ra 和 Rb。由于 Ra 高于 Rb,所以,甲在将来商品的生产上拥有相对优势,如果不存在交易成本,不存在"贸易"管制,那么交换过程将导致相对价格(即利率)趋向一致,如 OR。如果 OR 所表示的利息率水平恰好使甲乙两人的储蓄与投资的差额(绝对值)相等,则 OR 便是存在交换时的均衡利率水平。

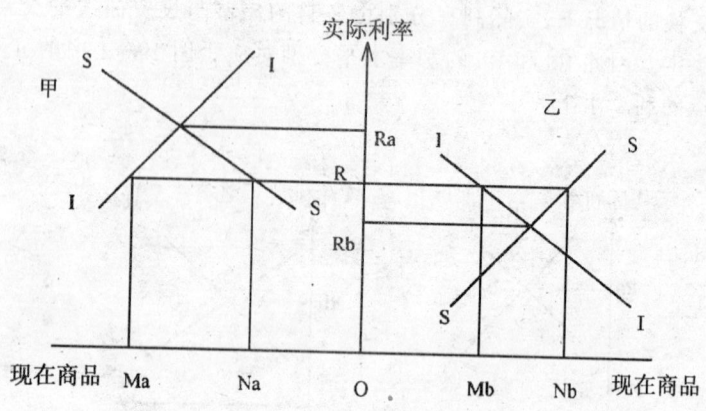

图 19-5 甲乙两人之间现在商品与将来商品的交换

通过交换,甲购买 NaMa 现在商品,为此他要支付 $(1+r) \times$ NaMa 将来商品,乙购买 $(1+r) \times$ MbNb 将来商品,用 MbNb 现在商品来支付。当然甲所购买的现在商品 NaMa 必须等于乙所出售的现在商品 MbNb。在国际贸易理论中,我们分析两种商品的交换时,一种现在商品的购买可以用另外一种现在商品来支付。但在这里,我们假设只有一种现在商品和一种将来商品,所以购买现在商品必须以将来商品来支付。这样,实际上避开了贸易收支差额的分析,而直接将商品流动和资本流动统一起来。

用国际金融的术语来表述上述过程就是,甲从外国购买现在商品带来贸易收支的逆差,这种逆差是用其资本账户的顺差来弥补的。甲是商品的净购买者,同时也是证券(对将来商品要求权)的净出售者。乙则相反,他用贸易账户的盈余来支持自己资本的输出。在没有国际交换条件下的实际利率的差别,使乙向甲出售现在商品,并用所获得的资金从甲那里购买对外来商品的要求权(金融证券)。如果不存在交易成本及其他障碍的话,这一过程将持续到甲乙所面临的实际利率相等时为止。

到目前为止,我们一直是用两个人的交换行为来说明问题。如果我们将这种分析扩展到两个国家之间的资本流动,道理是一样的。如果甲是美国人,而乙是日本人,那么分别将这两个国家所有个人的储蓄曲线和投资曲线沿水平方向加总,就可以得到两国的总储蓄曲线和总投资曲线。当然,个人生产可能性边界和个人无差异曲线也可以用社会生产可能性边界和社会无差异曲线来代替。这样,我们对甲乙两人行为所作的分析,就可以直接用来解释美国和日本两国间资本流动的发生机制。

三、资本流动所带来的利益

在分析资本流动的发生机制时,我们曾经提到,通过现在商品和未来商品的交换,交易双方都可以实现比没有交换时更高的效用水平,这就是说资本流动可以带来净利益。现在我们将进一步分析这种利益是怎样产生的。微观经济学的基本原理告诉我们,随着消费的增加,消费者所获得的总的效用水平也增加,但总效用增加的速度越来越慢。现在我们假定,一国的消费完全取决于本国的产出,并且消费倾向是稳定的,因而产出多时,消费也多,产出少时,消费也少。因此,消费水平在各个时期都是随着产出水平的变化而波动。

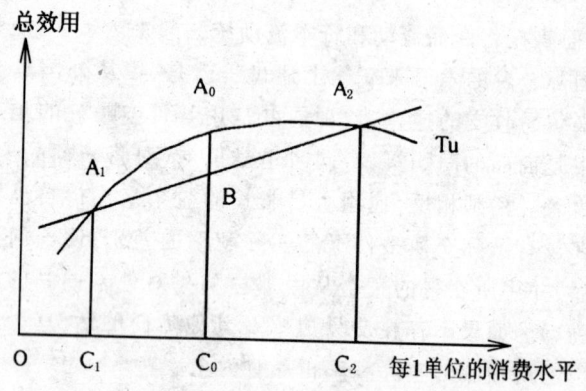

图 19-6 消费水平与效用水平

在图 19—6 中,横轴表示单位时间内(如 1 年)的消费水平,纵轴表示总效用水平,Tu 表示总效用函数。那么,在没有国际资本流动的情况下,在经济不景气时期,该国的消费水平较低,如图中的 OC_1,而在经济情况较好时,该国的消费水平较高,如图中的 OC_2,因而两个时期的效用水平分别为 C_1A_1 和 C_2A_2。如果我们将两个时期作为一个完整的过程来分析,那么这两个时期该国消费的平均效用水平为 $(C_1A_1 + C_2A_2)/2 = C_0B$。也就是说,不存在国际间的资本流动时,两个时期所实现的平均效用水平为 C_0B。

现在假设存在国际资本流动,那么该国通过现在商品和将来商品的交换,就可以平抑消费水平在不同时期的波动。例如,如果经济不景气,该国可以借入资金,即出售将来商品以换取现在商品,从而使消费水平保持在 OC_0 的水平,结果消费者获得的总效用水平为 C_0A_0;如果经济高涨,该国就可以借出资金,即出口现在商品并进口将来商品,使其消费水平也可以保持在 OC_0,总效用水平也是 C_0A_0。因此,无论该国的产出量如何变动,两个时期的平均效用水平为 C_0A_0,与没有资本流动的平均效用水平 C_0B 比,多

出 A_0B 的量。因此,A_0B 就是资本流动使该国效用水平增加的量,即资本流动带来的净利益。我们这里的分析是着眼于静态的情况,从动态的角度看,该结论仍然是有意义的,即随着一国经济的发展,消费水平也会随之增长,资本的流动可能使这种增长更加平稳。

四、资产组合与资本流动

在前面的分析中,我们用相对价格原理对资本流动进行解释时,是以交易过程中不存在风险和交易成本为前提的。现实中,这种风险是存在的。一般而言,投资者进行某种投资时,必须考虑到各国之间的利率差别中包含着补偿风险的部分,否则资本就不会简单地从利率较低的国家流向较高的国家。因此,考虑国际资本移动时,不仅要考虑资本的收益,还要注重尽可能地减少风险。为说明问题的方便,我们假设,一个投资者打算将 1000 美元投资于金融资产,他可以投资于资产 X,也可以投资于 Y。当然这两种资产都是有风险的。我们进一步假定,这两种金融资产的收益和风险是相同的,每一种资产的年收益率都是 20%,得到这种收益率的概率为 50%,另外 50% 的可能性是分文不收,或者说每种资产的预期收益率为 10%。如果这位投资者将他所拥有的 1000 美元全部投在一种资产 X 或 Y 上,那么他的预期收益就是 100 美元。因为他得到 200 美元和一分得不到的可能性都是 50%。如果他将 1000 美元分别投资于 X 和 Y,即他同时购买两种金融资产,尽管其预期的收益仍然是 100 美元,但是获得收益的不确定性则大大降低了。在投资两种资产的情况下,他有望获得三种可能的结果:一是两种资产都没有带来收益,那么他的收益为零;二是一种资产带来收益,而另一种资产不带来收益,那么他的收益是 100 美元;三是两种资产都给他带来收益,那么他的收益是 200 美元。其中第一和第三种结果的概率是 0.25,第二种结果的概率为 0.5。从这个例子中,我们可以看出,资产分散化将降低投资的风险。因此,所谓资产组合就是将资产分别投在不同的项目上,以分散风险行为。上述由资产分散化能够避免风险所带来收益的原理可以严格地证明如下。

设 X、Y 为两种金融资产,它们的实际收益率分别为 i_x 和 i_y,两种资产收益的期望值分别为 μ_x 和 μ_y,δ_x 和 δ_y 分别为两种资产收益率的标准差,在这里表示我们衡量两种资产风险大小的指标(这一点不难理解,一种资产的收益率的变动程度越大,意味着这种资产的风险越大,反之则风险较小),δ_p 表示由两种资产所组成的资产组合的标准差。此外,我们还假设 P_x 和 P_y 分别表示投资资产 X 和 Y 的比例,μ 表示整个资产组合收益的期望值。

根据上述假设,我们知道资产组合的预期收益取决于两种资产的预期收益,以及它们在资产组合中所占的比重。即:

$$\mu = P_x \cdot \mu_x + P_y \cdot \mu_y \tag{1}$$

若资产组合中只有 X 和 Y 两种资产,那么 $P_x + P_y = 1$。资产组合的风险取决于三个因素:两种资产各自的风险、两种资产在资产组合中的比重、两种资产的相关程度(δ 为相关系数)。即:

$$\delta = \sqrt{E[(P_x \cdot i_x + P_y \cdot i_y) - \mu]^2}$$
$$= \sqrt{P_x^2 \delta_x + P_y^2 \delta_y + 2P_xP_y COV(i_x, i_y)} \tag{2}$$

若用 r_{xy} 表示两种资产收益率的相关系数,则根据定义有:

$$r_{xy} = COV(i_x, i_y)/\delta_x\delta_y \tag{3}$$

$$(-1 \leq r_{xy} \leq 1)$$

这样我们便可以根据两种资产相关性来讨论资产组合的风险情况。根据(3)式可以将(2)式重新写作:

$$\delta = \sqrt{P_x^2 \cdot \delta_x^2 + P_y^2 \cdot \delta_y^2 + 2P_xP_y \cdot r_{xy}\delta_x\delta_y} \tag{4}$$

当 X = 1 时,$\delta = P_x\delta_x + P_y\delta_y$,也就是说,当两种资产收益的变动完全正相关时,资产组合的风险是两种资产风险的加权平均数。

当 rxy < 1 时,$\delta = Px\delta x + Px\delta x$,这意味着,当两种资产的收益变动情况不是完全正相关时,资产组合的风险小于两种资产风险的平均水平。这正是我们所要的结果,并且两种资产的相关系数越低越好。

当 rxy = -1 时,$\delta = Px\delta x - Py\delta y$,这表示两种资产的风险会部分地抵消。

总结上面的分析,我们得出结论:只要两种资产不是完全正相关,那么投资于这样的资产组合,可望获得两种资产预期收益的平均值,承担的风险低于两种资产风险的平均水平。

当然,我们不能指望通过资产分散化来消除投资中的所有风险,那种不能被资产分散化所消除的风险被成为系统性风险。系统性风险产生于所有公司共同经历的事件所引起的风险。例如,经济的周期性波动就是一种系统性风险。

如果我们将投资选择扩大到国际范围,那么国内投资中所难以避免的系统性风险便可大为减少。这是因为,各国国内的经济周期性波动并不完全同步,一个国家经济衰退时,另一个国家可能正在迅速增长。通过扩大投资范围将国内不可避免的"系统性风险"转化成非系统性的,它是可以在分散化过程中消除的了。由此我们可以说,投资者不仅可以在一国范围内实施资产分散化,还可以通过在各国间实施资产组合分散化,以消除某些风险,获得额外收益。

由于投资者资产组合的规模在扩大,为了维持必要的分散度,他要根据已经持有的各种资产的比例来购买更多的资产,这就意味着,随着财富的增加,投资者为了维持这些最优的资产组合,总会让资产在各国之间流动,所以即使各国间的利率没有明显的差别,资本在各国间的相互流动也是存在的。

第二节 国际直接投资与跨国公司

在第一节中,我们讨论了纯资本流动的发生机制。在资本流动的过程中,资本连同对它的实际控制权一同转手。交易过程不管通过什么环节和中介进行,最终大都表现为资金的贷出和借入。投资者(债权人)所关心的是其投资的报酬,除此之外并无其他的要求与权利。我们将这种投资定义为间接投资。但是在国际资本流动中,也有一大部分资本是采取另一种形式进行的,这便是国际直接投资。如前文所述,所谓直接投资就是投资者在以资本流动的方式转移资源的同时,获得了对投资对象的直接控制权。当一家公司在国外建立分支企业,分支企业不仅对母公司承担纯金融上的义务,而且他本身也成为对母公司整个组织机构的一个部分。我们将这种在外国设有一个或一个以上的分支公司的企业称为跨国公司。正是从这个意义上讲,国际投资不只是一个资本流动问题,同时也是企业组织问题。

自20世纪50年代以来,有关跨国公司和国际直接投资的理论,随着实践一起获得了迅速的发展,迄今已经形成了流派纷呈的局面。在这一节中,我们将阐述其中的一些基本原理。

一、垄断优势

直接投资理论的核心问题是解释直接投资发生的原因、机制和结果。垄断优势论是将国际直接投资的原因归于跨国公司具有和延续其垄断优势的理论。

该理论指出,跨国公司之所以在海外投资且在竞争中立于不败之地,主要是因为它具有当地企业所不具备的优势。我们知道,企业竞争优势的获得和维持只有在不完全竞争的市场上才能实现。因此跨国公司面对一个不完全竞争的市场是该理论的前提。在此基础上,跨国公司的优势主要来自以下几个方面。

(一)对某种技术的垄断

跨国公司能够在海外投资的一个很重要的优势是它具有某种先进的技术。我们这里的技术是一个广义的概念,它既包括了生产过程中所实际运用的具体技术,也包括诸如知识、信息、诀窍等以无形资产形式存在的技术,所有这些都是跨国公司竞争优势的重要来源。凭借这些技术,跨国公司可以在不完全竞争的市场上获得某种垄断优势,从而制定垄断价格,弥补自己在其他方面比当地企业多耗费的成本。

(二)产业组织形式的寡占性特点

跨国公司的行业分布情况表明,国际直接投资与行业集中度有着密切的关系。世界上 500 家最大的企业几乎都已成为跨国企业。这是因为规模经济对通过研究与开发而获得的技术上的优势具有十分重要的作用。同时,在对已经获得优势的维护和保护方面,由规模因素而形成的垄断也是十分重要的。

(三)企业家才能或管理能力的"过剩"

卓越的管理才能作为企业优势的一个重要来源是显而易见的。但更重要的是管理能力在其发展的某些重要阶段常出现利用不足的现象,这种管理能力的"过剩"是推动企业不断扩大其规模,进而发展为跨国公司的重要动力源泉。因此它比资本过剩论具有更强的解释力。

(四)获取廉价的原材料和资金的渠道

对特殊原材料的需求可能使东道国的国家特有优势(或吸引力)成为跨国公司选择投资区位的重要决定因素。如果跨国公司已经获得了使用原材料或矿山的特权,那么它就成了企业特有的优势。因为,一个已经建立了市场营销体系的企业,比一个在发达国家没有市场渠道的东道国企业可能会从开发这种原材料中获得更多的利润。与获取原材料同样重要的是进入资本市场的能力。跨国公司的母公司由于上述提及的各种优势,特别是与其规模优势相联系的资金实力和信用等级,能够使跨国公司的子公司在当地筹资中得到较优惠的条件。

当然,跨国公司优势的来源也可以从其他方面概括,我们也可以列出更多的方面来表明这种优势。但是我们所要说明的是,企业优势的获得总是与其生存和发展的环境有着密切的联系。因此,考察企业特有优势就必须与考察国家特有优势联系起来进行。国家特有优势在贸易理论中占有重要地位,要素禀赋论便是其中一例,但是我们这里所强调的国家特有优势,主要是着眼于一国的经济环境对该国企业成长过程的影响。因为企业特有的优势是在特定的环境下形成的。一个企业对外投资活动在很大程度上受其国内经验的影响。例如,在企业所表现出来的技术优势方面,美国在有利于节约劳动的技术上是独领风骚的,而欧洲则以节约原材料的耗费见长,而有效地节约空间也是日本技术优势的重要表现。所有这一切无不同各有关国家和地区独特的资源条件、市场结构乃至文化背景等条件密切相关。所以说,只有将国家特有优势与企业特有优势结合起来,才能更加清楚跨国公司垄断优势的来源。

凭借这种特殊优势,跨国公司在不完全竞争的市场上具有和维持自己有利的竞争地位,获取高额的利润。

二、市场内部化

所谓市场内部化是指,企业为减少交易成本、减少生产和投资风险而将该跨国界的各交易过程变成企业内部的行为。

企业拥有某种优势只是它成功地进行对外投资的必要条件。因为当一个企业具有某种垄断优势,并决定在国外实现其市场价值时,它至少有三个可共选择的途径:(1)在国内生产,将这种优势凝结在商品中,并以出口的方式进入国外市场,使企业的优势通过商品的竞争力表现出来并实现其价值;(2)企业也可以通过向国外企业发放技术使用许可证的方式将其技术优势有偿转让出去,直接在技术市场上实现其价值;(3)企业选择通过直接投资到国外设立分支企业,在当地生产并销售,将其拥有的优势就地市场化。

企业选择第三种方式,即对外直接投资方式的重要原因是市场的不完全性。在国际上,这种市场的不完全性表现在多个方面。如各国大量存在的关税和非关税的壁垒,生产要素不能完全自由流动等。这种市场的不统一或不完全在很大程度上造成了各个国家和地区之间成本水平的差异,这些方面的市场失灵连同运输成本等因素一起,构成企业选择直接投资,选择成本较低的地区进行生产,进而将其作为生产和向其他国家出口产品的重要依据。

其他方式尽管也可以作为企业向国外发展的重要途径,但与直接投资相比具有某种不确定性。要说明这一点,我们必须从中间产品市场的不完全性的角度加以说明。所谓中间产品是指,在基本投入和最终产品之间,为生产过程所不可缺少的所有中间投入。其中技术、信息(渠道)、诀窍、营销技巧、管理方式和经验等无形资产形式是中间投入或中间产品的主要内容,这些方面的优势将成功的企业和一般的企业区别开来。

由于中间产品市场是不完全的,所以这些无形资产通过市场交易很难实现其价值,原因有以下三个方面。

首先,在某种程度上,无形资产具有"公共物品"的性质。我们常常遇到的情形是,一旦某个地方发明并使用了某种新的"想法"(或知识),那么在另一个地方使用它的边际成本很低,甚至为零,且并不减少这个想法的提出者的使用价值。从社会的观点看,有效地配置这种资源的条件是根据其边际成本来定价,那么按照现在的使用情况,这种无形资产的价格就是零或接近于零。这样,便会出现两种情况,要么这种无形资产没有人提供,要么定价不符合效率原则。

其次,无形资产的定价受信息不对称现象的困扰。所谓的信息不对称是指,交易双方对交易对象所掌握的信息量不相等。关于这一点可以通过一个简单的例子加以说明。假设某人对你说:"我有一项技术,我确信对你很有用",并且他通过描述这项技术的一般性特点和大略的机理使你相信他的话。但是无论如何,在你付钱给他之前他不会将该项技术的全部细节都向你公布,否则等于你免费得到了该项技术。于是你们之间就存在着一种信息不对称问题。交易的卖方根据他掌握的全部情况向你索取某一价格,而对你来说,如果不了解有关细节,你怎能判断这一价格是否合理并接受它呢?因此这种无形资产的交易难以成交,或者要付出较高的交易成本。在这种情况下,无形资产的持有人便倾向于自己使用这种无形资产来实现其价值。

第三,不确定性的存在使上述的不对称现象难以克服。假设在上面的例子中,对方打算向你出售的是制造一种新型蛋糕的技术,他可以让你亲口尝一尝用这种技术所制造的蛋糕,并且告诉你,如果你能购买并恰当地使用这项技术的话,你也可以制造出同样的高级产品来。但你们谁有把握保证你能真正恰当地使用这项技术呢?特别是涉及诀窍之类的技术转让时问题会更为复杂。这种不确定性的存在无疑会减少成交的可能性。

上述情况如果发生在两个企业之间,转移这种技术的一个最重要的办法就是两个企业合二为一,共同分享这种技术。换言之,在一个企业内部转移和使用这种无形资产,比通过外部市场来解决这一问题要更有效率。显然,把这一逻辑再引申一步,如果上述交易涉及的是两个不同国家的企业,那么最有效的办法是采取直接投资的方式,而不是发行许可证的方式来完成这种无形资产的转移。

以上分析表明,市场不完全性导致许多交易无法通过外部市场达成,或即使达成也要承担较高的交易成本。所谓交易成本,狭义上是指通过市场交易时所必须付出的代价。它包括寻找相应价格的成本、确定交易条件、签约、履约以及为避免对方违约而付出的成本等。由于交易成本的存在,在一定意义上,企业作为一种组织便具备了替代市场的功能。凡是企业内部组织交易的成本低于市场的交易成本时,企业便获得了扩张力,这种扩张过程跨越国界便产生了跨国公司,而企业创造其内部"市场"的过程便是所谓的内部化过程。

内部化理论的核心原理可以用图19—7加以解释。假设每一个市场交易关系的建立都需要付出一定的固定成本,比如建立交易双方联系的渠道等所必须付出的成本。同时,双方每一笔交易的谈判和履约还需付出追加的可变成本,这种可变成本独立于每次交易的规模,因为谈判等过程所需要的费用不会因为交易额是100万还是10万而有所不同。我们还假定,受仓储和分销能力的限制,每次成交都有一个最高限额。为了分析方便,我们还假设这一最高成交额都很小,因此交易额的扩大直接表现为交易次数的增加。这种交易中所发生的总可变成本的水平就直接与交易量成正比关系。

考虑一种将生产过程两个阶段联系起来的中间产品市场。每一个生产阶段由一家独立的工厂完成,并且市场上不存在阻碍厂商联合或合并的障碍,证券市场均衡条件要求这两家工厂的联合利润实现最大化。如果卖方厂家的成本函数和买方厂家的成本及收益函数给定,我们便可以得到中间产品交易对联合利润的贡献的曲线,即图19—7中的AA′曲线,它在B点处达到最高点,这一点所对应的交易量q_3便是在没有交易成本情况下,使联合利润最大化的中间产品交易量。

现在我们再假定,企业通过内部化过程建立"内部市场"的固定成本比建立外部市场交易渠道的固定成本高。这一假定显然是符合实际情况的,因为建立内部市场的过程就是两家企业合并,同

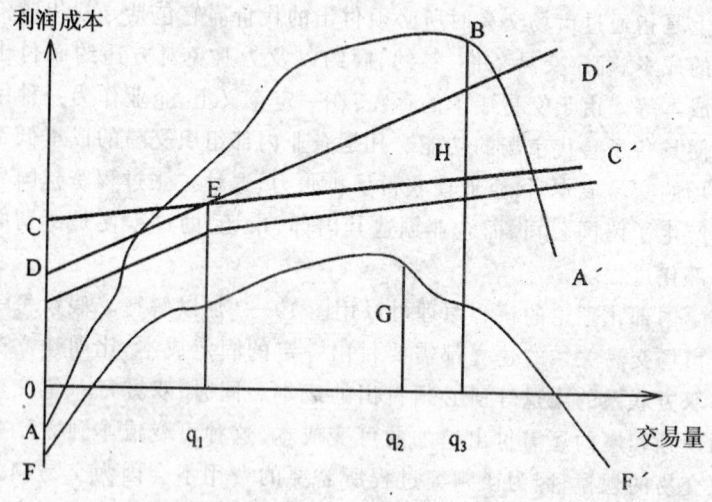

图 19-7 交易成本与交易规模

时建立一体化的控制系统的过程,这一过程的成本当然要比两家企业在外部市场上建立业务联系的成本要高得多。但是"内部市场"建立以后,发生的企业内部交易所需追加的可变成本则比外部市场的交易成本低,因为在一家厂商内部不会产生违约等问题。这样,我们用图 19—7 中 CC′代表内部市场的交易成本曲线,DD′代表外部市场的交易成本曲线。根据上面的假定,CC′曲线的截距比 DD′曲线大,而斜率则比 DD′曲线要低。

图 19—7 中的 CC′曲线和 DD′线相交于 E 点,E 点以左,外部市场的交易成本较低,最低成本水平由 DE 段来表示;E 点以右,内部市场的交易成本较低,成本水平由 EC′表示随着交易量的增加,最低成本沿 DEC′线延伸。E 点对应的交易量为 q_1,那么,当交易量低于 q_1 时,中间产品的交易将通过外部市场进行,两个企业为互相独立的实体;当交易量超过 q_1 时,两个企业将合并为一家企业,中间产品的市场将被内部化。

上述分析表明,交易究竟是在内部市场还是在外部市场发生,取决于交易的规模,而交易的规模最终取决于通过交易而实现的利润最大化的均衡点的位置。图19—7中 AA′曲线与 DEC′曲线的垂直距离(如 BH),表示交易对利润的贡献与交易成本之间的差额。各交易水平所对应的上述差额由 FF′的纵坐标给出。在上述例子中 FF′曲线的最高点 G 对应的交易量为 q_2。从图19—7中可以看 $q_2 > q_1$,所以在这样的交易规模下,市场将被内部化。

这一理论的一个重要推论是内部化的倾向随着交易规模的扩大而加强。但需要指出的是,这一结果实际上取决于同较大规模相联系的通过外部市场所发生的交易的频率。从前面的假设条件中我们知道,交易成本同重复出现的交易次数有关,而与每次交易的规模无关。这样,通过签定长期合同或者一次性的大规模交易都会降低交易成本的水平,从而弱化企业内部化的动机。

据此推论,我们可以直接对跨国公司的许多经营特点作出解释。例如,当我们将这一理论应用于技术诀窍等交易过程时,我们立即可以断定,那些具有大规模研究与开发能力且能连续推出新成果的企业,比研究与开发能力较差、只是偶尔有新成果的企业具有更强的内部化的动机。因为对于前者而言,研究与开发的高产出率决定了对外出售成果的高频率,这就意味着它通过外部市场实现这种交易所要承担的交易成本较高。这一判断与实际经济生活中对外直接投资和研究与开发呈正相关的事实相符合。一般而言,具有大规模研究与开发实力的企业更多地采用对外直接投资的方式在企业内部转移和使用这类无形资产,而研究与开发实力较低的企业更倾向于发放许可证的方式来实现这种无形资产的价值。

此外,对于那些生产和销售名牌产品的企业来说,为了保证产品的质量和已经建立起来的商誉,对生产中投入的选择往往是严格和苛刻的,因此他们多倾向于同信誉较好的原材料供应者建立长期的关系,彼此间的交易频率较高。而对那些生产非名牌产品的企业来说,它们更倾向于在世界市场上物色出价较低的供应商。因为即使偶然由于投入的质量问题而影响到其销售的产品的质量,对其信誉的损失也不像生产名牌产品的企业那么明显。正因为名牌产品生产厂家与原材料供应者的交易频率较高,为节约交易成本,双方往往有较强的动机采取后向一体化的方式进行内部化。这一点表现在国际直接投资上,就是我们经常看到的,名牌产品生产厂家往往在世界各地都拥有自己控制下的原材料和中间产品的供应网络。

我们从内部化理论中可以看出,企业进入国外市场方式的选择决定于各种方式本身的"进入成本",同时我们也发现,并不是任何时候选择对外投资的方式时企业都会享有最低成本,否则我们难以解释现实中存在着三种进入国外市场的方式。实际上,无论哪一种方式,其隐含的成本(进入成本)都是随着时间的推移而变化的。跨国公司也是从国内公司成长起来的,它的海外扩张活动也往往开始于商品的出口。因此我们需要进一步阐述一个企业进入海外市场的过程。

三、企业进入国外市场的方式

在这里,我们的分析仍然是建立在微观经济学利润最大化理论基础上的。在此前提下,一个企业选择什么方式进入国外市场,必须要考虑到比较各种进入方式对其成本和收入的影响。我们利用简化了的净现值方式来描述进入市场方式对企业利润的影响。

设 R 为企业使用其特有优势(无形资产)所生产出来的最终产品的销售收入,C 为国内劳动、资本以及其他常规要素的总成本,$C*$ 为国外劳动、资本和其他常规要素的总成本,$M*$ 为出口营销成本,$A*$ 表示用直接投资方式进入国外市场的附加成本,$D*$ 为企业特有优势的流失所造成的损失。这种选择不同方式进入国

外市场的企业净现值,就可以表示为下列形式:

出口 　　　　　$NVPe = \sum (Rt - Ct - Mt*)/(1+r)^t$

直接投资　　　$NPVfdi = \sum (Rt - Ct* - At*)/(1+r)^t$

许可证　　　　$NPV1 = \sum (Rt - Ct* - Dt*)/(1+R)^t$

其中,t 表示时间,r 为选定的贴现率。我们还假定,随着时间的推移,各种市场进入方式所特有的成本 $M*$、$A*$ 和 $D*$ 都将下降。那么,选择哪一种方式占有国外市场将取决于下列条件:

(1) 如果 $NPVe > \max(NPVfdi, NPV1)$,则企业将选择出口方式;

(2) 如果 $NPVfdi > \max(NPVe, NPV1)$,则企业将选择对外直接投资方式;

(3) 如果 $NPV1 > \max(NPVe, NPVfdi)$,则企业选择向国外发许可证。

但是,企业在某一点上选择了某种对外扩张的方式,这种选择并不是一成不变的,它取决于同各种方式相联系的专项成本的变化。通常假定,在发展海外业务的初期,$M*$ 要低于 $A*$,前者只包含了解商品市场的信息成本,而且在国外进行生产还必须了解东道国的要素市场,如果仅仅是出口的话,对要素市场的了解不是必须的。如果将 $A*$ 和 $D*$ 作一比较,我们会发现,尽管许可证发放可以避免在从事国外生产所造成的附加成本,但是我们有理由认为,企业的垄断优势就体现在它独特的无形资产上,把它转让出去等于从根本上削弱了企业的实力。如果可口可乐公司在其发展的初期就将它的配方转让出去的话,它就不可能有今天。

上述分析可以引出这样的结论,当 t = 0 时,

$$M* < A* < D* \qquad (5)$$

那么,随着时间的推移,上述三项成本将会发生变化。为说明这个问题,我们假定,$M*$、$A*$ 和 $D*$ 与时间变量 t 的关系假定如下,即:

$$Mt* = a + bt^c$$

$$At^* = e + ft^g$$
$$Dt^* = h + qt^p \tag{6}$$

为了保证 $t = 0$ 时,(5)式成立,a、e、h 须满足下列关系式:

$$a < e < h \tag{7}$$

这样,M^*、A^*、D^* 的变化便取决于 c、g、p 了。我们从实际中了解到,在国外从事生产的附加成本会迅速降低,而且如果在国外设有分支企业,则更加接近国外市场的信息源,A^* 的下降速度会超过 M^* 的下降速度。同时,随着时间的推移,一个企业初期所拥有的技术优势或其他形式的无形资产,在达到了标准化阶段以后,对企业的价值会迅速降低,因而它的流失代价 D^* 也会大幅度降低。上述变动趋势可以表示为:

$$e < g < p \tag{8}$$

对应于成本上的上述变化,三种方式的利润变化曲线如图 19—8 所示。其中 πE 表示出口的利润,πF 表示直接投资的利润,πL 表示发放许可证的利润。

图 19—8 中,三条利润曲线显示,S_1 对应的时点以前,出口是最佳选择,在 S_1 和 S_2 之间直接投资更为合理,在 S_2 点之后可以向国外企业发放许可证了。一般情况下,企业的海外扩张过程也正是按照出口、直接投资和对外发放许可证的顺序实现的。从这个顺序中我们也可以看出,从大跨国公司手中直接以许可证的方式购进最先进的技术与它扩张战略是不相一致的,因此,也是十分困难的或代价高昂的。

四、国际生产综合论

所谓国际生产综合论是指,跨国公司在不完全竞争的市场上,将企业的所有权优势同区位优势相结合,纳入企业内部化过程的理论。企业的所有权优势是指一切可以增加企业所有的资产收益的特有优势。现代跨国公司理论发展到现阶段,它所涉及的领域

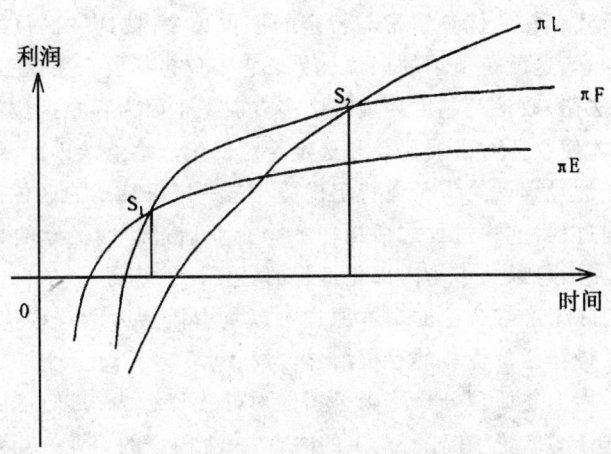

图 19-8　三种市场进入方式的动态变化

已越来越广。80年代开始居于主导地位的国际生产综合理论,将跨国公司的活动视为国际生产的一种方式,它所涉及的本国企业在国外从事生产活动,也包括外国企业在本国参与和控制。由跨国公司的发展引起的国际生产格局的变化,不仅取决于企业特有的优势,而且在很大程度上与各国(包括母国和东道国)区位优势有关。因此,综合理论也就是在市场不完全性假设的基础上,将企业所有权优势同区位优势相结合,并将其纳入企业内部化过程的分析中,从而完成对跨国公司的国际生产活动的一般解释。

根据这种综合理论,一个国家的企业在供应国外市场时,面临着出口或到东道国生产两种选择。不仅如此,对于一个国际化的企业来说,它供应国内市场也可以有两种方式,一是在国内生产和销售,二是到国外生产和再进口。作出这种选择的能力和愿望首先取决于企业的特有优势,它体现在一切可以增加企业收益的资产上。将这种优势称为所有权优势的原因是它与企业的所有权密切联系在一起,并且具有一定的排他性。但是以一种有形或无形资产形式存在的优势常常与特定的区位相关,被这一区位的所有企业共享,这就是所谓的区位优势。它不仅包括要素禀赋,还包括文化、法律、政治及制度环境等诸多方面。正因为存在区位优势的差异,才使企业有必要比较和选定特定的生产地点。因此,组织国际生产的过程就是将企业特定优势与某一国家特定的区位优势相结合的过程,这一过程之所以由一个企业通过跨国经营的方式来完成,原因可以从市场内部化过程的必要性中获得。

国际生产综合论的基本原理可以集中概括为所有权优势、内部化优势和区位优势的有机结合。

运用上述原理分析跨国公司的对外投资行为,我们可以直接得出这样的结论:在任一既定的时点,一个国家的企业——相对于别国企业而言——拥有的所有权优势越多,它越是具有较强的内部化动机;国外的区位优势越明显,它越倾向于选择到国外生产的方式。因此,一个国家对外直接投资地位的变化,是由企业优势与区位优势相对变化同时决定的。总之,国际生产综合论是迄今为止解释国际直接投资和跨国公司的诸多解释中较为全面的一种,因而被许多学者称为跨国公司的一般理论。

第三节 直接投资与国际贸易的关系

我们看到,当一个企业试图向海外市场拓展时,有三种可供选择的方式。对于一个企业而言,它们是互相替代的。直观上看,商品的流动或贸易与资本的流动或直接投资之间有某种关系。本节我们主要阐述这种关系。

一、商品流动与资本流动的替代

所谓商品流动与资本流动的替代关系是指,商品在国际间流动可以代替资本的流动,而资本的流动也可替代商品的流动。

20世纪50年代,美国的经济学家罗伯特·蒙代尔依据国际经济学的一般理论,提出了资本流动可以代替商品流动的观点。他认为,商品流动和资本流动都是资源在国际范围内实现有效分配的途径。当我们假定资本的流动受到限制时,商品的流动或国际贸易可以起到在国际范围内实现资源最有效分配的作用;当商品在国际间的流动受到限制时,资本的流动就可以代替商品的流动,起到在国际范围内有效分配资源的作用。

这一基本理论观点不难理解。在市场不完全的条件下,可能资本的流动会代替商品的出口,相反,当商品的出口或依靠企业外部市场的成本是那样的低,以致通过外部市场企业能够转移其制成品和中间产品时,企业宁可选择商品的出口或商品的流动。在现实中,由于各国对商品的自由流动施加了关税和非关税的限制,因而商品流动的成本相对提高,这自然引起资本的流动。同时,由于科技的发展,具有垄断优势的企业倾向于进行直接投资。这种选择意味着,当这些企业将资本投到东道国市场直接从事生产活动时,客观上替代了该企业向该国的商品输出。

由于资本的流动,乃至由于这种替代关系,赫克歇尔—奥林的生产要素价格均等化定理增加了新的内容。在前面的理论中,我们曾经提出,由于各国对商品流动的限制,各国的市场未实现统一,因而奥林所假定的商品自由流动的条件尚未具备,所以生产要素价格的均等化还远未实现。根据蒙代尔的理论,在商品流动受到限制的条件下,资本的流动实现了生产要素在各国之间的直接结合,从而使资本输出国与输入国的资本收益率趋同,同时,直接投资所创造的就业机会将使劳动力的工资水平趋同。即在商品自由流动受到限制的条件下,资本的流动替代了商品流动,使要素价格趋于均等化。在这里资本流动与商品流动对要素价格均等化影响上的差异在于,商品流动造成的生产要素价格均等化是通过生产要素在一国范围内的流动实现要素价格均等化的,而资本流动造成的要素价格均等化直接通过生产要素在国际间的流动实现的。由此可见,在资本可以自由流动的条件下,各国间要素收入水平的趋同有了更多的渠道。但是商品流动和资本流动本身则是互相替代的。

蒙代尔的商品流动和资本流动的替代也有某种局限性。在他的研究中,所谓的商品流动实际上主要是最终产品的流动。在现实中,不仅有最终产品的流动,还有中间产品的流动问题。根据国际生产综合理论,如果跨国公司试图将企业的垄断优势与区位优势相结合作为向国外投资的重要指导原则的话,企业将生产过程的不同阶段分别设在有某种区位优势的不同的国家或地区也是很自然的了。如果跨国公司将其企业内部生产的不同阶段分设在不同的国家,产品零部件在各国间的流动本身就是贸易规模的扩大。

二、资本流动与商品流动的互补关系

到20世纪80年代,另一位经济学者卡玉翁提出,在一定的条件下,商品的流动和资本的流动是互补的关系,即商品的流动会带动资本的流动,资本的流动又可以带动商品的流动。

资本流动与商品流动互补论指出,首先,资本的流动本身就是商品流动的一个重要部分。当资本输往东道国时,机械设备等资本形式就是资本输出的载体[1],这种资本流动无疑是与商品流动携手并进的。其次,资本流动将带动中间产品的流动。当跨国公司在海外的投资是根据各国的区位优势确定时,每个国家的分支公司可能只生产制成品中的某个零部件,因而产品的组装、完成将意味着中间产品贸易的发展。因此,这种向公司母国的"再进口"本身就是商品的流动。第三,从单纯的商品流动和由资本流动引

---

[1] 列宁认为这就是所谓从一头牛身上剥下两张皮。

起的商品流动之间的比较看,可以肯定资本的流动将替代一部分商品,特别是原来以流向东道国市场的商品流动,会由这种资本流动而替代。总起来看,如果资本的流动所引起的商品流动量超过了单纯的商品流动的量,那么我们可以说,资本的流动与商品的流动是互补关系;如果资本流动引起的商品流动少于单纯商品的流动量,那么资本流动与商品流动是互相替代的。

从资本流动与商品流动对要素价格均等化的影响看,按照蒙代尔的理论,资本流动将代替商品流动起到促使要素价格均等化的作用。然而要认真思考起来,这种商品和资本流动对要素价格的影响关系是建立在一定假设前提的基础上的。即当东道国的生产要素被充分使用且对商品流动本身有替代作用时,资本流动将代替商品流动使生产要素的价格趋向均等化。但是当东道国的生产要素尚未充分利用(如发展中国家)时,资本的流动将有助于加快生产要素价格在各国间实现均等化的速度,即在使东道国生产要素接近或达到生产要素充分利用的同时,提高要素的收入水平。

第四节 中国的外资引进

外资流入在中国的历史是比较长的。改革开放以后,中国引进外资的历史经历了一个迅速发展的过程,它对中国的对外贸易和经济增长,乃至工资水平的提高都起到了积极的作用。现在中国已经成为发展中国家吸引外资最多的国家之一。

一、中国引进外资的历史回顾

在中国的历史上,列强从占领中国市场出发,很早就开始了对中国的直接投资。然而在多数情况下,这种投资是建立在不平等的经济交往基础上的,尽管在客观上对中国近代工业的发展起到了某种积极作用,但其中的消极影响是多方面的。

新中国成立以后,我们利用国外的资金和技术发展本国经济的方针非常明确,并且取得了明显的进步,为中国现代工业的发展奠定了基础。但是,由于合作不顺利和当时国际环境的制约,主要的合作伙伴来自前苏联和东欧国家。

表19-1 中国外资引进额统计　　单位:亿美元

年　　份	引进外资额	比上一年增长率(%)
1983	19.80	100
1984	27.05	36.54
1985	46.47	71.79
1986	72.58	56.19
1987	85.52	16.45
1988	102.26	20.99
1989	100.59	-1.63
1990	102.89	2.28
1991	115.54	12.29
1992	192.02	66.19
1993	389.60	102.90
1994	432.13	10.91
1995	484.00	12.00
1996	552.70	14.19
1997	639.54	15.71

资料来源:中国统计年鉴,1996年、1998年。

改革开放以后,中国本着充分利用国外的资源和生产要素发展本国经济的方针,创造良好的投资环境,大力引进外国资金和技术。

中国1979年开始引进外国直接投资,但规模很小。我们掌握的基本资料是1983年—1997年的引进外资额统计。表19—1概括了全部的统计结果。

由上表可以看出,在我们统计的这些年份中,中国引进外资的规模逐步增加,尽管个别年份有下降的情况,但是总趋势是增加的。

二、引进外资对中国对外贸易和收入水平的影响

引进外资对中国经济产生了多方面的积极影响,其主要方面是对中国对外贸易的影响和对中国收入水平提高的影响。

首先,引进外资对中国对外贸易有明显的促进作用。外资企业在中国对外贸易中扮演着重要的角色。表19—2表明了这种情形。

表19-2 外资企业进出口在中国对外贸易中的作用

单位:亿美元

	1993年			1994年			1995年		
	进出口额	出口	进口	进出口额	出口	进口	进出口额	出口	进口
外贸总额	1957.0	917.4	1039.6	2366.2	1210.1	1156.1	2808.5	1487.7	1320.8
外资企业进出口额	670.7	252.4	418.3	876.5	347.1	529.4	1098.2	468.8	629.4
外资企业贸易占进出口额的比重%	34.27	27.5	40.24	37.0	28.69	45.79	39.1	31.51	47.68

资料来源:中国统计年鉴,1996年。

由表中可以看出,外资企业在中国对外贸易中占有非常重要

的地位,特别是在商品的进口方面,作用更加明显。可见,外商在中国投资,在很大程度上带动了产品的进口。同时,在中国的出口品中,外资企业生产的产品也很重要,以致在对一些国家(如美国)出口的产品中,有相当一部分就是美国设在中国的子公司生产的。从这个意义上说,对中国而言,资本的流动带动了商品的流动,从而形成了贸易与投资的互补关系,而不是替代关系。

从引进外资给中国创造的就业机会看,到1997年底,在华设立的外资企业(三资企业)达23万多家,带来大约2000万个就业机会,对中国居民平均收入水平的提高起到了明显的带动作用。据统计,1991年外资企业的年平均工资水平为3918元人民币,同期国有企业和乡镇企业的工资水平分别为2017元和1866元。1995年,外资企业的平均工资水平达到8058元,同期的国有企业和乡镇企业的工资水平分别升至5635元和3931元。由此可见,尽管中国的工资水平远低于发达国家甚至低于一些发展中国家,但是其自身的工资水平有了明显的提高,按照购买力平价标准,1996年中国人均国民收入水平达2925美元。因此,可以说资本流动对提高我国劳动力的工资水平具有积极的推动作用。从这个意义上看,用要素价格均等化标准衡量,中国的对外贸易与引进外资之间是互补关系,而非替代关系[①]。

本章小结

1. 要理解国际间的资本流动的发生机制,首先需要明确一些经济学的基本原理,如现在消费与未来消费、现在商品与未来商品、储蓄、投资以及与利率的关系等。

---

① 要详细论述这一点,还需一些笔墨,感兴趣的读者可参见佟家栋文《开放经济条件下中国的对外贸易与引进外资的权衡》,世界经济评论,1998年第二期。

2.资本的流动可以带来较高的消费水平和较高的效用水平。

3.资产组合是我们理解国际资本流动的非常重要的出发点。不能将所有的鸡蛋都放在同一只篮子里是对资产组合理论最通俗的解释了。资产组合的关键在于,以比较稳妥的形式(避险)尽可能获得较多收益的经济收益。

4.对国际间接投资重要解释就是,基于投资者需要在尽可能大的范围内避免风险并获得较多收益的目标下的选择。

5.解释国际直接投资的理论有很多,有代表性的理论是垄断优势论、市场内部化理论和国际生产综合论。

6.垄断优势论强调,跨国公司具有并为保持其特有的垄断优势是其向国外投资的重要因素。

7.市场内部化理论强调,产品市场、特别是中间产品市场的不完全性,以及由此引起的信息不对称,促使企业在开拓海外市场的三种方式——出口、直接投资和发放许可证上倾向于选择直接投资。

8.企业选择向国外直接投资的根本原则是成本最低。一般而言,随着产品中间交易规模的扩大,企业更倾向于采取直接投资方式扩展国外市场。

9.国际生产综合论强调,现代跨国公司将自身的所有权优势、内部化优势和区位优势有机地结合起来是其选择直接投资的重要原因。

10.当资本流动特别是直接资本流动的因素加进我们的分析以后,我们还需要澄清这样一个问题:商品流动与资本流动对贸易规模和生产要素价格的影响。我们发现,它们之间既有相互替代的一面,又有相互补充的一面。

11.中国的经验说明在发展中国家,资本流动与商品流动之间,对贸易规模和要素价格的影响是倾向于互补的。

本章思考题

1. 什么是现在商品和将来商品？
2. 什么是资产组合？
3. 什么是垄断优势？
4. 什么是区位优势？
5. 什么是内部化？
6. 为什么会发生内部化？
7. 在开拓海外市场方面，有几种可供选择的方法？它们各自的成本特征如何？
8. 企业为什么要选择直接投资方式开拓国外市场？
9. 什么是垄断优势论？
10. 什么是跨国公司的内部化理论？
11. 什么是跨国公司的生产综合论？
12. 什么是资本流动和商品流动的相互替代关系？
13. 什么是资本流动和商品流动的互补关系？
14. 如何看待中国的引进外资？

第二十章　劳动力的国际流动

劳动力在国际间的流动是一个十分复杂的问题。美国著名的经济学家加格迪施·巴格瓦蒂认为,在商品、资本和劳动力三者的国际流动中,劳动力的流动是最困难的。劳动力的国际流动是以经济因素为主的多种因素作用的结果。在劳动力的流动中,流入国的政策和民众的态度特别值得注意。从经济上分析劳动力的流动是市场力量的趋势,它对劳动力市场会产生很大影响,进而影响到一国的发展。中国是我们关心的重要案例。

第一节　劳动力的国际流动概况

从经济学的意义上看,移民的主体是劳动力在各国间的移动,因而所谓移民实际上是指,那些离开他(她)们一直生活的、缺乏工作机会或收入水平较低的国家或地区,向有希望找到工作且收入水平较高的国家和地区转移的人们。

一、劳动力国际流动的历史回顾

近代的劳动力流动是从欧洲开始的。17世纪为开发农业和矿产资源,欧洲人移到美国的东部。据统计,当时有50万英国人移到美国的新英格兰、佛吉尼亚和马里兰。18世纪,约有150万爱尔兰人和苏格兰人移居美国,19世纪德国、奥匈帝国和意大利人也大量移往美国,到1900年—1920年间,大约有1450万欧洲人移往美国,50年代大约有150万人移居,此后,欧洲人移往美国的人数才逐渐减少。根据美国的历史统计,自1981年到1990年的10年间,移往美国的全部人口达4680.6万人。[①]

欧洲人移往加拿大的人数也不少。自19世纪初期,移往加拿大的人数增长很快。据统计,1820年—1840年间,每年约有2万欧洲人移往加拿大,另一些人取道美国移往加拿大。除英国人向加拿大移动外,法国移民在加拿大移民来源中也居重要地位。1920年—1950年间,有150万法国人移居加拿大,50年代中,又有150万人移居加拿大。可见,北美"新大陆"对欧洲人有着特殊的吸引力。

[①] 资料来源:保罗·克鲁格曼、马利斯·奥博斯特费尔德著,《国际经济学》第四版,阿得森·威斯利朗曼公司,1997年版,第165页。

欧洲人向澳大利亚和新西兰的流动最初带有对罪犯流放的性质。由于气候条件适于放牧,许多人又自愿来到澳洲,从事养羊业。1908年—1920年间,英国移居澳大利亚的人数达40万。1945年—1959年间,约有114万欧洲人移居澳大利亚。[①]

除了欧洲人向其他大陆移动外,亚洲各国人的向外移居也在移民史中占有十分重要的地位。印度人流向英国,中国人流向北美、南美、东非的移民都是近代亚洲移民史中具有代表性的力量。[②] 近20年来,亚洲的新加坡、泰国、越南、巴基斯坦和菲律宾等国居民向北美的移居,已构成美国和加拿大移入居民的重要组成部分。在同一大陆内部,南欧居民流向西欧和北欧的移民最为突出。20世纪60年代以前,西北欧各国经济的恢复和发展需要大批的劳动力,其重要的补充来源就是外籍工人。然而70年代以后,西北欧各国经济的高涨已经结束,移民接受国不再需要外籍劳动力资源,因而各国政府采取了各种方法,鼓励过去移居到本国的居民返乡。其原因之一是,在就业机会有限的情况下,各国的民族主义意识将倾向于将职位让给本民族的人们[③]。

从经济学的角度看,移民中的多数具有这样的特征:(1)受过良好的教育;(2)技术水平或技术熟练程度比较高;(3)有某种特殊技能的专业人员;(4)男性居多。这些劳动力的移民倾向基于他们能够较快地适应异国他乡的生活环境,在寻找工作方面有一定的竞争优势,这些人员构成的移民属于"自愿性"移民。这是我们所

---

① 以上各具体数据来源于 V·N·P 西哈和 M·D·阿道里合著《移民》,英文版,印度西马出版社,1967年版。

② 非洲人向北美的移居,不在我们自愿移居的概念之中,实际上由于最初的黑奴贩运,客观上带来了后来的非洲人向北美的移居。

③ 在德国就发生过多起袭击移居的土耳其人的暴力事件,尽管政府是不支持的,但反映了民族的一种倾向。

谓劳动力在国家间移动的基本范围,即他们绝对不是被迫的或非自愿的移民。

二、影响劳动力跨国流动的主要因素

影响移民的因素很多,印度经济学家阿罗尔在研究印度向英国移民的问题时指出,影响移民的因素有两类,一是拉的因素,另一类是推的因素。拉的因素包括:(1)较高的生活水平;(2)良好的教育设施等。就较高的生活水平而言,它几乎成了发展中国家的居民向发达国家移动的主要拉力。据世界银行统计,1996年发展中国家的平均收入水平为500美元,而发达国家的平均收入则高达25,000多美元,就是说,前者只相当于后者的1/50! 这种人均收入水平的巨大差异构成了发达国家对发展中国家居民的吸引力。从良好的教育设施看,发达国家的教育设施构成了对发展中国家年轻人又一重要吸引力。从推的因素看,除了上述两个方面之外,还包括人口过多,而就业的机会又相对太少,因而一些有潜力的人希望到有希望得到较满意的工作机会的国家去,以期解决经济上收入低、工作机会少、竞争激烈而较少有用武之地的问题。

移民或劳动力的流动与世界经济的变动周期,特别是移入国经济状况关系密切,当经济不景气时,需要的劳动力要少一些,从而对流入劳动力的忍受能力要弱一些。相反,需要的劳动力要多一些。

当然,其他因素对劳动力在国际间的移动也有重要影响。如一些国家政治局势不稳定或与政府持不同政见也会导致某种移民。但是无论何人,到新的国家里首先面临的是能否生存的问题。

第二节 移民对劳动力市场的影响

从理论上看,移民对移出国和移入国的劳动力市场都会产生影响。

一、移民对劳动力市场供求及价格的影响

为便于理解,我们假定,世界上只有两个国家,一是移民的移出国,一是移民的移入国。一般而言,劳动力从移民的移出国转向移入国将对劳动力市场的供求产生影响,从而对劳动力的工资水平产生影响。具体情况我们用图20—1表示。

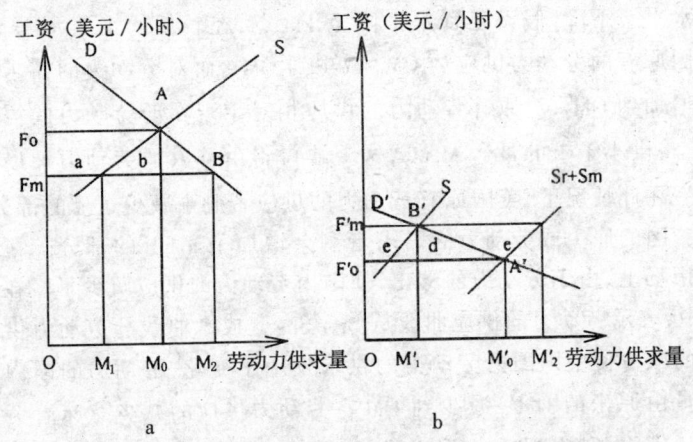

图20-1 移民对中美劳动力市场供求及价格的影响

在图 20-1 中,a 图表示移民移入国——美国在移民移入前后劳动力供求及价格的变化,b 图表示移民移出国——中国在移民移出前后劳动力供求的变化及价格变化的情况。在20-1a 图中,横轴表示美国劳动力的供求数量,纵轴表示劳动力的价格。S 表示

429

劳动力的供给曲线,D 表示劳动力的需求曲线。在封闭的劳动力市场下,各国之间不存在跨国界的自由流动,此时,美国劳动力的供求均衡点为 A,均衡的劳动力价格或工资水平为 OF_0,均衡的劳动力供应量为 OM_0。图 20—1b 表示中国的劳动力市场。在封闭条件下,劳动力市场的均衡点为 D' 曲线与 $Sr+Sm$ 曲线的交点 A',此时均衡价格为 $OF'o$,它表示每小时工资水平,均衡的供求量为 OM'_0。显然,两国的工资水平有明显的差异,其差异量为 $F_0F'_0$。如果劳动力可以在各国之间自由流动,那么这种差异很自然会成为劳动力流动的推动力,中国的劳动力就会流向美国。我们假设这种情况可以成为现实,那么大量的劳动力流向美国将引起该国的劳动力市场供求的变化。与原有的情况比,市场上劳动力的供给显然比过去增加了,供给大于需求,因此劳动力的市场价格或工资水平会下降,假设工资水平降至 Fm 点,在较低的工资水平下,美国原有的劳动力供应从 OM_0 减少到 OM_1,而对劳动力的需求量则增加到 OM_2,对原有劳动力的供应相对于现在的劳动力的需求而言,供小于求的量达 M_1M_2,这一缺口将由移入的劳动力加以补充。在此情况下,美国原有劳动力的供应者剩余减少了 a 的部分,而美国的雇主或劳动力的需求者剩余增加了 $a+b$ 的部分。在中国市场上,由于劳动力的移出,使国内劳动力的供应减少了。在图 b 中,表示劳动力的供应曲线从 $Sr+Sm$ 变成 S 曲线。劳动力供应量的减少使中国国内劳动力的供求发生了变化,劳动力的国内供应量由原来的 OM'_0 减少到 OM'_1,劳动力供应的减少意味着劳动力的供应者将要求较高的价格或工资,因而对劳动力的需求将减少。在新的劳动力供求情况下,劳动力的价格或工资从 F'_0 提高到 $F'm$,此时劳动力的需求量为 OM_1,因而与原有的劳动力供求情况相比,现在的劳动力需求比原有的劳动力供给量正好多出 M_1M_2 的量,而 $M_1M_2 = M'_1M'_2$,即中国移民移出的量或劳动力供过于求的量正好等于美国需要移民补充供应或劳动力移入的量。在开放的条件下,美国和中国的劳动力供求都达到了均衡状态。在中国的劳动力市场上,留在国内的工人多得到的供应者剩余 C,中国移出的劳动力所得的利益或较高工资水平的利益为 $d+e$。在这里,我们不是按照移民在美国实际所得到的工资计算移民的利益的,而是按照移出国现有的工资水平计算其利得的,其主要原因是移民的移出无论在经济上还是在心理上都要付出"离乡背井"的代价。例如,他们不得不卖掉自己的原有不动产;他们会因为移居而付出交通和安家所必须支付的各项费用;他们还要承受因离开自己过去生活的文化环境和社会圈子,到一个陌生的、不得不经受"文化震荡"考验的地方等等,总之我们要从他们的所得中减去这样一部分难以计算的成本,在此之后移民的实际所得低于他们的名义所得。如果假设劳动力可以完全自由流动的话,这个差异正好是移出者与未移出者之间"劳动力的流动成本",因此我们不能只注重移民的名义所得。我们将劳动力国际流动的利益分析总结在表 20—1 中。

表 20-1 国际间劳动力流动的利益分析

集 团	经济利得或损失
移民	$+(d+e)$
留在中国内的工人	$+c$
美国本国的工人	$-a$
美国的雇主	$+(a+b)$
全世界	$+(b+e)$

由上表可以看出,劳动力在各国间的流动使劳动力的移出国和移入国的不同利益集团所受到的影响明显不同,在劳动力的流

出国,劳动力的需求方是受损失的,而供给方是获得利益的。相反在劳动力的流入国,雇主方或劳动力的需求方是获得利益的,而当地的劳动力供给方是受损失的,移民本身当然是获利的一方,否则他(她)们不会移出本国。从全世界的角度看,劳动力在国家间的流动使世界的劳动力资源得到了更充分的利用,从而增加了全世界的福利水平,其净增加量为$(b+e)$。

二、移民影响劳动市场的实证

以上我们对劳动力在国家间流动对劳动力价格产生的影响进行了比较详细的分析,这种分析是纯理论性的。近年来,美国国家经济研究局的学者对移民对劳动力市场的影响进行了实证考察发现,移居美国的居民在获得工资收益上有这样几个特点:(1)移民的工资水平在其比较集中的地区要高于移民比较稀少的地区;(2)移民时间比较长的劳动力比时间较短者的工资水平要高;(3)受教育程度比较高的移民比受教育程度比较低的移民工资水平要高;(4)白种人移民比黑种人和黄种人移民的收入水平要高;(5)一般而言,同等受教育程度移民的工资水平要低于原住居民[①]。由此似乎可以得出结论,在劳动力流入国,工资水平并非完全相等,即使是"同工"也不能做到"同酬"。

第三节 劳动力流动的其他影响

我们前面阐述的是劳动力流动对劳动力工资水平的影响,实际上劳动力在各国间的流动对有关国家产生的影响是多方面的,

---

① 这是一个比较模糊的概念,在美国谁是原住居民呢,一般而言主要是指移民的第二代比第一代的实际工资水平要高。

主要有财政收入影响、知识利益或人才的影响和对人口密集度的影响等。

一、对劳动力流出国的影响

从移民输出国的角度看,一些人的移居可能给该国带来损失。第一个可能的损失就是财政收入和财政支出效果的损失。一方面,劳动力的移出意味着能够交纳各种税的人员在总量上减少了,因而对国家财政的总收入来讲是一个损失。如果联系在这些人的成长过程中,政府为此曾经有某些财政支出,这种损失可能会更大。另一方面,一国所建立的公共设施的利用率会因本国居民的移出而下降。从一般意义上说,公共设施的投资效益或利用率是以享用人数的多少来衡量的。在公共设施的规模一定的情况下,享用的人数越多,该项设施的利用率越高。其次,移民还会造成人才的流失。我们曾经提到过,如果不是某种外部突发事件使然,许多移民都具有某种技能或知识,他(她)们的移出就是一国人才的外流。加格蒂施·巴格瓦迪以及其他的一些经济学家都提出过这样的问题,对希望移居外国的本国人,在他们即将移出时,要征收一部分税费,其征收额大体相当于社会为他们接受教育而付出的培养费,这是一条合理的建议。因为一方面它在某种程度上对那些信心不足的、具有移民倾向的人才可能起到某种抑制作用,另一方面,可以使移民的移出国能够获得某种培养费的补偿。当然,移民也会给移出国带来一些利益。例如,一些国家得自移民的海外汇款对其平衡国际收支有一定的积极影响。由移民所带动起来的经济交往,特别是他们在两国企业之间所起到的牵线搭桥的作用是不容忽视的,甚至由于文化上的和血缘上的关系,再加上语言的便利,在这些移民站稳脚跟之后,他们自主的第一笔生意可能就是与他们的故乡开展的。

二、对劳动力流入国的影响

从移民的接受国看,由接受移民所得到的利益也是多方面的。首先,劳动力的移入,使东道国政府的征税对象增加了,因而增加了该国政府的财政收入。同时,移民的到来并非意味着公共设施的增加,而是提高了公共设施的利用率。其次,移民的移入国所谓"投资移民"的政策使这些国家在接受许多移民的同时获得了某种附带利益,即该国国民财富的增加。不仅如此,这种投资还会带来对本国产品的需求,因而有利于刺激移民移入国经济的增长。第三,移民或劳动力的流动带来了优秀的人才和不同的文化。一方面他给该社会带来了高素质的成员,因而有助于社会的稳定和发展,另一方面也带来了生活的高质量,使居民享用多种文化,以及在多种文化中所包含的艺术和食品等方面内容,从而使当地居民的眼界更开阔了。第四,对劳动力不足的国家,移民的到来显然会缓解劳动力供应的紧张,有助于资源的开发和利用。

当然,移民也会带来一系列的问题。首先,不同文化背景下的移民如果不能融入他们所移居的社会,将产生社会中的小集团或类似部落的封闭群体,他们讲本民族的语言,按照母国的风俗习惯生活,这样的集团越多,一国统一规章制度的认同感就会削弱。因为语言是社会统一的重要工具,没有这一点社会成员就难以交流,更谈不上相互理解,因而容易产生社会摩擦,甚至是集团的对抗。其次,移民可能带来社会的冲突和犯罪。移民在移入一国的初期,人生地不熟,没有亲友的帮助,一切靠自己,在生活甚至生存没有着落的情况下,容易产生犯罪心理和行为,这对移入国居民造成某种威胁。因此,移民的流入国常常在审查入境,特别是申请移民时,认真地核查申请人的历史,惟恐有犯罪前科的人移入,其目的就是要减少移民对社会正常秩序的冲击。

实际上大多数移民的接受国并非自由进入。他们总是根据本国对某种人才的需要制定有关移民的政策,提高移民的流入质量,阻止那些国内市场上已经过剩的劳动力移入本国,与原居民争夺工作岗位。此外,原居民对移民的态度也会影响到政府移民政策的方向和限制程度。因此,在劳动力的流动中,政府的政策起着决定性的作用。

第四节 中国的人才外流问题

在中国,到国外去接受高等教育和受过国内高等教育的人员到国外继续学习有着相当长的历史。我们在回顾历史的同时,考虑如何吸引海外学子。

一、中国人出国留学的历史回顾

专门论述这类问题的著作很多。据他们的分类,在中国的历史上,大约有四次出国留学潮。他们中的大多数人抱着知识救国、科技救国的志向踏上异国的土地,到海外留学,学成后返回祖国,为祖国经济的发展和科技的进步服务。然而,70年代末期的留学潮最显著的特征是多数人一去不回。据统计,在中国官方派出的留学人员中,至少有60%的人员不能按期返回。

从70年代末期,中国派出的留学人员大约30万人,已学成回国的为13—14万人。在那些未归的人员中,如果以4/5成家比例计算,移居国外的总人数达28—31万人。就其受教育程度看,他们(包括他们的配偶)中的绝大多数人在中国受过高等教育。从中国的角度看,这是一种人才外流。而且,当中国正在致力于国家的经济发展和科技进步时,这种人才外流的负面影响就显得特别突出了。

二、影响中国人才外流的主要因素

中国留学人员毕业后留在国外、找到工作、定居下来的原因是多方面的。概括起来主要有两个方面,一是寻求较好的生活条件。在这些移民所居留的国家中,人民生活水平远高于中国大陆。对于经历过60年代初的生活困难时期和十年文化大革命浩劫的那一代人,这种良好的物质生活条件特别具有吸引力。而在文革以后出生的那一代人中,他们对生活水平上的追求更加强烈,他们被国外高水平的生活条件所吸引,而他们父辈的无私和望子成龙的愿望激励了这一代人的滞留。二是需求良好的科研条件。客观地说,西方各国的教育设施是先进的,有了良好的科研条件才能出成果。因此,对于受了多年集体主义教育的那一代,这种实现个人价值的条件又具有特别的吸引力。这两方面的条件拉走了一部分年轻人。

三、人才外流的影响

这些年轻人的出国定居对中国的直接影响就是教学、科研单位"新断层"的出现。文化大革命期间,我们停止了高等教育,结果在当今的教学科研部门存在着一个断层,45—55岁的科研教学的"尖子"人才很少。今天随着留学潮的出现,同样是这些单位又出现了"新断层",我们又缺少30—45岁之间的人才了。在国外热门专业中到处都可以看到中国人的影子,而我们自己的校园里却是人员稀少[①]。

从一国经济发展的角度看,经济的发展需要不断地补充人员,特别是高素质的人员,断层的出现不利于经济的发展和科技的进

---

① 针对这些严重情况,中国教育部和其他科研单位已经采取了一些有力措施,吸引人才,这是一个非常好的开端,许多留学人员都积极响应。

步。当然这些问题尚未在实际的产品生产过程中暴露出来,但是教育科研是百年大计,没有远虑必有近忧。

人才外流的另一个重要影响就是国家教育资源的流失。为了尽可能地挽回损失,近年来,国家采取了对大学毕业后服务不到五年的出国留学人员收取培养费的办法,这个措施基本符合国家的经济利益。然而真正解决问题还必须从经济发展、教育发展上下工夫,为年轻人创造更多的机会。可以感到欣慰的是,中国经济的迅速发展为希望干出一番事业的年轻人创造了越来越多的机会。与此同时,许多留学人员也深深体会到,实现个人价值最好的地方可能在中国,尽管在生活条件上还不能与发达国家相比。

四、吸引人才

在出国留学人员的返回问题上,台湾的经验似乎有借鉴意义。在台湾也曾经出现了留学潮,且居留国外不归的问题。随着台湾经济的发展,岛内吸引力逐渐增大,回国人数逐步增加,一些没有捷足先登的人员后来意识到回岛的重要性时,由于区域范围的限制,那里的机会已经不多了。与此相比较,中国大陆的机会是一个逐步增加的趋势。

一些学者对吸引国外留学人员回国的问题作过大量的研究,其中的一个吸引力就是人才流出国经济的发展。从理论上说,随着祖国经济的发展,人均收入水平的提高,本国与国外的收入差距会缩小,从而使期望居留国外的人才失去了物质生活差异的拉力。另一方面,一些人留在国外有时与生活水平的差异无关,这些人在很大程度上是追求事业的发展和机会,如果祖国能够提供这种机会,对留学人员的吸引力会增加。

本章小结

1. 移民是指那些离开他们一直生活的、缺乏工作机会或收入水平较低的国家或地区向他们抱有希望找到工作且收入水平较高的国家或地区流动。

2. 劳动力的国际流动有着很长的历史。欧洲的移民是早期劳动力流动的先驱。

3. 影响劳动力流动的因素很多,主要可以分成两类,一类是拉的因素,一类是推的因素。

4. 劳动力的移动对该劳动力的流出国和流入国的劳动力要素的市场供求与价格产生影响,特别是劳动力流动对不同的利益集团产生不同的影响。

5. 国际劳动力流动的影响,除了我们集中分析的对劳动力市场的影响之外,这种流动还会对流出国和流入国的财政收入和支出效率、人才的引进与外流以及社会等方面产生影响。

6. 中国的人才外流问题是我们特别关心的问题。

本章思考题

1. 什么是国际间劳动力的流动?
2. 倾向于跨国界流动的劳动力的主要特征是什么?
3. 影响劳动力流动的因素主要有哪些?
4. 试述劳动力流动对流出国和流入国劳动力价格的影响。
5. 国际间劳动力流动的其他影响有哪些?
6. 试述中国人才外流的基本原因。
7. 谈谈中国吸引人才回流的问题。

主要参考文献

1. 亚当·斯密著:《国民财富的性质和原因的研究》(中译本),商务印书馆,1972年版。
2. 大卫·李嘉图著:《政治经济学及赋税原理》(中译本),商务印书馆,1976年版。
3. 小岛清著:《对外贸易论》(中译本),南开大学出版社,1987年版。
4. 彼得·林德特、查尔斯·金德尔伯格著:《国际经济学》(中译本),上海译文出版社,1985年版。
5. 霍尔·乌里伯里克著:《国际贸易与国际金融》(中译本),中国对外翻译出版公司,1989年版。
6. 约翰·威廉森著:《开放经济与世界经济》(中译本),上海三联书店,1990年版。
7. 鲁迪格·多恩布什著:《开放经济》(中译本),中国财经出版社,1992年版。
8. 姚曾荫著:《国际贸易概论》,人民出版社,1987年版。
9. 保罗·克鲁格曼、马里斯·奥伯斯特费尔德著:《国际经济学——理论与政策》(英文版),阿得森·威斯利朗曼公司,1997年版。
10. 理查得·凯夫斯、杰弗里·A·弗兰克尔、罗纳德·W·琼斯著:《世界贸易与收支导论》(英文版),斯考特弗里曼公司,1999年版。
11. 杰弗里·A·弗兰克尔著:《世界经济的区域化》(英文版),芝加哥大学出版社,1998年版。
12. 彼得·B·凯恩著:《国际经济》(英文版),普林迪斯·豪尔出版公司,1985年版。
13. 威尔弗雷德·J·伊塞尔著:《现代国际经济学》(英文版),W.W诺敦出版公司,1988年版。
14. 多米尼克·萨尔维托著:《国际经济学》(英文版),麦克米伦出版公司,1993年版。

15. 瓦尔特·安得尔、哈维易·E·拉番著:《国际经济学——理论与政策》(英文版),普林迪斯·豪尔出版公司,1987年版。

16. 彼得·H林德特、托马斯普吉尔著:《国际经济学》(英文版),理查得·艾尔文高等教育出版公司,1996年版。

17. 罗纳德·W·琼斯、彼得·B·凯恩著:《国际经济学手册》(英文版),北荷兰出版公司,1984年版。

18. 杰姆斯·C·阿格拉、罗伯特·M·邓恩著:《国际经济学》(英文版),约翰·威力父子公司,1993年版。

19. 摩尔多凯·克雷宁著:《国际经济学——一个政策方法》(英文版),哈考特·布拉斯公司,1998年版。

20. 斯特芬·贝克尔著:《国际经济学》(英文版),布莱克·威尔出版社,1995年版。

21. 巴拉特·R·阿加里著:《国际贸易理论问题》(英文版),纽约大学出版社,1986年版。

22. 艾拉南·赫尔普曼、保罗·克鲁格曼著:《市场结构与对外贸易》(英文版),麻省理工学院出版社,1985年版。

23. 罗伯特·C·费斯特拉编:《国际贸易的实证方法》(英文版),麻省理工学院出版社,1989年版。

24. 卡玉翁著:《国际贸易与要素流动》(英文版),麻省理工学院出版社,1993年版。

25. 约翰·杰克逊著:《世界贸易体制》(英文版),麻省理工学院出版社,1989年版。

26. 经济合作与发展组织:《区域一体化与多边贸易体制——共同点与差异》,1995年版。

27. 文森特·卡伯、大卫·翰德森著:《贸易集团? 区域一体化的未来》(英文版),皇家国际事务研究所查森出版社,1994年版。

28. 多恩·瓦尔得曼、伊利沙白·金森著:《产业组织理论——理论和实践》(英文版),阿得森·威斯利朗曼教育出版社,1998年版。
29.《世界银行发展报告》,1987年、1990年、1996年。
30. 熊性美、陈漓高著:《中国外向型经济发展战略》,中国物价出版社,1993年版。
31. 罗伯特·索洛著:《经济增长因素分析》(中译本),商务印书馆,1991年版。
32.《美国经济评论》有关各期。
33.《国际经济学杂志》有关各期。
34. 联合国《世界经济和社会观察》,1982年、1997年。

后 记

国际经济学作为一门必修课程介绍到中国已经有近15年的历史了,南开大学自1983年起在硕士研究生中开设此课程,1986年起又在本科生中开设。经过十多年的讲授,我们感到,以往所用的西方教材大多是西方学者编写的,所有的理论内容都是从西方人的角度加以评判的,政策方面也多是对西方实际的考察,因此我们感到需要编写一本经过我们消化吸收的国际经济学。我们试图从中国的角度看世界,看待各国的政策。我们也试图结合中国实际阐述理论,当然我们正处在尝试的过程之中。

在此过程中,难免有缺点和不当之处,恳请同行专家指正。

作 者
1999年4月

国际经济学
INTERNATIONAL ECONOMICS

责任编辑 童 颖
封面设计 傅希光

ISBN 978-7-310-01369-2

定价：29.00元